Otto Harnack

Essais und Studien zur Literaturgeschichte

Otto Harnack

Essais und Studien zur Literaturgeschichte

ISBN/EAN: 9783741104398

Hergestellt in Europa, USA, Kanada, Australien, Japan

Cover: Foto ©Andreas Hilbeck / pixelio.de

Manufactured and distributed by brebook publishing software
(www.brebook.com)

Otto Harnack

Essais und Studien zur Literaturgeschichte

Essais und Studien

zur

Literaturgeschichte

Essais und Studien

zur

Literaturgeschichte

Von

Dr. Otto Harnack

ord. Professor an der Technischen Hochschule in Darmstadt

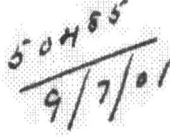

Braunschweig

Druck und Verlag von Friedrich Vieweg und Sohn

1899

Vorrede.

Eine Sammlung von größtentheils schon gedruckten Aufsätzen bedarf für ihr Erscheinen einer Rechtfertigung. Im vorliegenden Falle möchte ich sie daraus entnehmen, daß ich in einem längeren Zeitraume ausschließlich schriftstellerischer Thätigkeit und bei naher Beziehung zu manchen Zeitschriften, besonders den „Preußischen Jahrbüchern" veranlaßt war, Vieles in der Form kurzer Aufsätze oder auch Besprechungen zum Ausdruck zu bringen, worüber ich mich gern in mehr ausführlicher und zusammenhängender Form geäußert hätte. Nun hoffe ich, durch eine Vereinigung des Zerstreuten, die Gesichtspunkte, von denen aus ich die Erscheinungen und die zu Grunde liegenden Probleme der Literaturgeschichte und Aesthetik beurtheilt habe, deutlich hervortreten zu lassen und die Einheitlichkeit meiner Betrachtungsweise zu bekunden.

Manche der Aufsätze wenden sich mehr an den Fachmann, manche mehr an ein weiteres Publicum. Hoffentlich darf ich mich über diese Ungleichheit mit dem Worte beruhigen: „Wer Vieles bringt, wird Manchem etwas bringen."

Einer besonderen Entschuldigung bedürfen vielleicht die letzten vier Stücke der Sammlung, da sie der Tageskritik entstammen und vielleicht keine längere Lebensdauer beanspruchen können. Allein mir schien, daß sie, zur Zeit der heftigsten, literarischen Kämpfe mit dem Bemühen ruhiger Unparteilichkeit geschrieben, vielleicht auch heute, wo jene Kämpfe zumeist gestillt sind, ein gewisses rückschauendes Interesse bieten könnten, und doch auch noch nicht aller Beziehungen auf die Gegenwart entbehren.

Im Inhaltsverzeichniß habe ich jedem Aufsatze die Jahreszahl seiner Entstehung beigefügt; bei zweien, die für diese Sammlung gänzlich umgearbeitet wurden, ist außerdem die Zahl 1899 hinzugesetzt worden. Kleinere Aenderungen und Zusätze, die auf den heutigen Stand der Forschung oder literarischen Entwickelung hinweisen, habe ich an vielen Aufsätzen vorgenommen. Den Verlagshandlungen, welche den Wiederabdruck einiger Aufsätze freundlichst gestattet haben, seit deren Erscheinen die zweijährige Schutzfrist noch nicht völlig verstrichen war, sei zum Schlusse der beste Dank gesagt: es sind die Literarische Anstalt von Rütten und Loening in Frankfurt, sowie die Firmen Georg Stilke in Berlin und Carl Fromme in Wien.

Darmstadt, im September 1899.

O. Harnack.

Inhaltsverzeichniß.

Ueber klassische Dichtung.

Der Sprachgebrauch ist ein interessantes und charakteristisches Zeugniß der Kulturbewegung. In ihm spiegelt sich der Wechsel der vorherrschenden Begriffe, wie die Aenderungen des Werthmaß= stabes ab. Dasselbe Wort wird zu verschiedenen Zeiten gewohn= heitsmäßig mit einer ganz verschiedenen Betonung gesprochen, welche Billigung oder Mißbilligung in den verschiedenen Nüancen und Abstufungen ausdrückt. Wie schmolz vor etwa hundertzwanzig Jahren den Deutschen das Wort „empfindsam" auf den Lippen, die sich jetzt unfehlbar höhnisch verziehen, wenn sie es aussprechen sollen. Wie vornehm klang noch vor einem Jahrzehnt das Urtheil „stilvoll", das heute fast komisch wirkt. Mit welch lebendigem Hauch drang Menschenalter hindurch das Wort „Freiheit" aus der Brust hervor, während es jetzt meist wie leeres Schellengeläut klingt!

Auch das Wort „klassisch" hat die Laune der Zeit erfahren. Goethe sagt: „Klassisch nenne ich das Gesunde"; heute würden die Meisten sagen: „Klassisch nennen wir das Langweilige." Würde der Schluß falsch sein: „Unsere Zeit nennt das Gesunde das Langweilige?"

Ich glaube nicht, daß der Schluß falsch wäre. Mit ihm ist nicht ausgesprochen, daß unsere Zeit an sich krank ist, sondern nur, daß sie nicht gesund sein will. Sie ist noch gesund, weil unsere Bildung in wissenschaftlicher und künstlerischer Hinsicht auf einem festen, klassischen Grunde ruht; aber es ist Mode geworden, über dieſen Grund geringſchätzig zu urtheilen oder ihn zu ignoriren und nach Surrogaten zu haſchen, welche nicht dieſelbe Feſtigkeit gewinnen können. Thatſächlich iſt es nicht gelungen, ſchon irgend ein neues Fundament zu legen; aber man taſtet und haſcht weiter, und gefällt ſich darin, dieſe oder jene verſchrobene Idee als die große Errungen= ſchaft zu rühmen, um ſie bald wieder über Anderes zu vergeſſen.

Dieſe in der That krankhafte Neigung der Zeit, die ſchon vor einigen Jahren durch das Modewort fin de siècle gekennzeichnet wurde, iſt ein intereſſantes Phänomen. Es iſt eine Spielerei im größten Maßſtab, die man ſich ruhig erlauben darf, weil, beſonders in Deutſchland, der bewährte Untergrund von ſo maſſiver Sicherheit iſt. Aber aus bloß ſpieleriſcher Neigung iſt die Erſcheinung doch nicht zu erklären. Mir ſcheinen zwei Urſachen zuſammenzuwirken. Erſtens die unleugbare Nervoſität unſeres Geſchlechts, das nicht mehr die Ruhe hat, welche die Verehrung des unabänderlich Großen erfordert, ſondern neuer und wechſelnder Reizmittel bedarf. Zweitens die fortſchreitende Einſeitigkeit jeder Art von Ausbildung, durch welche das Verſtändniß für die gleichmäßige Durchbildung des Klaſſiſch=Geſunden mehr und mehr ertödtet wird. Ein Maler, der modern ſein, aber doch auch der Vergangenheit einen gewiſſen Reſpect zollen will, wird viel eher erklären, daß er Michelangelo verehre wegen ſeiner grandioſen Phantaſie, oder Tizian wegen ſeines unvergleichlichen Colorits, als daß er erklärte, Rafael aufs Höchſte zu verehren, und zwar weil die harmoniſche Vollendung, welche Rafael's Eigenthümlichkeit ausmacht, dem modernen Künſtler abſolut unerreichbar und darum unſympathiſch iſt.

Goethe hat zwar geſagt: „Gegen große Vorzüge eines andern giebt es kein Rettungsmittel als die Liebe"; aber dieſer Satz paßt nur für ſehr edle Naturen, die Meiſten bedienen ſich ganz ent= gegengeſetzter Rettungsmittel.

Es wäre indeß kurzſichtig zu verkennen, daß die unklaſſiſche Stimmung der Zeit auch ihren Werth für den aufrichtigen und ernſten Erforſcher des Klaſſiſchen hat. Sie nöthigt uns immer von Neuem die einzelnen Erzeugniſſe, die wir als klaſſiſch betrachten, auf ihre dauernde Lebensfähigkeit, ihren unangreifbaren Werth zu prüfen und von der uns überkommenen, gewohnheitsmäßigen Schätzung zur geſicherten Begründung und gewiſſenhaften Abwägung unſeres Urtheils überzugehen. Für andere Nationen liegt dieſe Aufgabe weit einfacher. Franzoſen oder Italiener ſehen ihre „klaſſiſche" Periode in ſo weiter Entfernung, daß das verehrungsvolle Urtheil über ſie ein völlig abgeſchloſſenes, unbezweifelbares geworden iſt, aber eben deshalb auch jeden praktiſchen Werth für die Gegenwart verloren hat. Niemandem kommt es in den Sinn, Arioſt oder Taſſo, Corneille oder Racine an den Aufgaben und der Sinnesweiſe unſerer Zeit zu meſſen und danach ihren Werth zu beſtimmen. Unſere „Klaſſiker" dagegen ſtehen uns noch ſo nahe, daß wir immer den Anſpruch machen, ſie wie unſeres gleichen gemüthlich anfaſſen zu können; ſie ſind nicht auf ein hohes, unerreichbares Piedeſtal geſtellt, und darum noch immer in Gefahr, umgeſtoßen zu werden, aber zugleich auch fähig, viel unmittelbarer und eindrucksvoller auf uns einzuwirken, als jene Dichter des ſechszehnten oder ſiebzehnten Jahrhunderts.

Wenn wir freilich die in Literaturgeſchichten übliche Umgrenzung des Begriffes der „Klaſſiker" annehmen, ſo fallen unter ihn auch einige Dichter, beſonders Klopſtock und Wieland, welche uns ſchon vollſtändig fern gerückt ſind; aber der Sprachgebrauch folgt auch jener zünftigen Bezeichnung nicht mehr; beide Dichter ſind an ihren feſten Platz geſtellt, wo ſie der Parteien Haß nicht mehr umringt, über ihre Vorzüge und Mängel iſt längſt ein feſtes Urtheil gefällt worden, das aber faſt nur noch den Gelehrten intereſſirt. Auch Herder kommt für unſeren Gedankengang nicht in Betracht, weil ſeine „klaſſiſche" Bedeutung nicht in ſeinen Dichtungen liegt. Leſſing, Goethe und Schiller ſind allein als Klaſſiker unſerer Poeſie in Geltung, und um ſie hat ſich darum auch der leidenſchaftliche Kampf entſponnen, ob ſie für uns noch maßgebend ſeien.

Was iſt es nun, das den Hauptwerken dieſer Männer den einzigartigen Werth giebt? Iſt ein thatſächliches Kriterium des

Klaſſiſchen vorhanden? Iſt es vielleicht in der That ein Vor=
urtheil, wenn wir meinen, ein Problem, wie etwa das Verhältniß
des Dichters zur Welt habe in Goethe's Taſſo eine unvergleichlich
werthvollere Behandlung gefunden als in Grillparzer's Sappho
oder Wildenbruch's Chriſtoph Marlow?

Ehe wir verſuchen, dieſe Frage zu beantworten, ſei noch ein
Mißverſtändniß abgewehrt. Es wäre ja leicht, eine Definition des
Klaſſiſchen zu finden, wenn man ſich begnügte, es „hiſtoriſch“ auf=
zufaſſen. Klaſſiſch nannte man von jeher die Autoren der beſten
Zeit des Alterthums; was ſich an ſie anlehnt, was ihnen nach=
ſtrebt, wäre dann heute das Klaſſiſche, und ſeine Eigenthümlichkeit
läge eben in der möglichſt vollſtändigen Uebereinſtimmung mit
der Antike. Aber ſolche „hiſtoriſche“ Erklärung wäre doch ein
Beiſeiteſchieben der wirklichen Frage. Nicht in dieſem Sinne hat
man am Anfang des Jahrhunderts den Begriff der „deutſchen
Klaſſiker“ geſchaffen, ſondern im Sinne einer ſelbſtändigen Kraft
und inneren Vollendung, welche ein Goethe ebenſoſehr dem
Nibelungenlied oder dem Shakeſpeare'ſchen Drama wie dem Homer
oder Sophokles zuſchrieb.

Dieſe innere Geſundheit und Vollkommenheit iſt begründet in
der gleichmäßig geſunden, normalen Entwickelung aller Fähigkeiten,
welche das Schaffen eines Kunſtwerkes erfordert. Sie äußert ſich zunächſt
in der Congruenz von Inhalt und Form, welche allein die Wirkung
befriedigter innerer Harmonie erzeugen kann, die das klaſſiſche
Kunſtwerk hervorruft. Dieſe Congruenz iſt nur von dem zu erreichen,
dem Natur und Ausbildung das reine und klare äſthetiſche Gefühl
verliehen haben, welches wir in höchſter Feinheit und Sicherheit
in der griechiſchen Kunſt bewundern. Aber nicht weniger wichtig
iſt, was man mit Recht die innere Form genannt hat, die
Abrundung des Stoffes in ſich, die Abgewogenheit ſeiner Theile,
kurz das, was den Stoff eines Kunſtwerkes von dem Rohſtoff,
welchen die Wirklichkeit dem Künſtler geliefert hat, unterſcheidet.
Die literarhiſtoriſche Forſchung hat uns gelehrt, mehr und mehr
gerade dieſem Proceß des dichteriſchen Schaffens nachzugehen, und

es erregt unser Staunen, wenn wir das Verhalten eines Shakespeare zu seinen historischen oder novellistischen Quellen betrachten, an welche er sich so eng anschloß und denen er doch durch seine Umformung erst den wesentlichen Werth gab. Dieses Verfahren ist nicht nur Sache technischer Geschicklichkeit, aber auch nicht nur Sache künstlerischen Tactes; es setzt zugleich den Besitz einer festen, klaren, in sich abgeschlossenen Weltanschauung voraus. Wer nicht selbst ein harmonisches Bild der Welt in sich trägt, kann auch im Kunstwerk kein harmonisches Symbol des Weltlaufes hinstellen.

Man braucht wohl kaum den Einwand zu fürchten, daß der Künstler doch nicht verpflichtet sein könne, eine harmonische Welt= anschauung zu heucheln, die er oder überhaupt seine Zeit nicht be= säßen. Das Heucheln würde kaum eine erfreuliche Wirkung thun; aber fest steht, daß manches hohe poetische Talent und manche geistig lebhaft bewegte Zeit nicht im Stande und nicht gestimmt sind, klassisch vollendete Werke zu schaffen, weil jene noth= wendige Grundlage mangelt. Dante ruht in der Weltanschauung der katholischen Kirche, Shakespeare in der der Reformation, Goethe und Schiller in der des Humanitätszeitalters; jeder dieser Dichter fühlte sich sicher und formte daher mit festen Griffen; ihre Werke haben einen bestimmten Gang zum nothwendigen, das Problem lösenden Ziel. Diese Weltanschauungen waren alle im weitesten Sinne genommen: optimistisch, das heißt, sie stellten an den End= punkt der Entwickelung die schließliche Versöhnung und Vollendung, mochten sie sie nun mehr als göttliches Geschenk verehren oder mehr als menschliche Errungenschaft preisen. Und daß auch darin keine zufällige Uebereinstimmung waltet, sondern ein nothwendiges Erforderniß vorliegt, bedarf keines Beweises, sondern ergiebt sich unmittelbar aus dem Vorhergegangenen. Je größer aber das Maß von Weltkenntniß, von Vertrautheit mit der gemeinen Wirklichkeit ist, welches von einem hervorragenden Dichter verlangt werden muß, um so größer ist auch die Kraft der Persönlichkeit, welche erfordert wird, um diese Eindrücke zu überwinden und die positiven Ueber=

zeugungen zu bewahren. Nur Personen von vollendeter psychischer Gesundheit, wie es Shakespeare und Goethe waren, vermögen die erdrückende Wirklichkeit unerschüttert zu ertragen, und die thörichte Lehre, daß Genie mit Decadence oder Wahnsinn verwandt sei, zeigt sich hier als das Gegentheil der Wahrheit[1]). Auch jene Männer werden sich nicht in jedem Augenblicke auf der Höhe behaupten; auch sie unterliegen Anwandlungen pessimistischer Schwäche; aber die Folgen zeigen sich auch unverzüglich in ihren Werken. Niemand wird Timon von Athen oder Troilus und Cressida Shakespeare's größten Werken gleichstellen wollen, und ebensowenig den „Großkophtha" und ähnliche Erzeugnisse des Unbehagens zu Goethe's Ruhmestiteln rechnen; diese Werke entsprangen Stimmungen, in denen die seelische Kraft der Dichter momentan von der Wirklichkeit überwältigt war. Goethe aber hat, wenn auch in mythologischer Einkleidung, doch mit bewußtem Ernst als die Hauptleistung seines persönlichen Lebens die positive Ueberwindung der Wirklichkeit ausgesprochen, in dem Divansgedicht an den Pforten des Paradieses:

Nicht so vieles Federlesen,
Laß mich immer nur herein!
Denn ich bin ein Mensch gewesen,
Und das heißt ein Kämpfer sein.

Schärfe Deine kräft'gen Blicke!
Hier, durchschaue diese Brust!
Sieh der Lebenswunden Tücke,
Sieh der Liebeswunden Lust.

Und doch sang ich gläub'ger Weise,
Daß mir die Geliebte treu,
Daß die Welt, wie sie auch kreise,
Liebevoll und dankbar sei.

Mit den Trefflichsten zusammen
Wirkt' ich, bis ich mir erlangt,
Daß mein Nam' in Liebesflammen
Von den schönsten Herzen prangt.

So erhebend aber der Eindruck des Lebens dieser Größten ist, so wäre es doch ungerecht, manchem Geringeren, dessen Leben

---

[1]) Vergl. hierzu das treffliche Werk von Türck, Der geniale Mensch. 4. Aufl., 1899.

schwach und zerfahren erscheint, nicht zuzugestehen, daß auch er in
einzelnen Werken vollkommene Kraft und Gesundheit bewiesen habe.
Schon Mancher hat den besten Theil seines Wesens in seine
schöpferische Production so hineingelegt, daß er sich in ihr scheinbar
über sich selbst erhob und für seine sonstige Lebensführung wenig
übrig behielt. Wie trübselig sieht sich das Leben Heinrich von
Kleist's an, und doch hat er in seinem „Prinzen von Homburg"
ein trotz einzelner krankhafter Punkte im Ganzen klassisches Drama
geschaffen. Am häufigsten wird in der lyrischen Poesie sich Aehnliches zeigen, wie z. B. in Heine's Gedichten; hier kann ein kurzer Augenblick der vollen Beherrschung aller Kräfte auch den sonst Zerrissenen,
fast Zerstörten noch zu einer vollendeten Leistung anfeuern und kräftigen.

Legen wir den strengsten Maßstab an, so wird sich als der
in vollem Sinne klassische Zeitraum unserer Literatur die Periode
des Zusammenwirkens von Goethe und Schiller bezeichnen lassen.
Beide Dichter waren aus einer stürmischen Jugend, durch eine
Periode einseitigen, verfeinerten Geisteslebens zu vollendetem Gleich-
gewicht und innerer Harmonie gelangt; beide hatten in dem großen
Philosophen der Zeit, in Kant, das Fundament für ihre Kunstthätigkeit gefunden, beide hatten sich durch einen höchst vielseitigen
Bildungsgang eine souveräne Herrschaft über die künstlerischen
Mittel erworben. Goethe's Hauptwerk dieser Zeit, Herrmann und
Dorothea, ist unter diesen unübertrefflichen Bedingungen eine in
der That vollkommene Dichtung geworden; es vereinigt die volle
Naturfrische und Lebendigkeit mit einer nie sich verlierenden
künstlerischen Bewußtheit; es giebt ein getreues, vor jeder historischen Betrachtung sich bewährendes Weltbild und zeigt in ihm
Persönlichkeiten, welche weder sich vor der Welt beugen noch sich
vor ihr zurückziehen, aber sich in ihr zu behaupten wissen. Schiller
hat in seinen gleichzeitigen dramatischen Werken, unter denen
„Wallenstein" zweifellos den ersten Rang einnimmt, nicht ganz die
gleiche Höhe der Vollendung erreicht. Allein man muß in Betracht ziehen, daß seine Aufgabe eine weit schwierigere war. An
die epische Dichtung sind seit Jahrtausenden im Wesentlichen die-

selben Anforderungen stets gestellt worden, deren Erfüllung wir
hauptsächlich an den Namen Homer's knüpfen; hier ist ein bestimmtes einheitliches Ziel gesteckt, nach welchem der Dichter strebt.
Die dramatische Dichtung aber hat ihre höchste Ausbildung in zwei
ganz verschiedenen Richtungen gefunden, welche beide auf die deutsche
Bildung Einfluß gewonnen hatten, welche Lessing's kritischer Verstand analysirt und, wie er meinte, trotz allem Augenschein nicht unvereinbar gefunden hatte, Sophokles und Shakespeare. Schiller, durch
Lessing's Dramaturgie gespornt, unternahm es, beide in der von
ihm dem Drama gegebenen Form zu vereinigen, ein Unternehmen,
dessen Kühnheit kaum zu fassen ist, und das bewunderungswürdig
bleibt, auch wenn es nur in den großen Zügen gelungen ist. Und
das ist es, obschon in Einzelheiten die so disparaten Elemente nicht
ganz vereinigt scheinen, so daß ein pathetisch-idealistischer Hymnus
zu nahe an eine realistische Stelle heranrückt, oder daß das Schicksal
bald als bloßes inneres Gesetz der menschlichen Persönlichkeit, bald
doch auch als geheimnißvolle, von außen waltende Macht erscheint.
Einheitlicher durchgeführt ist die antikisirende „Braut von Messina",
aber diese Einheitlichkeit kann nicht die höchsten Anforderungen
befriedigen, weil sie nicht aus dem Wesen des Dichters entsprungen,
sondern durch ein absichtsvolles Eingehen in eine bestimmte, fremde
Kultursphäre erzeugt ist.

Sehr bedeutungsvoll aber ist, daß die größte Dichtung unseres
Volkes, der „Faust", gerade in dieser specifisch klassischen Epoche
harmonischen Wirkens unserer großen Dichter seine entscheidende
Modellirung bekommen hat. In Berathung mit Schiller fand
Goethe damals den bisher vergeblich gesuchten Rahmen, um den
fast unermeßlichen Stoff ästhetisch und philosophisch zusammenzufassen.
Und diejenigen Scenen, welche wie Klammern das gewaltige
Gebäude zusammenhalten, der Prolog im Himmel, die Pactschließung
und der Tod mit der Erlösung[1]) sind sämmtlich im Laufe weniger
Jahre während dieser Zeit entstanden, als Goethe das sichere

---

[1]) Diese Scene in älterer abweichender Form.

Bewußtsein der Kraft und Klarheit hatte, um dem Problem, das er in stürmischem Jugendeifer sich gestellt, nun die nach Form und Inhalt nothwendige Lösung zu geben.

Daß auf diesem Höhepunkt ihres Wirkens unsere großen Dichter keine Schüler und Nachfolger erzielen konnten, kann nicht verwundern. Sie haben ja freilich versucht, auch unmittelbar erziehend auf das Publicum zu wirken, Schiller in den Horen-aufsätzen, Goethe in den Propyläen, beide vereint in dem scharfen Strafgericht der Xenien; aber ohne viel Erfolg. Und sie stellten diese absichtsvolle Wirksamkeit auch schon nach einigen Jahren ein, um bloß durch ihr Beispiel noch zu wirken. Eine Partei oder eine Schule zu gründen haben sie nie versucht, ja sie haben sogar Persönlichkeiten, die allenfalls dazu hätten heranwachsen können, eher zurückgestoßen als ermuthigt, von dem Bewußtsein durchdrungen, daß das Maß von Klarheit, zu dem sie gelangt waren, nur selbst-erlebt, nicht von Anderen überliefert werden könne. Vielleicht wurden sie dadurch gegen Einzelne zu abgeschlossen und unzugänglich; im Ganzen aber hatten sie nur zu recht mit der Erkenntniß, daß, was sie wollten, von den Zeitgenossen wohl gläubig aufgenommen, nicht aber von den jungen Dichtern verständnißvoll nachgebildet werden würde. Die Literatur bewegte sich größtentheils zwischen den Extremen eines platten Naturalismus und, wo sogenannte „poetische" Bedürfnisse vorwalteten, einer romantischen, gestaltlosen Schwärmerei. Eine Erscheinung, die sich auch heute wiederholt, während dem klassisch Vollkommenen nachzustreben für den Dichter ebensowenig lockend und reizvoll erschien und noch heute erscheint, wie wir es vorher bei den Malern gegenüber Rafael erfahren haben.

Sind nun aber wirklich unsere „Klassiker" unter den Zeit-genossen ganz ohne Nachfolge geblieben? haben wir in der „klassischen" Epoche wirklich nur sie als einzige vollgültige Re-präsentanten? So schroff das zu behaupten, wäre doch ungerecht, wir müssen uns nur erinnern, daß das Klassische ein Begriff ist, der nach keinem anderen Maßstabe als an seinem eigenen Gesetze

gemeſſen werden kann, daß darum Größe oder Kleinheit, Weite
oder Enge Vorſtellungen ſind, die hier nicht den Ausſchlag geben,
und daß auch in einer beſchränkten Sphäre, die jeden Vergleich
mit der Geiſteswelt Goethe's ausſchließt, dieſelbe Vollkommenheit
ſtattfinden kann. In dieſer Hinſicht hat gerade Goethe ſelber mit
verſtändnißvoller Würdigung auf Zeitgenoſſen hingewieſen, welche
eine ſolche Auszeichnung kaum zu verdienen ſchienen und von
Leuten, die auf ihren Geiſtreichthum ſtolz waren, mitſammt den
Goethe'ſchen Beſprechungen verlacht wurden. Hebel's allemanniſche
Gedichte, Grübel's Gedichte in Nürnberger Mundart, Voß' echt
holſteiniſche Lyrik iſt von Goethe mit hoher Anerkennung beſprochen
worden, weil den vollen harmoniſchen Ausdruck einer beſtimmten,
in ſich abgeſchloſſenen Kulturſphäre enthaltend. Aber freilich wird
man angeſichts dieſer Art von „Klaſſik" nicht vergeſſen, daß ihr
kein höheres Verdienſt zukommt. Wenn die Aufgabe rein gelöſt
iſt, ſo war ſie eben auch eine ſehr leichte Aufgabe; für den, der
nie aus ſeinen Pfählen hinausgeſehen hat, iſt es leicht, ein einheit=
liches Lebensbild zu liefern, und „wer Wunden nie gefühlt hat",
mag leicht „der Narben Anderer lachen".

Ebenſowenig wird tiefgehende Befriedigung von einer „klaſſiſchen"
Dichtung ausgehen, welche in entgegengeſetzter Art ihre Harmonie
aus einer entfernten, dem Dichter fremden Gefühlswelt und Kultur=
ſphäre ſchöpft. Wir gelangen hier nicht zu vollem Nachfühlen dieſer
Harmonie, weil der Zwieſpalt zwiſchen den natürlichen Bedingungen,
unter welchen der Dichter ſchafft, und dem, was er durch eigenes
Zuthun in ſich ausgebildet hat, unſere Empfindung ſtört. So hat
Hölderlin, deſſen ganze Seele dem griechiſchen Alterthum geweiht
war, in einzelnen Liedern die volle harmoniſche Klaſſik erreicht;
aber in anderen tritt der Riß, welchen dieſe heiße Sehnſucht in
ſein Leben brachte, ſo ſchmerzlich klaffend zu Tage, daß ſeine Lyrik
im Ganzen nicht den Eindruck voller innerer Geſundheit zurückläßt.
Noch mehr mußte das natürlich in ſeinen Anläufen zu größeren
Werken fühlbar werden. Dagegen iſt er in anderer Hinſicht, in
der bloß formalen, ein vollendeter Klaſſiker zu nennen. Keine

Unebenheit, kein Mißklang stört den reinen Fluß seiner Verse, mögen sie in antiken Maßen oder im modernen Reim sich bewegen, und die Sprache ist mit einer Feinheit gehandhabt, welche sie jeder Forderung ohne Zwang gehorchen läßt. Diese absolute Formreinheit ist auch der Hauptruhm eines anderen Dichters geworden, der freilich schon mehr ein Epigone als ein Zeitgenosse unserer Klassiker zu nennen ist, des Grafen Platen. Es ist aber nicht der zarte Hauch Hölderlin's, der hier weht, sondern ein kräftiger, krystallklarer Strom, der dahinrauscht. Doch Platen ist nicht so glücklich wie jener in der Wahl der Formen, er sucht nach ihnen, wählt sie nach rein äußerlichen Motiven, wohl auch durch den Reiz der Schwierigkeiten angezogen. Noch mehr hat Friedrich Rückert diesen Zug empfunden und ihm nachgegeben; bei ihm jedoch wird die souveräne Formgewandtheit nicht selten Anlaß einer unfeinen Gleichgültigkeit gegen den Geist und die zarteren Nüancen der Sprache, so daß kein harmonischer Eindruck erreicht wird. Inhaltlich ist den Gedichten Rückert's eine nicht zu trübende Ruhe und behagliche Weisheit eigen, die aber an kräftiger Wirkung dadurch verliert, daß sie sich nicht als aus voller persönlicher Kenntniß und Ueberwindung der Conflicte des Lebens herausgeboren verkündigt. Kein Gedicht dieser Dichter, so viele Vorzüge es auch haben mag, wird einen solchen zugleich erschütternden und versöhnenden Eindruck hervorrufen wie Goethe's „Euphrosyne" oder „Gott und Bajadere" oder in reflectirender Weise Schiller's „Ideal und Leben"; keines greift so tief in die Seele und weiß trotzdem so zu beruhigen und zu erheben.

Unter den Dramatikern dürfen Grillparzer und Kleist am nächsten an unsere Klassiker herantreten. Beide haben zwar auch starke romantische Züge, welche die Klarheit und Sicherheit ihres Blickes und ihres Schaffens beeinträchtigen; aber sie erheben sich doch in ihren besten Leistungen zur klassischen Gesundheit. Grillparzer's Weg ist der der Formenreinheit; sie mangelt ihm niemals, und sie läutert die bisweilen schwächliche und schwankende Phantasie des Künstlers zu herrlicher Bildkraft. So ist im „Goldenen

Bließ" der Gegensatz zwischen Griechen und Kolchern in der Charakter-
anlage bei weitem nicht so deutlich ausgeprägt, wie es der psychische
Gehalt des Stückes fordert; aber indem der Dichter beide in
Sprache und Versform mit nie ermüdendem sicherem Stilgefühl
aus einander zu halten und zu bestimmen weiß, erhalten wir doch
das Bild zweier ganz verschiedener Völkertypen. So würde ein
bloßer Bericht über die Handlung der „Sappho", wie sie Grillparzer in sich ausgebildet hatte, schwerlich des Bildes der über ihr
Volk hervorragenden Dichterfürstin würdig erscheinen; aber die Verse,
in welchen sie majestätisch den Entschluß des Todes ausspricht,
überwiegen den Eindruck ihrer Handlung und besiegen unsere
Kritik. Ganz im Gegentheil beruht Kleist's Klassicität auf seinem
starken und gesunden Wirklichkeitssinn, seiner festen und sicheren
Erfassung des Menschlichen, woraus sich die Formgebung meist als
etwas Nothwendiges und Organisches, aber ohne selbständige Ansprüche und Bedeutung, entwickelt. Dazwischen sehen wir freilich
auch Kleist in jener scharfen und sicheren Weltbetrachtung ermatten;
wir fühlen eine krankhafte, phantastische Empfindung verwirrend
eindringen; aber dieses unglückliche Erzeugniß der auf den Dichter
einwirkenden romantischen Atmosphäre, die durch unglückliche Lebens-
schicksale begünstigt wurde, gelingt ihm doch allermeist zu überwinden.

Wir haben hier mehrfach die Romantik genannt, und in der
That ist es nicht möglich, unsere klassische Periode zu betrachten,
ohne zugleich der Romantik Aufmerksamkeit zu schenken. Beide,
obgleich scharfe Gegensätze, sind in der Geschichte des deutschen
Geistes doch eng verbunden. Liegt darin ein Widerspruch gegen
die unbedingte und absolut höchste Stelle, welche wir der Klassik
angewiesen haben? Nach der Meinung Vieler: gewiß. Nach der
Geschichtsconstruction, die den Deutschen so sympathisch ist, bilden
klassische und romantische Dichtung zwei sich nothwendig fordernde
und ergänzende Strömungen, aus deren Vereinigung sich die höhere
Einheit, die freilich niemals sich verwirklicht hat, ergeben müßte.
Nach dem thatsächlichen Verlauf aber ist die Romantik nichts

Anderes als die verderbliche Feindin unſerer klaſſiſchen Dichtung
geweſen, ſo große Verdienſte man ihr auch um die Wiſſenſchaft
zuzuſchreiben hat. Verderblich — in doppeltem Sinne, inſofern
ſie mißgünſtig befehdete und zugleich in ſich ſelbſt unfrucht=
bar war. Auch hat die Geſchichte ſchon geſprochen. Lebt
denn noch etwa Tieck's „Kaiſer Oktavianus" oder ſeine
Genovefa, leben die Dramen Zacharias Werner's, lebt Friedrich
Schlegel's „Lucinde" oder „Alarcos" noch? Wohl wirken einige
Gedichte und Novellen der Romantiker noch auf uns, aber gerade
die größeren Werke, in welchen ſie ihr Weſen zum Ausdruck
bringen, ihre Ziele erreichen wollten, ſtehen da wie Lauben aus
Blumengewinden, deren Blüthen verwelkt und deren Blätter verdorrt
ſind; in ihren Pflanzungen lag nicht die unerſchöpfliche Triebkraft,
welche die klaſſiſchen Werke immer erneut und verjüngt er=
ſcheinen läßt.

Worin lag denn nun das eigenthümliche Princip, welches die
Romantiker ſich von den Klaſſikern trennen ließ und ſie auf eigenen
Bahnen zu kümmerlichen Ergebniſſen hintrieb? Es lag in der
Ueberzeugung, daß ein ſtrenges und folgerechtes Studium der
Menſchen und der Natur nicht erforderlich ſei, um die höchſten Kunſt=
ziele zu erreichen, daß vielmehr dem genialen Subject intuitiv das
unbedingte Darſtellungsvermögen gegeben ſei. Dies könnte zunächſt
als bloße Aeußerung überſpannten Selbſtbewußtſeins gelten, und
an dieſem fehlte es den Romantikern nicht, die ſich ſelbſt für ſolche
geniale Perſönlichkeiten hielten. Aber es wurde zugleich zum
Dogma erhoben und damit die ungebundene Sorgloſigkeit des
Schaffens zum Kennzeichen, zum Adelswappen des wahren Dichters
geſtempelt.

> Jahrelang bildet der Meiſter und kann ſich nimmer genug thun;
> Dem genialen Geſchlecht wird es im Traume beſcheert!

Mit dieſem Diſtichon hat Schiller den Unterſchied zwiſchen
Goethe's ernſt ſich mühendem Schaffen und dem leichtfertigen Hin=
werfen ſelbſtbewunderter Einfälle, beſonders auf die Gebrüder
Schlegel zielend, bitter verſpottet. Der poetiſchen Begabung nach

war unter den älteren Romantikern nur Hardenberg eine poetische
Kraft von so eigenthümlicher Tiefe, daß bei dieser bloß aus
der momentanen Stimmung schöpfenden Productionsweise
etwas Werthvolles gelingen konnte. Seine „Hymnen an die Nacht"
sind Ergüsse einer unbewußt sich selbst überlassenen Empfindung,
welche nichts anderes will, als sich selber leben. Und in dieser
Beschränkung war Hardenberg zwar kein hervorragender, aber doch
ein wahrhaftiger Dichter. Ganz anders aber stand es mit den
Brüdern Schlegel; beide hatten den Ehrgeiz, poetische Kunstwerke
hohen Ranges zu schaffen und waren fest überzeugt, mit Goethe
wetteifern und Schiller weit übertreffen zu können. Eine bedeutende
receptive Begabung ließ sie sich ausgebreitete literarhistorische
Kenntnisse und beträchtliche Fertigkeit im Gebrauch antiker, mittelalterlicher und auch indischer Versformen gewinnen. Man hätte
nun denken sollen, daß solche Vorbedingungen Werke bleibenden
Werthes hätten erzeugen müssen, aber das Gegentheil war der
Fall; Friedrich Schlegel's schon genannte Dichtungen, und August
Wilhelm's „Jon" hatten weder die begeisternde seelische Kraft noch
die fesselnde Gewalt des Schönheitssinns. Und was den beiden
talentvollen Schriftstellern fehlte, das war einerseits die charakter-
volle Durchbildung, welche ihren Werken einen festen und dauernden
Gehalt hätte geben können, andererseits das folgerechte und
ernste Streben nach einem reinen Kunstideal. „Sie lehrten", sagt
Goethe, „den Egoismus mit Schwäche verbunden", sie mußten es,
weil sie mehr vorstellen wollten, als sie nach ihrem ganzen
Entwickelungsgang zu behaupten im Stande waren. Ludwig Tieck
kann man, seiner Dichtart und seinen Leistungen nach, zwischen
Hardenberg und die Schlegel's stellen. Er hat unleugbar ein
poetisches Naturell, und indem er sich frei in demselben gehen
läßt, gelingt ihm manches hübsche Gedicht und manche feine Novelle; aber gerade auf ihn trifft es zu, was wir oben aussprachen,
daß diese Vorzüge verschwinden, sobald er sich an eine größere
Aufgabe wagt, da er die Wege zu gehen verschmäht, welche zum
Schaffen eines bedeutenden Kunstwerkes führen. Und so ist es

auch mit den späteren Romantikern. Wo sie sich auf ein ganz
kleines, ihrer Individualität völlig entsprechendes Gebiet beschränken,
wie es Eichendorff zu thun pflegt, da leisten sie Liebenswürdiges, wenn
auch nicht Bedeutendes; wo sie aber zu wirklichem, freiem Schaffen
übergehen wollen, werden sie ganz unleidlich schwach, weil die
bloßen Einfälle ihrer einförmig gleichartigen Phantasie dafür nicht
ausreichen. Brentano hat einige hübsche Märchen geschrieben, als
er aber das eine, von Gockel und seiner Familie, zu einem ganzen
Buch ausweitete, wurde ein immer mehr sich verwirrender Galli-
mathias daraus. Fouqué's „Undine" ist eine reizende, duftige
Sagendichtung; seine größeren Romane aber werden zu groteskem
Unsinn. Mit anderen Dichtern, die man traditionell in Beziehung
zu den Romantikern setzt, steht es so, daß sie da am tüchtigsten
und dauerhaftesten sind, wo sie sich am meisten von der Romantik
fern halten. Chamisso gelingt Bedeutendes, wenn er realistisch
dichtet und seine bisweilen ihn ins Krankhafte fortreißende Phantasie
beherrscht; bei Uhland ist es von schlagendem Eindruck, wie sehr er
an Kraft, Wahrheit und Lebendigkeit verliert, sobald er sich der
romantischen Tradition überläßt und wie er wächst und sich festet,
sobald er sich objectiver, in Erzählung oder Lied volksmäßigen
Sinn ausströmender Dichtung hingiebt.

Trotz ihrer Mängel, oder vielmehr gerade w e g e n derselben
hat aber die romantische Dichtung doch im entscheidenden Moment
der klassischen die Führung aus den Händen genommen und sich
die maßgebende Stelle im Geistesleben unserer Nation erobert. Als
Goethe und Schiller die Plattheit und Flachheit Kotzebue's und
Iffland's, Schütz' und Engel's besiegt hatten, da wurde ihnen
der Siegeslorbeer von den Schlegel's und Tieck entwunden, die
sich gegenseitig in diesem Schmuck bengalisch beleuchteten. Freilich
währte es nicht lange; aber die gesunde Entwickelung war doch
gelähmt, der unmittelbare vorbildliche Eindruck von Goethe's und
Schiller's Schaffen verwischt.

Wenn heute, nach einer Periode ziemlicher Gleichgültigkeit,
wieder ein lebhaftes Interesse für die Romantiker erwacht ist, so

ist das nicht zufällig. Die Strömung schrankenloser Subjectivität,
welche sich zuerst in der bildenden Kunst geltend gemacht hat und
von ihr auch auf die Dichtung übergreift, ist nichts anderes als
eine Erneuerung romantischer Selbsttäuschungen. Diese Strömung,
nach welcher jede noch so schrullenhafte oder selbstgefällige persönliche
„Note" mehr werth ist als die ernste Kunstvollendung, — welche einen
Rafael trotz der unwiderleglichen Zeugnisse seines unermüdlichen
Naturstudiums für einen seichten Manieristen erklärt, und welche
an Schiller und Goethe nur die leidenschaftlichen Producte ihrer
früheren Jugend zu schätzen weiß, in ihren späteren Werken
akademische Hohlheit findet, diese Strömung ist auch auf die
Wissenschaft nicht ohne Einfluß geblieben, welche sie zu rechtfertigen
und interessante Vorbilder in der Zeit der Romantik zu finden
weiß. Aber es ist unmöglich, auf diesem Wege feste Grundlagen
für die Kunst zu gewinnen, und es ist unumgänglich, daß diese ganze
Bewegung, ein Gefühl unendlicher Oede und Leere hinterlassend,
zusammenbrechen muß; denn das Interesse, welches diese rein
persönlichen, nicht ausgereiften Erzeugnisse darbieten, ist ein ganz
ephemeres, das kaum von Saison zu Saison reicht und nur durch
den fortreißenden Wechsel der Gegenstände sich einige Jahre hindurch
taumelnd und tappend forthelfen kann.

Eng verbunden mit der romantisch-subjectiven Kunstbehandlung
ist gegenwärtig die naturalistische, deren Aufkommen jener um einige
Jahre vorausging. Beide, so grundverschieden sie sind, stimmen doch
in der gemeinsamen Verachtung des klassischen Ideals überein, und in
dieser Negation haben sie sich so trefflich zusammengefunden, daß sie sich
sogar in manchen Werken stückweise ablösen und ein Amalgam zu
Stande bringen, wie Hauptmann's „Hannele", dem jede Einheit
mangelt. An sich kann der Naturalismus gewiß interessante Werke
hervorbringen, welche den Wahrheitssinn pessimistisch angelegter
Menschen befriedigen. Aber die künstlerische Befriedigung kann er
nicht gewähren, und auch nicht jene Erhebung zu kräftigem Lebensgefühl, wie sie das klassische Kunstwerk giebt. Denn seinen Erzeugnissen
fehlt nicht nur die äußere, sondern auch die innere Vollendung.

Wenn der Romantiker diese Vollendung in sich selbst zu be=
sitzen glaubt, ohne sie thatsächlich zu erstreben, so will der Naturalist
sie gar nicht besitzen, er hält sie für überflüssig. Er will nur das
glauben, was er sieht, und unmerklich verlernt er dabei auch das
Sehen; sein für das Detail geschärftes Auge verliert jeden Ueber=
blick; seine Werke erscheinen, als wären sie nur für Kurzsichtige
gearbeitet. Und zugleich werden sie fortschreitend an Geist ver=
lieren; der „wissenschaftlich" beobachtende Künstler (ein Hohn auf die
Wissenschaft) verliert die Erkenntniß des inneren Zusammenhanges
der Ereignisse; er giebt nur noch an einander gereihte Einzelheiten,
ohne Bedeutung und ohne Abschluß. Die „innere Form", die
Umbildung des Rohstoffes, geht ihm gänzlich ab, und wenn er
einige Stunden lang die Vorgänge in einer Kneipe oder einem
Schlafzimmer verfolgt hat, so glaubt er ein Drama oder eine
Novelle geschrieben zu haben. Das sind freilich Extreme; aber die
störenden Einflüsse dieser Richtung zeigen sich leider auch bei
Dichtern, welche nicht diesen Extremen verfallen sind. Die Scheu,
im Abschluß eines Werkes das gestellte Problem aufzulösen, beruht
auf dem Mangel fester Weltanschauung, der dem Naturalisten eigen=
thümlich ist. Bis in die Titel unserer neueren Bühnenstücke reicht
diese Scheu; sie dürfen nicht mehr, auch wenn sie noch so er=
schütternden Inhalts sind, als Tragödien bezeichnet werden, weil
das den Gedanken an tragische Sühne und Versöhnung nahe legt;
sie heißen nur noch Schauspiele. Immerhin ist diese Richtung von
größerem Werth und geringerer Gefahr, als die romantische. Sie
ist eine Vorstufe der Kunst, sie bietet dem Künstler Gelegenheit zu
gewissenhaften Studien und zu mannigfacher Uebung seiner Kräfte.
Finden wir sie doch auch als Vorstufe bei unseren Klassikern selber,
welche freilich später ihr mit gründlicher und entschiedener Abneigung
gegenüber standen! Diese Thatsache ist auch in neuester Zeit viel
zu Prophezeiungen verwerthet worden, indem man sich der über=
raschenden Logik bediente, weil die Dichter des „Götz" und der
„Räuber" später Dichter ersten Ranges geworden seien, so würden
auch die heutigen Naturalisten sich zu solchen entwickeln. Aber

abgeſehen von aller Logik, geſchieht mit ſolchen Parallelen Goethe
und Schiller doch ſchweres Unrecht. Beide haben auch in der
Jugend trotz naturaliſtiſcher Neigungen ſich nicht von dem Naturalismus bemeiſtern laſſen. Das zeigt ſich ſchon in der Kunſtform;
wie ſicher und feſt handhabt ſie Schiller in den „Räubern" und
in „Kabale und Liebe"; wie ſehr bemüht ſich Goethe um ſie in
der Umarbeitung der urſprünglichen Form des „Gottfried von
Berlichingen"; welches Meiſterſtück der Form liefert er ſchon in
Werther's Leiden! Und ebenſo in dem geiſtigen Inhalt! Trotz
aller Schärfe naturaliſtiſcher Beobachtung und Darſtellung liegt
dieſen Jugendwerken beider Dichter doch eine ganz idealiſtiſche Welt-
anſchauung zu Grunde; und nicht wie weiße Flecken neben ſchwarze
ſind die idealiſtiſchen Elemente neben die naturaliſtiſchen geſetzt,
ſondern ſie ſind organiſch mit ihnen verwachſen, ſelbſt in Karl
Moor und dem Muſikus Miller — von Goethe's Geſtalten zu
ſchweigen! — Die älteren naturaliſtiſchen Dichter unſeres Jahrhunderts, ein Hebbel und Ludwig, haben im Ganzen auch geſucht,
einen idealen Inhalt in der realiſtiſchen Darſtellung zum Ausdruck
zu bringen; nicht immer iſt es ihnen gelungen; in imponirender
Weiſe hat es Hebbel in den „Nibelungen" erreicht. Unter den
Werken der neueſten Zeit möchte ich hier vor Allem Hauptmann's
„Einſame Menſchen" als verdienſtvoll nennen; leider iſt der Dichter
auf der Bahn, die er hier eingeſchlagen, nicht beharrt.

Die Dichter, welche heute es verſuchen, ſowohl von der naturaliſtiſchen als der romantiſchen Abirrung ſich fern zu halten und
der klaſſiſchen Vollendung nachzuſtreben, haben vor dem Urtheil der
Zeitgenoſſen einen ſchweren Stand. Man wirft ihnen vor, daß
ſie bloße Nachahmer ſeien, daß ſie dem modernen Menſchen und
ſeinem verfeinerten Nervenleben nichts böten, und auch mancher
Dichter, der Jahrzehnte lang Beifall genoſſen hatte, iſt durch das
Gelärm der literariſchen Revolutionäre grauſam übertäubt worden.
Soweit die Nachahmung Thatſache iſt, kann man gegen dieſe
Urtheilsſprüche nichts einwenden. Aber ſie iſt viel ſeltener, als
man uns glauben machen will. Der einfache Nachahmer wird

schnell als solcher erkannt und erregt kein tieferes Interesse. Aber nicht ist es Nachahmung, wenn man nicht das Werk, sondern die Weise des großen Vorgängers nachbildet, wenn man den Wegen, auf denen sein Schaffen sich vollzogen hat, nachgeht und auf ihnen weiter zu streben sucht. Dagegen das beständige Verlangen nach „neuen Bahnen", „neuen Richtungen", diese fin de siècle-Neugier, die wir im Eingange dieser Blätter kennzeichneten, ist nicht Selbständigkeit, sondern Verschrobenheit. Der Fortschritt liegt nicht in immer neuem Anfangen, sondern im Fortsetzen. Zwar hat gewiß auch auf geistigem Gebiete der Satz sein Recht, daß man erwerben soll, was man ererbt, und der Einzelne muß einen Auszug der Arbeit der früheren Geschlechter von Neuem durcharbeiten. Aber dazu gehört vor Allem die Achtung vor dieser Arbeit und ihren Ergebnissen, und der Mangel dieser Achtung ist heute das schwerste Hinderniß für ein kräftiges Fortschreiten unserer Literatur. Dieser Mangel erscheint oft wie eine künstliche Selbstverblendung, und ein blindes Herumgreifen ist die Folge, durch welches man gar nichts erwirbt, weder Ererbtes noch Anderes. Will man dagegen sehen, wie gewissenhaft einer der Besten aus der zweiten Hälfte unseres Jahrhunderts aus Ererbtem und Erworbenem geschaffen hat, so lese man den Briefwechsel Gottfried Keller's. Freilich war er ein langsamer Arbeiter, der seine Werke nicht zu jeder Herbstsaison oder jedem Weihnachtstisch lieferte. Zwei Strophen von ihm mögen diese Betrachtungen abschließen.

O, in jenen Frühlingstagen,
Als die Knospe reift und schwoll,
Wie hat mir das Herz geschlagen
Tiefbewegt und freudenvoll!
Was mir damals ging zu Herzen,
Froh die Augen hat erhellt,
Sollt' ich jetzo helfen schwärzen
Und verleugnen vor der Welt?

Thut es, die Ihr dem Gelingen
Und dem Glück Euch stets gebeugt!
Ich hab nie den Gauklersprüngen
Des Geschickes mich geneigt.
Nein! und liegt sie auch im Staube,
Jenes Lenzes schönste Zier:
Dennoch ist der Frühlingsglaube
Wandellos geblieben mir.

2*

Ueber Lyrik.

I.

Der Zauber, den das lyrische Gedicht, und gerade das einfache, ausübt, ist bei allem Wechsel des Geschmackes und des Interesses ein unvergänglicher. Wenn man nicht selten behauptet, unsere Zeit habe keinen Sinn mehr für Lyrik, so heißt das doch nur, daß der Trieb, die eigene Stimmung oder Empfindung im Liede wiedergespiegelt zu sehen, geringer geworden ist, daß andere Ausdrucksmittel, besonders die Musik, jetzt vorgezogen werden; aber es bedeutet nicht, daß das Lied, wo es uns ungesucht entgegenklingt, seine Wirkung verloren hat. Ja so wenig die Lyrik in der Oeffentlichkeit neben Drama und Roman sich hat behaupten können, so sehr behaupten ihre wenigen Zeilen oft den Einfluß auf den einzelnen Menschen, der, in anderen Interessen lebend, es längst aufgegeben hat, jenen anderen modernen Erzeugnissen nachzugehen. Diese Wirkung steht im umgekehrten Verhältniß zu den angewandten Mitteln, welche der Dichter uns zeigt; wo es ihm gelungen ist, sie ganz zu verstecken, da gewinnt das Gedicht jene räthselhafte unergründliche Einfachheit, die uns immer von Neuem zu ihm zurückkehren und niemals es erschöpfen läßt.

Jenen Mitteln nachzuforschen, mag daher Manchem ein unfruchtbares, ja widerwärtiges Unternehmen scheinen. Wozu zerreißen und zerfasern, was als Einheit auf uns wirkt, wozu hervorsuchen, was der Dichter selbst versteckt hat? — Aber solche Einwände zarter Empfindung haben niemals den Trieb des Geistes, überall zu forschen, zu erkennen, aufgehalten. Und zudem: das Gedicht mag man wohl ohne solche Untersuchung befriedigend, und vielleicht noch mehr genießen; den Dichter aber schätzen lernt man nur, wenn man in den Gang seiner Arbeit eindringt.

Zunächst sind es äußere Kunstmittel, die man als Kennzeichen des Poetischen anzugeben gewohnt ist; Rhythmus und Reim sind die uns geläufigsten. Ja von dem Rhythmus können wir sagen, daß er uns unentbehrlich geworden. Andere Formen bringen in uns an sich nicht mehr den Eindruck eines Gedichtes hervor. Dichter, die die Allitteration in neuester Zeit wieder anwandten, haben sich fast durchgängig eines, wenn auch lockeren Rhythmus bedient, durch den der Stabreim unserem Ohr erst zum Vers wird; wo das nicht geschehen, wie in Simrock's Uebersetzung der Edda, — da meinen wir Prosa zu lesen. Auch der Reim ist an sich nicht genügend, dem Gedicht seine Form zu geben. In Rückert's Makamen finden sich gereimte Partien, die der Autor selbst gewiß nicht als Gedichte bezeichnen würde, sondern die nur gereimte Prosa darstellen. Aber auch die vollendetste Anwendung dieser Kunstmittel, vor Allem des Rhythmus, würde noch nicht ein Gedicht hervorbringen; es sind nur Anregemittel, die es uns erleichtern sollen, dem Streben des Dichters zu folgen, die unsere Stimmung beeinflussen sollen, aber es sind nicht die Kräfte, mit denen er uns an's Herz greift und den Eindruck des „Poetischen" hervorbringt.

Einem geläufigen Ausdruck nach dürfte man das Poetische eher in dem „Gedanken" zu suchen haben; denn der „poetische Gedanke" ist besonders bei sentimental angelegten Freunden der Poesie ein vielbekanntes und -beliebtes Ding. Aber leider eines, das bei näherem Anschauen und kräftigem Zufassen sich in flüchtigen Rauch auflöst. „Poetische Gedanken" sind überhaupt ein Unding; der Gedanke, das Product des Denkprocesses, ist überhaupt mit keinem künstlerischen Maßstab zu messen, und kann daher auch nie poetisch sein. In vielen Fällen wird auch unter jenem Ausdruck etwas ganz Anderes verstanden als er besagt: nämlich eine poetische Vorstellung. Dies führt näher zu dem entscheidenden Punkte hin: die Vorstellung ist

etwas Sinnliches oder durch die Phantasie sinnenfällig Erschaffenes;
sie kann künstlerisch, und darum auch poetisch geschätzt werden. Aber
wenn wir diese Richtung weiter verfolgen wollten, so würden wir
doch von der Lyrik leicht abirren und zum Drama und Epos gelangen, die mehr im vollen Wortsinn uns poetische „Vorstellungen"
gewähren.

Ausdruck des Empfindens ist das Wesen der Lyrik und die Art
dieses Ausdrucks bestimmt den poetischen Werth. Freilich sind wir
nur allzu geneigt, in der Empfindung selber das Poetische zu finden;
aber hier unterliegen wir Gewohnheitsurtheilen. Wenn wir gewisse
Empfindungen immer und immer wieder von unseren heimathlichen
Dichtern besingen hören, so entsteht für uns eine unwillkürliche
Association zwischen ihnen und der poetischen Stimmung; aber diese
verschwindet leicht wieder, wenn wir uns gewöhnen, in verschiedenen
Ländern und Zeitaltern den dichterischen Genuß zu suchen, und in
jeder Form und Stufe menschlicher Kultur die Kraft poetischer
Wiedergabe anzuerkennen. Schon oft genug ist gezeigt worden, wie
Situationen, die einem Geschlecht als eigenthümlich poetisch erschienen,
noch kurze Zeit vorher gar nicht die Beachtung der Dichter gefunden
hatten; besonders die Auffassung der Natur und die Anknüpfung
der poetischen Stimmung an diese läßt sich durch die wechselnden
Phasen hindurch verfolgen. Und was wir fern abliegenden Völkern
zugestehen müssen, das müssen wir in unserer Nähe dem Genie, das
seine eigenen Bahnen geht, gleichfalls zugestehen; es folgt nicht der Gewohnheit unserer Stimmungen, sondern es zwingt uns die seinigen auf,
die neu und gewaltsam auf uns eindringen, deren poetischer Kraft
wir nicht widerstehen. Die Art des Ausdrucks ist es, die uns
besiegt, die das schlechte Gedicht, das nur in einer, ihm selbst ähnlichen Stimmung uns gefällt, von dem guten unterscheidet, das in
jeder Stimmung gefällt. Wenn aber unter Ausdruck nicht etwa die
äußeren Mittel, die wir schon genannt, zu verstehen sind, so muß es
ein tiefer liegender, ein früherer Proceß sein, der hier wirkt. Es ist
die Gestaltung des Gefühls zum Wort, die entscheidet, nicht die
Ausfeilung und Vollendung des Wortes; es ist die Fähigkeit des

Dichters „zu sagen was er leide", — die ganze Tiefe der Empfin=
dung nicht mit der Interjection des Naturmenschen, nicht mit dem
Schweigen des Stoikers, nicht mit der Phrase des Weltmannes,
nicht mit der Reflexion des Psychologen, sondern mit dem wirklich
gleichartigen und gleichwerthigen Worte auszudrücken.

Hier sind zwei verschiedene Wege möglich, die mir zu zwei
grundverschiedenen Arten lyrischer Dichtung hinzuführen scheinen:
ich möchte den einen den symbolischen oder metaphorischen, den
anderen den rhetorischen nennen, — beide Worte natürlich in· der
weitesten Bedeutung verstanden, die man mit ihnen verbinden kann.
Der Dichter giebt uns entweder in irgend einer, wenn auch noch
so kurz angedeuteten, von der Phantasie geschaffenen Schilderung
oder Erzählung ein Spiegelbild seines Zustandes oder er spricht
den Zustand selber aus, ohne jede Vermittelung der Phantasie,
ausschließlich durch die Kraft der Rede. Im ersteren Falle ist die
Sprache nur das Werkzeug, im letzteren ist sie der eigentliche Stoff
der künstlerischen Thätigkeit. Auf die klassisch=einfachste Form zurück=
geführt, wird die metaphorische Lyrik überraschen durch den be=
zwingenden Stimmungszauber, der in dem bescheidenen vorgeführten
Bilde liegt, die rhetorische ebenso durch die unerklärliche Gewalt, die
sich in den scheinbar kunstlos wie alltäglich zusammengefügten
Worten birgt. Als Beispiele mögen zwei Goethe'sche Verse stehen,
beide ein Ausruf der Sehnsucht.

> Es stehet ein Regenbogen
> Wohl über jenem Haus!
> Sie aber ist weggezogen,
> Und weit in das Land hinaus.

> Ich besaß es doch einmal,
> Was so köstlich ist,
> Daß man doch zu seiner Qual
> Nimmer es vergißt!

In der ersten Strophe ist von dem „Ich" und seinen Empfin=
dungen nicht die Rede, und wer wird leugnen, daß sie trotzdem
rein lyrisch ist; an der zweiten hat die Phantasie gar keinen

Antheil, und wer wird leugnen, daß sie ein ergreifendes Gedicht sei!

II.

Metaphorisch ist die Poesie zunächst durch Anwendung bild-
licher Ausdrücke; aber diese kann sich steigern, so daß endlich das
ganze Gedicht ein einziges Bild, eine stimmungsvolle Phantasie-
schöpfung giebt; ja es kann scheinbar das Gedicht ganz aus dem
Gebiete des Lyrischen hinausschweifen, kann ganz und gar zur Erzählung werden, und thatsächlich doch lyrisch bleiben, wenn die
Handlung nur um des Effectes einer besonderen Stimmung willen
erzählt wird. Es kann endlich auch die subjective Form scheinbar
gewahrt werden, indem der Dichter in der ersten Person redet, aber
den Ausdruck der Empfindung einer anderen, fingirten oder bekannten Persönlichkeit in den Mund legt. In all diesen Fällen
wird die Empfindung nicht unmittelbar in das Wort umgeschmolzen,
sondern es wird ein anderer Proceß dazwischen eingeschoben.

Die Leichtigkeit und Fruchtbarkeit der Phantasie hat Dichter
nicht selten dazu geführt, ein Bild unmittelbar an das andere in
stetem Wechsel zu reihen, und sich in unermüdlicher Erfindungskraft
zu gefallen. Es ist besonders die Weise der orientalischen Dichter,
die aber nicht selten nachgeahmt worden ist. Aber sympathisch ist
uns diese Weise nicht; sie bleibt uns fremd, auch wo wir sie bei
Platen, Rückert oder selbst in Goethe's „Westöstlichem Divan" mit
Virtuosität angewandt finden:

> Laß mich nicht in der Nacht, dem Schmerze,
> Du Allerliebstes, Du mein Mondgesicht!
> O Du mein Phosphor, meine Kerze,
> Du meine Sonne, Du mein Licht!

Das einzelne, mehr ausgeführte, tiefer sich in die Erinnerung
grabende Bild ist es, das uns anzieht. Eine große Anzahl der
bekanntesten Heine'schen Gedichte verdankt ihre Wirkung solcher
Bildersprache.

> „Mein Herz gleicht ganz dem Meere,
> Hat Sturm und Ebb' und Fluth,

Und manche schöne Perle
In seiner Tiefe ruht."

Aber Heine ist selbst darin ein Schüler Goethe's und Byron's. Der englische Dichter, obgleich in seiner Lyrik oft rein rhetorisch, hat doch an manchen Stellen die farbenprächtigsten und aufs Feinste ausgeführten Bilder lyrisch zu verwerthen gewußt. Und besonders in der poetischen Auffassung des Wassers ist er vorbildlich geworden.

Das ruhige Meer und der reißende Strom mögen als Beispiele hier stehen[1]):

Keine gleicht von allen Schönen,
Zauberhafte, Dir!
Wie Musik auf Wassern tönen
Deine Worte mir.
Wie das Meer vergißt zu rauschen,
Um entzückt zu lauschen,
Lichte Wellen leise schäumen,
Eingelullte Winde träumen;

Wenn der Mond die Silberkette
Ueber Fluthen spinnt,
Deren Brust im stillen Bette
Athmet wie ein Kind:
Also liegt mein Herz versunken,
Lauschend, wonnetrunken,
Sanft gewiegt und voll sich labend,
Wie des Meeres Sommerabend.

Hier ist besonders merkwürdig, wie in das ruhig ausgeführte Bild sich das andere von dem Kinde noch harmonisch einfügt. Demgegenüber die gewaltsame Schilderung des Flusses:

Strom, der Du fließest bei den alten Zinnen,
Wo die Geliebte wohnt, — so oft sie sich
An Deinem Saum ergeht und ihrem Sinnen
Vorüberschwebt Erinnerung an mich,

Sei Du mit Deiner tiefen mächt'gen Fülle
Ein Spiegel meines Herzens, der ihr all
Die tausend Wünsche dieser Brust enthülle,
Wild wie Du selbst und reißend wie Dein Fall!

---

[1]) Die sämmtlichen Citate aus Byron sind nach der Uebersetzung Gildemeister's gegeben.

Ein Spiegel meines Herzens! — ja so ist es:
Ist nicht Dein Wasser dunkel, wild, voll Kraft?
Was meine Liebe war und ist, Du bist es
Und wie Du bist war meine Leidenschaft.

Sie mag gezähmt sein; doch versiegt sie nimmer,
Du überfluthest Deine Uferbank,
Verwandter Strom! Doch steigst auch Du nicht immer;
Auch Deine Fluth sinkt wie die meine sank.

Doch Trümmer viel ließ sie zurück, und wieder
Schwillt unser Strom, der oft die Dämme warf;
Du trachtest wild und eilst zum Meere nieder,
Zur Liebe ich, wo ich nicht lieben darf. —

Beide so verschieden gefärbte Bilder sind mustergültig als lyrische Ausdrucksmittel; denn sie sind beide bis ins geringste Detail der Stimmungsmalerei dienstbar gemacht; kein Punkt hat an sich den Dichter angezogen und ihn von seinem Inneren abgezogen, sondern überall ist er sich des Vergleichs mit dem entsprechenden eigenen Gemüthszustande bewußt geblieben. Trotz dieser vollendeten Ausführung zeigen beide Bilder dennoch, daß Byron seinem Wesen nach nicht zu den „metaphorisch" dichtenden Lyrikern gehört. Es verräth sich dies darin, daß er stets den Vergleich ausdrücklich und mit absichtlicher Deutlichkeit in beiden Theilen ausführt. Er unterläßt nicht, das psychische Gegenbild mit gleicher Kunstfertigkeit wie das Naturbild auszumalen, während die eigentlich metaphorische Lyrik sich mit dem Bilde begnügt, und dessen gewiß ist, daß sie damit den psychischen Zustand rein und sicher wiederspiegelt. Nicht selten indeß wird der Lyriker auch mit einer Andeutung auf den eigenen Gemüthszustand hinweisen, oder überhaupt durch das rein sinnliche Bild hindurch an einer Stelle den unmittelbaren Einblick in das seelische Gebiet eröffnen. Auch hierbei hat Heine sehr glückliche Momente gehabt; als ein weniger bekanntes Beispiel führe ich ein Gedicht Lermontow's an:

Siehst Du am blauen Meeres Rande
Das weiße Segel einsam dort?
Was lockt es nach dem fernen Strande,
Was treibt es von der Heimath fort?

Die Wellen spielen; günst'ge Winde
Umwehn den Mast, daß er sich beugt;
Doch folgt es nicht der Gunst geschwinde,
Auf daß es schnell sein Ziel erreicht.

Die klare Fluth ist ihm gewogen;
Die Sonne lacht ihm goldig zu;
Doch fühlt sich's nach dem Sturm gezogen,
Als fänd' es in den Stürmen Ruh'.

Aber nochmals sei es gesagt: auch ohne solche Andeutung kann das rein bildliche Gedicht vollkommen lyrischen Charakter tragen. Heine's Lied von der Lotosblume ist solch ein lyrisches Gedicht, ohne daß wir eine bestimmte Beziehung auf Vorgänge im Gemüths= leben des Dichters darin finden können; es ist es trotzdem, weil es unzweifelhaft ein bloßes Stimmungsbild giebt, weil es dem Dichter Bedürfniß war, eine gewisse Stimmung dichterisch zu fixiren. Realistischer und doch auch lyrisch dichtet Goethe „Gleich und Gleich"

Ein Blumenglöckchen
Vom Boden hervor
War früh gesprosset
In lieblichem Flor;

Da kam ein Bienchen
Und naschte fein:
Die müssen wohl beide
Für einander sein.

Es leuchtet ein, daß so einfach und sachlich darstellende Gedichte in das Gebiet des Epischen hinüberschweifen, so daß es schließlich eine Sache des subjectiven Empfindens wird, ob man das Einzelne als lyrisch oder episch beurtheilen will. Die Ballade ist die Ver= mittelung beider dichterischer Grundformen, und sie kann bald mehr der einen, bald der anderen angehören. „Der König von Thule" ist unzweifelhaft eine Ballade, aber von so lyrischer Art, daß Goethe sie unbedenklich einem jungen Mädchen auf die Lippen legen kann, das durch sie ihre ahnungsvoll schwermüthige Stimmung ausspricht. Besonders jedoch, wo die Erzählung in der ersten Person gegeben wird, dürfte das scheinbar epische Gedicht in Wahrheit meist den lyrischen Charakter behaupten. Niemand wird Goethe's „Ich ging im Walde so für mich hin" oder Heine's „Im Traum sah ich die Geliebte" der epischen Poesie zurechnen. Das Erlebniß — sei es nun wirklich oder fingirt — wird hier nur erzählt, um die Empfindung, die es hervorgerufen hat, auszudrücken. Nicht selten wird diese sinnbildliche Bedeutung der erzählten Handlung noch dadurch schärfer bezeichnet, daß der Dichter nicht als er selbst, sondern in einer angenommenen Rolle auftritt. Ich denke hierbei nicht an so allgemein gebräuchliche Bilder, wie sie etwa Goethe in der „See-fahrt" anwendet, wenn er sich als selbstgewissen Leiter seines Lebens am Steuer des Schiffes stehend zeigt; so durchsichtige und zur Floskel gewordene Metaphern werden von uns kaum mehr als solche empfunden. Aber wenn Goethe in dem schon einmal citirten Liede als Schäfer auftritt! wenn unzählige Dichter das Gleiche gethan haben, wenn seit Scheffel's „Frau Aventiure" die Poeten gern als mittelalterliche Spielleute einherziehen, so wird die erzählte Situation thatsächlich dem Bereich der Wirklichkeit ganz entrückt und zum reinen Ausdrucksmittel für die Empfindung gemacht. Denn obgleich es theoretisch nicht zu rechtfertigen ist, so läßt sich doch nicht leugnen, daß uns selber unser gegenwärtiges modernes Leben in hohem Maße „unpoetisch" erscheint. Wie das tragischste Ereigniß, wenn es bei dem Diner des Bankiers N. vorfällt, kaum von irgend einem Dichter als Stoff einer Ballade verwerthet werden wird, so kann auch der lyrische Dichter das Reale seines gegenwärtigen Zustandes in dem lyrischen Gedichte kaum verwerthen; es bleibt ihm nur die Wahl, sich auf den bloßen Empfindungsausdruck zu beschränken, oder wenn er anschaulicher dichten will, die anschauliche Situation zu fingiren. Goethe, der als achtundvierzigjähriger Minister einer Empfindung sehnsüchtiger Liebe Ausdruck geben will, konnte das unter dem Bilde des Schäfers sehr wohl thun; hätte er uns aber geschildert, wie in einer Conseilsitzung oder bei einem Hofempfang oder unter den Intendanturgeschäften der Liebesgram ihn überfallen habe, so hätte das höchstens ein humoristisches Gedicht geben können.

Aber noch weiter abliegende Wege kann sich der Ausdruck der Empfindung suchen; der Dichter kann die Handlungsweise einer anderen Person, das Verhalten beliebiger Naturgegenstände schildern und darin den eigenen Zustand malen. Auch dies ist lyrisch; ich führe als Beispiel ein Gedicht des vielgefeierten Italieners Stecchetti an:

> Einst fallen die Blätter; dann kommst wohl Du
> Mein Kreuz auf dem Kirchhof zu schauen;
> Du findest die Stätte verborgener Ruh',
> Und ringsum blumige Auen.
> Dort kränze mit Blumen das blonde Haupt,
> Sie sind meinem Herzen entsprossen,
> Sind Worte der Liebe, vom Tode geraubt,
> Sind Lieder, die ewig verschlossen.

In diesem vorzüglichen Gedichte ist ein an sich glücklich er= fundenes plastisch=reales Bild mit einem wunderbaren Hauch der Empfindung zart abgetönt und endlich mit einer kühn phantasie= vollen Metapher der Sphäre des Wirklichen wieder ganz enthoben worden. Und wenn so andere Personen der Empfindung des Dichters dienstbar gemacht werden, so kann es auch nicht überraschen, wenn schließlich die Lyrik auch der dialogischen Form sich bemächtigt und an die Grenze des Dramas heranstreift. Goethe's Meisterlied

„Wie kommt's, daß Du so traurig bist,"

kann man schlechthin das Muster dieser Dichtweise nennen. Doch lehnt sich gerade dies Gedicht eng an volksthümliche Vorbilder an, wie überhaupt die mit epischen oder dramatischen Bestandtheilen durchsetzte Lyrik sich in dem Volksliede mehr vertreten findet als die streng in dem eigenen Gebiete verharrende. Man könnte viel= leicht auch behaupten, daß die metaphorische Lyrik überhaupt mehr als die rhetorische dem Volke eigen sei; denn die letztere setzt, wenn sie nicht aus bloßen Interjectionen bestehen soll, immer eine Klar= heit über die eigene Empfindung voraus, welche meist nur bei den Höhergebildeten sich finden wird. Sie erfordert ferner eine Sprach= beherrschung, die im Volksliede zwar nicht ganz unbekannt, aber doch selten ist.

III.

Als der rhetorische Dichter par excellence darf unter den Deutschen Schiller gelten, den schon Wilhelm Humboldt als den Lyriker, der direct durch Sprache wirkt, bezeichnet hat; aber bei einem Dichter so hoher Begabung wird durch solch einseitige Charakteristik das Wesen doch nicht erschöpft. Umgekehrt hat auch Goethe, der im Ganzen eine phantasievoll sinnliche Dichtung vor= zieht, auch rhetorische Dichtung in den Oden und ähnlichen Werken aufzuweisen, wenn er auch immer den möglichst sinnlichen Ausdruck gern wählt und sich an der Grenze des Tropus bewegt.

> (Da hör ich schreckhaft mitternächt'ges Läuten,
> Das dumpf und schwer die Trauertöne schwellt.)
> Ist's möglich, soll es unsern Freund bedeuten,
> An den sich jeder Wunsch geklammert hält;
> Den Lebenswürd'gen soll der Tod erbeuten,
> Ach wie verwirrt solch ein Verlust die Welt!
> Ach was zerstört ein solcher Riß den Seinen!
> Nun weint die Welt! und sollten wir nicht weinen?

Ganz besonders aber hat Byron, der in Schilderungen eine so glühende Phantasie bewies, in der Lyrik die rein rhetorische, phan= tasielose Form bevorzugt. Sein berühmtestes, aus der Tiefe der Seele geschöpftes Scheidelied wirkt fast nur durch Mittel der Sprache und entbehrt fast aller anschaulichen Wendungen, mit Ausnahme der Verse, die das Bild des Kindes zeichnen.

> Lebe wohl! und wenn für immer,
> Auch für immer lebe wohl!
> Du vergiebst nicht; aber nimmer
> Sieg' in meiner Brust der Groll.
>
> Könntest Du mit Augen sehen,
> Was im tiefsten Busen ruht,
> Würdest Du Dir nicht gestehen?
> Ihn verschmähen war nicht gut.

Ebenso ist sein letztes, in Griechenland entstandenes Gedicht gerade in den ergreifendsten Versen völlig phantasielos:

Nun ist es Zeit, daß endlich sich
Mein einsam Herz zur Ruh' begiebt;
Doch muß ich lieben, ob auch mich
Kein Andrer liebt.

Was ungesucht so Mancher fand,
Ein krieg'risch Grab, das suche Du!
Schau denn in's Land, wähl' Deinen Stand,
Und finde Ruh!

Es gehört zu dieser Dichtweise ein ungemein tactvolles Empfin=
den der seelischen Bedeutung jedes Wortes und eine volle Beherr=
schung der gebräuchlichen rhetorischen Mittel: Steigerung, Con=
trastirung u. s. w. Aber das ist noch nicht alles. Es muß sich
hiermit ein instinctives Gefühl für die Vereinigung dieser rheto=
rischen Mittel mit der Wirkung der specifisch poetischen Kunstmittel,
besonders des Rhythmus, verbinden, kraft dessen ein Zusammen=
arbeiten dieser beiden Potenzen erreicht wird; der rhythmische Gang
des Verses und der rhetorische Gang des Satzes müssen sich gegen=
seitig unterstützen. Hierin ist Schiller vor Allem Meister gewesen,
und die Wirkung seiner Gedichte beruht großentheils darauf. Er
verstand es, die wichtigsten Hebungen des Rhythmus mit den be=
deutungsschwersten Silben zusammenfallen zu lassen. Ein Beispiel
aus „Kassandra":

Und sie schelten meine Klagen,
Und sie höhnen meinen Schmerz;
Einsam in die Wüste tragen
Muß ich mein gequältes Herz.
Von den Fröhlichen gemieden
Und den Glücklichen ein Spott,
Schweres hast du mir beschieden,
Pythischer, Du arger Gott.

Die Vorzüglichkeit dieser Verse beruht im Wesentlichen darauf,
daß die vier Hebungen jeder Zeile durchaus nicht gleichmäßig be=
handelt sind, was den bänkelsängerhaften Ton hervorzurufen pflegt,
sondern daß je zwei unter ihnen durch gewichtige Worte aus=
gezeichnet sind. Hierzu kommt noch, daß diese zwei nicht in jedem
Verse die gleiche Stelle einnehmen, sondern wechselnd gewählt sind.

Geschieht dies nicht, so tritt leicht Einförmigkeit ein, wie eine
rhetorisch sonst meisterhafte Strophe aus der Gildemeister'schen
Byronübersetzung erweisen mag; sie ist dem Abschiedsgedicht Byron's
an seine Schwester entnommen:

> Du warest ein Mensch — und Du logst nicht,
> Du warest ein Weib — und gerecht,
> Du wurdest geliebt — und betrogst nicht,
> Du wurdest geschmäht — und bliebst echt.
> Du bliebest so heute wie gestern,
> Du schiedest, doch flohest Du nicht,
> Du wachtest, doch nicht um zu lästern,
> Du schwiegst, doch nicht mir zum Gericht.

Hier sind die einzelnen Verse für den vollkommenen ästhetischen
Eindruck zu gleichmäßig behandelt. Doch ist leicht ersichtlich, daß
dies geschehen ist, um durch die beständige Wiederholung dem Gedanken desto größere Wucht zu geben.

Die rhetorische Anordnung des Satzes, welche den Eindruck zu
steigern und auf unser Empfinden zu wirken im Stande ist, kann
entweder in der bloßen Verwerthung des Wortes oder auch im
Aufbau der Gedanken sich zeigen. Die erstere wirkt nur auf unser
ästhetisches Gefühl, der letztere durch Spannung, Ueberraschung und
ähnliche Mittel direct auf unsere Gemüthsstimmung. Die rhetorische
Verwerthung des Wortes besteht großentheils in der richtigen Ausnutzung des Wortklanges; die Anordnung der Vocale ist von
höchster Bedeutung für den Effect eines Gedichtes. Bürger hat sie
vorzüglich zu lenken gewußt; man erinnere sich des vorherrschenden
o und a in der Anfangsstrophe des „Liedes vom braven Mann",
das einen majestätischen Klang hervorbringt, und vergleiche damit
die ganz vom weichen I-Klang beherrschte Refrainstrophe der
„Nachtfeier der Venus":

> Morgen liebe, was auch immer
> Noch geliebet hat zuvor!
> Was geliebt hat längst und immer,
> Lieb' auch morgen nach wie vor!

Indeß nicht nur der Klang, sondern auch die Bedeutung des
Wortes ist rhetorisch wichtig. Sätze, die in ihrer Construction, im

Gedankenaufbau nicht wirkungsvoll, selbst schwerfällig sind, können
durch eine geschickte Wahl der Worte doch eindrucksvoll werden. Ich
erinnere an eine Strophe aus C. Ferd. Meyer's Gedicht an Schiller
und Goethe, die ihrem Inhalt nach nicht rhetorisch ist, dabei einen
recht ungeschickten Satzbau zeigt, aber durch eine vorzügliche Wahl
der Worte dennoch höchst rhetorisch wird.

> Als er seinen Bruder nannte,
> Und mir drob das Herz entbrannte,
> War's als schlügen weite Flügel
> Sausend über mir die Luft,
> Schwingen, die den Raum besiegen,
> Wie sie nicht um niedre Hügel
> Flattern, Schwingen, die sich wiegen
> Herrschend über Berg und Kluft.

Besonders das erste Wort der letzten Zeile macht hier einen
unvergleichlichen Effect. Aber nicht nur im Großartigen, auch im
Einfachsten läßt sich dieser Art von Wirkung nachgehen. In Goethe's
schon anfangs erwähnten Versen:

> Ich besaß es doch einmal,
> Was so köstlich ist,
> Daß man doch zu seiner Qual
> Nimmer es vergißt —

ist es hauptsächlich der zweimalige Gebrauch des „doch", der die
Wirkung hervorbringt. Der noch einfacheren Wiederholung eines
Wortes verdankt der berühmte Gretchenvers seinen Eindruck:

> Meine Ruh ist hin,
> Mein Herz ist schwer;
> Ich finde sie nimmer
> Und nimmermehr.

In dem jugendfrischen Liede des Achtzigjährigen an den auf-
gehenden Mond bekommt die Schlußstrophe durch ein einziges Wort
ihren poetischen Charakter:

> So hinan denn hell und heller,
> Reiner Bahn in voller Pracht,
> Schlägt mein Herz auch schmerzlich schneller,
> Ueberselig ist die Nacht.

Hier ist das Wort „schmerzlich" entscheidend; es wirkt erstens durch den Contrast seiner Bedeutung mit der vorausgehenden freudigen Stimmung, sodann durch den Binnenreim auf „Herz" und endlich durch die Alliteration mit „Schlägt" und „schneller". Dies Wort an dieser Stelle ist ein Meisterzug, wie er nur dem Genie gelingt. — Welcher Art die Mittel sind, um den Satzbau eindrucksvoll zu gestalten, bedarf kaum der Erwähnung, da wir damit schon das Gebiet der allgemeinen Rhetorik betreten. Die Formen der Steigerung und Entgegensetzung können wir hier nicht im Einzelnen aufzählen. Aber als besonders bedeutungsvoll erscheint die Verbindung dieser Formen mit der Structur des Verses. Wenn etwa eine völlig abgeschlossene Strophe nur mit unvollständigen Satzgliedern ausgefüllt, und die Vollendung des Satzes erst der folgenden überlassen wird, so wird dadurch die Spannung aufs Höchste verstärkt, und der Effect aufs Aeußerste gesteigert; freilich muß dann auch der Nachsatz dem großen vorausgehenden Aufwande entsprechen; sonst kann das Gegentheil der beabsichtigten Wirkung erreicht werden. So ist in den folgenden Strophen Hölderlin's der Aufbau wunderbar schön, aber die Krönung fehlt:

> Hätt' ich Dich im Schatten der Platanen,
> Wo durch Blumen der Ilissus rann,
> Wo die Jünglinge sich Ruhm ersannen,
> Wo die Herzen Sokrates gewann,
> Wo Aspasia durch Myrthen wallte,
> Wo der seelenvollen Freude Ruf
> Aus der lärmenden Agora schallte,
> Wo mein Plato Paradiese schuf,
>
> Wo den Frühling Festgesänge würzten,
> Wo die Fluthen der Begeisterung
> Von Minerva's heil'gem Berge stürzten,
> Der Beschützerin zur Huldigung,
> Wo in tausend hehren Dichterstunden,
> Wie ein Göttertraum das Alter schwand, — —
> Hätt' ich da, Geliebter! Dich gefunden,
> Wie vor Jahren dieses Herz Dich fand!

Statt solcher sich steigernder Aneinanderreihung von Vordersätzen kann überraschender Weise auch der entgegengesetzte Weg ein-

geschlagen werden. Es kann eine Strophe durch Hauptsätze ausgefüllt und durch einen abrupten Nebensatz gleichfalls sehr effectvoll
abgeschlossen werden. So am Schlusse von Schiller's „Ideal und
Leben":

> Tief erniedrigt zu des Feigen Knechte,
> Ging in ewigem Gefechte
> Einst Alcid des Lebens schwere Bahn;
> Rang mit Hydern und umarmt den Leuen,
> Stürzte sich, die Feinde zu befreien,
> Lebend in des Todtenschiffers Kahn.
> Alle Plagen, alle Erdenlasten
> Wälzt der unversöhnten Göttin List
> Auf die will'gen Schultern des Verhaßten, — —
> Bis sein Lauf geendigt ist.
>
> Bis der Gott des Irdischen entkleidet,
> Flammend sich vom Menschen scheidet u. s. w.

Hier erkennen wir zugleich schon den Uebergang von dem
rhetorischen Aufbau des Satzes zu dem des Gedankens; denn mit
großer Kunst ist hier zunächst der Eindruck von den Mühen und
Leiden des Herkules erregt, und der Gedanke, daß dennoch dem ein
Ende gesetzt sei, lange verspart worden. Durch solche Behandlung
des Stoffes, welche eine Steigerung ähnlich dem dramatischen Fortschritt erreichen kann, wird die Wirkung auf unser Gemüth mächtig
erhöht, die Uebertragung der dichterischen Stimmung auf uns dem
Dichter bei Weitem erleichtert. Wie reizend wirkt in Goethe's Liede

> Und frische Nahrung, neues Blut
> Saug' ich aus freier Welt, —

die flüchtige, contrastirende Einschiebung:

> Aug', mein Aug', was sinkst Du nieder?
> Gold'ne Träume, kommt ihr wieder?
> Weg Du Traum, so gold Du bist!
> Hier auch Lieb' und Leben ist!

Manche der bekanntesten, viel gesungenen Lieder Heine's sind
ganz nach dem Grundsatze kunstvoller Steigerung gebaut! Man
erinnere sich nur des „Ich hab' im Traum geweinet" mit dem
dreimaligen „Mir träumte, Du lägest im Grab", „Mir träumt',

Du verließest mich", „Mir träumte, Du wärest mir gut". In größerem Maßstabe hat Schiller diese rhetorische Lyrik in den Monologen seiner Dramen angewandt, die thatsächlich aus dem dramatischen Tone in den lyrischen übergehen, so besonders der der Beatrice und der zweite der Jungfrau von Orleans, während der erste sich mehr dem Epischen nähert. In diesen beiden lyrischen Stücken sind die verschiedenen Gemüthsstimmungen abwechselnd in effectvollstem Contrast vorgetragen, in dem einen Falle zu lebendiger Leidenschaft sich am Schluß erhebend, in dem anderen in stille Wehmuth ausklingend.

IV.

Aus den Beispielen, die wir angeführt, hat bereits deutlich erhellt, daß die beiden Hauptrichtungen lyrischen Ausdruckes, die wir charakterisirt haben, nicht in dem Sinne getrennt sind, daß nicht in ein und demselben Gedichte beide hervortreten könnten. So wird man selten ein rhetorisches Gedicht finden, in dem nicht ein oder die andere Metapher angewandt wäre; man wird öfters in metaphorischen Gedichten, wie wir schon oben gezeigt, eine rhetorische Einschiebung oder einen rhetorischen Ausklang finden. Besonders ergreifend wirkt es auf unsere Stimmung, wenn das rhetorische Gedicht in eine Metapher ausläuft, die dann wie die endlich sich erschließende bunte Blüthe einer grünenden Pflanze erscheint. So wenn Catull in seinem Anklagegedicht an Lesbia zuerst mit allem Feuer der Rhetorik sich an die Freunde wendet, deren Treue er mit Aufwand aller möglichen Kenntnisse ausschmückend darstellt, wenn er darauf der Ungetreuen den Abschied giebt:

> Möge sie mit ihren Buhlen leben,
> Deren sie unzählige begünstigt,
> Keinen wahrhaft liebend, aber aller
> Kräfte brechend,

und wenn er endlich schließt:

> Möge sie nicht meiner Liebe denken,
> Die durch ihre Schuld getroffen hinfant,
> Wie am Rain des Felds vom Pflug zerschnitten
> Sinkt die Blume!

Aber auch das Entgegengesetzte, wenn der Dichter lange Zeit hindurch nur seine Phantasie erzählend oder malend spielen läßt, um dann plötzlich am Schlusse mit der Reflexion hervortretend den Sinn des Bildes zu erschließen, kann, wenn es mit poetischer Empfindung geschieht, steigernd und endgültig befriedigend wirken, während man eher eine ernüchternde, erkältende Wirkung erwarten sollte. So im Westöstlichen Divan:

> An grünen Büschelzweigen
> Geliebte sieh' nur hin!
> Laß Dir die Blätter zeigen,
> Umschalet stachlich grün!
>
> Sie hängen längst geballet,
> Still unbekannt mit sich;
> Ein Ast, der schaukelnd wallet,
> Wiegt sie geduldiglich.
>
> Doch immer reift von innen
> Und schwillt der braune Kern,
> Er möchte Luft gewinnen,
> Und säh' die Sonne gern.
>
> Die Schale platzt — und nieder
> Macht er sich freudig los, —
> So fallen meine Lieder
> Gehäuft in Deinen Schooß. —

Aber trotz dem allen glaube ich gezeigt zu haben, daß zwei verschiedene Ausdrucksweisen, zwei verschiedene Arten dichterischer Thätigkeit in den beiden geschilderten Arten der Lyrik zu Tage treten. Ist eine Abschätzung des Werthes beider möglich? Wird man mit Recht eine für höher stehend als die andere bezeichnen können? Mit theoretischer Begründung gewiß nicht! Wenn die eine mehr Phantasiekraft, die andere mehr feine Sprachempfindung verlangt, so läßt sich nicht angeben, welche dieser beiden Eigenschaften für den Dichter wesentlicher sei. Trotzdem wird man sagen dürfen, daß die erstere es leichter hat und darum auch öfter dazu gelangen wird, stimmungsvolle und ergreifende Lieder hervorzubringen. Denn ihrer Natur nach unterscheidet sie sich schärfer von der Prosa als die zweite. Auch das schwache Gedicht wird durch einen phantasie-

vollen Inhalt ohne Weiteres in die poetische Sphäre gehoben, während
schon ein starkes Talent dazu gehört, um das rhetorische Gedicht
aus der Prosa herauszureißen, es von Einförmigkeit zu befreien
und mit wahrhaft poetischem Leben zu erfüllen. Gelingt aber dies,
so ist die Wirkung noch stärker als bei der metaphorischen Lyrik,
weil der Ausdruck des Gefühls unmittelbarer und wahrer ist. Wir
finden eine ganze Anzahl langweiliger und öder Gedichte, in denen
Byron seine Empfindungen und Meinungen expectorirt hat und in
denen das eigentlich Poetische zu fehlen scheint; wir finden aber
andere ebenso phantasielose, wie das „Lebewohl", das wir schon
anführten, in denen die höchste Wirkung erreicht wird, der die
phantasievollste Bildersprache kaum gleichkommen könnte. Und hier=
mit stimmt überein, daß diejenige Lyrik, die sich als unvergänglich
erwiesen hat, die einen unverlierbaren Platz in der Weltgeschichte
einnimmt, fast durchweg der rhetorischen Form angehört, einzelner
metaphorischer Wendungen ungeachtet. Das gilt von den indischen
Veden ebenso wie von den Psalmen der Bibel, von den Kriegs=
liedern des Tyrtäus wie den Siegesoden Pindar's, von den latei=
nischen Hymnen der alten Kirche wie den Sonetten Petrarca's. Und
nach historischer Erfahrung zu urtheilen, ist wohl die Prophezeiung
erlaubt, daß auch Goethe's Oden, wie „Prometheus" oder „Grenzen
der Menschheit", unvergänglicher leben werden als die reizendsten sing=
baren Lieder, die er gedichtet. Es ist im Ganzen eben der rhetorischen
Lyrik mehr gegeben, das Erhabene zu erreichen, als der metapho=
rischen. Wenn sie die Gefahr der Einförmigkeit zu scheuen hat, so
die metaphorische die Gefahr des Spielenden, und für die Erreichung
des Erhabenen ist die erstere Gefahr weniger bedenklich. Das Er=
habene aber ist es schließlich, was dem Stürmen und Brechen des
Zeitlaufs am festesten widersteht, was gleich den Pyramiden nach
Jahrtausenden immer von Neuem angestaunt werden kann.

Ueber literarhistorische Methode.

(Zum ersten Erscheinen der Zeitschrift „Euphorion".)

———

Mit Freuden ist es zu begrüßen, daß nunmehr eine literar=
historische Zeitschrift entstanden ist, in welcher sowohl Specialunter=
suchungen als Aufsätze allgemeinen Inhalts ihre Stätte finden können;
doch müssen wir zugleich der Hoffnung Ausdruck geben, daß diese
beiden Gruppen, die durch den Druck geschieden werden sollen, in
der wissenschaftlichen Behandlung nicht allzu verschieden sein mögen.
So nothwendig in der wissenschaftlichen Arbeit sowohl die sorgfältige
Erforschung des Einzelnen als die Erkenntniß der großen Zusammen=
hänge der Einzelheiten ist, so wünschenswerth ist es auch, daß Beides
im Sinne des Forschers stets mit einander verbunden bleibe, —
und mir scheint, als habe die Scheidung beider Thätigkeiten gerade
unserer jungen Wissenschaft schon manchen Schaden gebracht.

Es ist nicht selten, daß wir Einzelforschungen treffen, welche
einzig und allein Beobachtungen zusammenstellen, ohne einen be=
stimmten Gesichtspunkt erkennen zu lassen, eine bestimmte Frage=
stellung, deren Beantwortung die Ergebnisse dienen sollen. Und
wir finden, daß solche Arbeiten wegen ihrer Gründlichkeit und Sorg=
falt gelobt werden, ohne daß die Frage aufgeworfen wird, ob wirk=
lich eine Förderung unserer Erkenntniß durch sie erzielt worden ist.
Andererseits ist es nichts Seltenes, daß allgemeine Urtheile, sei es
über Personen und ihre Werke, sei es über ganze Zeiträume der
literarischen Entwickelung gefällt, daß anschauliche Gesammtbilder
gezeichnet werden, ohne daß die Urtheile exact begründet, die Bilder

mit wiſſenſchaftlicher Treue dem Gegenſtande nachgeſchaffen erſcheinen,
und wir erfahren es oftmals, daß ſolche Leiſtungen wegen ihres
Geiſtreichthums, ihrer Originalität bewundert werden, ohne daß man
nach ihrer Richtigkeit fragt. In beiden Fällen iſt vergeſſen, daß das
einzige Ziel der Wiſſenſchaft die Erforſchung und Darſtellung der
Wahrheit iſt, daß daher weder die virtuoſe Uebung einer Methode
an ſich einer Arbeit wiſſenſchaftlichen Werth verleiht, noch der Schwung
und die Ideenfülle des Arbeiters, ſondern der auf Erforſchung der
Wahrheit gerichtete Sinn. Die Beweggründe, die auf jene Abwege
führen können, will ich hier nicht im Einzelnen unterſuchen; ein
Hauptgrund mag in einer gewiſſen Skepſis liegen, die da meint,
daß exacte Erkenntniß der Wahrheit niemals über das Regiſtriren
der Einzelthatſachen hinausgelangen könne, und daß daher jede
umfaſſendere Conception eine Art Dichtung ſei, deren Werth, als
ein bloß perſönlicher, nur durch den Genius des Autors bedingt
werde. Hierbei iſt jedoch außer Acht gelaſſen, daß, wenn auch der
hiſtoriſchen Erkenntniß die Exactheit der naturwiſſenſchaftlichen
mangelt und ihre Ergebniſſe immer nur das Prädicat der Wahrſcheinlichkeit beanſpruchen können, es dennoch das Ziel des Forſchers
in jedem Augenblick bleiben muß, den höchſtmöglichen Grad der
Wahrſcheinlichkeit zu erreichen, einen Grad, der praktiſch in ſehr
vielen Fällen der Gewißheit gleichgeſetzt werden darf.

Und dieſes Ziel iſt zu erreichen nicht nur in der Beobachtung
und Aufzeichnung des Einzelnen, ſondern auch in der Erforſchung
eines Ganzen, mag dieſes nun zu der Erfaſſung einer literariſchen
Perſönlichkeit oder zur Charakteriſtik eines Zeitabſchnittes oder zur
Entwickelungsgeſchichte einer Form, eines Motivs, einer Idee hinführen. Ein derartiges Ziel ſoll jede Specialunterſuchung vor Augen
haben, und andererſeits können dieſe Ziele nur durch die gewiſſen-
hafte und umfaſſende Specialforſchung erreicht werden.

Eine Serie von Beobachtungen, die nicht nach beſtimmten und
klaren Geſichtspunkten geſammelt worden iſt, d. h. mit der Abſicht,
durch dieſe Sammlung eine beſtimmte Frage der genannten Arten
zu beantworten, kann auch nicht einer ſpäteren umfaſſenden Arbeit

als nützliches Hülfsmittel dienen. Denn wie es im Leben nichts
Isolirtes giebt, sondern alles Einzelne sich gegenseitig bedingt, so
kann auch aus bloßen Einzelheiten kein naturwahres Ganzes künstlich zusammengesetzt werden; es muß an jedem Einzelstück sich gleichsam der Zapfen und die Höhlung befinden, durch welche es mit den
Nachbarstücken verbunden werden kann. Beispielsweise werden Stil-
beobachtungen an den Werken eines Autors ganz anders auszuführen
sein, wenn sie einer Biographie dieses Autors zu Gute kommen
sollen, als wenn sie für eine allgemeine oder zeitlich begrenzte Stil-
geschichte bestimmt sind. Es wäre zu wünschen, daß man keine
Specialuntersuchung fände, die nicht auf dem Titel den Zusatz „als
Beitrag zu einer Arbeit" u. s. w. trüge. Ob der Autor jemals
dazu gelangte, diese Arbeit auszuführen, ja, ob er überhaupt die
Absicht dazu hätte, käme dabei nicht in Betracht; es genügt, daß
ihm das Ziel vorschwebt, auf welches seine Forschung gerichtet ist,
auch wenn er Anderen überläßt, dieses Ziel wirklich zu erreichen.

Nicht minder sollte es keine Darstellung umfassenderer Art
geben, die sich nicht auf Einzelbeobachtungen gründete und die es
verschmähte, dem Leser Kenntniß und Rechenschaft von diesen Grund-
pfeilern und Fundamentsteinen zu geben. Die Abneigung, einem
darstellenden Werke Anmerkungen beizufügen, die jetzt nicht selten
zu beobachten ist, kommt allerdings den Wünschen eines bequemen
Lesepublicums und eines ihm dienenden Buchhandels entgegen, ist
aber vom wissenschaftlichen Standpunkte schlechterdings durch Nichts
zu rechtfertigen. Der Literarhistoriker ist, wie jeder andere Geschichts-
forscher, weder ein Prophet noch ein Dictator, sondern ein Diener
der Wahrheit; er darf weder auf Glauben noch auf Gehorsam
rechnen; er muß beweisen und überzeugen. Dies vermag er zu thun,
und wird er gerne thun, wenn er der Regel folgt, die aller modernen
Wissenschaft zu Grunde liegt: vom Empirischen zur Idee aufzusteigen
oder, wie es Goethe auszudrücken gewohnt war, vom Besonderen
zum Allgemeinen zu gehen. Ich nenne Goethe hier absichtlich statt
mancher berühmter Historiker und Literarhistoriker, die anzuführen
wären, weil seinen Namen in aller und jeder Hinsicht zum Beginn

eines literarhistorischen Unternehmens zu nennen sich ziemt, aber
auch zugleich, weil seine Aeußerungen über wissenschaftliche Forschung,
obschon zunächst auf das Naturstudium berechnet, dennoch auch für
unsere Aufgaben unverbrüchliche Weisungen enthalten. Es sind zahlreiche Sprüche, dann methodische Bemerkungen in der Geschichte der
Farbenlehre, ganz besonders aber der gedankenklare Aufsatz „Ueber
den Versuch als Vermittler von Object und Subject", die auch der
historischen Forschung als Leitsterne dienen sollen. Freilich muß man
sie in eine etwas andere Sprache übersetzen; nicht „Theorie" kann
das Ziel des Geschichtsforschers sein, sondern die Erkenntniß der
Idee; nicht Versuche, Experimente kann der Historiker anstellen, nicht
die Phänomene wiederholen, sondern er muß sich begnügen, sie
aufzusuchen, zu beobachten und zu sammeln. Allein das sind nur
Verschiedenheiten der Vorbedingungen; sie betreffen nicht den Sinn
dessen, was Goethe uns zu sagen hat. Wenn er in dem genannten
Aufsatz verlangt, „nicht abzulassen, alle Seiten und Modifica-
tionen einer einzigen Erfahrung nach aller Möglichkeit durchzu-
forschen und durchzuarbeiten", wenn er ebenda entschieden davor
warnt, einen einzelnen Versuch als etwas Isolirtes zu unternehmen
und zu betrachten, wenn er in seinem letzten Briefe an Grüner fordert, die isolirt scheinenden Phänomene in methodischer Folge darzustellen, so sind das auch für die literarhistorische Forschung die
fruchtbarsten Regeln. Und wer ihnen folgt, der wird auch die
gleichen Erfahrungen machen, die Goethe zu immer tiefer dringender
Erkenntniß verholfen haben. „Viele Phänomene zusammen überschaut, methodisch geordnet, geben zuletzt etwas, das für Theorie
gelten könnte." „Jedes Ansehen", lesen wir in der Farbenlehre,
„geht über in ein Betrachten, jedes Betrachten in ein Sinnen, jedes
Sinnen in ein Verknüpfen, und so kann man sagen, daß wir schon
bei jedem aufmerksamen Blick in die Welt theoretisiren." „Es giebt
eine zarte Empirie, die sich mit dem Gegenstande innigst identisch
macht, und dadurch zur eigentlichen Theorie wird." Auf Grund
dieser Voraussetzungen erlaubt sich Goethe das geniale Paradoxon,
„daß alles Factische schon Theorie ist", d. h. daß derjenige, welcher

die Thatsachen sicher und klar, in ihrer Anordnung nach Raum und
Zeit zu beobachten und zu überschauen weiß, damit zugleich die
Einsicht in ihren inneren Zusammenhang und den verbindenden
Allgemeinbegriff besitzt. —

Es leuchtet ein, daß bei einer solchen Anschauungsweise Einzel=
forschung und Gesammtbetrachtung eng verbunden sind. Die Erinne=
rung an diese zugleich der Empirie und den Ideen huldigenden
Goethe'schen Grundsätze hat mir den Muth gegeben, entsprechende
Wünsche auch für den Betrieb unserer literarhistorischen Wissenschaft
an dieser Stelle auszusprechen.

Goethe's Tagebücher.

Goethe hat nicht gewollt, daß man seine Werke, vor Allem seine Gedichte, in chronologischer Folge abdrucke; er wollte nicht, daß das einzelne Erzeugniß als abhängig von gewissen Ereignissen, Zuständen aufgefaßt werde, und so nur einen bedingten Einfluß übe, sondern daß es durch sich selbst als ein Ganzes, als ein immer Neues auf jeden Augenblick wirke. Und so ist uns bei seinen Gedichten vielfach noch heute die Reihenfolge der Entstehung unbekannt, und diese ursprünglichste Quelle, aus der wir die Kenntniß seines Werdens und Reifens schöpfen könnten, nicht überall zugänglich. Desto werthvoller werden für uns die Briefe, welche jetzt schon in reicher Fülle und regelmäßiger Ordnung zu überschauen sind, — und noch mehr die Tagebücher[1]), die er während der längsten Zeit seines Lebens, freilich in sehr wechselnder Art, geführt hat. Anfangs sind es flüchtige, „mit ungeduld'gem Streben hingewühlte" Streiflichter, später werden es ausführliche Bekenntnisse einer zur Selbstbetrachtung neigenden, in Entwickelungskämpfen begriffenen Persönlichkeit, dann sachliche Aufzeichnungen eines in seiner Stellung zur eigenen Thätigkeit wie zur umgebenden Welt gefestigten Mannes.

Es ist das Jahr 1775, das Jahr der ersten Schweizerreise, aus dem uns die ersten genial-flüchtigen Blätter erhalten sind. Es sind Eindrücke der Natur, welchen der Dichter um so feuriger sich hingab, als er aus ihnen neue Lebenskraft und Lust nach widrigen und bedrückenden Stimmungen und Verhältnissen, die in Frankfurt

---

[1]) Goethe's Werke. Herausgegeben im Auftrage der Großherzogin Sophie von Sachsen. III. Abtheilung: Tagebücher.

auf ihm lasteten, gewann. Indem er den Aufstieg vom Vierwald-
stätter See zum Gotthard schildert, sucht er noch nicht die Erschei-
nungen als ein Ganzes plastisch, objectiv wiederzugeben; nur das
Einzelne, sowie es nach einander auf seine Seele wirkt, nennt er
mit Namen; ein Stimmungsbild erhalten wir, das unfehlbar wiederum
Stimmung hervorruft. Merkwürdig, daß in diesen abgerissenen
Worten die Elemente liegen, aus denen später der dritte Vers des
Mignon-Liedes sich bildete.

„Schnee, nackter Fels und Moos und Sturmwind und Wolken;
Das Geräusch des Wasserfalls, der Saumrosse Klingeln. Oede wie
im Thale des Todes — mit Gebeinen besäet; Nebel See. Eine
Stunde aus dem Livinerthal ins Urseler. Das mag das Drachen-
thal genannt werden — Einer der herrlichsten Wasserfälle der
gantzen Gegend.“

Ein zweites Reisetagebuch aus demselben Jahre ist uns erhalten:
von jener auf das Drängen des Vaters widerwillig unternommenen
Reise nach Italien, welche die mit Weimar schon angesponnenen
Fäden beinahe zerrissen hätte, aber bereits in Heidelberg ein schnelles
Ende fand. Die drei Seiten dieser Niederschrift haben denselben
Reiz wie Goethe's ausführlichere Briefe jener Jahre, etwa die an
Auguste Stolberg: Der höchste Reichthum des Ausdruckes — aber
doch nicht genügend für den Drang des Gefühls; doch oftmals nach
Worten ringend, verstummend; — dann wieder einmal die Sprache
mit wunderbarer Gewalt meisternd und sich zur höchsten Freiheit
erhebend. Ein entzückendes Beispiel dafür, wie der Tagesmensch
redet und wie der Dichter redet, ist das folgende: Wir fuhren um
eine Ecke. „Ein malerischer Blick“ wollt' ich rufen. Da faßt' ich
mich zusammen und sprach: „Sieh ein Eckchen, wo die Natur in
gedrungener Einfalt uns mit Lieb und Fülle sich um den Hals wirft.“

„Mir ist als redet' ich mit Leuten, da ich das schreibe“, so
charakterisirt der Dichter selbst die Stimmung, in welcher er diese
Blätter niederschrieb. Von der Art sind seine Tagebücher aus
Weimar nicht mehr. In ihnen stellt sich der Schreiber absichtlich
weit ab von den Leuten, von der Welt, und redet mit Bewußtsein

nur zu sich selbst, nur von sich selbst, nach dem Maßstab der Selbstbeobachtung, deren Ergebnisse Niemandem als ihm selbst dienen
sollen. Nur die Briefe an Frau von Stein sind mit diesen Tagebüchern zu vergleichen und berühren sich vielfach mit ihnen.

Die ersten Monate des Weimarer Aufenthaltes gingen unter
einer Fülle von Eindrücken und Abwechslungen dahin, welche nicht
die Ruhe gewährten, sich regelmäßige Rechenschaft von ihnen abzu-
legen. Erst seit Mitte des April 1776 beginnt Goethe wenigstens
von der Mehrzahl der Tage kurze Notizen aufzuzeichnen, die allmählich
ausführlicher werden und in den folgenden Jahren nicht selten ausgesponnene Reflexionen einschließen. Vom Jahre 1781 an werden
die Einträge wieder kürzer, um mit der Mitte des Jahres 1782 gänzlich aufzuhören. Es bilden also die sechs Jahre 1776 bis 1782
einen fest umgrenzten, eigenartigen Zeitraum.

Welche Bedeutung dieser für Goethe hatte, ist schon oftmals
geschildert worden. Jene unter dem Einfluß Charlotte von Stein's
und unter der Einwirkung einer vielseitigen Berufsthätigkeit sich
vollziehende Läuterung, jene Ueberwindung des Sturmes und Dranges
der Seele und Gewinnung innerer Klarheit und Festigkeit kommt
in den Tagebüchern oft zu merkwürdig bewußtem und verstandes-
klarem, dann wieder zu empfindungsvollem, bewegtem Ausdrucke.
„Dumpf" [1]) nennt Goethe den Zustand, aus welchem er sich zur Klarheit, Reinheit, Wahrheit emporringt. Unter „Dumpfheit" versteht
er eine unklare, unbefriedigte, aber von einer Ahnung des Rechten
erfüllte, nicht hoffnungslose, nicht in sich verschlossene Stimmung.
So heißt es auch in einem Faust-Entwurfe von dem Schüler im
Gegensatze zu Wagner: „Dumpfes warmes wissenschaftliches Streben";
im „Ewigen Juden" redet Christus die Menschheit an: „Die Dumpfheit Deines Sinns, in der Du schwebtest, aus der Du Dich nach
meinem Tage drangst." Und so heißt es auch von dem Herzog
Karl August, den er auf einem Ritt begleitet hat: er war „rein
und dumpf und wahr". Von sich selbst aber braucht er öfter nicht

---

[1]) Vergl. hierzu jetzt R. W. Meyer's Studien über Goethe's Wort-
gebrauch. Archiv für das Studium der neueren Sprachen, Bd. 96.

nur diesen, sondern weit stärkere Ausdrücke, die niedergeschlagene, muthlose Stimmung bezeichnen. „In dunklem Sinn" geht er oft dahin; er fühlt sich „in der Seele umgeworfen"; aber im Fortgang dieser ersten Weimarer Zeit machen solche befangene Empfindungen mehr und mehr der freien Lebens= und Selbstgewißheit Platz. „Meine Ruh in der Seele", „sehr ruhig und heiter im Gemüth", solche Bemerkungen wiederholen sich häufig und werden noch mehr ausgeführt. Ergreifend ist der Ernst der Selbsterziehung, der sich an vielen solchen Stellen ausspricht, und besonders charakteristisch die Art, wie die Berufsstellung, die Masse mechanischer Verwaltungs= geschäfte, die der Dichter in Weimar auf sich genommen, von ihm benutzt werden, sich daran innerlich zu festigen, Herrschaft über sich selbst und die Welt daran zu gewinnen. Des Vortheils, den ihm die Erhebung in eine höhere Gesellschaftssphäre und in eine weitere Thätigkeit verschafft hatte, ist sich Goethe auf's Klarste bewußt. „Heiliges Schicksal", schreibt er (November 1777), „Du hast mir mein Haus gebaut und ausstaffirt über mein Bitten, ich war ver= gnügt in meiner Armuth unter meinem halbfaulen Dache; ich bat Dich, mir's zu lassen, aber Du hast mir Dach und Beschränktheit vom Haupte gezogen, wie eine Nachtmütze. Laß mich nun auch frisch und zusammengenommen der Reinheit genießen! Amen, Ja und Amen winkt der erste Sonnenblick."

Die Vollendung des dreißigsten Jahres (1779) führt Goethe dazu, die Summe seiner Existenz in überschauender Betrachtung mit geringerer Befriedigung zu ziehen, als es nach jenen früheren Aeuße= rungen zu erwarten wäre. Noch in späteren Jahren war der Ein= druck, den dieser Lebenseinschnitt ihm gemacht, lebendig, so daß er in den Vorarbeiten für seine Lebensgeschichte einen ausdrücklichen Hinweis darauf verzeichnete. Im August 1779 lesen wir in seinem Tagebuch: „Stiller Rückblick auf's Leben, auf die Verworrenheit, Betriebsamkeit, Wißbegierde der Jugend, wie sie überall herumschweift, um etwas Befriedigendes zu finden ... Wie des Thuns, auch des zweckmäßigen Denkens und Dichtens so wenig, wie in zeitver= derbender Empfindung und Schatten der Leidenschaft gar viele Tage

verthan, wie wenig mir davon zu Ruhe kommen, und da die Hälfte
nun des Lebens vorüber ist, wie nun kein Weg zurückgelegt, sondern
vielmehr ich nur dastehe, wie einer, der sich aus dem Wasser rettet
und den die Sonne anfängt, wohlthätig abzutrocknen. Die Zeit,
daß ich im Treiben der Welt bin seit 75 October, getrau ich noch
nicht zu übersehen. Gott helfe weiter und gebe Lichter, daß wir
uns nicht selbst so viel im Wege stehen. Lasse uns vom Morgen
zum Abend das gehörige thun und gebe uns klare Begriffe von
den Folgen der Dinge! ... Möge die Idee des Reinen, die sich
bis auf den Bissen erstreckt, den ich in den Mund nehme, immer
lichter in mir werden!"

Aber dies ist auch das letzte Mal, daß Stimmungen dieser
Art die Oberhand in ihm gewonnen haben. Schon wenige Tage
nach dem bedeutungsvollen Tage schreibt er: „Wie durch ein Wunder
seit meinem Geburtstage in eine frische Gegenwart der Dinge versetzt, und nur den Wunsch, daß es halten möge. Eine off'ne Fröh-
lichkeit und das Lumpige ohne Einfluß auf meinen Humor." Und
seitdem hören die Aeußerungen innerer Unruhe und Gedrücktheit auf;
das Bewußtsein eines unverlierbaren, unangreifbaren inneren Glücks
wird immer lebendiger, das ihn sogar nach der Unterredung mit
einem weniger der Welt und seiner selbst sicheren Amtsgenossen ausrufen läßt: „Mir schwindelte vor dem Gipfel des Glücks, auf dem
ich gegen so einen Menschen stehe." Eine immer größere Entfremdung von der Denk- und Empfindungsweise des Durchschnittsmenschen
war eine höchst bedeutsame Folge jener inneren Läuterung. Nicht
etwa Gleichgültigkeit, Unthätigkeit; vielmehr wird die Bereitwilligkeit
zu handeln, zu helfen, nur gesteigert; aber das Gefühl innerer Ein-
samkeit, und zwar des einsamen Glückes wächst immer mehr. Lange
schon hatte er sich entwöhnt, von Anderen sich rathen zu lassen. „Ich
darf nicht von dem mir vorgeschriebenen Wege abgehen, mein Dasein
ist einmal nicht einfach, nur wünsch ich, daß nach und nach alles
anmaßliche versiege, mir aber schöne Kraft übrig bleibe, die wahren
Röhren neben einander in gleicher Höhe aufzupumpen ... Den
Punkt der Vereinigung des Mannigfaltigen zu finden bleibt immer

ein Geheimniß, weil die Individualität eines Jeden darin besonders
zu Rathe gehen muß und Niemandem anhören darf." Und was er
für seine persönliche Entwickelung hier behauptet, das gilt ihm ebenso
in seinem öffentlichen amtlichen Leben. „Ich fühle nach und nach",
schreibt er, „ein allgemeines Zutrauen, und gebe Gott, daß ich's
verdienen möge, nicht wie's leicht ist, sondern wie ich's wünsche.
Was ich trage an mir und anderen, sieht kein Mensch." Und ebenso
ein ander Mal: „Es weiß kein Mensch, was ich thue und mit wie
viel Feinden ich kämpfe, um das wenige hervorzubringen." Derber
heißt es dann einmal nach einer glücklichen Action: „Dicke Haut
mehrerer Personen durchbrochen." Nach alledem kann es nicht wundern, wenn wir einmal die Aufzeichnung lesen: „Fortdauernde reine
Entfremdung von den Menschen. Stille und Bestimmtheit im Leben
und Handeln."

Daß es freilich dennoch Personen gab, mit denen er sich in
innerer Gemeinschaft fühlte, dafür fehlt es nicht an Zeugnissen.
Aus früherer Zeit reichte das Verhältniß zu Merck werthvoll und
bedeutungsreich in die Gegenwart hinein. Als dieser ihn im Juli
1779 besucht hat, rühmt er die gute „Wirkung", welche sein Aufenthalt auf ihn geübt. „Da er der einzige Mensch ist, der ganz erkennt,
was ich thu' und wie ich's thu', und es doch wieder anders sieht
wie ich, von anderem Standort, so giebt das schöne Gewißheit."
Traurige Tage verursachte ihm im Jahre 1777 der Tod seiner
Schwester, mit der er stets in engem geschwisterlichem Verhältniß
gelebt; „Leiden und Träumen" ist für mehrere Tage der einzige
Eintrag.

Von der Gegenwart, die ihn so innig fesselte, die für sein
inneres Leben von so dauernder Wirkung war, von der Leidenschaft
für Frau von Stein lesen wir in den Tagebüchern wenig. Freilich
ihre Chiffre, die Sonne, kehrt oftmals wieder; aber was sie Goethe
geworden, was er in den Briefen an sie immer von Neuem, immer
mit gleicher Wärme ausgesprochen, davon ist hier nichts zu lesen.
Aber man kann sagen, daß ihr Geist diese Blätter durchweht. Denn
was Goethe in ihnen als Ergebniß seiner Entwickelung ausspricht,

ist dasselbe, was er in den Briefen wieder und wieder als die Frucht ihrer Einwirkung gepriesen und ihr gedankt hat.

Mit warmer Theilnahme wird beständig wiederholt nur einer Weimarer Persönlichkeit gedacht, des Herzogs. Den Grund dafür kann man unter dem 13. Juli 1779 lesen: „Außer dem Herzog ist Niemand im Werden, die anderen sind fertig wie Dreffelpuppen, denen höchstens noch der Anstrich fehlt." Wer erinnert sich hierbei nicht der „Faust"-Verse:

> „Wer fertig ist, dem ist Nichts recht zu machen;
> Ein Werdender wird immer dankbar sein."

Der Herzog ist der Einzige, auf den Goethe in Weimar persön= lich zu wirken sucht, während er die Menschen sonst als gegebene Größen acceptirt. „Rein und dumpf und wahr", nennt er ihn in früherer Zeit; aber seine Hitze und Vorschnellheit beklagt er öfters. Nach einer Sitzung macht er ihm sogar Vorhaltungen über zu vieles und voreiliges Reden. Später freut er sich rein seiner Fortschritte, wie er „über die große Krise hinwegkommt", wie er „an innerer Kraft, Fassung, Ausdauer, Resolution fast täglich zunehme".

Wenig lassen uns die Tagebücher dieser Jahre in die literarische Beschäftigung Goethe's hineinsehen. Interessant ist die Notiz vom 23. August 1781: „Nathan und Tasso gegen einander gelesen." Nathan der Weise war in der That das einzige Stück in Deutschland, welches Goethe als einen Vorläufer dessen ansehen konnte, was ihm für Iphigenie und Tasso noch als Ideal der Ausführung vorschwebte. Wohl mag ihm schon damals der Gedanke gekommen sein, den in Prosa begonnenen Tasso nach dem Vorgang Lessing's in fünffüßige Jamben umzudichten.

Spinoza, in dem Goethe damals lebte und webte, spielt in den Tagebüchern gar keine Rolle. Aber wie in den Briefen an die Stein, so steht er auch hier überall kenntlich im Hintergrunde. Spinozistischer Geist durchweht beides. Es war ein der Poesie nicht freundlich gesinnter Geist. Spinoza hebt den Unterschied der Dinge auf, während der Dichter auf Gemüth und Phantasie vor Allem durch die starke Empfindung der Contraste des Lebens wirkt. Die gleichmäßige Stimmung, in die sich Goethe versetzte, die in manchen Aeußerungen schon einen gewissen häuslich-philiströsen Ton annimmt, die leidenschaftlose Betrachtung der Menschen, die ruhige Selbstbeobachtung, welche schließlich so weit geht, daß er die Perioden seines eigenen geistigen Zustandes in regelmäßiger Wiederkehr constatiren zu können glaubt, alles das waren Zustände, welche das volle Aufflammen des poetischen Feuers dämpften und es nur als Kohle unter einer bedeckenden Aschenschicht glimmen ließen. Goethe's Flucht nach Italien, welche diesen Zeitraum abschließt, entsprang nicht nur der Sehnsucht nach der Antike, nicht nur dem Wunsche, sich mit der bildenden Kunst mehr vertraut zu machen, auch nicht etwa nur der Absicht, Zeit und Muße zur Vollendung einiger poetischer Werke zu gewinnen, sondern vor Allem dem inneren Bedürfniß, wieder ein unmittelbareres, rein menschlicheres und darum poetischeres Dasein zu gewinnen. Aus der Last der Geschäfte, aus der strengen Abgeschlossenheit des Lebens, aus der Eingeschränktheit und Abgewogenheit des Denkens und Empfindens zog es ihn unwiderstehlich nach der Aufnahme und Verbreitung eines großen Natur- und Menschencomplexes, der nicht nur durch Studium, sondern ebenso durch persönliches Mitleben zu erfassen und zu bewältigen war. Daher seine unermüdliche Beobachtung und Auffassung aller Natur- und Kunsteindrücke und zugleich seine Offenheit und Freiheit im persönlichen Umgang mit dem großen Künstler- und Forscherkreise, dessen Mittelpunkt er wurde, auf den er eine Fülle persönlicher Liebenswürdigkeit und sachlicher Förderung ausströmte.

Die italienischen Tagebücher, die durch Goethe's eigene Bearbeitung längst Gemeingut geworden, bilden eine eigene Gruppe; sie weichen in der ursprünglichen Form nicht unbedeutend von der „Italienischen Reise" ab.

Nur vereinzelte Ansätze zu täglichen Aufzeichnungen finden sich aus den nächsten Jahren; erst 1796 beginnt wieder die regelmäßige Führung, aber in ganz anderer Weise als früher. Der gemüthvolle Erguß wie die Reflexion sind verschwunden, nur Thatsächliches wird verzeichnet; aber diese Angaben, die sich hauptsächlich auf die Arbeit

4*

und den Verkehr jedes Tages beziehen, sind von der größten bio-
graphischen Wichtigkeit. Was vor Allem auffällt, ist die geringe
Breite, welche gegenüber Studien der verschiedensten Art, gegenüber
amtlichen, höfischen und gesellschaftlichen Verpflichtungen die Dichtung
in Goethe's Leben einnehmen durfte. Mühsam gewinnt er für sie
Tage, selten Wochen, meist nur, wenn er nach Jena entflieht, wo
die poetische Stimmung sich ihm leichter erschloß als in Weimar.
Wenn wir bisher schon gewußt, daß die Dichtung eines Werkes
oder eines Theiles davon Goethe in einem bestimmten Jahr oder
nur in einem bestimmten Monat beschäftigte, so zeigen uns diese
täglichen Bemerkungen, daß es thatsächlich nur wenige Tage gewesen,
in denen er sich der Production hingegeben hat. Er dichtete nur,
wenn jene Stimmung völlig frei und ungehemmt in ihm waltete,
wie er ja auch Schiller's entgegengesetztes forcirendes Verfahren ausdrücklich getadelt hat. Eine ganz andere Regelmäßigkeit und Consequenz zeigt das Naturstudium, welches in der grenzenlosen Vielheit
seiner Beschäftigungen das eigentliche feste Rückgrat bildet; hiermit
vereinigt sich in den letzten neunziger Jahren die theoretische Kunstbetrachtung. Welche Leichtigkeit und Fülle aber in den Tagen glücklicher Stimmung der poetischen Kraft Goethe's eigen war, dafür
liefert das Tagebuch merkwürdige Beispiele. So sind die vier ersten
Gesänge von Hermann und Dorothea, also fast die Hälfte des
Gedichts, in neun Tagen entstanden; nachdem es dann ein halbes
Jahr geruht, wurde die zweite Hälfte in wenig längerer Frist vollendet. Sehr interessant sind die hin und wieder sich findenden Aufzeichnungen der ersten Gedanken oder Motive poetischer Productionen;
so im Mai 1797: „Artige Idee, daß ein Kind einem Schatzgräber
eine leuchtende Schale bringt"; große Wichtigkeit für die Geschichte
der Goethe'schen Geistesarbeit haben die sehr häufigen Angaben der
Gesprächsgegenstände: die unermüdlichen Verhandlungen mit Schiller
über die durch Kant angeregte Kunstphilosophie und speciell die
Gesetze der Dichtkunst, mit Meyer über Malerei und Plastik, mit
Schelling über Naturphilosophie werden uns nahe gerückt. Entwurf
und Entstehung der von Goethe und seinen Freunden gemeinsam

geleiteten literarischen Unternehmungen wird öfters berührt, hier und
da findet sich auch eine eingeschobene, immer scharf formulirte
Reflexion, z. B.: „Die Erfahrung nöthigt uns gewisse Ideen ab.
Wir finden uns genöthigt, der Erfahrung gewisse Ideen aufzudringen."

Eine besondere Gruppe bilden die Reisen von 1797 nach der
Schweiz und von 1801 nach Pyrmont. Sie sind ausführlich behandelt; aber mit jener aus Eckermann's Redaction der Schweizerreise
schon früher bekannten strengen Sachlichkeit. Die Fähigkeit der
Menschen- und Naturbeobachtung ist zur höchsten Entwickelung gediehen; die Persönlichkeit des Beobachters tritt scheinbar völlig zurück,
aber sie äußert thatsächlich ihre volle Wirkung in der Steigerung
aller durch die Gegenstände erzeugten Eindrücke. Goethe sieht überall
mehr, als die Dinge eigentlich enthalten, weil sie in ihm Saiten
anschlagen, welche seine Phantasie in fortwährende Thätigkeit setzen.
Und anders kann in der That der Dichter nicht die Welt betrachten.
Er muß im Stande sein, in jeder Begebenheit, jedem Erlebniß das
Symbol eines weit bedeutungsvolleren zu sehen und demgemäß zu
empfinden; nur so kann er die Tiefe und Weite des Lebens ermessen.
Ein glänzendes Beispiel ist Goethe's Betrachtung des Rheinfalls bei
Schaffhausen. Es ist heutzutage längst Mode geworden, diese
„Sehenswürdigkeit" als eine ziemlich unbedeutende zu behandeln,
nicht, weil die Meisten bedeutendere Wasserfälle gesehen haben, son-
dern weil sie wissen, daß es bedeutendere giebt. Auch Goethe wußte
das; aber es hinderte ihn nicht, sich dem unmittelbaren Eindruck
mit erwartungsvollster Empfänglichkeit hinzugeben. Einen ganzen
Tag widmet er dem Wasserfall; er betrachtet ihn mit angestrengtester
Aufmerksamkeit von allen möglichen Seiten und Standpunkten; eine
Menge einzelner Beobachtungen führt ihn nur dazu, auch die Ge-
sammtwirkung immer gesteigert zu empfinden, so daß seine Bewunderung nicht etwa durch die Dauer des Anschauens sich abschwächt
und kühler wird, sondern im Gegentheil erst zuletzt ihre Höhe erreicht
und bei untergehender Sonne in einen wahren Hymnus ausbricht:

„In dem ungeheuren Gewühle war das Farbenspiel herrlich.
Von dem großen überströmten Felsen schien sich der Regenbogen

immerfort herabzuwälzen, indem er in dem Dunst des herunter-
stürzenden Schaumes entstand. Die untergehende Sonne färbt einen
Theil der beweglichen Massen gelb, die tiefen Strömungen erschienen
grün, und aller Schaum und Dunst war leicht purpur gefärbt; auf
allen Tiefen und Höhen erwartete man die Entwickelung eines neuen
Regenbogens. Herrlicher war das Farbenspiel in dem Augenblick
der sinkenden Sonne, aber auch alle Bewegung schien schneller,
wilder und sprühender zu werden. Leichte Windstöße kräuseln lebhafter die Säume des stürzenden Schaumes, Dunst schien mit Dunst
gewaltsamer zu kämpfen, und indem die ungeheure Erscheinung
immer sich selbst gleich blieb, fürchtete der Zuschauer dem Uebermaß
zu erliegen, und erwartete als Mensch jeden Augenblick eine Katastrophe."

Einen Einschnitt macht in den übrigens schon vorher dürftig
gewordenen Tagebüchern der Tod Schiller's, der Goethe so tief
ergriff. Was wir in den „Annalen" schon gelesen haben: „die
weißen Blätter deuten auf den hohlen unerträglichen Zustand", das
finden wir hier bestätigt; vom April bis zum Ende des Jahres 1805
finden sich kaum irgendwelche Eintragungen; erst mit dem Anfang
des nächsten beginnen sie wieder von Neuem.

In diesem Jahre hebt eine sehr bunte und inhaltreiche Abtheilung der Tagebücher an; die Aufzeichnungen von den jetzt sich jähr-
lich wiederholenden Besuchen der böhmischen Bäder. 1806 hat Goethe
nur sechs Wochen, 1807 und 1808 aber drei bis vier Monate auf
diesen Besuch verwandt. Hier zeigt er ein ganz anderes Benehmen,
als auf jenen studienartigen Reisen. Er ist offenbar bestrebt, der
Gleichgültigkeit und Steifheit, zu welcher sein Umgang in Weimar
nach Schiller's Tode sich mehr und mehr gestaltete, im Genusse eines
lebhaften, farbenreichen, leicht beweglichen gesellschaftlichen Lebens
ein Gegengewicht zu schaffen. Das gelang ihm leicht in Karlsbad,
wo Menschen aller Himmelsrichtungen zusammenkamen, wo im Kreise
der österreichischen, theilweise polnischen und czechischen Aristokratie
ein gewandter, übermüthiger, geistvoller, bisweilen an das Frivole
streifender Umgangston herrschte. Tiefe freilich war hier nicht zu

finden; aber vielseitige Anregung und virtuose Lebensfreude. Eine Unzahl von Namen wird genannt, gemeinsame Spaziergänge und Ausflüge aller Art werden berichtet; Gespräche werden erwähnt, die sich ebenso mit politischen oder literarischen Problemen beschäftigen, wie in das Gebiet der harmlosen oder piquanten Anekdote sich einlassen; manches von letzterer Art hat auch in den Tagebüchern seine Stelle gefunden. Auf glückliche poetische Motive wird öfters hingewiesen; dazwischen auch manche kurze Reflexion oder Kritik eingeflochten. Im Mai 1807 lesen wir die interessante Bemerkung: „Der Hauptfehler in dem Motiv der Jungfrau von Orleans, wo sie von Lionel ihr Herz getroffen fühlt, ist, daß sie sich dessen bewußt ist, und ihr Vergehen ihr nicht aus einem Mißlingen oder sonst entgegenkommt. (Wie z. E. dem Weibe in dem indianischen Mährchen, in deren Hand das Wasser sich nicht mehr ballt.)" Einiges findet sich, was später in die „Maximen und Reflexionen" übergegangen ist; so der merkwürdige Satz: „Was in der poetischen Production Spinozismus ist, wird in der Reflexion Machiavellismus." Aus dem September 1807 stammt eine kühl objective Betrachtung „Ueber die Differenz der katholischen und protestantischen Religion". „Es kommt darauf an, daß der Mensch immerfort an seine drei idealen Forderungen: Gott, Unsterblichkeit, Tugend erinnert und sie ihm möglichst garantirt werden. Der Protestantismus hält sich an die moralische Ausbildung des Individuums, also ist Tugend sein erstes und letztes, das auch in das irdische bürgerliche Leben eingreift. Gott tritt in den Hintergrund zurück, der Himmel ist leer, und von Unsterblichkeit ist bloß problematisch die Rede.

Der Katholicismus hat zum Hauptaugenmerk, dem Menschen seine Unsterblichkeit zuzusichern, und zwar dem Guten eine glückliche. Dem Rechtgläubigen ist sie ganz gewiß, und wegen gewisser kleinerer oder größerer Differenzen setzt er noch einen Mittelzustand, das Fegefeuer, in den wir von der Erde aus durch fromme und gute Handlungen einwirken können. Ihr Gott steht auch im Hintergrunde, aber als Glorie von gleichen, ähnlichen und subordinirten Göttern, so daß ihr Himmel ganz reich und voll ist. Da an eine sittliche

Selbstbildung nicht gedacht, oder vielmehr in früheren roheren Zeiten
nicht daran geglaubt worden ist, so ist statt derselben die Specialbeichte
eingeführt, da dann Niemand sich mit sich selbst herumzuschlagen braucht,
eine empfundene Entzweiung nicht selbst zu vereinen und ins Ganze
herzustellen aufgefordert ist, sondern darüber einen Mann von Metier
zu Rathe zieht."

Neben so verschiedenartigen Anregungen und Wiederklängen
ging die geistige Production aber stets ihren regelmäßigen unverrück-
baren Gang, einerseits die naturwissenschaftliche, welche in Böhmen
durch die Beobachtung interessanter geologischer und mineralogischer Verhältnisse besonders kräftige und anreizende Nahrung erhielt, andererseits
die poetische. Es sind zunächst eine Reihe kleinerer Erzählungen, welche
in jenen Carlsbader Tagen entstanden oder wenigstens begonnen sind,
Erzählungen, bei deren Frische, Anschaulichkeit und Kunst man nur
beklagen muß, daß sie mit den spät abgeschlossenen „Wanderjahren"
verschmolzen wurden und dadurch meist nicht zu abgerundeter Selbst-
ständigkeit gelangten, auch durch die gedankenreichen, socialen Con-
structionen, in welche sie eingeschoben wurden, mit allzu schwerem
Gewicht jetzt belastet erscheinen. Aber zwei bedeutungsvollere Namen
erscheinen im Jahre 1808: die Wahlverwandtschaften und Pandora.
Oeftere Aufzeichnungen über Reflexionen oder Gespräche, die sich auf
diese Werke bezogen, zeigen den Ernst und die geistig-seelische Theilnahme, welche Goethe diesen beiden widmete. Wenn nur das erstere
vollendet wurde und sich dadurch die weitere Verbreitung gewonnen
hat, so zeigt doch Pandora auch in fragmentarischer Gestalt die volle
Gewalt der Goethe'schen Dichterpersönlichkeit, leidenschaftliches Empfinden neben unerschöpflichem Gedankenreichthum — und eine
Handlung, in der jeder psychische Vorgang für einen allgemein
menschlichen typisch ist und deren Ganzes sich als Erweis einer
umfassenden Weltbetrachtung und Beurtheilung bekundet.

Aber die noch so gesteigerte selbständige Thätigkeit des Individuums kann die Umwälzung der äußeren Verhältnisse nicht ignoriren;
auch diese Tagebücher können nicht verleugnen, daß sie in den
Jahren 1806 bis 1808 geschrieben sind. Im August 1806 glaubt

der Norddeutsche, den ja Ulm und Austerlitz nichts angingen, die Dinge noch humoristisch ansehen zu können. Nachdem am 6. August die Nachricht von der Gründung des Rheinbundes eingelaufen, lesen wir am 7.: „Zwiespalt des Bedienten und Kutschers auf dem Bocke, welcher uns mehr in Leidenschaft versetzte, als die Spaltung des römischen Reiches." Aber im October drängen sich die Ereignisse mit gewaltigem Ernst auf. Am Tage von Jena heißt es: „Abends um 5 Uhr fuhren die Kanonenkugeln durch die Dächer. Um 1/2 6 Uhr Einzug der Chasseurs. 7 Uhr Brand, Plünderung, schreckliche Nacht. Erhaltung unseres Hauses durch Standhaftigkeit und Glück." Es ist bekannt, daß bei dieser „Erhaltung" Christiane Vulpius mit großer Entschlossenheit Goethe beistand und daß die gemeinsamen Erfahrungen dieses Tages in Goethe den Entschluß hervorriefen, sich mit ihr kirchlich zu verbinden. Das Tagebuch berichtet darüber am 19. October mit dem einzigen lakonischen Worte „Trauung". Bereits am 24., wo in Weimar noch volle Einquartirung lag und die wildeste Verwirrung herrschte, notirt Goethe wieder: „Verschiedene Aufsätze geschrieben. Acten geheftet." Vom 24. an war er wieder mit der Austeilung der für die neue Ausgabe seiner Werke bestimmten Schriften beschäftigt.

Wiederum tritt im Jahre 1808 die Weltgeschichte an den Dichter heran, als die Kaiser von Frankreich und Rußland ihre Zusammenkunft in Erfurt hielten und auch Weimar besuchten. Für den Minister und Theaterdirector waren es bedrängte Wochen, von denen er uns nur eilig berichtet. Von der Audienz bei Napoleon, über die Goethe später bekanntlich eine besondere Aufzeichnung niedergeschrieben hat, findet sich hier nur die Erwähnung der bloßen Thatsache.

Wir schließen hier unsere Betrachtung der Tagebücher ab, die seitdem in regelmäßiger ununterbrochener Folge niedergeschrieben sind. Fortgeführt bis wenige Tage vor dem Tode des Dichters, geben sie ein einzigartiges Bild unbeirrter und unverrückter, vielseitigster und dennoch einheitlicher geistiger Thätigkeit.

> „Diese Richtung ist gewiß: immer schreite, schreite!
> Finsterniß und Hinderniß bleiben Dir bei Seite."

Ueber die Entstehung des „Faust".

Es giebt Kunstwerke, deren allseitige harmonische Vollendung in uns gar nicht die Frage nach ihrer Entstehung oder ihrem Schöpfer erregt; sie erscheinen als nothwendige Schöpfungen der Natur, so mühevoll sie auch in der That von der berechnenden künstlerischen Einsicht des Menschen zur Vollendung geführt sein mögen. Es giebt andere, bei denen fast jedes Wort, jeder Zug in uns die Frage wachruft: Wie war der Mann beschaffen, wie waren die Umstände gefügt, daß dieses Werk hervorgehen konnte? Bei aller Vollendung ist in solchen Kunstschöpfungen doch ein Rest übrig geblieben, ein Rest der eigenen Persönlichkeit und ihres subjectiven Denkens und Empfindens, der in der künstlerischen Rechnung nicht aufgegangen ist. Wir empfinden dies als Fehler, wenn die Schuld an mangelnder künstlerischer Selbstbeherrschung liegt; wir empfinden es dagegen als Vorzug, wenn die Ursache in solcher Ueberkraft einer dämonischen Persönlichkeit, solchem Uebermaße ihres inneren Reich=thums gelegen hat, daß die bisher geübten Kunstformen sich nicht fähig gezeigt haben, diesen Inhalt zu fassen, sondern von ihm über=fluthet worden sind. Dies ist der Eindruck, der den Beschauer im Angesicht der Werke Michel Angelo's ergreift; in die gleiche Reihe gehört auch Goethe's „Faust".

Eine Schüleraufgabe wäre es, an dieser Dichtung nachzuweisen, wie sie keiner hergebrachten Kunstform entspricht, wie sie gegen viele Forderungen verstößt, die Goethe selbst in systematischer Gedanken=arbeit aufgestellt hat, von denen er bei der Schöpfung seiner

übrigen Hauptwerke sich leiten ließ. Sechszig Jahre hat Goethe an
dem „Faust" geschaffen, und was wir jetzt besitzen, ist trotzdem
nichts mehr als eine Reihe in den verschiedensten Stilarten aus-
geführter Bilder, verbunden wohl durch einen einheitlichen Gedanken,
aber in der Folge der Handlung nur lose und kaum merklich ver-
knüpft. Ganze Scenen, die schon entworfen waren, sind unausgeführt geblieben und an ihrer Stelle eine dürftige Nothbrücke geschlagen. Und dies Alles selbstredend nicht aus Mangel künstlerischen
Ernstes, sondern weil die Fülle des Gedankenmaterials, der Umfang
des Weltbildes, die es ihn drängte in diesem Werke darzulegen,
selbst die Schöpferkraft des größten Dichtergenius überstieg.

An dem „Faust" wird es unwiderleglich klar, daß Goethe als
Weltkenner und Weltweiser noch größer war denn als Dichter.
Zugleich aber auch, daß seine dichterische Kraft über die verschiedensten Stilgattungen gebot, um die bunt wechselnden Lebensbilder,
die er malt — ein jedes in seinen natürlichen Farben erscheinen zu
lassen. Wer diese Bilder an sich vorüberziehen sieht, wird indeß
unwillkürlich zu dem Gedanken geführt werden, daß sie verschiedenen
Stadien des Dichterlebens selbst entsprechen, daß die Ursachen ihrer
verschiedenen Zeichnungen nicht immer innere sind, sondern oftmals
auch in den wechselnden Neigungen und Grundsätzen ihres Schöpfers
zu suchen seien; — wer den Faden finden will, wird sich oftmals
rathlos von dem Werke selbst zu anderen Aussprüchen und Aufzeichnungen Goethe's wenden, welche eine Erklärung seiner Absichten
bieten können. So sieht nicht nur der Literarhistoriker, sondern
Jeder, welcher den „Faust" nicht bloß stückweise, sondern als ein
Ganzes erfassen will, sich zur Frage nach der Entstehung des Werkes
gedrängt. Einen Anhaltspunkt zur Lösung dieser Frage schien von
jeher die Thatsache zu geben, daß der „Faust" stückweise im Laufe
von 42 Jahren veröffentlicht worden ist. Aber diese Thatsache verlor an Werth, als man sichere Zeugnisse dafür fand, daß Scenen,
die erst spät gedruckt wurden, schon zur Zeit früherer Veröffent-
lichungen gedichtet, aber damals von Goethe noch zurückgehalten
worden waren. Hierdurch war nun Vermuthungen der freieste

Spielraum geöffnet, und dieselben verstiegen sich bald so weit, entgegen den ausdrücklichsten Zeugnissen Goethe's, die Einheitlichkeit des
Grundgedankens aller Theile zu leugnen und einen ursprünglichen,
von dem jetzt ausgeführten ganz verschiedenen „Faust"-Plan zu
erdichten.

Neben diesen Phantasien ging freilich die methodisch-wissen-
schaftliche Forschung, die Gewissenhaftigkeit und Scharfsinn vereinigt,
einher; allein auch diese hatte ihre Gefahren. Die historisch-kritische
Methode kann, wo sie aus lückenhaft erforschten Thatsachen Schlüsse
zieht, kein anderes Ziel verfolgen, als unter den verschiedenen vorliegenden Möglichkeiten, die stattgefunden haben können, den wahr-
scheinlichsten Fall zu ermitteln. Unter allmählicher, immer wiederholter Ausscheidung der unwahrscheinlichen Fälle wird jener schließlich
gleichsam als der reinste Extract aus dem Quellenmaterial destillirt.
Nun aber ereignet sich im Leben unzweifelhaft auch das Unwahrscheinliche, und zwar in einem ganz bestimmten, dem Maß der
Wahrscheinlichkeit entsprechenden Procentsatz von Fällen. Zur Fest-
stellung dieser Fälle können wir durch methodische Schlüsse nie
gelangen; denn für jeden einzelnen Fall wäre es selbstredend widersinnig, das Unwahrscheinliche zu statuiren; hierdurch aber verliert
das Gesammtbild seine Lebenswirklichkeit. Ein verwickelter kritischer
Aufbau aus geringem Material kann die logische Geisteskraft seines
Urhebers auf die glänzendste Weise darlegen; er trägt aber nicht in
sich die Garantie voller Uebereinstimmung mit den Thatsachen. Am
unzulänglichsten aber erweist sich die methodische Forschung, wo es
gilt, die persönlichste That des Geistes, das künstlerische Schaffen, zu
verfolgen. Es liegt in jeder menschlichen Individualität etwas Ge-
heimnißvolles, das sich dem Zwange keiner logischen Erwägung zu
erkennen giebt; am stärksten aber ist dies in der Thätigkeit des Künstlers und des Dichters. Zwischen zwei Versen einer Dichtung findet
der Forscher eine Verschiedenheit, daß er meint, Jahre müssen zwischen
der Abfassung dieser Theile verstrichen sein; die Phantasie des Dichters hat diesen Sprung in Secunden gemacht. Das Genie spottet
der Wahrscheinlichkeitsrechnung seines Kritikers.

Diese Wahrnehmung hat sich gerade auch an der „Faust“-
Kritik bestätigt. Die feinste Combinationsgabe, verbunden mit
strengster Verwerthung der vorliegenden Zeugnisse, hatte Wilhelm
Scherer auf das räthselvolle Werk verwandt und war zu der Annahme einer sehr verwickelten Entstehungsweise geführt worden, hatte
geglaubt, eine ursprüngliche prosaische Abfassung aller im ersten
Anlauf geschaffenen Scenen annehmen zu müssen; der überraschende
Fund der Urgestalt des „Faust“, der so plötzlich uns beglückte, hat
diese Combination als irrig erwiesen und gezeigt, daß der thatsächliche Hergang ein bei Weitem einfacherer gewesen[1]). Wir haben
keinen Grund, unserer wissenschaftlichen Forschung künstliche Schwierigkeiten zu schaffen, indem wir eine noch ältere Form als die jetzt
aufgefundene annehmen, da die bisher bekannten Zeugnisse über die
älteste Bearbeitung durch diesen Fund sich genügend erklären lassen;
wir dürfen demnach in der Niederschrift der Hofdame Fräulein von
Göchhausen eine Copie der in den Jahren 1773 bis 1775 verfaßten
Dichtung sehen. Hierdurch, sowie durch eine Reihe kleinerer, nach
Handschrift und Papier einigermaßen zu datirender Bruchstücke späterer
Zeit, sind wir in den Stand gesetzt, im Wesentlichen auf unanfecht-
bare Thatsachen gestützt, die Entstehung des Ersten Theiles verfolgen
zu können. Neu gewonnen ist dabei die Erkenntniß, daß außer
jener frühen Epoche und den späteren Jahren der Schiller-Freundschaft
auch die Zeit der italienischen Reise und das folgende Jahr 1789
von großer Bedeutung für die „Faust“-Dichtung gewesen.

Als Goethe zuerst — es war in Straßburg — zum Vollbewußt-
sein der Kraft, zur Vollfreude des Strebens, zum Vollgefühl der
Empfindung gelangt war, ergriff er eine Reihe gewaltiger Stoffe
der Menschheitsgeschichte, um in ihnen die Kraft seines Wollens und
Empfindens zu beweisen. Wie Faust von sich sagt, daß er „für
das Gefühl, für das Gewühl nach Namen suche, keinen finde, dann
durch die Welt mit allen Sinnen schweife, nach allen höchsten Worten

---

[1]) Vergl. Goethe's Faust in ursprünglicher Gestalt, herausgegeben von
Erich Schmidt. 3. Auflage 1894.

greife“, — so schienen auch dem jugendlichen Goethe nur die ungeheuersten Gestalten fähig, sein Denken und Fühlen in ihnen auszudrücken. Caesar und Mahomet waren die beiden historischen
Größen, die ihn hinrissen; lieber aber wandte er sich statt zu solch
politischen Stoffen zu rein psychologischen, welche vor Allem fähig
schienen, den Reichthum seines Innenlebens wiederzuspiegeln. Prometheus und Faust ergriffen ihn. Von seinem Drama „Prometheus“
wurden außer dem gleichnamigen Monologe zwei Acte ausgeführt,
und nochmals viele Jahrzehnte später hat Goethe in dem Festspiel
„Pandora“ von Neuem diesem Uebermenschen eine bedeutungsschwere
Rolle zugewiesen; dennoch gewann Faust den entschiedenen Vorrang
vor dem Helden des griechischen Mythos. Beide Stoffe verkörpern
das unbesiegliche Streben des Menschen über die Schranken seiner
Natur und der irdischen Verhältnisse hinaus; allein indem in Prometheus sich dieses Streben in unmittelbarem Kampfe gegen die über-
geordnete Gottheit ausdrückt, gewinnt die Handlung einen rein
mythologischen, weltfremden Charakter, entfernt sich von dem Natürlich-
Menschlichen und bietet nicht Gelegenheit zur Entfaltung eines großen
und freien Weltbildes. Faust dagegen, mit seiner Sehnsucht, das All
der Welt und des Lebens zu erfassen, sich gerade in den menschlichen Verhältnissen als Uebermenschen zu zeigen, gewährte mehr
Raum, Alles auszusprechen, was immer neue Lebenserfahrungen an
Gedanken und Empfindungen errangen; so wurde dieses Werk zum
Lebenswerk, endlich zum abschließenden Testament des Dichters.

Was er nun in jener ersten Schaffensperiode am „Faust“
gedichtet, zeigt ihn zwar zumeist schon auf der Höhe genialer Schöpferkraft, dennoch ist für die „Faust“-Dichtung als Ganzes damit nur
wenig geschehen. Der philosophische Gedanke, der den Lebensnerv
des gesammten Stoffes bildet, trat völlig zurück hinter der weit
ausgedehnten Darstellung einer frei erfundenen Episode, die den
Dichter offenbar durch ihre eigene tragische Gewalt angezogen hatte
und gleichsam ein eigenes Drama bildete. An den ersten Monolog.
Faust's reihten sich die Gespräche mit dem Erdgeist und mit Wagner.
Dann folgte völlig unvermittelt die Scene zwischen Mephisto und

dem Schüler; hierauf das Gelage in Auerbach's Keller, und danach der größte Theil der Gretchentragödie. Die ersten, reflectirenden Scenen zeigen zwar schon die ergreifende Tiefe des Gedankens und die meisterhafte Prägnanz des Ausdruckes, die ja viele Stellen des Monologs und des Gespräches mit Wagner sprichwörtlich gemacht hat, halten sich aber doch noch in einer bestimmten, begrenzten Sphäre, — in der des Gelehrtenlebens; das Problem ist noch nicht zu einem allgemein menschlichen erhoben. Die Frage nach dem Werthe der Arbeit des Gelehrten ist eine rein intellectuelle, und der allgemeine ethische Gesichtspunkt, unter den der Stoff später gestellt wurde, ist noch durchaus nicht wahrzunehmen. Sodann aber die hauptsächlichste Lücke: Faust's und Mephisto's Annäherung, Verbindung fehlt ganz und gar. Allerdings haben wir nicht anzunehmen, daß der Dichter sich von derselben damals noch gar kein Bild gemacht; Goethe sagt vielmehr ausdrücklich, daß von Anfang an das ganze Werk in allgemeinen Zügen ihm vorgeschwebt habe; allein, was wir aus der damals gedichteten Prosascene „Faust-Mephistopheles“ entnehmen können, zeigt, daß der Entwurf hier wesentlich von der späteren Ausführung abwich; Mephistopheles sollte durch den Erdgeist Faust zugeführt, an ihn „geschmiedet“ werden.

Abweichend von der späteren Form ist auch die Schülerscene gestaltet. Rein materielle Dinge — Wohnung und Tisch — werden breit besprochen; das Verhältniß zwischen Professoren und Studenten unverkennbar noch im gereizten Ton, den eigene unliebsame Erfahrungen hervorgerufen hatten, behandelt. Die Beurtheilung der Theologie und der Rechtsgelehrsamkeit fehlt noch.

Auch die Scene in Auerbach's Keller unterscheidet sich von ihrer jetzigen Ausführung mehr noch durch den derberen und roheren Inhalt als durch ihre Prosaform. Während jetzt Mephisto als der Zauberer und Kneipkumpan auftritt, Faust theilnahmlos, ja angewidert daneben steht, ist in dem „Urfaust“, übereinstimmend mit dem Volksbuche, „Faust“ gerade der Thätige, der Schwarzkünstler, der seinen Schabernack mit den Anderen treibt. Der Grundgedanke, der jetzt das Werk durchzieht, daß Faust nirgends Befriedigung findet, ist damals von dem Dichter eben noch nicht in jeder Scene durchgeführt worden. In den Gretchen-Scenen endlich erscheint Faust plötzlich als Liebhaber, ohne daß ein geistiger und causaler Zusammenhang zwischen dieser Rolle und der früheren des Gelehrten hergestellt wäre. Und auch hier fehlt noch die hochwichtige Scene, in welcher sich Faust inmitten des Liebestaumels auf sich selbst besinnt, aber von Mephistopheles zurückgerissen wird. Nur Eine Stelle erhebt das Verhältniß zwischen Faust und Gretchen über das Niveau einer gewöhnlichen Herzensgeschichte: es ist die Selbstanklage Faust's, die beginnt: „Bin ich der Flüchtling nicht, der Unbehauste, der Unmensch ohne Zweck und Ruh?" Sie findet sich im „Urfaust" am Schlusse der erst fragmentarisch vorhandenen Valentinscene. Die Walpurgisnacht fehlt noch; dagegen waren die drei Schlußscenen schon gedichtet; — die Kerkerscene freilich erst in Prosa und in grellem, stellenweise abstoßendem Stil.

Um nun zuletzt ein abschließendes Urtheil über diese erste Thätigkeit Goethe's am Faust zu gewinnen, ist ein Hauptpunkt noch ins Auge zu fassen: Die wesentlichste Veränderung der Volkssage hat Goethe in seiner Conception schon damals vollzogen; Faust, der durch sein Bündniß mit dem Teufel nach Anschauung des Zeitalters der Hexenprocesse der Verdammniß verfallen ist, soll gerettet, erlöst werden. Wir haben kein ausdrückliches Zeugniß hierfür; allein ein Zeugniß wäre auch nur erforderlich, um eine etwaige Abweichung des ursprünglichen Planes von der späteren Ausführung zu erhärten[1]). Der versöhnende Schluß entspricht auch der Grundrichtung des Goethe'schen Geistes. Zum tragischen Dichter sei er nicht geboren, äußerte er in der ruhigen Selbstbetrachtung des hohen Alters, weil seine Natur conciliant sei und der streng

---

¹) Auch die Schlußworte des gleich mitzutheilenden Entwurfes sind kein solches Zeugniß, da sie über Faust's Person nichts aussagen. Eher sind sie vielleicht geeignet, ein Licht auf die ursprünglichen Beziehungen zwischen Mephistopheles und dem Erdgeist zu werfen. Nicht unmöglich, daß der Erdgeist selbst diesen „Epilog im Chaos auf dem Wege zur Hölle" sprechen sollte.

tragiſche Conflict, der keine Löſung zulaſſe, ihn nicht anziehe. Und
wenn er auch vereinzelt im „Werther" und den „Wahlverwandt=
ſchaften" unlösbare Conflicte dargeſtellt hat, ſo konnte doch kraft
der unerſchütterlichen Geſundheit ſeiner Natur ihm nie in den Sinn
kommen, das geſammte Schickſal des Menſchen als hoffnungslos
tragiſche Handlung darzuſtellen. Freilich — den Gedanken der Er=
löſung klar und plaſtiſch zu geſtalten, war erſt einer ſpäteren Epoche
vorbehalten.

Lange Zeit verſtrich nach dem Jahre 1775 — die elf Jahre
der erſten Weimarer Periode —, während deren „Fauſt" unberührt
ruhte. Nur wenigen Bevorzugten wurden die Bruchſtücke mitgetheilt;
ſo dem bekannten Schriftſteller und Hofmann v. Grimm. Be=
ſcheiden meinte Goethe, er habe dem Manne, der von Petersburg
nach Paris geht, nichts zu ſagen; dieſer Mann aber urtheilte
bewundernd über den „Urfauſt": „Si cet ouvrage était exécuté
comme il l'a conçu et comme il était en état de le faire,
ce seroit je pense la plus étonnante production qui exi-
steroit."

In dem Dichter ſtieg der Gedanke einer weiteren Ausführung
des „Fauſt" erſt auf, als er im Jahre 1786 den Entſchluß faßte,
die Summe ſeiner poetiſchen Exiſtenz zu ziehen, das Unvollendete
zu vollenden, das Zerſtreute zu ſammeln. Als er zu dieſem Zwecke
ſich zwei Jahre freien Künſtlerlebens in Italien gönnte, da begleitete
ihn das vergriffene mürbe Manuſcript dahin. Es mußte ihn dort
fremd anſchauen. Streng künſtleriſch geformte Dichtungen, wie
„Iphigenie", „Taſſo", waren dem jetzt ganz der Antike hingegebenen
Dichter ſympathiſcher als die regellos genialen Bilder aus der
Geſpenſterwelt des Mittelalters. Nur zwei Scenen entſtanden in
Italien, zunächſt die Hexenküche, durch welche der Cauſalzuſammen=
hang zwiſchen der Gretchentragödie und den vorhergehenden Scenen
hergeſtellt wird, — im Garten Borgheſe in Rom geſchrieben. —
Eine gewiſſe Ironiſirung des Stoffes, gleichſam einen Mangel an
Reſpect vor demſelben wird man in dieſer Scene nicht verkennen.
Zur ſelben Zeit muß der kurze Entwurf einer Uebergangsſcene, die

zwischen Auerbach's Keller und der Hexenküche stehen sollte, ge=
schrieben sein. Dieser Entwurf setzt noch die frühere Gestalt der
Auerbachscene voraus, indem er Faust die „Vortheile der Rohheit
und Abgeschmacktheit der Jugend" gegen Mephistopheles vertheidigen
läßt, offenbar eine Vertheidigungsrede der natürlich behaglichen
Empfindung gegen den kritischen Verstand. Wichtiger als dieses
Bruchstück ist für uns die hochpoetische und inhaltschwere Scene
„Wald und Höhle", die gleichfalls in Italien entstand. Sie beginnt
mit dem feierlichen, freilich dem bisherigen Fauststil ganz fremden
Monologe in Jamben, der Faust im Naturgenuß eine kurze Ruhe
finden läßt und der ein ergreifendes Zeugniß des leidenschaftlichen
Naturstudiums ist, dem sich Goethe damals zugewandt hatte; sie
bringt ferner das Gespräch mit Mephisto, in welchem dieser den
Flüchtling wiederum gegen seinen Willen in die Arme der Geliebten
zurücktreibt. Die Scene ist eine der wichtigsten im Zusammenhange
der „Faust"=Dichtung. In den Worten: „So tauml' ich von Be=
gierde zu Genuß und im Genuß verschmacht' ich nach Begierde"
concentrirt sich der seelische Zustand Faust's kraft einer unübertrefflich
klaren und sicheren Selbstbeobachtung, die aber durch die Paradoxie
des Ausdrucks dennoch den Eindruck voller Lebenswirklichkeit her=
vorruft. — Auch auf Faust's Selbstmordversuch, dessen dichterische
Ausführung erst später erfolgte, wird schon hingedeutet.

　　Auch nach Weimar zurückgekehrt, beschäftigte sich der Dichter
noch mit dem Werke. Das bisher Geleistete und den Gesammtplan
des Ganzen suchte er sich nach seiner Art in einer genial=flüchtig=
hingeworfenen Skizze zu recapituliren, die deutlich erkennen läßt,
daß die ausgeführten Scenen des „Urfaust" dem Dichter vorlagen:
„Ideales Streben nach Einwirken und Einfühlen in die Natur.
Erscheinen des Geistes als Welt= und Thatengenius. Streit zwischen
Form und Formlosem. Vorzug dem formlosen Gehalt vor der leeren
Form. Gehalt bringt die Form mit. Form ist nie ohne Gehalt.
Diese Widersprüche, statt sie zu vereinigen, disparater zu machen.
Helles, kaltes, wissenschaftliches Streben: Wagner. Dumpfes, warmes,
wissenschaftliches Streben: Schüler. Lebensgenuß der Person von

außen gesehen in der Dumpfheit . . . Leidenschaft: Erster Theil. Thatengenuß nach Außen und Genuß mit Bewußtsein . . . Schönheit: Zweiter Theil. Schöpfungsgenuß von Innen . . . Epilog im Chaos auf dem Wege zur Hölle."

Der gesammte Plan wurde nunmehr um ein wesentliches Stück vorwärts gebracht. Das Wichtigste war die Vertragscene zwischen Faust und Mephisto. Vollendet wurde freilich nur der letzte Abschnitt derselben, der dann 1790 fragmentarisch veröffentlicht mit den Worten begann:

> . . . . „Und was der ganzen Menschheit zugetheilt ist,
> Will ich in meinem innern Selbst genießen."

Allein auch der Haupttheil der Scene wurde damals schon entworfen. Es bezeugen dies einige Fragmente; besonders die unmittelbar auf den „Pact" zu beziehenden Zeilen:

> „Mein Freund, wenn je der Teufel Dein begehrt,
> Begehrt er Dein auf eine andre Weise;
> Dein Fleisch und Blut ist wohl schon etwas werth,
> Allein die Seel' ist unsre rechte Speise."

Diese Zeilen finden sich auf ebendemselben Blatte mit einigen anderen, die Goethe's Freund Moritz bereits in Rom von ihm gehört hatte. Auch folgende Verse sind wohl einer älteren Fassung dieser Scene zuzuschreiben, und zwar speciell dem Monologe Mephisto's:

> „Auf diesem Wege rollt es eben
> Recht hurrliburrli durch das Leben;
> Er nagt nicht lang an einem Knochen,
> Ich muß es ihm gepfeffert kochen."

Mit der Arbeit an dieser entscheidenden Scene hat Goethe damals den wichtigsten Schritt zur Weiterführung des Werkes gethan. Und auch schon auf den „Zweiten Theil" richtete er seinen Blick. Ein fragmentarischer Dialog in Prosa, der sich auf die dramatische Darstellung am Kaiserhofe bezieht, weist dem Stil und Inhalt nach auf den „Großkophtha" hin, der damals entstand.

Aber nicht nur für neue Scenen arbeitete Goethe damals; auch ältere wurden durchgesehen und gehoben. Die Schülerscene

und Auerbach's Keller erhielten damals die geläuterte Form, in
der wir sie jetzt kennen. In der ersteren läßt die Beurtheilung der
Rechtswissenschaft, die kühne Rede vom „Rechte, das mit uns ge=
boren", den Einfluß der beginnenden französischen Revolution nicht
verkennen.

Allein trotz so bedeutender Förderung gelangte das Werk bei
Weitem nicht zum Abschlusse. Wie schon gesagt, es war dem Dichter
fremd geworden. Von der Höhe seiner klassischen Kunstbetrachtung
sah er fast mit einem gewissen Schamgefühl auf diese wirre Scenen=
reihe wie auf eine Jugendsünde hin. Es kam hinzu, daß bei dem
Grundcharakter der alten Sage eine erschöpfende Behandlung un=
möglich war, ohne christlich=religiöse Motive entscheidend zu ver=
werthen; diese aber lagen dem Dichter gerade damals völlig fern.
Er entschloß sich, das Werk als Fragment zu veröffentlichen; so
erschien es im Jahre 1790. Aber selbst für diese Gestalt dünkten
ihm manche Scenen zu unfertig und wurden daher übergangen;
so die Anfänge der Valentinscene, vor Allem aber die beiden in
Prosa ausgeführten Schlußscenen. Die Formlosigkeit und der Stil
des Sturmes und Dranges widersprachen zu sehr den neueren An=
schauungen des Dichters; für eine Umdichtung in gebundene Rede
aber stellte sich die Stimmung nicht ein. So schloß denn das
Fragment mit der Ohnmacht Gretchen's während des Hochamtes
im Dom.

Nur geringe Beachtung und Anklang fanden die gedruckten
Bruchstücke in der Oeffentlichkeit; Wenige fühlten die Größe und
ahnten die Vollendung vor; Goethe selbst schlug sich die Dichtung
wieder für Jahre aus dem Sinn. Das Verdienst, wenigstens den
Ersten Theil der Welt geschenkt zu haben, gebührt Schiller. Er
schrieb 1795 an Goethe, in dem Fragment herrsche eine Kraft
und Fülle des Genies, die den ersten Meister unverkennbar zeige;
es sei der Torso des Hercules. Dringend wünschte er die unge=
druckten Scenen zu sehen. Goethe erwiderte, er könne sich nicht
entschließen, das Packet aufzuschnüren, das sie gefangen halte;
wenn ihn indeß einmal etwas zur Vollendung anregen könne, so

sei es gewiß Schiller's Theilnahme. Er theilte dem Freunde den
Plan in aller Ausführlichkeit mit. Schiller berichtete darüber weiter
an Wilhelm Humboldt, der erwiderte, der Plan sei ungeheuer,
werde aber eben darum wohl nie ausgeführt werden. Doch Goethe
erhielt durch Schiller's ästhetische Studien endlich Muth und Freudig-
keit zu neuer Arbeit. Wenn Schiller neben der „naiven", streng
objectiven Dichtung des Alterthums auch die Berechtigung einer
modernen, subjectiveren, „sentimentalischen" Poesie nachwies, so begrüßte Goethe diese Darlegung mit innerster Befriedigung. „Nach
Ihrer Lehre", schrieb er dem Freunde, „kann ich erst selbst mit mir
einig werden, da ich das nicht mehr zu schelten brauche, was ein
unwiderstehlicher Trieb mich doch unter gewissen Bedingungen hervorzubringen nöthigte." Der „Faust" wurde ihm jetzt erst wieder
lieb und werth; aber auch jetzt noch staunt er über sich selbst, fühlt
sich wie im Traume befangen, als er die Gestalten der Dichtung
wieder vor sich aufsteigen läßt.

> „...Und mich ergreift ein längst entwöhntes Sehnen
> Nach jenem stillen, ernsten Geisterreich...
> Was ich besitze, seh' ich wie im Weiten,
> Und was entschwand, wird mir zu Wirklichkeiten."

In der That — nach der Vollendung von „Hermann und
Dorothea", inmitten der Entwürfe zu einer streng griechisch gedachten
„Achilleis", erschienen die Nebelgestalten der nordischen Sage selt-
sam fremdartig, und hätten wir nicht in dem Briefwechsel mit
Schiller und in den Tagebüchern die unwiderleglichsten Zeugnisse
— Niemand würde diese Gleichzeitigkeit für möglich halten. Auch
Schiller schrieb, es sei überraschend, daß Goethe gerade jetzt an den
„Faust" gehen wolle; „aber ich habe es", fährt er fort, „einmal
für immer aufgegeben, Sie mit der gewöhnlichen Logik zu messen,
und bin also im Voraus überzeugt, daß Ihr Genius sich vollkommen gut aus der Sache ziehen wird." Goethe aber that mehr
als das, sondern schuf vielmehr gerade in jener Zeit erst diejenigen
Scenen, welche dem ganzen Werke den Zusammenhalt gaben. In
seinem Inneren waren damals schon die in Italien gewonnenen

antiken Elemente verschmolzen mit der nordischen Empfindungsweise, die seine Jugend erfüllt hatte; die so errungene gleichmäßige Beherrschung der entgegengesetzten Vorstellungsweisen und Kunstformen erhob ihn jetzt auf die Höhe seiner unvergänglichsten Schöpfungen. — Mit dem **Prolog im Himmel** erhielt das ganze Werk erst diejenige Perspective, in welcher der von jeher beabsichtigte versöhnende Abschluß möglich ward. Das Verhältniß Faust-Mephistopheles wurde einem höheren Verhältniß untergeordnet; die Wette Beider erscheint nur als ein Glied der Wette zwischen dem **Herrn** und dem **Satan.** Und auch in der **Vertragscene** und den ihr voraufgehenden Scenen wird das Problem gegen früher vertieft und erweitert. Fanden wir in dem ersten Monologe und dem Gespräche mit Wagner den Conflict in der speciellen Sphäre des Gelehrtenlebens gehalten, lautete die Grundfrage bloß, ob die wissenschaftliche Erkenntniß Befriedigung gewähren könne, so ist schon in dem jetzt gedichteten zweiten Monologe, dem die Osterscene folgt, die Frage in das Allgemein-Menschliche übertragen; — sie lautet: ob eine in die Tiefe der Dinge dringende, von Illusionen befreite Persönlichkeit überhaupt auf irgend welchem Wege Befriedigung finden könne. Diese Frage wird dann weitergeführt in dem jetzt vollendeten Spaziergange, in der ersten Unterredung Faust's mit dem Teufel, wo die Metaphysik des sich sonst nur als geistreichen Lebemann gerirenden Mephisto offenbar wird; endlich in der schon genannten Vertragscene, deren Entwurf freilich schon älter war, wo aber die bestimmt deutliche Form der **Wette** doch erst jetzt hervortrat, entsprechend der Wette im Himmel und der schließlichen Entscheidung beider im zweiten Theile bei Faust's Ende. Weniger war der Gretchentragödie hinzuzufügen, die Valentinscene wurde vollendet, hauptsächlich die gewaltige Fluchrede des Bruders wider die Schwester kam hinzu.

Zwar haben sorgfältige Forscher wie Kögel, Pniower u. A. diesen damals erst hervorgetretenen Scenen schon älteren Ursprung geben wollen, weil sie dem fünfzigjährigen Dichter nicht die Fähigkeit zutrauten, sich so erfolgreich dem Stile seiner Jugendjahre wieder anzupassen. Aber es fehlt dafür der Beweis, und was man an einzelnen Beobachtungen dafür hat verwerthen wollen, kann nur durch eine zu enge Beurtheilung der dichterischen Kraft so gedeutet werden. Der Dichter ist auch fähig, Stimmungen und Ausdrucks= formen einer früheren Zeit wieder in sich hervorzurufen. Es muß als durchschlagender Grundsatz gelten, daß alle einzelnen Beobach= tungen des Stils, des Gedankenkreises, der Redeweise immer nur benutzt werden dürfen, um den frühesten Termin der möglichen Entstehungszeit, niemals aber, um einen angeblich nothwendigen Endtermin festzusetzen; denn einen solchen giebt es nicht. —

Die Prosascenen des Schlusses endlich wollte der Dichter in poetische Form umgießen; er schrieb darüber an Schiller: „Einige tragische Scenen waren in Prosa geschrieben; sie sind durch ihre Natür= lichkeit und Stärke im Verhältniß gegen das Andere ganz unerträg= lich. Ich suche sie gegenwärtig in Reime zu bringen, da die Idee wie durch einen Flor durchscheint, die unmittelbare Wirkung des ungeheuren Stoffes aber gedämpft wird." Eine wunderbare Frucht solcher Umdichtung liegt uns jetzt in der Kerkerscene in ihrer er= greifenden volksthümlichen Balladenform vor. Hier hemmt die künstlerische Form nirgends den natürlichen Ausdruck der Empfin= dung, sondern ist, mit dieser aufs Innigste verwachsen, aus ihr her= vorgegangen. Der Vergleich zwischen dieser Scene und ihrer ur= sprünglichen Prosagestalt, bis ins Einzelnste durchgeführt, läßt die äußerste Feinheit und Gewissenhaftigkeit einer geläuterten künst= lerischen Empfindung erkennen. Mit der anderen Prosascene da= gegen, dem letzten Gespräche zwischen Faust und Mephisto, gelang Goethe diese Umschmelzung nicht; er mußte sich entschließen, sie bei leichter Ueberarbeitung in der Prosaform zu belassen, in der wir sie noch heute in Goethe's Werken lesen. Bruchstück endlich ist damals auch für immer die „Walpurgisnacht" geblieben; wohl giebt sie ein groteskes Bild des Hexensabbaths auf dem Brocken; allein gerade der Punkt, in dem sie mit dem Gange der Gesammthandlung zu= sammenstoßen sollte, ist unausgeführt geblieben; bei der wunderbaren Erscheinung des „Idoles", des gerichteten Gretchen, bricht die Scene

ab, im Augenblick, als Fauſt ihr Schickſal erfahren und durch dieſe
Kunde aus ſeinen „abgeſchmackten Zerſtreuungen“ zum Bewußtſein
ſeiner Schuld geführt werden ſollte. Und auch ſo fragmentariſch,
wie die Scene veröffentlicht wurde, hatte ſie doch ſchon verſchiedene
Epochen durchgemacht und weſentliche Veränderungen erfahren. Die
große Anzahl erhaltener Entwürfe läßt einen ganz anderen urſprünglichen Plan erkennen, als den ſchließlich ausgeführten. „Aufmunterung zur Walpurgisnacht. Daſelbſt Frauen über die Stücke, Männer
über das L'Hombre. Rattenfänger von Hameln. Hexe aus der
Küche.“ So die älteſten Notizen, denen wir noch die Worte des
Rattenfängers hinzufügen können:

> „Befinde mich recht wohl, zu dienen,
> Ich bin ein wohl genährter Mann,
> Patron von zwölf Philanthropinen,
> Daneben ſchreibe eine Kinderbibliothek.“

Keine Spur von dem Allen in der jetzigen Ausführung! Der
Rattenfänger wie die „Hexe aus der Küche“ treten überhaupt nicht
auf. Abſchließen ſollte die ganze Blocksbergfeier eine allgemeine
Huldigung, die Satan auf dem Gipfel des Brocken empfangen
ſollte; auch dieſen ſchon weit ausgeführten Entwurf hat der Dichter
ſpäter gänzlich übergangen. Die Erſcheinung Gretchen's dagegen iſt
von ihm erſt ſpäter auf den Blocksberg verlegt worden; ſie ſollte
urſprünglich eintreten, als Fauſt und ſein Gefährte vom Blocksberge
zurückkehrend dahinreiten und vor ihnen das Hochgericht auftaucht,
da Gretchen am nächſten Tage gerichtet werden ſoll. Ein geheimnißvoller Chor ſollte das ſchauerliche Blutlied ſingen:

> „Wo fließet heißes Menſchenblut,
> Der Dunſt iſt allem Zauber gut...“

Auf glühendem Boden — nackt — ſollte das „Idol“ ſichtbar
werden und in Vorbedeutung des kommenden Tages die Ent-
hauptung geſchehen; ſo hätte Fauſt Gretchen's Geſchick erſchaut.
Nur ein Reſt davon iſt jetzt in dem flüchtigen Bilde vom Raben-
ſtein ſtehen geblieben. Noch ein kaum verſtändliches abgeriſſenes
Intermezzo der „Walpurgisnacht“ ſei hier erwähnt: ein Plan

Mephisto's, Faust „eine Falle zu legen“, ihn zur Hölle hinab zu holen. Ein Schmeichelgesang soll ihn bethören — vermuthlich zu dem Aus= ruf: „Verweile doch, Du bist so schön“ —. Faust indessen zerreißt leicht dies Gewebe [1]). Sehr schnell haben die Pläne und Gestalten sich umgeformt. Auch die ältesten können erst im Jahre 1797 ent= standen sein, da in ihnen schon das „Intermezzo“ erwähnt wird, das Goethe erst damals in diesem Jahre sich entschloß, dem Faust einzufügen.

Ging aber die Walpurgisnacht doch wenigstens als Bruchstück in das Werk über, so wurde ein anderer bedeutender Scenenentwurf schließlich ganz und gar bei Seite gelassen. Es war der Dis= putationsact, welchen Goethe noch 1801 gegen Schiller als eine nothwendig noch zu lösende Aufgabe erwähnte. Die Scene sollte wohl zwischen den beiden Gesprächen Faust's und Mephisto's im Studirzimmer eingeschoben werden. In die Feierlichkeit einer akade= mischen Disputation sollte sich Mephistopheles als negirender Scholast prahlerisch eindrängen, Faust dann den hingeworfenen Handschuh auf= nehmen und daraus sich ein Streit über den Umfang und die Grenzen des Erkennens entwickeln. Durch Faust's Frage nach dem „schaffenden Spiegel“ sollte eine Hindeutung auf die Scene der Hexenküche gegeben werden. Fragmente dieser Disputation sind Mephistopheles' Worte:

> Das, was uns trennt, das ist die Wirklichkeit,
> Was uns verbindet, das sind Worte —

und ferner vier Verszeilen, aus denen man Goethe's ganze Er= kenntnißtheorie entwickeln könnte:

> Die Wahrheit zu ergründen,
> Spannt Ihr vergebens Euer blöd' Gesicht;
> Das Wahre wäre leicht zu finden;
> Doch eben das genügt Euch nicht.

Trotz solcher Lücken hat Goethe nach dem Jahre 1801 nichts Wesentliches mehr am Ersten Theile des „Faust“ gedichtet und sich entschlossen, ihn für fertig zu erklären. Ein seltsames Nachwort schrieb er ihm:

---

[1]) Vergl. hierzu jetzt Morris, Goethe=Studien S. 33, 34.

Am Ende bin ich nun des Trauerspieles,
Das ich zuletzt mit Bangigkeit vollführt,
Nicht mehr vom Drang des menschlichen Gewühles,
Nicht von der Macht der Dunkelheit gerührt.
Wer schildert gern den Wirrwarr des Gefühles,
Wenn ihn der Weg zur Klarheit aufgeführt,
Und so geschlossen sei der Barbareien
Beschränkter Kreis mit seinen Zaubereien.

Kaum glaublich! So empfand Goethe gegenüber Dichtungen wie
der Osterscene, Vertragscene, Kerkerscene — Schöpfungen, die vielleicht das Größte und Gewaltigste seiner gesammten Poesie bilden!
Es ist dies ein schlagender Beweis dafür, wie das poetische Schaffen
etwas durchaus Eigenartiges, Dämonisch-wirkendes ist, unabhängig
von theoretischen Ansichten, selbst Kunsttheorien, unabhängig sogar
von den allersubjectivsten Stimmungen der Sympathie und Anti-
pathie. Welche Vorsicht muß eine einzige solche Strophe den lehren,
der Zeit und Art des Entstehens einer Dichtung nach anderweitigen
Beschäftigungen und Aeußerungen des Dichters bestimmen will.

Uebrigens war der Dichter auch weit entfernt, mit jenen un-
muthvollen Schlußworten den „Faust" abgethan zu haben. Gerade
in derselben Zeit dichtete er grundlegende Partien des Zweiten
Theiles, dem er dann noch 30 Jahre bis an sein Ende und zuletzt
wieder mit leidenschaftlichem Interesse sich widmete. Zunächst waren
es Anfänge der Helena-Episode, die als Bestandtheil der alten Faustsage schon in die frühesten Umrisse der 70er Jahre hineingehörte
und die jetzt dem klassischen Geschmacke Goethe's besonders erwünscht
entgegenkam. Sodann aber das Wichtigste, wenn auch noch nicht
in der Form, in der wir es heute lesen: Faust's Tod, die endliche
Entscheidung und Lösung des Problems. Obgleich Goethe 60 Jahre
am „Faust" geschaffen, so sind doch die drei Grundpfeiler, auf denen
das gesammte Werk ruht: der Prolog im Himmel, die Vertragscene,
die Todesscene, im Laufe weniger Jahre um die Wende des Jahrhunderts entstanden. Die Einheit des Grundgedankens, die freilich
nicht in allen Theilen mit gleicher Klarheit zum Ausdrucke kommt,
ergiebt sich an den Hauptpunkten auch aus der Entstehung des

Werkes. In der Jugendzeit des Dichters, in Sturm und Drang,
konnte diese Einheit wohl geahnt, nicht geschaffen werden; um sie
zu verwirklichen, mußte er selbst erst eine Stufe innerer Entwickelung
und seiner Lebenskunst erreicht haben, auf welcher er jenen zum
Lebensüberdruß gesteigerten Drang nach dem Unendlichen mit der
freudigen Erfassung der Realität des Lebens versöhnt hatte, jene
Stufe, auf der er in der beständigen arbeitsvollen Annäherung an
das zu Erreichende den Ersatz für das Erreichen fand, — nach
dem Spruche:

> „Willst Du in's Unendliche schreiten,
> Geh' nur im Endlichen nach allen Seiten! —
> Willst Du Dich am Ganzen erquicken,
> So mußt Du das Ganze im Kleinsten erblicken!"

Im Jahre 1808 trat der Erste Theil an's Licht und wurde
mit staunender Bewunderung begrüßt. Eine feinsinnige Freundin,
Caroline von Humboldt, schrieb dem Dichter: „Wer hat, wie Sie,
dem Unaussprechlichen in der Menschenseele Ausdruck gegeben, und
in dem Labyrinth der Brust ein Licht angezündet?" Ein Mann,
wie Niebuhr, fand in dem „Faust" den „Inbegriff seiner Ueberzeugungen und Gefühle". Wieland wagte das kühne Wort, es sei
die Tragödie, welche „die Tendenz aller zwischen Aeschylos, Aristo-
phanes und uns verwichenen Jahrhunderte ausdrücken".

Mit größter Spannung ward der Zweite Theil erwartet, im Voraus schon erwogen und phantasievoll ausgestaltet. Man wußte nicht,
daß der Dichter in seinem Inneren die Hauptaufgabe schon erfüllt
hatte. Was noch zu vollbringen war, war freilich der Masse nach
noch bedeutend, aber nicht mehr bestimmend und entscheidend für den
schon vorgezeichneten Gang des Ganzen. Nur der Epilog, der, entsprechend dem Prolog im Himmel, die Erlösung als ein Werk göttlicher Gnade feiert, fügte einen neuen Schlußaccord noch hinzu. Es
waren die allerletzten Lebensjahre des Dichters — seit 1825 —,
welche diese Abschnitte entstehen sahen. Zuerst wurden die Haupt-
theile, der Schlußact und der Helenaact umgearbeitet und vollendet;
dann wurde allmälig — nach Neigung und Stimmung — hinzu-

gefügt, was zu ihrer Verbindung mit einander und mit dem ersten
Theil nothwendig war. In den Tagebüchern dieser Jahre finden
wir den „Faust" fast nie mehr ausdrücklich genannt; es heißt immer
nur „am Hauptgeschäfte gearbeitet", „das Hauptgeschäft gefördert", bis wir endlich am 22. Juli 1831 lesen: „Das Hauptgeschäft
zu Stande gebracht." Die Thatsache der Vollendung theilte Goethe
seinen Freunden mit; das Werk selbst hielt er verschlossen. Im
nächsten Jahre aber — wenige Wochen vor seinem Tode — ent-
siegelte er es wieder, um einige Hauptpunkte weiter auszuführen, die
er, wie er meinte, zu lakonisch behandelt hatte. Damals fügte er
der letzten Rede Faust's, offenbar um die Beziehung auf die Wette
des Ersten Theiles noch mehr zu betonen, die Verse hinzu [1]):

> „Zum Augenblicke dürft' ich sagen:
> Verweile doch, Du bist so schön!
> Es kann die Spur von meinen Erdentagen
> Nicht in Aeonen untergeh'n."

Wenige Wochen später schmückten die beiden letzten dieser Zeilen
den Katafalk des Todten, die Unvergänglichkeit seines Lebens bezeugend.

---

[1]) Direct bezeugt ist dies nur für die beiden letzten Zeilen durch den
Brief des Kanzlers von Müller an Karoline von Egglofstein vom 24. März
1832; doch sind die beiden ersten Zeilen mit jenen durch den Reim untrennbar verbunden. Vergl. im Uebrigen die Tagebuchauszüge, die Erich Schmidt
im „Urfaust", 3. Aufl., S. 109, 110, gegeben hat.

Eine neue Fauſt-Erklärung.

Goethe's Fauſt als einheitliche Dichtung erläutert von Dr. Hermann Baumgart. Erſter Band. Königsberg, W. Koch, 1893.

Es iſt erfreulich, daß der Verfaſſer des „Handbuchs der Poetik" uns mit einer Fauſt-Erklärung, nicht mit einem Commentar beſchenkt hat. So dankenswerth dieſe letzteren ſind, wir beſitzen ihrer genug, und um die Meinung eines literarhiſtoriſch und äſthetiſch gebildeten Mannes über den Fauſt kennen zu lernen, iſt es nicht erforderlich, jedesmal einen neuen Textabbruck vorzunehmen und jedesmal von Neuem die gewiſſenhaften Erklärungen jeder Einzelheit vom „Schnitzelträuſeln" bis zum „reinlichen Asbeſt" zu empfangen. In welchem Sinne Baumgart ſeine Aufgabe erfaßt hat, geht ſchon aus dem Titel hervor. Die Einheit des Werkes zu erweiſen, ſtellt er ſich als Ziel, und ſeine Oppoſition richtet ſich ganz beſonders gegen diejenigen, welche, an der Spitze Kuno Fiſcher, die Zwieſpältigkeit der Geſtalt des Mephiſtopheles und damit überhaupt einen ſchlimmen Bruch in dem Organismus des erſten Theils behauptet haben. Er ſpricht freilich im Allgemeinen von der „Fauſt-Literatur" der letzten Jahrzehnte, welche ſo lebhaft und ſiegesgewiß gegen die Einheit geſtritten habe; dabei läßt er aber doch einen großen Theil dieſer Literatur außer Acht. Sind nicht Loeper, Schröer, Oettingen entſchieden für die Einheit eingetreten? auf dieſe Kampfgenoſſen mit einem Wort hinzuweiſen, lag doch nicht fern, wenn auch Baumgart zweifellos von Anfang bis zu Ende ſeinen eigenen Weg geht.

Soweit die Vorwürfe gegen die Einheit der Faustdichtung von der vagen und oberflächlichen Art sind, die Goethe mit dem kurzen Wort „ich kanns zu Kopf nicht bringen" charakterisirt, soweit ist ihnen einfach zu erwidern, daß es sich im Faust ja nicht um eine Schablone der Menschennatur und ihre Entwickelung handelt, in der Jedermann „sich selbst und seine lieben Bekannten" wiederzufinden hat, sondern um die Darstellung einer ganz eigenartigen Indivi= dualität, für deren Herausbildung sowohl aus den Zeitverhältnissen als aus persönlichen Beziehungen und Erfahrungen uns der Dichter ein reiches, sowohl in den Monologen wie besonders in der Scene vor dem Thor ausgestreutes, erklärendes Material bietet. Sehr richtig hat schon Loeper gesagt: Die Lösung des Faustischen Problems in einer für die Menschheit überhaupt gültigen Formel oder in einem ewigen Symbol kann der Dichtkunst nicht zugemuthet werden, und wenn sie sich daran wagte, würde sie aufhören, Kunst zu sein. „Das Problem ist ein individuelles ... und ebenso individuell kann auch nur die Lösung ausfallen .... Ein anderer Faust könnte auf philosophischem Wege, ein Dritter auf religiösem gerettet werden", und so mögen es auch ganz geistreiche Einfälle sein, wenn Du Bois Reymond vorschlägt, Faust hätte die Luftpumpe erfinden, oder Theodor Vischer, er hätte sich am Bauernkriege betheiligen sollen, sie passen aber nicht für diesen Faust. Auch bei Baumgart findet sich beständig der Hinweis auf die eigenartige, besonders die den Zeit= verhältnissen entspringenden Existenzbedingungen Faust's, und es ist ein besonderes Verdienst seines Buches, daß er die innere Conse= quenz des Ganges, den der Dichter ihn führt, aufzeigt. Dabei müssen wir allerdings den Einwand erheben, daß seine Erklärungsweise allzu oft auf das Gebiet des Allegorischen abschweift. Wir gehören nicht zu den principiellen Gegnern dieses Kunstmittels; wir glauben nicht, daß die Thatsache allegorischer Phantasieschöpfungen im Faust den Werth des Gedichtes herabsetzt; aber wir müssen daran festhalten, daß das Dichtwerk, besonders das Drama, einen Zusammenhang auf= weisen muß, der unabhängig von der allegorischen Nebenbedeutung besteht, daß die empirische Handlung eine vollkommene Selbständig=

keit besitzen muß und der allegorische Gedankengang nur gleichsam
als transcendentale Handlung sie begleiten darf, nicht anders als
wie jedes Menschenleben sich aus einer Verkettung empirischer Causal=
wirkungen zusammensetzt und dennoch im Ganzen und an jedem
Punkte dem Eingeweihten eine tiefere wesenhafte Erklärung aufdrängt.
Und wer wie Baumgart davon überzeugt ist, daß der Faust jener
Forderung genügt, der hat unseres Erachtens die Verpflichtung, sich
das Verständniß der empirischen Handlung niemals durch Abspringen
nach der allegorischen Handlung hin zu erleichtern, sondern beide
scharf von einander geschieden zu halten, selbst in der Hexenküche
und auf dem Brocken.

Eine schwierigere Aufgabe als die einheitliche Auffassung des
Faustcharakters bietet Mephistopheles dar. Mit welchem Scharfsinn
und welcher blendenden Virtuosität Kuno Fischer die Zwiespältigkeit
dieses Phantasiewesens dargethan hat, wieviel Nachfolger er gefunden,
ist bekannt. Daß der Mephistopheles des Fragments von 1790 ein
anderer sei als der des vollendeten ersten Theiles, der erstere ein
Diener des Erdgeistes und erst der letztere der Sendbote der Hölle,
das ist von Vielen ohne Weiteres als Wahrheit acceptirt worden,
freilich von Manchen, besonders auch von Loeper, entschieden bestritten.
In dieser Hauptfrage zeigt das Buch Baumgart's seine Hauptstärke.
Wir stehen nicht an, es auszusprechen, daß die Zweitheilung des
Mephistopheles darin als grundlos und willkürlich erwiesen worden
ist. Die Ergebnisse philologischer Untersuchung werden dadurch
selbstverständlich nicht geändert; die Thatsache, daß die etwa gleich=
zeitig entstandenen Scenen gemeinsame Merkmale auch in der Charak=
teristik zeigen, wird immer bestehen bleiben, ob aber die Merkmale
verschiedener Epochen einander widersprechen oder vereinbar sind, das
ist die Frage, über die man oft allzu schnell hinweggegangen ist, ohne
sich die Mühe zu geben, dem Gedankengang des Dichters nachzuspähen.
Uns scheint gerade das interessanteste Problem in der Untersuchung
zu liegen, wie sich im Geiste des Dichters die verschiedenen Phasen
mit einander vertrugen und ausglichen, welche Gemeinsamkeit er
zwischen ihnen hergestellt wissen wollte. Denn daß etwa Goethe, als

er 1806 die uralte Prosascene des Faust mit einigen Aenderungen
Riemer dictirte, nicht aus bloßer Bequemlichkeit die Sätze stehen
ließ, welche den Mephistopheles mit dem Erdgeist in Beziehung setzen,
daß demnach in seinem Sinn diese Beziehung nicht dem „Prolog
im Himmel" und nicht der Beschwörungsscene widersprach — das
dürfte doch außer Zweifel stehen. Und dieselbe Erwägung gilt im
Großen auch für das Verhältniß des Ersten und Zweiten Theiles.
Auch da heißt es, zunächst alle die Verwandlungen erkennen, welche
der Fortgang von Goethe's Denken und Erfahren mit sich brachte,
und dann trotzdem den Einheitsgedanken erfassen, welcher dem Dichter
als Achtziger ermöglichte, zu sagen, daß er ausgeführt habe, was vor
sechszig Jahren schon concipirt sei. Die Zeugnisse Goethe's, die besonders in den Briefen an Wilhelm Humboldt vorliegen, sind so
klar und unzweideutig, daß dieser Einheitsgedanke unter allen Umständen als ein thatsächlich vorhandener anzuerkennen ist, auch wenn
man, was Baumgart noch entgangen ist, den Ausdruck „von vorn
herein" in der einen berühmten Briefstelle nicht im zeitlichen Sinn,
sondern räumlich zu verstehen hat, daß nämlich die Anfangspartien des
Planes klar, das Weitere erst „weniger ausführlich" vor den Augen
des jugendlichen Goethe gestanden habe. Kuno Fischer's Urtheil: „Es
verhielt sich nicht so", ist als ein dictatorischer Uebergriff des Forschers
über die Schranken der urkundlichen Zeugnisse zurückzuweisen.

Im fünften Capitel, „Der Faust von 1808. Die Einheit der
Dichtung", geht Baumann sogleich in medias res, und greift die
Hauptposition Fischer's an, indem er fragt: Wenn Faust zweimal
im Selbstgespräch den Mephistopheles als Abgesandten des Erdgeistes
bezeichnet, weshalb soll darin etwas Anderes erkannt werden, als die
Meinung dieser einzelnen dramatischen Person, wie darf man daraus
ohne Weiteres eine Meinung des Dichters construiren, um diesen so
mit sich selbst in Widerspruch zu setzen[1])? Allein dies ist nur das

---

[1]) Aehnlich hat Graffunder im 68. Bande der Preußischen Jahrbücher
geurtheilt, wenn er meint, Faust fasse den Erdgeist nur insofern als Absender
des Mephistopheles auf, als er ihm eine Art göttlicher Allmacht, die auch
das Böse zuläßt und als Prüfung sendet, zuschreibe.

dialectische Vorspiel des wesentlichen Angriffs. Baumgart behauptet
nämlich und führt mit großem Gedankenreichthum aus, daß in der
Auffassung Faust's von Mephistopheles, welche dieser selbst mit einer
gewissen Selbstironie concedirt, nichts Anderes liegt als die Umbildung,
welche die mittelalterliche Teufelsvorstellung in dem modernen Bewußtsein erfahren muß, für das sie nur eine brauchbare hergebrachte
mythologische Hülle bilden kann. In dieser Umbildung, welche ein
radicales, der Gottheit durchaus unabhängig gegenüberstehendes
Princip nicht anerkennt, in welcher der Satan selbst erscheint als .
„Ein Theil der Kraft, die stets das Böse will und stets das Gute
schafft", in ihr ist er nichts Anderes als eine dem Himmlischen untergeordnete kosmische Gewalt und als solche ein Angehöriger des
Erdgeistes. Wenn nun Goethe schon in früher Jugend, als er noch
stark unter theologischen Einwirkungen stand, seinen Teufel zum
Erdgeist[1]) in Beziehung setzte und damit des absolut bösen Charakters
entkleidete, so lag es ihm 1797, als die Antike sein Denken und
Empfinden beherrschte, wahrlich ganz und gar fern, ihn in christlichem
Sinne zu dogmatisiren, und gerade der „Prolog im Himmel", der
damals entstand und den man als Beweis für den Umschwung angeführt hat, zeugt aufs Lebhafteste dafür, daß trotz der Hiob-
Reminiscenzen dieser Teufel kein radicaler Feind des Herrn ist. Und
zudem stammt die große Unterredung, in welcher die berühmte Selbst-
charakteristik des Teufels sich findet, gleichfalls aus dieser Zeit und
läßt unzweideutig erkennen, wie durchaus selbständig aus eigenem
Denken und eigener Phantasie der Dichter diese Figur schuf, und wie
weit entfernt er auch jetzt war, mit ihr den kirchlich-dogmatischen
Begriff des Teufels verkörpern zu wollen.

　　Hier hätte der Verfasser auf ein Selbstbekenntniß Goethe's hinweisen können, das bisher für den Faust viel zu wenig verwerthet
worden ist, kürzlich aber in einem seltsamen Buch von Unfrid „Goethe
als Prophet in der Faust- und Meisterdichtung" herangezogen wurde.

---

[1]) Daß andererseits der Erdgeist nicht als beseligende Macht gedacht war,
bezeugt schon die scenische Bemerkung im Urfaust, nach der er „in widerlicher
Gestalt" erscheint.

Dieſes Buch kann in der wiſſenſchaftlichen Fauſt-Literatur nicht mit-
zählen; aber ſein Verdienſt, die Koſmogonie im achten Buch von
Dichtung und Wahrheit herbeigezogen zu haben, ſoll ihm nicht ge-
ſchmälert werden [1]. Goethe berichtet hier über die myſtiſche Geiſtes-
richtung, die ſich ſeiner in Frankfurt in der Zwiſchenzeit zwiſchen den
Leipziger und den Straßburger Studien bemächtigt; er giebt eine
Erklärung des Entſtehens der drei Perſonen der Gottheit und fährt
fort: „Da jedoch der Productionstrieb immer fortging, ſo erſchufen
ſie ein Viertes, das ſchon in ſich einen Widerſpruch hegte, indem es
wie ſie unbedingt und doch zugleich in ihnen enthalten und durch ſie
begrenzt ſein ſollte. Dieſes war nun Lucifer, welchem von nun an
die ganze Schöpfungskraft übertragen war, und von dem alles
übrige Sein ausgehen ſollte." Es geſchieht nun durch ihn
die Schöpfung der Engel, der Materie; dann aber erfolgt ſein Abfall
und damit wird die Schöpfung der Vernichtung geweiht; ſie hätte
„alle ihre Anſprüche an eine gleiche Ewigkeit mit der
Gottheit verlieren können". Hier aber greifen die Elohim
wieder ein, gleichſam eine neue Schöpfung geſchieht. „Sie ſupplirten
durch ihren bloßen Willen in einem Augenblick den ganzen Mangel,
den der Erfolg von Lucifer's Beginnen an ſich trug.... Der eigentliche
Puls des Lebens war wieder hergeſtellt und Lucifer ſelbſt konnte
ſich dieſer Einwirkung nicht entziehen. Dieſes iſt die Epoche,
wo dasjenige hervortrat, was wir als Licht kennen.... Doch fehlte
es noch an einem Weſen, welches die urſprüngliche Verbindung mit
der Gottheit wieder herzuſtellen geſchickt wäre, und ſo wurde der
Menſch hervorgebracht, der in Allem der Gottheit ähnlich, ja gleich
ſein ſollte, ſich aber freilich dadurch abermals in dem Falle Lucifer's
befand, zugleich unbedingt und beſchränkt zu ſein." Es
leuchtet ohne Weiteres ein, wie die Doppelnatur Lucifer's, der zugleich abhängig und doch unabhängig von Gott, zugleich der Erden-

---

[1] Selbſtverſtändlich iſt die betreffende Stelle auch früher nicht un-
bemerkt geblieben. Aber man iſt nicht inhaltlich in ſie eingedrungen.
Graſſunder a. a. O. verwerthet ſie nur, um den Namen Lucifer zu erklären,
der in einem Vers der Fauſt-Entwürfe vorkommt.

gott und der Zerstörer[1]) des Irdischen ist, im Erdgeist wie in
Mephistopheles wiederkehrt und den letzteren als ein auch in seinen
Widersprüchen einer einmaligen Gedankenconception entsprungenes
Wesen erkennen läßt. Am frappantesten aber sind die Beziehungen
jener mystischen Phantasien zu der Beschwörungs= wie zur Pact=
Scene. Mephistopheles' Feindschaft wider „das Licht" in der einen,
und in der anderen das wider Gott gerichtete Wort: „Er findet sich
in einem ew'gen Glanze, Uns (Teufel) hat er in die Finsterniß ge=
bracht, Und Euch (Menschen) taugt einzig Tag und Nacht", sind
ganz aus dem Gedankengang der Kosmogonie herausgeschrieben.
Eine strenge Akribie der Uebereinstimmung darf man freilich nicht
verlangen, da die Scenen etwa drei Jahrzehnte später erst ausgeführt
sind und da der Bericht in Dichtung und Wahrheit, der uns jene
Jugendgedanken aufbewahrt hat, noch um ein Jahrzehnt jünger ist.
Den Hauptgedanken des Dichters findet Baumgart, obgleich er diesen
Bericht nicht beachtet, mit treffender Schärfe heraus: es kam drauf
an, „mit der Intuition des Erdgeistes die mythische Person des
Mephisto ebensowohl in lebendige innere Verbindung zu setzen wie
in Mephisto's Thun und Wirken das Walten des Erdgeistes auf=
zuzeigen".

Wir meinen also, daß Faust Recht hat, wenn er in Mephisto=
pheles einen Abgesandten des Erdgeistes sieht, des Geistes, der das
Irdische im Gegensatz zum Himmlischen repräsentirt. Und wir er=
innern uns dabei an Wallenstein's Wort: „Dem bösen Geist gehört
die Erde, nicht dem guten." Man dürfte sagen, daß der Herr, wenn
er Faust für sein Erdenleben dem Mephistopheles überläßt, ihn auch
zugleich dem Erdgeist überläßt; doch nicht dem absoluten Bösen.

Wir haben bei diesem Hauptproblem des ersten Theiles länger
verweilt, und wollen dem Erklärer nun nicht durch alle einzelnen

---

[1]) Mephistopheles ruft allerdings in der Beschwörungsscene aus: „Drum
besser wär's, daß nichts entstünde!" Aber diesem Ausruf, den er gleichsam
moralisch mit dem Unwerth alles Entstehenden begründet, widerspricht sein
Handeln durchaus, welches darauf abzielt zu schaffen, um dann wieder zerstören
zu können.

Phaſen des Gedichts weiter folgen, ſondern den Leſer auf das Buch
ſelbſt verweiſen. Nur die Walpurgisnacht mit dem Intermezzo ge=
winnt in der Darſtellung Baumgart's ſo viel neues Licht, daß wir
etwas näher prüfen wollen, ob es bloß ein täuſchender Schimmer
oder dauernde Klarheit iſt. Die Abſicht dieſer Bildergruppen iſt im
Allgemeinen von jeher richtig erkannt worden. Der Vorwurf, den
Fauſt in der folgenden Scene gegen Mephiſtopheles erhebt: „Mich
wiegſt Du indeß in abgeſchmackten Zerſtreuungen", giebt die un=
zweideutige Erklärung; es handelt ſich darum, Fauſt während der
tragiſchen Wendung von Gretchen's Schickſal anderweitig zu be=
ſchäftigen, zu „amüſiren" und dadurch abzuziehen. Wenn der Dichter
die Schilderung einer einzigen Nacht für genügend hielt, um dieſen
Zweck zu erreichen, ſo war das natürlich nur unter der Vorausſetzung
einer typiſchen Darſtellungsform möglich, welche geſtattet, eine Fülle
von Eindrücken und Erfahrungen bloß andeutend zu einem Bilde
von reichſter Symbolik zu vereinigen. So führt er uns auf den
Brocken, wo zuerſt die verderbliche Macht des Goldes in den Tiefen
des Berges ſichtbar wird: „Erleuchtet nicht zu dieſem Feſte Herr
Mammon prächtig den Palaſt?" Er zeigt uns die Unſittlichkeit in
ſchrankenloſer Freiheit, er führt in den Verſen der „alten Herren",
in dem Angebot der Trödelheze uns die Verderbtheit des politiſchen
Lebens vor und läßt endlich in dem Intermezzo die Vertreter
jämmerlichen und niedrigen literariſchen Treibens erſcheinen.

Eine realiſtiſche dramatiſche Ausführung hätte Fauſt thatſächlich
während der Zeit, da er Gretchen fern bleibt, in dieſe Kreiſe
hineinführen müſſen. Inſoweit ſtimmen wir dem Verfaſſer zu, und
möchten noch hinzufügen, daß ſomit die Walpurgisnacht mit dem
Traum eine Art ſymboliſcher Vorausnahme wichtiger Beſtandtheile
des zweiten Theiles bildet, in dem uns gleichfalls das Leben nach
allen Richtungen, insbeſondere die finanziellen und politiſchen Zu=
ſtände, und die Bedeutung des äſthetiſch-literariſchen Strebens
entwickelt werden. Den Einzelheiten freilich, in denen die Phantaſie
des Erklärers ſich ſehr freien Lauf läßt, wird man zögern zuzu=
ſtimmen; ſie liegen auf dem Gebiet, wo nicht Beweiſe, ſondern der

Geschmack entscheidet, der bekanntlich subjectiv ist. Und mir wenigstens will es nicht behagen, wenn in Oberon's und Titania's Versöhnung ein Bild der nach langem Mißverhältniß erfolgten Vereinigung Goethe's und Schiller's gesehen werden soll, und Aehnliches. Einen Hauptfortschritt aber bezeichnet Baumgart's Erklärung darin, daß sie zum ersten Mal es versucht hat, das Intermezzo in organische Be= ziehung zur Walpurgisnacht zu setzen. Daß man früher sich gar zu schnell damit abgefunden hat, in ihm bloß ein ganz überflüssiges Einschiebsel zu sehen, — das wird schon dadurch erwiesen, daß Goethe, nachdem er sich entschlossen hatte, es dem Faust einzufügen, es noch beträchtlich vermehrt hat, — jedenfalls doch mit Beziehung auf diese neue Bestimmung. Und daß dabei auch Bestandtheile der Faustdichtung benutzt wurden, beweist schlagend ein uns aufbehaltenes Schnitzel derselben. (Weimarer Ausgabe Nr. 43.) „Was an dem Lumpenpack mich noch am meisten freut, ist, daß es wechselweis von Herzen sich verachtet." Hieraus sind zweifellos die Verse des Fidlers im Intermezzo entstanden: „Das haßt sich schwer das Lumpenpack, Und gäb' sich gern das Restchen; Es eint sie hier der Dudelsack, Wie Orpheus Leier die Bestien" [1]. Wie diese Strophe durch ihre frappant wahre Schilderung des Welttreibens packt, so wirkt eine ganze Anzahl dieser Vierzeilen durch ihre wahrhaft mephistophelische Satire. Man versuche es nur einmal, und lasse die Phantasie ein wenig spielen, um den nur ganz flüchtig angedeuteten zauberischen Schauplatz zu beleben, so wird man den Traum ohne Störung als Fortsetzung der Walpurgisnacht lesen können, und wird finden, daß der Ton überlegener Weltkenntniß und Weltverachtung, der in der einen herrscht, auch in dem anderen festgehalten ist.

Aus Baumgart's Bemerkungen über die Schlußscenen heben wir nur die eine sehr treffende hervor, daß die maßlose Erregung Faust's über Mephisto's Handlungsweise nicht eine augenblickliche Auf=

---

[1] Uebrigens geschah auch die Ausführung der Walpurgisnacht erst mehrere Jahre später, als Goethe sich schon zur Aufnahme des Intermezzos ent= schlossen hatte, so daß auch eine umgekehrte Einwirkung stattgefunden haben kann, um so mehr, als der Plan bei der Ausführung noch wesentlich verändert wurde.

waltung, sondern der Ausgangspunkt seiner inneren Emancipation ist. Seit dem Fluch, den Faust gegen den Verführer geschleudert, steht er trotz des gebieterischen „Her zu mir!" nicht mehr unter seinem Bann.

Zum zweiten Theil übergehend fußt Baumgart mit vollem Recht zunächst auf jenem so äußerst merkwürdigen Schema[1]), das in abgerissenen, nur dem Dichter selbst völlig verständlichen Ausrufen den Inhalt beider Theile charakterisirt. Die entscheidenden Worte lauten: „Lebensgenuß der Person von außen gesehen — in der Dumpfheit Leidenschaft 1. Theil. Thaten Genuß nach außen und Genuß mit Bewußtseyn Schönheit zweyter Theil." Baumgart setzt diesen Entwurf in die erste Periode der Faustdichtung; ich möchte ihn erst dem Jahre 1788 zuweisen; jedenfalls haben wir in ihm schon eine sehr frühe, gedrungen lakonische Zusammenfassung für den Inhalt des zweiten Theiles: Schönheit und Thatkraft, in der Verbindung mit Helena und im gebietenden Schaffen. Die Eingangsscene hat Baumgart noch in dem ersten Bande behandelt, und sehr schön gezeigt, wie sie in symbolischer Verkürzung den „tiefinnerlichen, sittlichen Umwandlungsproceß", den Faust nach der Katastrophe im Kerker durchleben mußte, sinnlich anschaulich macht. Mitten unter den „glühend bitteren Pfeilen des Vorwurfs", unter der Macht des „Grausens", das sein Inneres erfüllt, regen sich die Kräfte des Lebens, der Hoffnung, wir möchten mit einem spätgoethischen Ausdruck sagen· der unzerstörbaren Entelechie wieder, wie die physische Lebenskraft in der Krisis den Ansturm einer zerstörenden Krankheit überwindet. Die Elfenchöre versinnbildlichen uns diese Kräfte und sehr treffend verweist Baumgart hierbei auf den Geistergesang im ersten Theil, als Faust die „schöne Welt" zertrümmert hat: „Mächtiger der Erdensöhne, Prächtiger baue sie wieder, In Deinem Busen baue sie auf! Neuen Lebenslauf Beginne mit hellem Sinne, Und neue Lieder Tönen darauf!"

Gern werden wir dem feinsinnigen Erklärer auch auf dem gewundenen Wege durch den zweiten Theil folgen.

---

[1]) Weimarer Ausgabe. Bd. 14, S. 287.

Entwürfe und Ausführung des zweiten Theiles des Faust.

Der zweite Theil des Faust leidet bekanntlich unter dem Ruf der Unverständlichkeit und daher auch der Unerquicklichkeit; alles, was in den letzten Jahrzehnten durch Commentare wie durch Aufführungen im Interesse weiterer Kreise für ihn geleistet worden, hat ihn nicht annähernd die Popularität des Ersten Theiles gewinnen lassen. Ueberschaut man dagegen die Urtheile, welche gründliche Kenner des Werkes gefällt haben, so möchte man weit eher den ersten Theil für den schwerer verständlichen erklären; denn es herrscht thatsächlich über die Bedeutung der Hauptscenen des zweiten Theiles weit größere Uebereinstimmung als hinsichtlich des ersten. Meinungsverschiedenheiten von solcher Tragweite wie über das Verhältniß Mephisto's zum Erdgeiste, über den eigentlichen Inhalt des Pactes und der Wette hat die Erklärung des zweiten Theiles nicht entstehen lassen, — und mit gutem Grund. Denn wenn unstreitig an dem zweiten Theil, welcher die durch den ersten übernommenen Verpflichtungen abtragen mußte, der berechnende Verstand eifriger thätig gewesen ist als an dem ersten, der unmittelbarer aus Phantasie und Empfindung entsprungen, so ist es klar, daß der Verstand sich auch leichter mit jenem wird auseinandersetzen können. Goethe selbst sagt von dem ersten Theil, er sei fast ganz subjectiv, aus einem befangenern, leidenschaftlichern Individuum hervorgegangen, im zweiten aber erscheine eine höhere, breitere, hellere, leidenschaftlosere Welt.

Loeper hat den Gegensatz ähnlich entwickelt: „Dem Ergusse, dem lyrischen Ausströmen des ersten Theiles folgt im zweiten ein ruhiges Construiren, eine mehr kunstgerechte Entwickelung des Gegenstandes."

Und was sich etwa an schwer verständlichen Einzelheiten im zweiten Theile findet, kann in keinen Vergleich treten mit den immer neuen, nicht zu erschöpfenden Problemen, welche die Monologe und Dialoge in Faust's Studirzimmer darbieten. Wenn der Leser hier weniger nach Commentaren verlangt, als etwa in der „Klassischen Walpurgisnacht", so nur deshalb, weil Probleme dieser Art für den, der sie findet, durch keine Commentare zu lösen sind. Ein wenig Eifer und Mühe dagegen führt über die Schwierigkeiten hinweg, welche der zweite Theil zunächst dem Leser entgegenzustellen pflegt, — und diesen Aufwand werden gewiß wenige um des größten deutschen Dichterwerkes willen scheuen.

Woher aber trotzdem die geringe Anziehungskraft, welche ein Werk so reichen Gedankeninhaltes und so glänzender poetischer Form ausübt? Der Grund liegt unzweifelhaft in dem Uebergewicht, welches an vielen Stellen Nebendinge über die Haupthandlung gewonnen haben, und zugleich in der bis auf's Aeußerste getriebenen Knappheit, durch die mehrmals die wichtigsten Verbindungsglieder der Handlung der Wahrnehmung des Lesers fast entzogen werden. Der eigenthümliche Proceß, der während der Ausführung des Stückes vor sich ging, dieses Ueberwuchern des verbindenden Pfades durch die bunteste, üppigste Blumenpracht, die ihn stellenweise sogar ganz verdeckt, war schon früher in einzelnen Theilen kenntlich; er ist jetzt durch die Funde im Goethe-Archiv uns noch weit mehr enthüllt[1]); die folgenden Blätter mögen ihn im Einzelnen darzulegen und danach zu erklären suchen.

Der erste Act zeigt uns bekanntlich im Eingange eine „anmuthige Gegend, Faust auf blumigem Rasen gebettet, ermüdet, unruhig,

---

[1]) Man vergleiche: Goethe's Werke. Herausgegeben im Auftrage der Großherzogin Sophie von Sachsen 15. Band. Eine kurze übersichtliche Darlegung der Einheit des zweiten Theils findet man jetzt in Wittowski's Vortrag: Die Handlung des zweiten Theils von Goethes Faust. Leipzig 1898.

schlafsuchend"; um ihn Geistergestalten, schwebend bewegt. Nach dem ursprünglichen Plane sollten diese Geister nicht nur in Gesängen, sondern auch in sichtlichen Symbolen die Freuden der Ehre, des Ruhms, der Macht und Herrschaft vorspiegeln (XV, 2, 173). Hierdurch wäre der Wechsel vom ersten zum zweiten Theile scharf betont, der Leser darauf vorbereitet worden, jetzt in die Sphäre des öffentlichen, thätigen Lebens hinüberzuschreiten. In der Ausführung treten diese Gedanken gänzlich zurück; die Geister suchen nur Faust's inneren Streit zu besänftigen, indem sie ihn in erquickenden Schlaf senken; sie schildern mit bezauberndem Reiz die vier Zeiten der Nacht; aber eine Mahnung zur That schließen nur die letzten Verszeilen in sich, und auch in diesen ist sie nicht so gewichtig ausgesprochen, daß sie auf eine völlig neue Lebensepoche zu deuten scheint; von den „sichtlichen Symbolen" hat der Dichter ganz abgesehen. Und dem entspricht auch die Wirkung dieser Scene auf Faust. Wenn er nach dem Entwurfe erwachen sollte, gestärkt, gelöst von Sinnlichkeit und Leidenschaft, den Geist gereinigt und frisch, nach dem Höchsten strebend —, so ist diese Absicht des Dichters nur nach ihrer negativen Seite hin verwirklicht worden; gereinigt und leidenschaftlos finden wir Faust in seinem sonnenbegeisterten Monologe; aber nicht nach dem Höchsten strebend, sondern viel mehr von dem Bewußtsein nothwendiger Resignation durchdrungen. Gerade die Momente der Scene, welche sie zu einer unmittelbaren Einleitung des Folgenden gestalten sollten, sind weggefallen.

Wir gelangen aus dem geisterbelebten ländlichen Schauplatz unmittelbar an den Hof des Kaisers; wir sehen Mephistopheles in der Tracht des Narren auftreten und seine goldspendenden Dienste anbieten. Was ihn und Faust hierhergeführt, erfahren wir nicht. In den Entwürfen aber finden wir eine Scene projectirt, in welcher er Faust zum Besuche des Reichstages beredet und ihm mittheilt, der Kaiser selbst habe gewünscht, ihn einmal zu sehen. Dieser Dialog ist ganz ausgefallen, und ebenso, was sich ihm anschließen sollte: Faust macht die Bedingung, in Gegenwart des Kaisers dürfe nichts von Gaukelei und Verblendung vorkommen. In dieser Bedingung wäre schon ein Hinweis auf Faust's späteres Verlangen (im 5. Act) enthalten gewesen, sich von der Magie loszusagen und nur auf eigener Manneskraft zu stehen.

Wie das Drama jetzt vorliegt, tritt uns Faust am Hofe zuerst in der Verkappung des Mummenschanzes entgegen. Die so kunstvoll ausgeführte und ausgesponnene Scene hat im Zusammenhang der Handlung nur durch einen Punkt Bedeutung; der Kaiser — in der Maske des „Großen Pan" — unterzeichnet den Befehl, welcher das Papiergeld creirt. Um so mehr muß es uns auffallen, daß gerade dieser Punkt in der Darstellung selbst übergangen ist, daß wir über ihn erst nachträglich in der folgenden Scene durch Mephisto's Erzählung unterrichtet werden. Die bunten und wechselnden Bilder des Maskenspiels pflegen fremdartig auf den Leser zu wirken, da ihm während ihrer Dauer kein Leitstern die Richtung zeigt, in der sie sich bewegen.

Die nun folgenden drei Scenen — die Beschwörung der Helena vorbereitend und vollendend — stehen in einem lückenlosen Zusammenhange; der erste Act schließt mit ihnen dramatisch und effectvoll ab. Ein ganz verändertes Bild empfängt uns im zweiten. Im ehemaligen Studirzimmer sehen wir Faust, noch von der Ohnmacht befangen, in die ihn sein tollkühnes Berühren der Geistererscheinung versenkt hatte. Wir müssen annehmen, daß die Scene unmittelbar sich dem ersten Acte anschließe, daß der Zaubermantel die Genossen eiligst hierher geführt habe. Mephistopheles ist von Anfang an überzeugt, Sehnsucht nach Helena werde Faust unbezwinglich beherrschen. Auch hier enthalten die Entwürfe Verbindung und Motivirung. „Faust aus einer schweren, langen Schlafsucht . . . ins Leben zurückgerufen, tritt exaltirt hervor und fordert von dem höchsten Anschauen ganz durchdrungen den Besitz heftig von Mephistopheles. Dieser, der nicht bekennen mag, daß er im klassischen Hades nichts zu sagen habe, auch dort nicht einmal gern gesehen sei, bedient sich seines früheren Mittels, seinen Gebieter nach allen Seiten hin und her zu sprengen. Hier gelangen wir zu gar vielen Aufmerksamkeit fordernden Mannigfaltigkeiten, und zuletzt noch die wachsende Ungeduld des Herrn zu beschwichtigen, beredet er ihn, gleichsam im Vorbeigehen auf dem Wege zum Ziele .... Wagner zu besuchen." (XV, 2, 201.) Ein anderes Fragment faßt die Sache tiefer: „Faust niedergelegt an einer Kirchhofsmauer. Träume. Darauf großer Monolog zwischen der Wahnerscheinung von Gretchen und Helena. Faust's Leidenschaft zu Helena bleibt unbezwinglich. Mephistopheles sucht ihn durch mancherlei Zerstreuungen zu beschwichtigen." (Ebenda S. 189.) Von dem gewaltigen Gedanken, den Kampf zweier Leidenschaften sich in Faust bewußt und offenkundig vollziehen zu lassen, ist jetzt nur noch ein matter Abglanz in dem Anfangsmonolog des vierten Actes zu erkennen. Die ganze Scenengruppe ist überhaupt ausgefallen; Faust erwacht von seiner Ohnmacht erst auf klassischem Boden, den pharsalischen Gefilden. In den zwischenliegenden Scenen werden nur seine Träume uns gezeigt. Die Handlung wird erst durch den Homunculus in der Hauptsache fortgeführt. Er ist es, der ganz unvermittelt von der klassischen Walpurgisnacht Kenntniß zeigt und sich erbietet, Faust zu seiner Heilung dorthin den Weg zu weisen. Man hat viel Erfindungsgabe darauf verwandt, zu erklären, weshalb gerade er die Bahn zur Antike eröffnen müsse; die Entwürfe geben auch hierfür den Grund an, freilich in ziemlich äußerlicher Weise[1]). „Es zeigt sich, daß in ihm ein allgemeiner historischer Weltkalender enthalten sei; er wisse nämlich in jedem Augenblick anzugeben, was seit Adam's Bildung bei gleicher Sonn=, Mond=, Erd= und Planetenstellung unter Menschen vorgegangen sei. Wie er denn auch zur Probe sogleich verkündet, daß die gegenwärtige Nacht gerade mit der Stunde zusammentreffe, wo die pharsalische Schlacht vorbereitet worden, ... daß zu gleicher Zeit das Fest der klassischen Walpurgisnacht hereintrete, das seit Anbeginn der mythischen Welt immer in Thessalien gehalten worden und, nach dem gründlichen durch Epochen bestimmten Gang der Weltgeschichte, eigentlich Ursache an jenem Unglück gewesen."

---

[1]) In tiefsinnig geistvoller Weise hat Veit Valentin die Nothwendigkeit des Homunculus für die Wiederbelebung der Helena erweisen wollen; indeß muß constatirt werden, daß seine Construction in den eigenen Entwürfen Goethe's keine Stütze findet.

Die klassische Walpurgisnacht hat eine vollständigere Bearbeitung gefunden und stellt die Erlebnisse Faust's, Mephisto's und des Homunculus in abgerundeter Form dar. Faust verläßt bekanntlich das phantastische Treiben, indem er mit der Sibylle Manto in die Unterwelt hinabsteigt, um die Rückkehr Helena's in das irdische Leben von Persephone zu erbitten. Hier indeß zwischen dem zweiten und dritten Act zeigt unser jetziger Faust die klaffendste Lücke; im Anfang des dritten Actes erscheint Helena in Sparta, ohne daß wir erfahren, auf welche Weise und unter welchen Bedingungen Faust diesen Erfolg erlangt hat. Welchen Scharfsinn und welche Kraft der Phantasie Wilhelm Scherer auf die Ausfüllung dieser Lücke verwandt, ist bekannt genug. Jetzt ist auch diese Frage gelöst durch mehrere Schemata einer Scene, die Goethe bald an das Ende des zweiten, bald an den Anfang des dritten Actes zu stellen gedacht hat[1]). Manto sollte die Bitte Faust's der Königin des Hades vortragen, die dadurch zu Thränen gerührt in Erinnerung an ein früheres Emporsteigen Helena's durch die drei Richter ihre Gewährung ertheilt haben würde. Noch jetzt ist im dritten Acte eine Erwähnung dieser ehemaligen Wiederbelebung Helena's zu finden, durch welche sie sich auf der Insel Leute mit Achilles zu flüchtigem Bunde vereinigt hatte; wie damals auf die Insel, sollte jetzt auf Sparta ihr neues Erdenleben beschränkt sein. In der Bedingung, daß alle Beziehungen Faust's zu ihr rein menschliche, also nicht magische sein müßten, wäre auch hier schon Faust's eigener Wunsch, „die Zaubersprüche zu verlernen", erfüllt worden.

Ein weiterer zur Vervollständigung der „Phantasmagorie" dienender Zug dieser Entwürfe ist endlich auch der, daß, wie Faust später Helena die Reimform der romantischen Dichtung lehrt, so hier Manto ihn den antiken Trimeter gebrauchen lehrt, der seine Rede erst der göttlich-heroischen Umgebungen würdig macht (XV, 2, 190, 210—213, 224—226).

Der dritte Act, wie er uns jetzt vorliegt, ist zuerst als selbst-

---

[1]) In den ältesten Entwürfen war die Handlung noch anders gedacht; nach ihnen sollte Mephistopheles Faust den Besitz der Helena vermitteln. (XV, 2, 176.)

ständiges Drama „Helena" veröffentlicht worden; schon hieraus geht hervor, daß er zu innerer Geschlossenheit und äußerer Abrundung geführt war. Was auf spartanischem Boden die wiederbelebte Helena erfährt, ist wunderbar, aber doch den seltsamen Voraussetzungen entsprechend; erst ihre Rückkehr nach dem Orkus muß uns wieder überraschen; denn sie geschieht freiwillig, obgleich Helena während dieses Actes das Bewußtsein ihrer Zugehörigkeit zum Hades völlig verloren hatte. Wird dies Bewußtsein ihr plötzlich wieder wach, als der sterbende Sohn ihr zuruft: „Laß mich im düstern Reich, Mutter, mich nicht allein", — oder ist es nur die Liebe der Mutter, welche sie dem vorangegangenen Kinde nachzieht? Auch auf diese Frage giebt ein älterer Plan die Antwort. Durch einen magischen Ring ist Helena die Körperlichkeit wiedergegeben worden; indem sie in Verzweiflung über den Tod Euphorion's die Hände ringt, streift sie ihn ab und verschwindet sogleich.

Mit dem vierten Act tritt Faust wieder in das reale Leben zurück, und zugleich beginnt für ihn eine neue Phase, die der praktischen Thätigkeit; man dürfte den vierten und fünften Act wohl den dritten Theil des Faust nennen. Wie der geistige Zusammenhang zwischen diesen und der Helena-Tragödie zu construiren, wie aus dem Gewinne, dem Besitz, dem Verlust Helena's der Trieb nach politischem, nach socialem Wirken abzuleiten sei, hat sich die Kritik nachzuweisen oftmals bemüht, doch noch nicht mit entschiedenem Erfolge. Der Umstand, daß Faust das Gewand der Helena in seinem Besitz behalten, und von ihm getragen wieder in die nordische Welt zurückkehrt, ist in jener Beziehung schwer zu deuten; der Monolog, mit dem Faust jetzt den vierten Act eröffnet, enthält nur einen Rückblick auf Helena's, auf Gretchen's Liebe[1]), deutet nicht in die Zukunft. Jetzt indeß sind Bruchstücke eines anderen Monologes zu Tage gekommen, welcher wohl bestimmt war, diese Lücke auszufüllen (XV, 2, 185):

---

[1]) Für Goethe's Bestreben, die Beziehungen nicht zu deutlich hervortreten zu lassen, sondern vielmehr zu verschleiern, ist es charakteristisch, daß jetzt im Monologe von „Aurorens Liebe" als dem „jugenderstern, höchsten Gut" die Rede ist, während im Entwurf Gretchen ausdrücklich genannt ist.

„So hab' ich denn auf immerdar verloren,
Was mir das Herz zum letztenmal erquickt.…"
„Ein irdischer Verlust ist zu bejammern
Ein geistiger treibt zur Verzweiflung hin.…"
„Ich lernte diese Welt verachten
Nun bin ich erst sie zu erobern werth.…"
„Der leichte, hohe Geist riß mich aus dieser Enge,
Die Schönheit aus der Barbarei.…"
„Und wenn das Leben allen Reiz verloren,
Ist der Besitz noch immer etwas werth."

Jetzt ist, wie Scherer schon bemerkt hat, von dieser Gedankenreihe nichts übrig geblieben als die kurze Andeutung Mephisto's:

„Man merkt's, Du kommst von Heroinen."

Im weiteren Verlauf des vierten Actes ist es von jeher als Lücke empfunden worden, daß die Erfüllung von Faust's treibendem Wunsche, der Gewinn des Meeresstrandes, nicht uns durch Handlung vorgeführt, sondern nur flüchtig und beiläufig erwähnt wird in den Worten des Erzbischofs:

„Verzeih, o Herr! es ward dem sehr verruf'nen Mann
Des Reiches Strand verlieh'n."

Auch hier beabsichtigte der Entwurf eine eigene Scene einzufügen (XV, 2, 237); ein Bruchstück derselben liegt wohl in den Versen vor, welche Faust die Ritterwürde ertheilen (XV, 1, 342). Und endlich: im fünften Acte: hier, wo zuletzt sich die Räthsel lösen, die Probleme, die der erste Theil aufgestellt, sich enthüllen sollen, — hier ist wohl die Scene, welche die Wette zwischen Faust und Mephistopheles zur Entscheidung bringt, scharf und deutlich ausgeführt worden, aber nicht die letzte abschließende, welche dem Prolog im Himmel entspricht. Zwei Momente sind hier bei Seite gelassen, in denen die Grundidee des ganzen Werkes zur vollsten Klarheit gelangt wäre: Die Appellation Mephisto's gegen die ihn bethörenden Engel, und das göttliche Gericht über Faust. Beides findet sich in den Entwürfen vorgezeichnet; Christus selbst sollte dem Satan wie dem Menschen als höchster Richter entgegentreten (XV, 2, 243. 44. 187). Jetzt tritt bekanntlich Faust in der letzten Scene nicht

mehr bewußt auf; nur sein „Unsterbliches" wird getragen[1]). Und
an die Stelle des Herrn ist die Himmelskönigin getreten; aber auch
sie zeigt uns noch nicht, wie es im Prologe des Ersten Theils
geschieht, den Himmel selber, sondern wir bewegen uns in einem
irdisch-himmlischen Zwischenreich, um einen Berg, der gleich dem
Olymp in der Erde wurzelt, aber seinen Gipfel unnahbar in den
Himmel erhebt. Das Ergebniß der an den Anfang des ganzen
Werkes gestellten Wette zwischen dem Herrn und dem Satan wird
nicht ausdrücklich festgestellt, sondern dem Leser und Hörer es selbst
sich auszubilden überlassen.

Die vorstehende Uebersicht wird zur Genüge gezeigt haben, wie
sehr die Ausarbeitung des Werkes dazu geführt hat, sowohl Höhepunkte der Handlung als auch Verbindungsglieder zu verschleiern,
ja selbst auszuschließen. Es ist unmöglich, hierin ein absichtsvolles
Handeln des Dichters zu verkennen; mag auch an einer einzelnen
Stelle ein Versehen der Redaction vorliegen, — die Masse der Fälle
von Auslassung, noch mehr von Umbildung kann nicht auf diese
Weise erklärt werden. Erinnern wir uns dagegen der nächst Faust
umfangreichsten Composition Goethe's, des Wilhelm Meister, so
erkennen wir ein ganz ähnliches Verfahren des Dichters. Schiller
hat es bekämpft. Goethe hat in selbstloseſter Weise die Berechtigung
seiner Vorwürfe eingeräumt, schließlich aber doch seinen Standpunkt
festgehalten. Schiller hatte gewünscht, die Hauptidee des Romans
möchte deutlicher ausgedrückt werden; Goethe erwidert darauf (9. Juli
1796): „Der Fehler, den Sie mit Recht bemerken, kommt aus meiner
innersten Natur, aus einem gewissen realistischen Tic, durch den ich
meine Existenz, meine Handlungen, meine Schriften den Menschen
aus den Augen zu rücken behaglich finde..... Ohne ihren Antrieb
und Anstoß, hätte ich wider besser Wissen und Gewissen mir auch

---

[1]) Ein schwerer Mißgriff ist es, wenn bei Aufführungen oft die Reden
des Doctor Marianus Faust in den Mund gelegt werden, die Verkündigungen
heilig-mystischer Erkenntniß dem „Neuen, der in dem edlen Geisterchor" sich
noch kaum gewahr wird und noch vom neuen Tag geblendet, von Gretchen erst
belehrt werden soll.

diese Eigenheit bei diesem Roman hingehen lassen, welches denn doch bei dem ungeheuern Aufwand, der darauf gemacht ist, unverzeihlich gewesen wäre." Obgleich nun Goethe demgemäß einiges dem Romane noch hinzugefügt hat, so fand Schiller doch später, daß seine „Grille mit etwas deutlicher Pronunciation der Hauptidee" nicht befriedigt worden sei; nach Goethe's Natur konnte es auch nicht anders sein. Er war sich zu allen Zeiten bewußt, daß jede Dichtung, möge ihr Inhalt noch so sehr für einen Proceß des sittlichen oder geistigen Lebens typisch sein, dennoch als Kunstwerk nur durch sinnliche Mittel wirken und nur indirect eine sittliche oder intellectuelle Wirkung hervorbringen dürfe; es lag ihm daher fern, sein Kunstwerk in reflectirender Weise die eigene Idee aussprechen zu lassen. Noch bestärkt wurde er hierin durch die Beurtheilungen, welche der erste Theil des Faust erfuhr. Das beständige Interesse für die „Idee" des Gedichts statt für das Gedicht selbst stieß ihn ab. In dem bekannten Gespräche mit Eckermann (6. Mai 1827) wies er diese Urtheilsweise entschieden zurück; eine „einzige durchgehende Idee" nannte er eine magere Schnur; in dem „Faust" sei mehr, — ein reiches, buntes, mannigfaltiges Leben. Diesen Charakter des Werkes immer mehr hervorzuheben, die „Idee" immer mehr zu verbergen, war der echt poetische Grundsatz, der ihn bei der Ausführung des zweiten Theiles leitete. Monologe, in denen Faust seine Empfindungen nach der letzten Trennung von Gretchen und bei Beginn eines neuen Lebens ausgesprochen oder in denen er die Bedeutung der Helena-Episode für seine Geistesentwickelung auseinandergesetzt, mag der Commentator schmerzlich vermissen, Goethe verzichtete gewiß mit Recht auf sie. Der Commentator mag vielleicht auch bedauern, daß nicht am Schlusse Gottvater oder Christus mit juristischer Schärfe die Motive darlegen, welche sie berechtigen, ihre Wette mit Mephistopheles für gewonnen zu halten; der Dichtung gereicht es gewiß nur zum Vortheil, daß sie sich auf die Handlung beschränkt und der Selbst-thätigkeit des Hörers die Reflexion überlassen hat.

Indessen ist hiermit freilich nur ein Theil der Auslassungen erklärt, die wir oben aufgezählt; eine Reihe anderer bezieht sich nur auf

Momente der äußeren Handlung, die weggefallen sind; kann auch hier der „realistische Tic" zur Erklärung dienen? es scheint, als hätte er gerade die Ausführung dieser Stellen fordern müssen; aber es scheint doch nur so. Denn in der That sind jene Punkte des Entwurfs — mit einziger Ausnahme vielleicht der Belehnung — solche, die nur Werth haben für den reflectirenden Leser, und seine Versuche stets das Ganze des Werkes in einem mechanischen Causalnexus sich deutlich zu machen. Dieser Versuch aber muß scheitern bei einem Drama, welches den Verlauf eines ganzen Menschenlebens umfaßt und das gar nicht anders kann als in einzelnen Bildern, die aus verschiedenen Lebensperioden heraus= gegriffen werden. Zwischen diesen einzelnen mit äußerstem Reichthum und buntester Pracht ausgeführten Bildern dünne verbindende Fäden gezogen sehen zu wollen, ist eine philiströse, keine poetische Forderung. Goethe wollte, wie aus vielen Stellen bei Eckermann hervorgeht, den zweiten Theil als eine Reihe derartiger, für die Anschauung berechneter Bilder aus Faust's Leben betrachtet und beurtheilt wissen. Wenn nun etwa in der Maskenscene der Kaiser als Gott Pan jene Staatsacte unterschrieben hätte, so würde das nur störend und ernüch= ternd gewirkt haben; wenn Homunculus uns auseinandergesetzt hätte, woher er von der klassischen Walpurgisnacht wisse, so hätte er uns nur ermüdet; auf welche Weise Manto die Persephone zu bereden weiß, Helena die Freiheit zu geben, ist uns ebenfalls gleichgültig; denn nur Faust's Streben nach Helena interessirt uns[1]); ob Helena durch den Verlust eines Ringes oder ein anderes magisches Mittel zur Unterwelt zurückgetrieben wird, danach fragen wir nicht; denn wir empfinden ohne Weiteres, daß mit dem Tode des Euphorion die Katastrophe ihres Verhältnisses zu Faust eingetreten.

Nach alledem können wir nur zu dem Schlußurtheil gelangen,

---

[1]) Nach Eckermann's Bericht mußten wir bisher annehmen, daß Faust selbst Persephone beschwören und überreden sollte; mit Recht hätte man eine solche Scene gerne ausgeführt gesehen; jetzt aber, da wir wissen, daß diese Aufgabe Manto zugetheilt war, ist es völlig begreiflich, daß Goethe schließlich die Scene für überflüssig hielt.

daß Goethe durch jene Streichungen in den ursprünglichen Entwürfen den unbefangenen Genuß des Werkes nur erleichtert hat. Die Schwierigkeiten, die der Leser zu finden meint, sind zum großen Theil selbstgeschaffene, sie entspringen daraus, daß er fragt und zergliedert, wo er schauen und hören soll. Wenn erfreulicher Weise die einst allgemeine, allegorische Auffassung des Gedichtes jetzt gänzlich zurückgedrängt ist, so liegt der weitere Fortschritt im Uebergange von der reflectirenden zu einer naiveren Auffassung. Dazu können mehr als Commentare, die dem reflectirenden Leser, wie wir gezeigt, vor Allem Zusätze bringen müßten, die theatralischen Aufführungen wirksam sein (s. Loeper, Faust II, XVII). In dieser Hinsicht ist im letzten Jahrzehnte schon viel geleistet worden und wird zweifellos noch mehr geleistet werden. Der Dichter hat ein Recht darauf, daß sein Werk vor Allem als eine sinnenfällige Schöpfung der Phantasie geschätzt werde.

Ueber Goethe's „Pandora".

„Liebes Kind", sagte Goethe einmal zu Eckermann,[1] „meine Sachen können nicht populär werden; wer daran denkt und dafür strebt, ist in einem Irrthum. Sie sind nicht für die Masse geschrieben, sondern nur für einzelne Menschen, die etwas Aehnliches wollen und suchen und die in ähnlichen Richtungen begriffen sind." Eckermann stimmt diesen Worten in seinen Gedanken völlig zu; aber indem er ihnen weiter nachgeht und die „ähnlichen Richtungen" zu bestimmen sucht, erblickt er immer neue Gruppen von Suchenden, die in Goethe's Werken Befriedigung finden; Geister der verschiedensten Art streben heran, und das Wort, das eine Beschränkung zu bedeuten schien, wird zum Ausdruck der unvergleichlichen Reichhaltigkeit von Goethe's Geistesleben. Hier gilt die Verheißung: „Wer vieles bringt, wird Manchem etwas bringen", und die alte Philisterwarnung: Non multa, sed multum, wird zu Schanden. Aber freilich gilt auch das Wort: „Ein Jeder sucht sich endlich selbst was aus." Dem einen ist Goethe ein promethisch vorwärtsstürmender Geist, dem anderen das Muster weiser Selbstbeschränkung, dem einen der Verherrlicher des Individuums im Sinne antiker Lebensgestaltung, dem anderen ein Verkündiger moderner socialer Grundsätze, dem einen der Klassiker par excellence, dem anderen der geistige Vater der Romantik, dem einen ein Vertreter dynamischer Naturbetrachtung und ein Verehrer der nach Formgesetzen bildenden Natur, dem anderen ein Vorläufer der mechanischen Erklärungsweise des Darwinismus.

So sucht sich denn ein Jeder auch die Werke aus, die ihn

7*

anziehen, und kaum irgend Jemand wird von sich sagen können,
daß er den ganzen Goethe in allen Aeußerungen seines Geistes, in
allen verschiedenen Zeiten seines Schaffens mit gleichem Interesse
und Genuß erfasse und aufnehme. Wohl die abweichendsten Beurtheilungen haben Goethe's Alterswerke erfahren. Es hat aufrichtige
Goetheverehrer gegeben, welche zu ihnen durchaus in kein inneres
Verhältniß treten konnten; liest man Victor Hehn's Gedanken über
Goethe, so erkennt man, daß für den Verfasser „Hermann und
Dorothea" eigentlich schon der Schlußstein im poetischen Schaffen
Goethe's ist; ein Mann, wie Fr. Theodor Vischer, sah, wenigstens
in den versificirten Dichtungen Goethe's seit Schiller's Tode,
überall Manier und Unnatur. Dagegen haben andere, wie Rosen-
kranz, Gustav von Loeper, gerade aus den Alterswerken Goethe's
wesentliche geistige Bedeutung zu erschließen gesucht, und der poetische
Werth des zweiten „Faust"-Theiles wird in neuerer Zeit stets höher
und höher angeschlagen und durch Aufführungen auch dem Empfinden
des Volkes erschlossen. Und gewiß mit Recht! Wenn Goethe sich
beim Eintritt in das Alter einen neuen poetischen Stil bildet, so
ist es besser, ihn zu erforschen und zu würdigen[1]), als ihn mit dem
Worte „Manier" abzuthun; wenn Goethe es vorzieht, statt frei
geschaffener Personen bekannte Erscheinungen aus Mythologie und
Geschichte mit den Hauptpersonen seines Dramas in Beziehung zu
setzen, so thut man besser, sich über den Gewinn unerschöpflich reicher
historischer und phantastischer Bezüge zu freuen, als bedauernd von
Allegoristerei zu reden; wenn Goethe sich für die Pandora, den
Epimenides, den zweiten Theil des Faust eine neue dramatische
Form baut, in der er die antike Tragödie modern umbildet, so thut
man besser, diese Form gründlich zu studiren und zu analysiren, als
stumpfen Blickes sie anzustarren und dann vorüberzugehen.

Zu einer näheren Betrachtung der „Pandora", des im Jahre
1810 erschienenen Festspiels, möchte ich heute den Leser einladen.
Nicht als ob es an Erklärungen dieses Werkes fehlte: Düntzer, Schöll,

---

[1]) Vergl. jetzt Knauth „Goethe's Sprache und Stil im Alter" 1898.

Scherer, Wilamowitz-Möllendorff haben es erläutert und interessante
Gedanken darüber entwickelt. Auch ich habe im Schlußabschnitt meines
Buches „Goethe in der Epoche seiner Vollendung" meine Auffassung
des Grundgedankens ausgesprochen. Was mir aber noch zu fehlen
scheint, ist die Würdigung des speciell dramatischen Gehalts, des
Zusammenwirkens der individuellen Persönlichkeiten. Die Erklärungen
gehen meist statt von den handelnden dramatischen Figuren von
der Idealgestalt der Pandora aus, die doch in dem allein ausgeführten ersten Theil gar nicht auftritt, und nach der das Stück
nur durch einen thatsächlichen Mißgriff benannt ist. Denn es sollte
ursprünglich „Pandorens Wiederkunft" heißen; als nun dieser Name
unmöglich wurde, da der Entwurf der Wiederkunft nicht mehr zur
Ausführung kam, blieb kurzweg „Pandora" als Titel stehen, als ob
dieser Name die Heldin des Dramas bezeichnete.

Zwei Männer werden gleich zu Beginn des Stückes uns vorgeführt und halten thatsächlich das Interesse auch ferner auf sich
concentrirt: die Brüder Prometheus und Epimetheus. Die Art, wie
Goethe sie contrastirt, ist in der Sage nicht vorgebildet; was in
dieser sich als Verschiedenheit des Denkens darstellt, wird bei Goethe
zum Unterschied des Empfindens. Es ist derselbe Gegensatz, der sich
von früh auf in den Werken des Dichters wahrnehmen läßt, aber
doch in jedem Werke anders bestimmt und gewendet wird: der
Gegensatz zwischen harter und weicher Structur der Nerven. Der
Gegensatz ist nicht ethisch auszudrücken; denn die gefestigte Gestalt
erscheint bald als das sittliche Vorbild, bald als der beherrschende
böse Genius gegenüber der weichgeformten; und auch die Sympathie
des Dichters wechselt; sie ruht einmal auf Götz und das andere Mal
auf Clavigo; ja im Tasso verändert sie sich sogar merklich, indem
sie allmälig von dem Dichter sich zum Staatsmann hinüber neigt.
Niemals aber hat Goethe so sehr das volle Maß seiner Zuneigung
auf den seinem Gefühlsleben ganz sich überlassenden Mann aus-
gegossen, wie in der „Pandora" auf Epimetheus; nicht genug, daß
seiner Rede die ergreifendsten Töne Goethe'scher Lyrik geliehen werden, sondern es wird am Schlusse gar noch eine göttliche Beglaubi-

gung feines Werthes ihm ausgestellt, und sein thatkräftiger Bruder
bestimmt in das Bewußtsein seiner Beschränktheit zurückgewiesen:

> „Groß beginnet Ihr Titanen: aber leiten
> Zu dem Ewig=Wahren, Ewig=Schönen,
> Ist der Götter Werk — die laßt gewähren."

In den Gestalten dieser beiden Brüder ist durchaus nichts
Außermenschliches, über die Schranken der Individualität Hinaus=
greifendes; wer deshalb, weil sie mythologische Namen führen, ihnen
nicht menschlich nachzuempfinden weiß, der hat nicht den Dichter,
sondern sich selber anzuklagen.

Wird nun auch die Haupthandlung von diesen beiden Persön=
lichkeiten getragen? Wenn wir die Antwort auf diese Frage suchen,
so bemerken wir zuerst, daß „Pandora" zu denjenigen Dramen
gehört, welche die Haupthandlung als schon geschehen voraussetzen
und nur ihre Folgen darstellen. Es geschieht freilich in dem Stück
mehr als genug: die Ereignisse, in denen die Kinder beider Brüder,
Phileros und Epimeleia, die Hauptrolle spielen, drängen sich in
raschester Folge an einander; aber diese Begebenheiten erregen nicht
vorzugsweise unser Interesse; wir spüren, daß das dramatische Pro=
blem zwischen den Vätern ruht und daß es die Folgen ihrer früheren
Handlungsweise sind, welche sich vor uns abspielen und eine un=
befriedigende, quälende Situation zur Klarheit führen müssen. Beide
Brüder, obgleich in unmittelbarer Nähe bei einander wohnend, leben
doch in völliger Entfremdung; keiner nimmt an dem Schicksal des
Anderen Antheil. Nicht etwa aus Haß; beide sind in ihrer Art zu
edle Naturen, um einem solchen Gefühl zu unterliegen; aber aus
Verschiedenheit der seelischen Anlage, aus dem Mangel gegenseitigen
Verständnisses, der durch Erlebnisse entscheidender Art sich verletzend,
unverhüllbar offenbart hatte. Wir wissen zwar nicht, wie das Ver=
hältniß der beiden Brüder vor Pandora's Erscheinen beschaffen war;
aber eine wirkliche innere Uebereinstimmung kann niemals bestanden
haben; Prometheus war schon damals der herrschende, klug und
entschieden auf ein Ziel gerichtete, Epimetheus schildert sich selbst in
der Deutung seines Namens als voreiligen, rasch zugreifenden, von

einem Trieb zum anderen hingeworfenen, erst nach der That be-
denkenden Jüngling. Aber der klaffende Gegensatz zwischen ihm und
dem Bruder tritt Alles verschlingend doch erst zu Tage, als Pandora, die vom Olymp herabgesandte Gestalt, zu ihnen tritt. Ihr
Ursprung ist dunkel geblieben; die Brüder streiten noch später darüber;
gewiß aber ist, daß sie neben ihrer eigenen Schönheit auch in allen
Reizen des Schmuckes strahlt, den der kunstfertige Gott Hephästos
ihr verliehen hatte. Kunstvoll gebildet ist auch die geheimnißvolle
Gabe, die sie mit sich führt: „Des irdenen Gefäßes hohe Wohlgestalt",
mit göttlichem Siegel verschlossen. Zuerst naht die Botin der Himmlischen dem Prometheus; „strenge" weist er sie fort; er fürchtet offenbar, daß sie sein Geschlecht, das von ihm geschaffene Volk der Menschen
ins Unheil stürzen werde. Er weiß, daß die „Schönheit in Frauen-
gestalt nur allzu leicht verführt"; die Frauen seines eigenen Ge-
schlechtes hat er zwar „aus zärt'rem Thon" als die Männer, aber
wie Epimetheus sagt, „keineswegs verführerisch" geformt. Für die
Schönheit, die sich in der gottgesandten Pandora ausspricht, fehlt
ihm jedes Organ der Schätzung. Sie wendet sich darauf dem anderen
Bruder zu. Er selbst berichtet die Begegnung mit den Worten:

> „Allschönst und allbegabtest regte sie sich hehr
> Dem Staunenden entgegen, forschend holdes Blickes,
> Ob ich, dem strengen Bruder gleich, wegwiese sie.
> Doch nur zu mächtig war mir schon das Herz erregt,
> Die holde Braut empfing ich mit berauschtem Sinn."

Zugleich nähert er sich dem verschlossenen Gefäß; Pandora
öffnet es, und ein „Sternblitz" nach dem anderen dringt im Dampfe
daraus hervor. Diese Lichterscheinungen gestalten sich dann zu
„Götterbildern", welche auf den Wolken des Dampfes lieblich in
den Lüften gaukeln. Pandora nennt sie einzeln: „Liebesglück;
Schmucklustiges; ein Gewaltgebild ernsten Herrscherblickes; ein artiges
Bild gunsterregend, sich selbst gefallend"; sie alle bereit, Epimetheus
zu dienen und sein Leben zu beglücken. Er aber verschmäht alle
und verlangt einzig nach Pandora, die er leidenschaftlich an seine
Brust drückt. Unterdessen haben sich Menschenmassen versammelt,
welche um so eifriger den Luftgebilden nachstreben, sie zu haschen

suchen. Doch diese entweichen beständig und täuschen die Menge immer von Neuem. Ja, es scheint, als hätten die Irrlichter Einige ins Verderben gelockt; denn Prometheus redet später seine Schmiede mit den Worten an, er habe sie damals gerettet, als sein „verlorenes Geschlecht" sich bewegtem Rauchgebilde nachgestürzt hätte. Während Prometheus also vollauf beschäftigt ist, führt Epimetheus Pandora in sein Haus.

An diesem Punkte der Entwickelung drängt sich uns vor Allem die überraschende Beobachtung auf, daß der Dichter den Besitz Pandora's als das höchste Glück, ihre Gaben aber als verderbenbringend darstellt. Nach dem Zusammenhange des Ganzen kann kein Zweifel darüber herrschen, daß Prometheus beschränkt gehandelt hat, als er Pandora fortwies, daß er aber richtig handelt, indem er sein Volk davon abhält, jenen Rauchgebilden nachzustürzen; und ebensowenig darüber, daß Epimetheus das beste Theil ergreift, indem er alles andere verachtet und Pandora selber sich zueignet. Unterlassen wir jede allegorische Deutung und halten uns an das Thatsächliche, so ergiebt sich, daß jene Geschenke eben nur täuschender Schein sind, Pandora selber die wirkliche von den Göttern gewährte Gabe. Die Darreichung ihrer „Mitgift" ist nichts anderes als eine Prüfung, ob der Empfänger den Schein und den thatsächlichen Werth zu unterscheiden versteht; die oberflächliche Menge hascht nach dem Schein, der tiefer angelegte Epimetheus verlangt nach dem Wesen; Prometheus, in Starrheit abgeschlossen, verachtet Beides; er ist sich selber genug.

Diese Ereignisse steigern die Verschiedenheit der Brüder zu innerer und äußerer Entfremdung. Epimetheus verbirgt dem anderen den Besitz Pandora's; denn er weiß, daß dieser darüber zürnen würde. Er verbirgt ihm auch sein Vaterglück, als Pandora ihm zwei Töchter, Epimeleia und Elpore, geschenkt hat. Doch dieses Glück selber währt ungetrübt nur kurze Zeit. Mit der einen Tochter verläßt Pandora den Gatten; sie kehrt zu den Göttern zurück. Drei Cypressen haben Epimetheus den letzten Anblick der Beiden geraubt; hinter ihnen sind sie verschwunden. Seine ganze Sorge richtet sich

nun auf Epimeleia, die in innigstem Verständniß mit dem Vater
heranwächst, vor dem Oheim aber stets sorgfältig verborgen bleibt.
So vergehen Jahre; Epimetheus ist in Trauer und Sehnsucht früh
gealtert, seine Tochter aus den Kinderjahren herausgetreten. Prometheus schafft und wirkt unermüdet, doch ohne höheres Ziel, rastlos
weiter. Aber trotz des langen Zeitraumes, der vergangen, ist die
Kette von Ereignissen, die durch Pandora's Erscheinen angeknüpft
war, noch nicht abgeschlossen, das fühlen wir deutlich. Die fortdauernde Entfremdung der Brüder, Epimetheus' unstillbares Verlangen, besonders aber die häufigen Traumgesichte, in denen die
verschwundene Elpore sich ihm zeigt und sogar die Rückkehr Pandora's
verheißt, sind die Beweise.

Hier nun beginnt unser Drama; was die lang unterbrochene
Handlung wieder in Fluß bringt, ist die Neigung von Prometheus-
Sohne, Phileros, zu Epimeleia. Was dem Vater verborgen blieb,
hat der Sohn ausgespäht. Ohnehin hat sich die Feindschaft der
Väter nicht auf ihn übertragen; Epimetheus redet mit ihm aufs
Freundlichste, als er, nächtlich wachend, von dem Dahineilenden
überrascht wird; freilich ahnt er nicht, daß sein Weg ihn zu der
eigenen Tochter führt. Rasch entwickelt sich nun das Unheil, welches
für die Brüder zum Anlaß der Wiederannäherung wird. Phileros
glaubt sich durch Epimeleia betrogen; in gewaltsamer Wuth stürzt
er sich auf den vermeinten Nebenbuhler und dann auf die
Geliebte, die in Todesangst bei dem Vater Schutz sucht, aber auch
hier von Phileros noch bedroht wird; die wilde Scene ruft nun
auch Prometheus herbei. So treten sich beide Brüder gegenüber:
verachtet haben sie sich niemals; theilnahmvoll hat schon vorher Prometheus den unruhig Schlafenden betrachtet, und Epimetheus hat
Sympathie für das Thun des Bruders ausgesprochen, wenn er in
früher Morgenstunde fragte:

> „Was aber hör' ich? Knarrend öffnen sich so früh
> Des Bruders Thore? Wacht er schon, der Thätige?
> Voll Ungeduld zu wirken, zündet er schon die Gluth
> Auf hohem Herdraum werkaufregend wieder an?"

Nun aber finden sie sich nach langer Zeit wieder in einer ge=
meinsamen Sache zusammen. Nachdem Prometheus schnell das
Urtheil über den verzweifelt rasenden Phileros gesprochen, wendet
sich das Interesse der Epimeleia zu, die den schreckensvollen Vorgang
berichtet und klagend sich zurückzieht. Prometheus fragt natürlich,
wer die herrliche Gestalt sei, und nachdem er die Aufklärung erhalten,
fragt er doppelt erstaunt:

> „Dein Vaterglück, warum verbargst du Bruder mir's?"

„Entfremdet war Dir mein Gemüth, o Trefflicher", antwortet
Epimetheus, aber er fügt doch bei, daß ihm daran gelegen habe,
durch die Heimlichkeit „herben Bruderzwist" zu vermeiden. Und so
wird der tragische Conflict der Kinder für die Väter Anlaß, die
lang ruhende und doch nicht entschlafene Vergangenheit wieder her=
vorzurufen, um sie nun endgültig zur Ruhe zu bringen. Die An=
näherung, die sich hier vollzieht, ist die erste Stufe der Handlung,
für welche Alles, was Phileros und Epimeleia thun und erleiden,
nur Hülfsactionen sind. In dem Gespräch der Brüder verleugnet
sich der Gegensatz keineswegs. „Die Gefährliche" nennt Prometheus
Pandora; „Die Himmlische" Epimetheus. „Ich gab mich selbst ihr,
gab mich mir zum ersten Mal", ruft er aus, und Jener antwortet:
„Und leider so auf ewig Dir entriß sie Dich." Aber es bahnt sich
zugleich doch das Verständniß an, und zwar in der Art, daß der
Harte und Unzugängliche sich dem Empfindungsreichen nähert, wäh=
rend dieser unerschütterlich in seiner Empfindung beharrt. Das
Wort Faust's:

> „Geheilt will ich nicht sein; mein Sinn ist mächtig;
> Da wär' ich ja wie Andere niederträchtig;"

dies Wort gilt auch für Epimetheus. Prometheus aber gesteht
zuletzt:

> „Nicht tadl' ich deiner Schmerzen Gluth, Verwittweter!
> Wer glücklich war, der wiederholt sein Glück im Schmerz."

Und er findet den Einigungspunkt mit dem Bruder in der
gemeinsamen Verehrung der verschwundenen Tochter Elpore, der
Hoffnung.

„Elpoten kenn ich, Bruder; darum bin ich mild
Zu deinen Schmerzen, dankbar für mein Erdenvolk.
Du mit der Göttin zeugtest ihm ein holdes Bild."

Aber aus dieser friedlichen und versöhnenden Aussprache reißt
beide Brüder gewaltsam der Lauf der Ereignisse, welcher Jedem
seine Unzulänglichkeit aufs Schlagendste beweist und Beide unter
die härteste Prüfung stellt. Vergebens hat Prometheus ermahnt:
„Du, stärkend aber Deine Tochter, stärke Dich." Epimetheus, in
seine Erinnerung verloren, hat Epimeleia ganz aus den Augen gelassen und überhaupt der weiteren Entwickelung der gewaltsamen
Vorgänge nicht mehr geachtet. Selbst als die Flamme aus seiner
Besitzung aufsteigt, reißt ihn das nicht empor:

„Was hab' ich zu verlieren, da Pandora floh!
Das brenne dort! viel schöner baut sich's wieder auf."

So muß er es erleben, daß von einer rachsüchtigen Schaar
gescheucht, die Phileros' gewaltsame That rächen will, seine Tochter
zum zweiten Mal in höchster Angst hereinstürzt und von der feind-
lichen Ueberfluthung, der drohenden Zerstörung seines ganzen Wohl-
standes Kunde giebt. Aber auch Prometheus erfährt zugleich das
Schwerste; in seiner harten, empfindungslosen Art hat er den Sohn
unter scharfer Strafandrohung von sich getrieben; nun muß er
hören, daß er selbst die Strafe an sich vollzogen und sich ins Meer
gestürzt hat. Epimeleia will den Geliebten nicht überleben und
sucht den Tod in den Flammen. Unter so schrecklichen Erlebnissen
vereinigen sich beide Brüder zu gemeinsamem Thun. Epimetheus
eilt, Epimeleia zu retten; Prometheus sendet seine Mannen, um die
Feinde zurückzutreiben und die Flammen zu löschen. Gewohnt, Alles
nach seinem Willen zu vollbringen, meint er auch den Sohn retten
zu können; aber hier muß er die Schranken seiner Kraft und seines
Thuns erfahren. Eos, die Götterbotin, verkündet ihm:

„Weile, Vater! hat dein Schelten ihn dem Tode zugetrieben:
Deine Klugheit, dein Bestreben bringt ihn diesmal nicht zurück.
Diesmal bringt der Götter Wille, bringt des Lebens eignes, reines
Unverwüstliches Bestreben neugeboren ihn zurück."

Er, der Thätige, überall Eingreifende, muß wartend und stau=
nend dabei stehen, wie sein Sohn, durch göttliche Wunderkraft, von
„freundlichen Meerwundern" getragen, an das Land zurückkehrt,
nicht von ihm gerettet, sondern ihm von den Göttern wieder geschenkt.
Dies ist für den Charakter des Prometheus der entscheidende Moment
des Umschwunges, in welchem seine Schranken ihm gezeigt werden
und er sich ihrer bewußt wird. Und nicht minder ist für Epimetheus
dies der dramatische Moment. Mit dem Selbstmordversuche Epi=
meleia's droht Alles, auch das Letzte, verloren zu gehen, was ihn
an Pandora stets erinnern sollte, wessen er aber über der Gewalt
der Erinnerung selbst nicht geachtet hatte. Aber dieser Moment der
höchsten Prüfung ist zugleich der Anfang seiner Erlösung; „aus den
Flammen tritt Epimeleia", und schon kündet sich aus der Höhe das
Nahen der höchsten himmlischen Gabe, das Wiedererscheinen Pandora's,
an. Prometheus trägt auch jetzt nach überirdischen Gaben kein Ver=
langen; offen, wie seine Art ist, bekennt er das auch der Himmels=
botin; aber seine innere Umwandlung spricht sich doch deutlich in
den plötzlich zur Reflexion geneigten Versen aus, in denen er die
Menschen beklagt, daß sie gedankenlos und roh, unbedacht zugreifend
ihr Leben zubringen, und schließlich ihnen wünscht:

> Möchten sie Vergang'nes mehr beherz'gen,
> Gegenwärt'ges formend mehr sich eignen
> Wär' es gut für Alle; solches wünsch' ich.

Aber hiermit nicht zufrieden, entläßt ihn die Eos mit der er=
neuten Mahnung, die Götter in ihrer Leitung zum Ewig=Guten
und Schönen gewähren zu lassen, und ihre Gaben verehrungsvoll
aufzunehmen. Sie selbst verschwindet, um der Gabe, die sie an=
gekündigt, Raum zu machen. Was nun noch fehlt, das Herabsenken
der Kypsele, die Erscheinung der Pandora, die Eröffnung der Lade,
die Verjüngung und Auffahrt des Epimetheus, das hat Goethe
bekanntlich nicht mehr ausgeführt; nur ein kurzes Schema liegt vor,
an dem sich besonders Wilhelm Scherer mit scharfsinniger Deutung
versucht hat. Indeß die einzelnen Phasen dieser abschließenden Hand=
lung scheinen mir nicht von so dramatischer Bedeutung, als die

Lösung zweier Fragen: Wie ist die Stellung des Prometheus am
Schluß des Stückes zu denken, und wodurch wird das Wiedererscheinen der Pandora und die Erhebung des Epimetheus gerade
in diesem Augenblick bedingt? Scherer sagt, es werde nicht völlig
klar, ob Prometheus als besiegt oder versöhnt zu denken sei, und
dies ist allerdings richtig, da Goethe in jenem Schema wohl des
Prometheus zweimal vorgebrachten Widerspruch betont, am Schlusse
aber ihn gänzlich unerwähnt läßt. Indessen das ganze Bild, welches
er uns in der letzten Scene entrollt, verlangt um seiner Gesammt-
stimmung willen die versöhnende Lösung. Nachdem Pandora sich
an die Götter und an die „Erdensöhne" gewandt hat, nachdem
zauberhaft schnell der Tempel errichtet, die Priesterschaft gebildet ist,
nachdem Phileros und Epimeleia verbunden, „eingesegnet" sind,
während Epimetheus mit Pandora emporgehoben wird, nach alledem
wäre die Fortdauer der Unzufriedenheit, wäre eine erzwungene Unter-
werfung des Prometheus ein unerträglicher Mißton. „Tasso" ist eine
Tragödie, weil der Idealist innerlich gebrochen und vernichtet, die
Uebergewalt des Realisten anerkennen muß; „Pandora" könnte umgekehrt die Tragödie des Realisten sein, der durch die Macht des
Ideals ins Nichts zurückgeworfen wird; aber das ganze Stück ist
nicht auf tragischen Ausgang, sondern auf feierlich-religiös aus-
klingende Harmonie angelegt. Auch haben wir die deutliche Vorbereitung solchen Abschlusses im Charakter des Prometheus selbst
nachgewiesen.

Warum aber tritt die entscheidende Lösung gerade in diesem
Zeitpunkt ein? Auf diese Frage ist zu erwidern, daß die Versöhnung der Brüder jedenfalls als eine Vorbedingung des Wieder-
erscheinens der Pandora zu denken ist. In der gedrückten, von
stillem Hader verdüsterten Stimmung der früheren Jahre war kein
Raum für die Gaben der Götter. Und ferner: sollte zugleich mit
Pandorens Wiederkunft Epimetheus der Erde entrückt werden, so
mußte zuerst die Stätte bereitet sein, an welcher diese Gaben gepflegt
und behütet werden konnten. Phileros und Epimeleia in ihrer Verbindung werden diese Stätte gewähren; beide aber mußten erst

zusammengeführt, beide durch die erlebte Drangsal geläutert werden,
ehe sie diese Aufgabe auf sich nehmen konnten. Und so stellt sich
die gesammte Handlung dar als die Begründung eines idealen
Glückes, das von der älteren Generation nicht mehr verwirklicht
werden konnte, aber der jüngeren als Erbe übergeben wird. Wer
aber dieses Erbe bewahrt hat, wer der Mittler gewesen ist zwischen
dem idealen Gut und der irdischen Existenz — es ist Epimetheus,
nicht der Thätige, nicht der Nützende, nicht der Gewaltige, sondern
der Sehnende, der Feiernde, der demüthig Empfangende. Keine
allgemein gültige, keine philosophische Wahrheit wird hiermit gepredigt,
und die, welche sie hier zu finden glaubten, thäten ebenso sehr Goethe
als Dichter Unrecht, wie sie seine Persönlichkeit verkennten, die beiden,
dem Wirklichkeitssinn wie der Sehnsucht stets gerecht wurde und
nur nach dem individuellen Fall ihr Urtheil sprach. Auch hier ist
nichts Anderes zu finden, als ein individueller Fall, der den Dichter
interessirt hat, freilich so interessirt, wie es nicht dem Alltagsmenschen,
sondern dem Dichter geschieht, der sein Innerstes mit dem Schicksal
seiner Lieblingsgestalt erfüllt, der mit Epimetheus sehnt und klagt
und staunt.

Und nun wäre zum Schluß noch zu sagen, was Manche von
Anfang an für das Nöthigste zu wissen halten dürften: Wer ist
Pandora? Aber diese Frage hat keine Berechtigung mehr, da Goethe
selbst ausdrücklich den Epimetheus sie hat beantworten lassen:

> Der Seligkeit Fülle die hab' ich empfunden!
> Die Schönheit besaß ich, sie hat mich gebunden!
> Sie steiget hernieder in tausend Gebilden,
> Sie schwebet auf Wassern; sie schreitet auf Gefilden,
> Nach heiligen Maßen erglänzt sie und schallt,
> Und einzig veredelt die Form den Gehalt,
> Verleiht ihm, verleiht sich die höchste Gewalt;
> Mir erschien sie in Jugend, in Frauengestalt.

Eine Verkörperung der Schönheit ist Pandora; deshalb aber
nicht eine Allegorie, so wenig als Phöbus Apollo eine Allegorie des
Lichts oder Aphrodite eine Allegorie der Liebe ist. Sie ist, obgleich
nur aus den Schilderungen der Brüder uns bekannt, doch für uns

mit individuellen Zügen ausgestattet. Epimetheus erzählt, wie ihr
Wesen seit der Verbindung mit ihm sich verändert habe.

> So neu verherrlicht leuchtete das Angesicht
> Pandorens mir aus buntem Schleier, den sie jetzt
> Sich umgeworfen, hüllend göttlichen Gliederbau.
> Ihr Antlitz angeschaut allein, höchst schöner war's
> Dem sonst des Körpers Wohlgestalt wetteiferte.
> Auch ward es rein der Seele klar gespiegelt Bild,
> Und sie die Liebste holde leichtgesprächiger
> Zutraulich mehr geheimnißvoll gefälliger.

Auch die Erzählung von ihrem Abschied schildert mit menschlich
persönlichen Zügen. Wie sie bei ihrer Wiederkunft erscheinen sollte,
darüber ist bei der Kürze der Angaben keine deutliche Vorstellung
möglich. Offenkundig aber ergiebt sich aus der Wirkung, welche
dem Auftreten und der Anerkennung Pandorens hier beigelegt wird,
daß der Dichter das Wesen der Schönheit in einem viel weiteren
Sinne faßt, als wir es gewohnt sind. Für ihn als Künstler ist
die Schönheit der Inbegriff alles Erhabenen, Beseligenden; auch
Wissenschaft, auch Religion wird durch Pandorens Stiftung den
Menschen geschenkt. Jedes ideale Gut ist hier unter dem Bilde der
Schönheit angeschaut.

II.

Nach dieser Skizze des dramatischen Inhalts richtet sich unsere
Aufmerksamkeit auf die Form, die als höchst eigenartig und neu-
schöpferisch Jedem ins Auge fallen muß. Goethe hat niemals für
sich einen dauernd gültigen dramatischen Stil ausgebildet, sondern
immer nach einem gewissen Zeitraum wiederum einen neuen Stil
sich geschaffen, so daß seine gesammte dramatische Production in
eine größere Anzahl scharfgeschiedener kleiner Gruppen zerfällt. Die
erste Gruppe ist die der Alexandriner-Dichtungen; die beiden ersten
uns erhaltenen Jugendwerke, gedichtet schon vor der Weihe, die
Goethe's Genius in Straßburg erlebte, gehören ihr an. Aber merkwürdiger Weise ist die letzte dramatische Scene, die Goethe überhaupt
gedichtet, der Schluß des vierten Actes im zweiten Theil des

„Faust", — mehr als 60 Jahre später, wiederum in Alexandrinern geschrieben. Was bewog Goethe, nach einem so überlangen Zeitraum wieder zu dieser Form zurückzugreifen? Unwillkürlich drängt sich der Gedanke auf, es hätte der greise Dichter, der diese Arbeit mit vollem Bewußtsein als die letzte vollbrachte, den Drang empfunden, wieder an die früheste Jugend anzuknüpfen und gleichsam den Kreis seiner Thätigkeit am Ausgangspunkt zu schließen.

Die zweite Gruppe ist die der Prosadramen im Stile der Sturm- und Drangperiode. Wir brauchen diese Werke nicht zu nennen, und wollen nur darauf aufmerksam machen, daß auch Goethe's Singspiele anfänglich sehr umfangreiche Prosadialoge enthalten. Als den Höhepunkt dieser Gruppe haben wir neuerdings die ursprüngliche Gestalt der Kerkerscene des „Faust" kennen gelernt.

Im Ganzen ist der erste Theil des „Faust" bekanntlich der Hauptvertreter einer dritten dramatischen Gruppe, der Hans-Sachsischen Form, der Goethe in einer ganzen Reihe kleinerer Dichtungen dann nachgegangen ist.

Zugleich aber wächst eine vierte Gruppe hervor, die in freien Rhythmen den Ausdruck der Empfindung zu gewinnen sucht. Ali's und Fatme's Wechselgesang im „Mahomed", die beiden Acte des „Prometheus", wie die des „Elpenor", das leider an einem so unzugänglichen Ort versteckte Monodram „Proserpina", bilden diese Gruppe, die zugleich auch von der „Iphigenie" berührt wird, auf ihrem Wege von der Prosaform zum regelmäßigen Jambus.

Die fünfte Gruppe wird durch den langgesuchten und durch Lessing's „Nathan" endgültig für das deutsche Drama eroberten fünffüßigen Jambus zusammengehalten. „Iphigenie" und „Tasso" zeigten Goethe's vollkommene Meisterschaft in seiner Beherrschung; um so merkwürdiger, daß der Dichter doch an ihm nicht festgehalten, — auch nicht, als er durch Schiller's schnelle, das Theater sich unterwerfende Production der deutschen Bühne zur gewohnten Versart wurde. Aber Goethe hatte in den beiden großen Dramen, denen auch die Anfänge der „Nausikaa" hinzuzufügen sind, diesen Vers doch nur in einer ganz bestimmten Richtung verwandt, zum Aus-

druck des ins Feinste und Zarteste abgetönten Seelenlebens; er hatte
ihn zu einer so ausführlichen und detaillirten Stimmungsmalerei
benutzt, daß er damit nicht das Werkzeug für jede andere Aufgabe
dramatischer Kunst sich geschärft hatte. Und so sehen wir Goethe
unmittelbar nach der Vollendung des „Tasso" den Jambus wieder
verlassen und sich der Prosa von Neuem zuwenden. Diese Prosa
ist aber ganz verschieden von der seiner Jugend; der „Groß-Kophtha",
der „Bürgergeneral", die „Aufgeregten" bilden eine sechste Gruppe,
zu der die prosaischen Scenen des Vorspiels „Was wir bringen"
(1802) als Nachzügler gelten können, und der ich auch die prosaischen
Entwürfe für den zweiten Theil des „Faust" (Geisterbeschwörung
am Kaiserhof) hinzuziehen möchte, die mich immer an den „Groß-
Kophtha" erinnert haben. Diese Werke Goethe's haben niemals
Glück gemacht, und das ist sehr begreiflich. Die Prosa ist hier
nicht der zwangverachtende Ausdruck einer gewaltigen Natur; auch
nicht das zugespitzte, scharfgeschliffene Werkzeug eines Lessing'schen
Geistes; sie ist wirklich prosaisch in jedem Sinn; sie ist platt; offen-
bar nur ein Nothbehelf für den Dichter, der den Jambus für diese
Stoffe nicht anzuwenden wagte.

Nachdem Schiller für den großen Wurf des „Wallenstein" nach
längerem Schwanken sich den fünffüßigen Jambus erwählt hatte,
wandte sich auch Goethe ihm wieder zu, aber, wie gesagt, auch jetzt
nicht dauernd. Die Uebersetzungen von „Mahomet" und „Tankred",
die „Natürliche Tochter", endlich die Bearbeitung von „Romeo und
Julia" (1811) gehören hierher. Die letztgenannte, meist von Shake-
speareanern beurtheilt und verworfen, als Goethe'sches Erzeugniß
noch nicht genügend gewürdigt, enthält einige der schönsten Proben
Goethe'scher Jambendichtung, so besonders den Monolog Romeo's an
Julia's Grabe, welcher vor Kurzem das Mißgeschick hatte, oder richtiger zwei eifrigen Kämpfern für und wider diese Goethe'sche Arbeit
das Mißgeschick brachte, von ihnen beiden übersehen zu werden.

Die Sprache dieses Monologes ist gewiß nicht Shakespearisch,
aber als Goethe'sche Sprache zeigt sie sich hier auf voller Höhe.
Und dennoch gelang es Goethe nicht, in dieser Form nach „Iphigenie"

und „Taſſo" eigene Werke zu ſchaffen, die an Wirkung und that=
ſächlichem Gelingen den Schiller'ſchen Jambentragödien irgend gleich
kamen. In der „Natürlichen Tochter" wollte Goethe mit Schiller's
hiſtoriſcher Dramatik wetteifern; aber ein zweifelloſer Mißerfolg war
das Ergebniß. Den Gedanken, das Demetriusfragment fortzuführen,
gab er ſelbſt bald verzweifelnd auf. Die Sprache und Versbehand=
lung in „Iphigenie" und „Taſſo" ließ ſich nicht auf das hiſtoriſche
Drama übertragen. Sie wiegte ſich zu gleichmäßig im Fluß der
Verſe und ſie lockte alle Perſonen zu ſehr, ihre Empfindung zu zer=
gliedern und bis in die feinſten Faſern ſich und den Anderen zum
Bewußtſein zu bringen; ſie war nur für einen Stoff beſchränkteſten
Umfangs geeignet, nicht für eine umfaſſende Aufgabe, welche ſie zu
ſehr in die Breite treiben mußte, wie ſich ja auch für Goethe die
geplanten zwei erſten Acte der „Natürlichen Tochter" zu einem fünf=
actigen Drama, der ganze Entwurf zu einer Trilogie erweiterten.

Und nun geſchieht es, daß Goethe ſich eine ganz neue dramatiſche
Form ſchafft, für welche er die Anregung von zwei verſchiedenen,
aber verwandten Kunſtwerken entnimmt, von der griechiſchen Tragödie
und von der Oper. Die griechiſche Tragödie wurde Goethe beſonders
durch Wilhelm Humboldt nahe gebracht, der den Agamemnon des
Aeſchylos zu überſetzen ſich bemühte; 1795 entwarf Goethe den Plan
des befreiten Prometheus, von deſſen Ausführung einige Fragmente
erhalten ſind; 1799 machte er ſich daran, die Helena=Epiſode des
„Fauſt" in ſtreng griechiſchem Stil, im regelmäßigen Wechſel des
ſechsfüßigen Jambus mit den Chorliedern auszuführen; 265 Verſe
wurden damals vollendet. Der Weg zur Oper iſt für den, welcher
nicht den empiriſchen Zuſtand, ſondern nach Nietzſches Ausdruck
„Die Geburt der Tragödie aus dem Geiſte der Muſik" betrachtet,
nicht ſo weit. Schon 1797 hatte Schiller an Goethe geſchrieben,
er hätte immer ein gewiſſes Vertrauen gehabt, aus der Oper werde
ſich das Trauerſpiel, wie einſt aus den Bacchuschören in edlerer
Geſtalt entwickeln; und Goethe hat geantwortet, in Mozart's „Don
Juan" ſei dieſe Hoffnung auf einen gewiſſen Grad erfüllt, durch
den frühen Tod des Componiſten aber jede Ausſicht auf Fortſchritt

in dieser Richtung abgeschnitten. Diesen Gedankenaustausch hat schon
mancher Wagnerianer als Prophezeiung aufgefaßt, die sein Meister
verwirklicht habe. Doch wollen wir nicht auf das dunkle Gebiet
der Prophetie abschweifen. Wie sehr Goethe selber die Operndichtung am Herzen lag, beweist die kaum übersehbare Anzahl seiner
eigenen ausgeführten oder entworfenen Operntexte. „Claudine von
Villabella", „Erwin und Elmire", „Jery und Bätely", „Die
Fischerin", „Lila", „Scherz, List und Rache", „Die ungleichen Haus-
genossen", „Der zweite Theil der Zauberflöte", die ursprüngliche
Form des „Groß-Kophtha" bilden eine Reihe, die sich von den
Frankfurter Jahren bis ans Ende des Jahrhunderts zieht, und bei
der wir uns zugleich erinnern dürfen, welche Rolle im „Egmont"
und im ersten Theil des „Faust" der Musik angewiesen wird.

Die neue Form nun, die Goethe sich nach dem Mißerfolg der
natürlichen Tochter erschuf, beruht wesentlich auf dem Wechsel eines
in durchgehendem Versmaß gehaltenen Dialogs mit lyrischen Strophen
verschiedener Art, die theilweise für den Gesang berechnet sind, und
welche nicht etwa einem griechischen Chor, sondern den handelnden
Personen selbst in den Mund gelegt werden. Versuchsweise und
schüchtern tritt diese Form zuerst 1807 in dem politischen Vorspiel
auf, wo der Trimeter mit vier- und fünffüßigen Trochäen wechselt;
völlig ausgebildet ist sie in der „Pandora". Hier ist das Grundmaß für den Dialog der Trimeter, der nur in der Scene zwischen
Epimetheus und Elpore durch den fünffüßigen Jambus, in der
zwischen Prometheus und Eos durch den fünffüßigen Trochäus
ersetzt wird; eingeschoben aber sind in unerschöpflicher Fülle lyrische
Dichtungen von zarter Empfindung oder leidenschaftlicher Kraft, die
in den verschiedensten Versmaßen sich ergehen. Im Ganzen überwiegen gereimte Strophen über die antiken Formen, so daß, wie im
Dialog der Einfluß des griechischen Dramas, so in den lyrischen
Partien der der modernen Oper hervortritt. Der Rhythmus ist
meist ein sehr lebhafter, bald anapästisch, bald daktylisch oder amphi-
brachisch, besonders in den Ergüssen des Epimetheus und des Phileros.
In Trochäen äußern sich sanfter und stiller die Töchter des Epi-

8*

metheus, während die Mannen des Prometheus sich in kurz ab-
gebrochenen, bloß zweifüßigen Jamben oder Daktylen vernehmen
lassen. All' diese Partien verlangen geradezu die musikalische Composition, wenn auch im Text nicht darauf hingewiesen wird; zum
Ueberfluß wissen wir auch, daß Goethe mit Zelter drei Jahre lang,
1808 bis 1811, darüber verhandelt hat, und daß Zelter die „musikalische Belebung" auch unternahm, aber bei den großen Schwierigkeiten, welche die überreiche, mitunter gewaltsame Sprache bot, nicht
vollendete.

„Des Epimenides Erwachen" (1814), im Stil der „Pandora"
sehr ähnlich, zeigt doch ein noch stärkeres Hinneigen zur Oper. Der
im einfachen, gleichmäßigen Versmaß (hier dem fünffüßigen Jambus)
gehaltene Grundstock des Ganzen hat nur geringen Umfang, und
weitaus der größte Theil wird von den lyrisch-dramatischen Dichtungen gebildet, die sichtlich bestrebt sind, dem Bedürfniß des Com-
ponisten sich anzuschmiegen. Freilich hat durch diese Bemühung der
selbständige poetische Werth dieser Theile gelitten; für den Tiefgang
der Empfindung und des Gedankens, wie ihn die „Pandora" zeigt,
war hier nur an wenigen Stellen das nöthige Fahrwasser vorhanden,
und das Schiff durfte daher diesmal weit weniger befrachtet werden.
In der „Pandora" finden wir keine Verse, wie die folgenden:

> O, wie kommt sie dann von Weitem
> Ohne Furcht und immer froh!
> Denn der Liebe sind die Zeiten
> Immer gleich und immer so.

Aber trotz dieser Verschiedenheit ist die Grundform beider Stücke
doch die gleiche. Ihre ausgedehnteste Anwendung aber fand diese
Form im zweiten Theil des „Faust," freilich nicht in allen Ab-
schnitten desselben, aber doch in sehr bedeutenden Partien. Im
Helena-Act geht die griechische Tragödienform mit dem Auftreten
Faust's in die Pandoraform über; und der Mummenschanz im ersten
Act, die klassische Walpurgisnacht im zweiten sind in eben derselben
Form gedichtet, nur daß an Stelle der reimlosen Jamben gereimte,
meist fünffüßige getreten sind. Es wäre interessant und lohnte der

Mühe, auch die übrigen Abschnitte des zweiten Theils einmal genau auf ihre ästhetische Eigenart zu prüfen, zu zeigen, wie der fünfte Act durch das Vorwiegen des vierhebigen Verses wieder in den Stil des ersten Theils zurücklenkt, und wie die Scenen in Faust's alter Behausung den Ton der ersten Scenen wieder zu treffen suchen, wie andererseits der erste und vierte Act in ihrer Hauptmasse eine neue dramatische Form darstellen, in welcher der gereimte fünffüßige Jambus fast ausschließlich herrscht; doch würde uns das hier zu weit abführen. Denn die Absicht dieser Zusammenstellung ist ja bloß, zu zeigen, wie mit der „Pandora" Goethe sich eine neue drama= tische Form schuf, die auch für die Folgezeit ihm werthvoll blieb. Der wesentliche Vortheil dieser Form lag darin, daß sie einerseits in den lyrischen Partien eine ganz individuelle Ausgestaltung gemäß dem Wesen der einzelnen Personen gestattete, und daß sie zugleich doch in dem gleichmäßigen Versbau der übrigen Theile den einheit= lichen Charakter wahrte und einen das Einzelne überwaltenden Totaleindruck hervorbrachte.

Man darf wohl darauf hinweisen, daß schon Schiller im „Wallenstein", in „Maria Stuart", noch mehr in der „Jungfrau von Orleans" die einheitliche dramatische Form durch lyrische Partien unterbrochen hatte. Aber gegenüber dem, was Goethe unternahm, war dies doch in verschwindend geringem Maße geschehen. Die Art, wie Schiller in der „Braut von Messina" die antike Tragödie wieder zu beleben strebt, stimmt mit Goethe's Weg nicht überein, da er den Chor zu erneuern sucht und damit den ganzen dramatischen Bau verändert. Die dramatischen Dichtungen der Romantiker, Tieck's „Genovefa" und „Octavian", Schlegel's „Alarcos" können in ihrer bunten Mischung der Formen in gewissem Sinne als verwandt mit Goethe's Weise gelten. Aber es besteht der große Unterschied, daß Goethe gerade die specifisch-romantischen, von den Romantikern wieder aufgebrachten südländischen Versmaße, gelegentliche Anwendung der Stanze ausgenommen, gar nicht gebrauchte, sondern sich durchaus auf die antiken und die der deutschen Dichtung längst eigenthümlich gewordenen Formen beschränkt. Selbst in der „Helena", der „klassisch=

romantischen „Phantasmagorie", findet sich weder das Sonett, noch
die Terzine, noch die Stanze, von complicirteren Reimverschlingungen
und Assonanzen zu schweigen; einfache, gut deutsche, vierzeilige Reim-
strophen vertreten das „romantische". Und so auch in der „Pandora".
Neben den reimlosen Trimetern, Choriamben, Trochäen stehen einfache Reimpaare oder Vierzeiler. Die Kunst des Rhythmus ist weit
getrieben, der Reim aber sehr einfach gehalten. Und für den Totaleindruck überwiegt das antike Element durchaus: es bildet die wesentliche Substanz, das moderne die Zuthat. Die Form der „Pandora"
zeigt, inwieweit Goethe es für möglich hielt, bei Bewahrung seines
antiken Ideals den neuesten durch die Romantiker hervorgebrachten
Strömungen zu folgen. Ein eigenartiges, wunder- und zaubervoll
gefügtes Werk entstand daraus.

Zu Goethe's „Löwenstuhl".

Einer jener Stoffe, die Goethe lange in sich gehegt hat, bis erst nach mehreren Versuchen die Gestaltung gelang, war der „vom vertriebenen und zurückkehrenden Grafen", welcher in der allbekannten Ballade zur Darstellung gebracht ist. Schon im October 1813 war der größte Theil dieser Dichtung vollendet; aber die zwei noch fehlenden Strophen fanden sich erst im December 1816 ein. Daneben gingen Versuche, den Stoff zu einem umfassenderen, breiter ausgeführten Werk zu gestalten, und zwar unter dem Namen des „Löwenstuhls". Zu zwei verschiedenen Malen erwähnen die Tagebücher diese Arbeit: zunächst am 28. October 1813, unmittelbar vor der dreitägigen Beschäftigung mit der Ballade, sodann am 28. und 29. Juli und 1. August 1814. Dem entspricht, daß sich auch zwei verschiedene Entwürfe zu dieser dramatischen Dichtung gefunden haben; beide sind im zwölften Bande der Weimarischen Ausgabe (S. 294 bis 299 und 300 bis 307) nebst den Lesarten (S. 421 bis 426) veröffentlicht worden.

Karl Reblich, der Herausgeber beider Fragmente, hat in der Festschrift der Redactoren der Weimarer Ausgabe ihnen einen Aufsatz gewidmet, der sich indeß mehr mit dem ersten Entwurf beschäftigt; über den zweiten möchte ich hier Einiges seinen Bemerkungen hinzufügen.

Während der erste Entwurf auf eine Operndichtung abzielte und sich damit in die lange Reihe einfügt, die von den ersten Weimarer Jahren bis zum Abschlusse von Goethe's Theaterleitung reicht, zeigt der zweite deutlich ausgeprägt den Typus, den sich Goethe im Alter für seine dramatische Dichtung geschaffen hatte, und den ich in dem Aufsatze über „Pandora" ausführlich charakterisirt habe. Das Eigenthümliche dieses Typus ist die Vereinigung von Elementen der griechischen Tragödie mit denen der modernen Oper, — der Wechsel „eines in durchgehendem Versmaß gehaltenen Dialogs mit lyrischen Strophen verschiedener Art, die aber nicht etwa einem Chor, sondern den handelnden Personen selbst in den Mund gelegt werden". Ich kann Redlich nicht beistimmen, wenn er (S. 23 der Festschrift) meint, es habe sich darum gehandelt, „gleichsam eine Oper ohne Musik zu schaffen, d. h. die Opernmusik zu ersetzen durch rhythmischen Wohlklang von der buntesten Mannigfaltigkeit"; denn wir wissen aus Goethe's und Zelter's Briefwechsel, daß der Letztere längere Zeit hindurch von Goethe ernstlich um Compositionen zur Pandora angegangen ist, und daher dürfen wir annehmen, daß auch die lyrischen Partien des Löwenstuhls zu musikalischen Compositionen bestimmt waren. Dagegen hat Redlich richtig bemerkt, daß gereimte Verse, die in der Lyrik der Pandora so häufig sind, hier gänzlich fehlen.

Die durchgehende Form des Dialogs zeichnet sich in allen der genannten Dichtungen durch Schwere und Gewicht aus; der sechsfüßige und der fünffüßige Jambus sind in den Dienst einer Sprache gestellt, welche in Wortwahl und Satzbau nach dem Wuchtigen und Massigen strebt. So beginnt Epimenides mit den Worten:

> Uralten Waldes majestätische Kronen,
> Schroffglatter Felsenwände Spiegelflächen
> Im Schein der Abendsonne zu betrachten —
> Erreget Geist und Herz zu der Natur
> Erhabnen Gipfeln, ja zu Gott hinan.

Und der Anfang des Löwenstuhls lautet

> Der großen Riegelschlösser mächtige Bändiger,
> Die ehrnen Schlüssel, händiget sogleich mir ein,
> Nachdem ihr dieser Pforten krachendes Gewicht
> Auf seinen rostenden Angeln kräftig umgewandt.

Um so mehr fällt aber bei dieser Gleichheit des Stils die Abweichung in dem Versmaße, das Schwanken zwischen dem fünf- und dem

sechsfüßigen Jambus auf. Ursprünglich hatte Goethe in dem Vorspiel
wie in der Pandora den Trimeter als Grundmaß der neuen dramatischen Form gewählt. Im Epimenides wich er davon ab, um in
dem Löwenstuhl wieder zu ihm zurückzukehren.

Diese letztere Bestimmung erheischt indeß noch eine Rechtfertigung,
nämlich den Beweis, daß der zweite Entwurf des Löwenstuhls thatsächlich später als der Epimenides anzusetzen sei. Wie schon oben
angeführt, ist in Goethe's Tagebüchern zweimal von dem Löwenstuhl
die Rede: 1813 und 1814. Redlich (Weimarer Ausgabe 12, 421)
läßt nun in dem letzteren Jahre den ersten Entwurf, in der Opern-
form, entstanden sein, wobei es dann unklar bleibt, wann der zweite
entstanden wäre. Mir scheint es aber keinem Zweifel zu unterliegen,
daß auf den ersten Entwurf die Tagebuchaufzeichnung vom 28. October 1813 zu beziehen ist, während im Juli und August 1814 der
zweite Entwurf angelegt wurde. Damals war Goethe durch die im
Mai und Juni durchgeführte Arbeit am „Epimenides" wieder auf
die Pandoraform (wenn wir sie so nennen dürfen) geführt worden,
und so konnte ihm leicht der Gedanke kommen, auch den immer noch
in ihm webenden Stoff des Löwenstuhls in dieser Form zur Darstellung zu bringen. Wenn er sich aber gleichzeitig entschloß, hier noch
mehr als im Epimenides das antike Element vorwiegen zu lassen,
durch die Wiederaufnahme des Trimeters, durch die Reimlosigkeit der
lyrischen Partien, so mochte sein kurz vorher (vom 8. bis 16. Juni)
gepflogener Verkehr mit Friedrich August Wolf darauf eingewirkt
haben, um so mehr, als er mit diesem, nach Aussage des Tagebuchs,
„übers antike Theater, besonders das griechische", verhandelt hatte.

In ihrer Behandlung stehen die Trimeter, wie wir sie hier
finden, in der Mitte zwischen der früheren Art Goethe's, sie in einfach iambischem Rhythmus zu bauen, und seiner späteren, die von den
griechischen Dichtern geübten Freiheiten wenigstens theilweise nachzu-
ahmen; es finden sich Anapäste, jedoch nur selten. Rein in Anapästen, und zwar in vierfüßigen, sind die vier Schlußverse des Entwurfs gehalten, die uns zu den lyrischen Partien überleiten. Diese,
soweit sie vorliegen, sind einfach trochäisch; es war aber Abwechslung

für sie geplant, wie die metrischen Versuche (S. 425) in Trimetern, Trochäen, Anapästen und Choriamben erkennen lassen. In diesen Versuchen ist besonders auf eine Freiheit Gewicht gelegt: in den Senkungen der iambischen und trochäischen Verse schwerer und leichter betonte Silben abwechseln zu lassen, z. B.

> Ist's ein Ernstkampf dieser Handvoll
> Soll's ein Spiel sein? Wunder ist's.

Eine Ausnahme sollte jedoch die antiken Versmaße unterbrechen: die Erzählung vom Löwenstuhl selber sollte in Edda's Rhythmen (S. 307) gehalten sein. Lieder der Edda kannte Goethe schon seit Herder's Volksliedern, und neuerdings war sein Interesse durch Wilhelm Grimm wieder auf sie gelenkt worden [1]; doch konnten seine Vorstellungen von dem altnordischen Versbau nur sehr ungenügende sein. So ist denn auch das Fragment einer Ausführung (S. 423) von ganz willkür-licher Form:

> Jeder Genosse, jeglicher Fremde
> Flüchtet sich her vor dem Zorne des Herrn.
> Mitten im Hause, mitten in der Burg,
> Wo er herrscht' unumschränkt,
> Setzte den Stuhl, den Freistuhl,
> Hier der gerechte,
> Hier der besonnene Fürst.

Was die dramatische Handlung betrifft, so ist in unserem Entwurf (wie schon in der Oper) dadurch das Interesse des Moments gesteigert, dadurch der Moment prägnanter gemacht, daß der Graf, der nunmehrige Besitzer des Schlosses, erst im Augenblick, da die Handlung beginnt, von diesem Besitz nimmt, das seit der Vertreibung des ursprünglichen Besitzers leer gestanden hat und nun durch König-liche Gunst dem neuen Besitzer zufällt. Es ist das Höchste von dramatischer Concentration damit erreicht, daß dem Usurpator augenblicklich der rechtmäßige Eigenthümer auf dem Fuße folgt und der Alte, der so lange Zeit es ertragen hat, fern vom Erbe seiner Väter zu weilen, nicht länger sich enthalten kann, zurückzukehren,

---

[1] Vgl. R. Steig, Goethe und die Brüder Grimm. S. 74 bis 82.

sobald er es im Besitz des Anderen sieht. Es scheint daher, daß die Handlung nach diesem Entwurfe in ununterbrochener Folge hätte spielen sollen, so daß auch eine etwaige Acteintheilung [1] nicht zeitliche Einschnitte in der Handlung bedeutet haben würde.

Die ersten Auftritte sollten sich durchaus mit dem Einzug des neuen Herrn beschäftigen; die Situation, die sich hier ergiebt, zwischen dem Grafen und dem alten Burgvoigt, der während des langen Interregnums das Schloß verwaltet hat, zeigt merkwürdige Aehnlichkeit mit dem Eingang der Helena. Speciell das Motiv, wie die alte Schaffnerin Phorkyas trotz Anerkennung ihrer Verdienste in ihre Schranken zurückgewiesen wird, wiederholt sich hier zwischen Graf und Burgvoigt. Auch erklärt sich diese Uebereinstimmung sehr natürlich. Goethe, der sich wieder zur antikisirenden Dramatik wandte, mag sehr wohl seine eigene Helena-Dichtung von 1800 herangezogen haben, die nun längst schon mit sammt den anderen Fortsetzungen des Faust ruhte, und mag durch sie auf dieses Motiv wieder geführt worden sein. Auch manche persönliche Empfindung gegenüber fürstlicher Willkür, die Goethe besonders in den Theaterangelegenheiten zu erfahren hatte, durfte in den Versen zum Ausdruck kommen:

> Fürwahr, ein so durchbrachtes Leben machte doch
> Des Danks der Schonung werth ein graues Haupt.

Und was die Gräfin anführt, um den alten Voigt wieder zu beruhigen, konnte der Dichter sich ähnlich selbst zugerufen haben:

> Wer bist du denn? daß du mit ihm zu rechten wagst,
> Ihm, der euch alle nähret, aufrecht hält und schützt!
> Und wenn ihr in den Burgen den bequemen Tag
> Aus wohldurchruhter Nächte Hand empfangt,
> Im Felde sich Gefahren kühnlich bloßgestellt
> Und so im Rathe sorgenvolle Zeit vollbracht.

Kehrte doch der Herzog eben damals aus „dem Felde", von der Belagerung Antwerpens zurück! —

Die Ursache des gräflichen Zorns erfahren wir gleichfalls aus dem ermahnenden Zureden der Gräfin, und werden dadurch auf das

---

[1] Die Weimarer Ausgabe setzt in Klammern über den Entwurf „Erster Act"; die Berechtigung dazu scheint mir fraglich.

Hauptthema geführt. Es ist die Zulassung des alten Bettlers in
den Burghof, welche des Grafen auf Prunk und Reichthum ge=
richteten Sinn verletzt hat. In wenigen resignirten Zeilen läßt
auch die Gräfin erkennen, daß das Gemüth ihres Gatten sich aus=
schließlich zur Schätzung des „Geldes", der „Habe" gewandt hat.
Aus dem Vorwurf des Grafen, daß der Voigt schon „wiederholt
Verbotnes" sich erlaubt habe, möchte man zunächst schließen, daß
der Alte sich schon längere Zeit in der Burg aufgehalten habe und
der Graf überrascht sei, trotz vorausgesandter Verbote doch eine
solche Ungehörigkeit anzutreffen. Allein aus dem Späteren ergiebt
sich, daß der Greis die Burg noch gar nicht betreten, bloß im
Burghof gewartet hat, in der Hoffnung, auch das Innere beschauen
zu dürfen. Die Verbote des Grafen müssen rasch auf einander ge=
folgt sein, haben aber von Seiten des Voigts nicht sofortige Aus=
führung gefunden. Während dies nun geschehen, aber zugleich nach
der milden Weisung der Gräfin Speise und Trank dem Alten mit=
gegeben werden soll, gelingt es diesem durch sein Märchen=Erzählen
zuerst die Kinder, dann die Mutter zu bewegen, daß man ihn
dennoch einläßt. Der spätere Zorn des Grafen ist also viel mehr
motivirt als in der Ballade.

Mit dem Eintritt des Alten wird die Aufmerksamkeit auf den
Löwenstuhl gelenkt, der aus der Ballade bekanntlich ganz verschwunden
ist. Der Alte weigert sich, auf ihm zu sitzen, er beugt sein Knie
davor, und erläutert Geschichte und Bedeutung in „Edda's Rhythmen",
die wir schon anführten. Worin sollte aber die dramatische Be=
deutung des Löwenstuhls bestehen? In dem nun rasch abbrechenden
Fragment findet sich keine Andeutung. Doch nach der Feierlichkeit,
mit welcher er eingeführt und exponirt ist, nach der Benennung,
die er dem ganzen Entwurf gegeben hat, müssen wir annehmen, daß
seine Bedeutung eine entscheidende ist. Ohnehin kann die Lösung,
welche die Ballade giebt, unmöglich für unseren Entwurf herbei=
gezogen werden. Wohl erzählt auch hier der Greis die Geschichte
der Familie, wohl wird er auch hier im Augenblick des Abschieds
von dem Grafen überrascht und mit härtester Strafe bedroht; aber

unmöglich kann er nun in Kraft eines geheimen Königlichen Befehls
dem Grafen als der Mächtigere, als der rechtmäßige Besitzer gegen=
über treten, da ja dieser selbst erst unmittelbar vorher auf Grund
Königlicher Verleihung in die Burg eingezogen ist; unmöglich ist
ein Thronwechsel zu denken, der zwischen diesen beiden Königlichen
Handlungen eingetreten wäre.

Aller Wahrscheinlichkeit nach sollte eine wunderbare Lösung des
Conflictes erfolgen, und eine solche, die von dem Löwenstuhl ausging.
Auf eine solche deutet auch der Schluß des Opernentwurfs. Dort
lesen wir (S. 299): „Eine Rüstung steigt empor und redet ein.
Tritt herunter. Entdeckung und Entwickelung. Die Rüstungen
werden lebendig." Wie aber in unserem Entwurf die Lösung zu
denken sei, darüber sind nur Vermuthungen möglich! Jedenfalls —
sobald sich der Greis auf den Löwenstuhl flüchtete, war er rechtlich
vor dem Zorn des Grafen sicher. Tastete dieser ihn dennoch an, so
läßt sich sehr wohl denken, daß eine überirdische Bekräftigung der
Heiligkeit des Stuhls erfolgte, welche den Angreifer beschämte und
niederbeugte, dem Verfolgten aber die Wahrheit seiner Worte und
das Recht seiner Sache siegend bezeugte.

Der „Löwenstuhl" ist ein neues erläuterndes Beispiel zu Goethe's
eigenem Geständniß, daß er sich zur Vollendung eines dramatischen
Werkes nicht mehr entschließen könne, weil ihm die unmittelbare
Anregung durch ein seinem Schaffensdrang entsprechendes Theater
fehle. Der eigenen Bühne war er eben, obgleich er noch ihr oberster
Leiter war, schon entfremdet, sie war ihm durch widrige Verhältnisse
zur leidigen Last geworden; für sie arbeitete er nicht. Was dagegen
von Berlin aus von ihm erbeten wurde, führte er mit Eifer und
Hingebung aus; so den Epimenides mit staunenswerther Raschheit,
so noch 1821 den umfangreichen, dramatischen Prolog. Dem „Löwen=
stuhl" fehlte ein derartiger Ansporn, und er blieb liegen, wie die
Pandora, wie die Tragödie aus der Karolingerzeit, und so vieles andere.

Aeber den Gebrauch des Trimeters bei Goethe.

Unter den charakteristischen Versmaßen des Alterthums hat der Trimeter sich am wenigsten in der deutschen Dichtung einzubürgern vermocht, — so wenig, daß er etwas Fremdartiges für unser Ohr behalten hat und daß die eigenthümliche Form, in der sich etwa die deutsche Sprache ihm anschmiegen könnte, bis heute nicht gefunden ist. Auch Goethe, der den fünffüßigen Jambus und den Hexameter gleichsam deutsch reden gelehrt hat, ist an den Trimeter erst spät herangegangen, ihm nicht dauernd treu geblieben und hat in der Behandlung mit sichtlicher Unsicherheit geschwankt.

Als Goethe sich in den achtziger Jahren in Elegien und Epigrammen „antiker Form näherte", als er anfangs der neunziger Jahre im Reinete Fuchs den epischen Hexameter aufnahm, zeigte er noch nicht die geringste Neigung, auch im Drama das antike Maß sich anzueignen. Wir haben kein Zeugniß, daß er etwa Iphigenie oder Tasso aus der Prosaform in den Trimeter hätte umsetzen wollen, und wenn sich im Tasso trotzdem eine nicht unbeträchtliche Anzahl von sechsfüßigen Jamben findet, so hat das um so weniger zu bedeuten, als diese Verse öfters weiblichen Ausgang zeigen und sich schon dadurch als bloße incorrecte Blankverse, nicht als Trimeter erweisen. Eine Anwendung des letzteren Verses mochte wohl mit Rücksicht auf seine Aehnlichkeit mit dem unmodern gewordenen Alexandriner bedenklich scheinen, und um ihn von diesem scharf zu scheiden, bedurfte es einer Einsicht in metrische Verhältnisse, wie sie Goethe nicht zu Gebote stand. Es scheint, daß Goethe durch

Wilhelm v. Humboldt zuerst genaue Kenntniß des Trimeters ver=
mittelt worden ist. Humboldt war schon während seiner beiden
Aufenthalte in Jena in den neunziger Jahren mit der Uebersetzung
des Aeschyleischen Agamemnon beschäftigt, die freilich erst 1816
erschien. Mit unermüdlicher Ausdauer hat er gerade an der Wieder=
gabe des Originalversmaßes gearbeitet. Er hat damals Goethe
einen besonderen Aufsatz über den Trimeter überreicht, von dem
dieser sich eine Abschrift zurückbehielt (an Schiller 30. September
1800). Ob dieser Aufsatz in seinem Inhalt schon mit dem über=
einstimmte, was Humboldt später in der Einleitung zum Agamemnon
ausführte, ist nicht festzustellen; zu Tage gekommen ist der Aufsatz
nicht[1]). Am 18. März 1799 übersandte dann Humboldt aus
Paris Goethe einige Scenen der Uebersetzung.

Goethe selbst wandte den Trimeter zuerst[2]) in den Helena=
Scenen an, welche er im Jahre 1800 für den Faust dichtete und
die durch Erich Schmidt jetzt in der Weimarer Ausgabe veröffentlicht
worden sind. Die 182 Jamben dieses Fragments sind im Ganzen
correct gebaut; doch finden sich darunter zwei Siebenfüßler (V. 105
und 222) und ein Fünffüßler. Der bedenkliche Einschnitt nach dem
dritten Fuße ist meist vermieden oder doch durch andere Einschnitte
unmerklich gemacht. Verse wie der 17.: „In Bräutigams Gestalt
entgegenleuchtete", sind selten. Dagegen fällt die große Einförmigkeit
der Verse auf. Von den Abwechslung schaffenden Licenzen des
antiken Trimeters, der im ersten, dritten und fünften Fuße die
Länge statt der Kürze zuläßt, der durch Auflösung der Längen in
zwei Kürzen auch den Tribrachys und Daktylus ermöglicht, der sich
auch gerne statt des Jambus der Anapäste bedient, hat Goethe fast
gar keinen Gebrauch gemacht. Anapäste finden sich im Ganzen acht,
und zwar niemals im ersten und im letzten Fuße.

---

[1]) In dem Convolut „Rhythmik", welches das Goethe-Jahrbuch 8,65
N. 1 erwähnt, findet der Aufsatz (nach Mittheilung Bernhard Suphan's)
sich nicht.

[2]) Zwei Zeilen des Prometheus-Fragments von 1795 sind hierbei
nicht in Anschlag gebracht.

Durch Goethe's Vorgang wurde nun unmittelbar auch Schiller zur Anwendung des Verses angeregt und fügte der Jungfrau von Orleans die bekannten Montgomery=Scenen ein[1]). Goethe schickt ihm zu dem Behufe den Aufsatz Humboldt's und die Aeschylos-Uebersetzung zu. Schiller's Verse unterscheiden sich von denen Goethe's hauptsächlich durch die auch von Humboldt öfters angewandten Anapäste im ersten Fuß, die dem Rhythmus etwas Leidenschaft= liches geben[2]).

Goethe selbst dichtete noch im selben Jahre das Festspiel Paläophron und Neoterpe in dem neu angeeigneten Maße. Ent= sprechend der eiligen Entstehung ist der Vers hier ziemlich nachlässig behandelt; es finden sich recht viele Fünffüßler, einmal sogar drei nach einander (26. 27. 28); auch ein Siebenfüßler drängt sich ein. Anapäste sind gar nicht vertreten; dagegen ein einziges Mal sehr auffällig der Daktylus: „Könnte man auch fördern, daß ich sagte, wer ich sei."

Das Jahr 1802 brachte darauf zwei Anwendungen unseres Verses, zunächst in den pathetischen Partien des Vorspieles Was wir bringen, und dann in dem Prologe vom 25. September (Hempel 11, 234). In dem Vorspiel ist der Vers, der im 16. 17. 18. Auftritt neben anderen angewandt wird, sehr sorglos hin= geschrieben; einmal hat er weiblichen Ausgang: „So füllet weihend nun das Haus, Ihr Erdengötter"; im 18. Auftritt folgen zwei Siebenfüßler unmittelbar auf einander. Anders in dem Prolog: hier haben wir den sechsfüßigen Jambus in correctester, aber auch

---

[1]) Früher hatte Schiller bekanntlich selbst Euripides in fünffüßigen Jamben übersetzt; später wandte er den Trimeter noch in einer Scene der Braut von Messina an. — Man könnte sich wundern, daß Goethe und Schiller bei ihren Uebersetzungen französischer Tragödien nicht daran gedacht haben, den Alexandriner durch den Trimeter wiederzugeben; allein Schiller hatte bei der Phädra schon das Vorbild des Mahomet und Tankred vor Augen, und von diesen hatte Goethe den ersteren schon längst vollendet, den letzteren bereits begonnen, als er sich an die Helena machte.

[2]) Schiller folgt hierin speciell griechischem Vorbilde, welches den Anapäst nur im ersten Fuße zuläßt, während die lateinischen Dichter ihn überall, außer im letzten Fuße, anwenden.

in hölzernſter Form, wenn dieſer Superlativ geſtattet iſt; kein
falſcher Vers, aber auch nicht die geringſte erlaubte Abwechslung.
Auch erhebt ſich die Diction wenig über die Proſa; das Ganze
macht mehr den Eindruck einer bloß äußerlich verſificirten Anrede.

Es folgten nun einige für die Poeſie Goethe's überhaupt un-
ergiebige Jahre; doch ſchon 1807 bei Wiederaufnahme der dichteriſchen
Production hielt ſich Goethe wiederum an den Trimeter. Es
waren das in dieſem Jahr gedichtete Vorſpiel politiſchen Inhalts
und die den Dichter längere Zeit beſchäftigende Pandora, in welchen
beiden neben dem Reichthum verſchiedenſter Versmaße doch der
Trimeter als das eigentliche Grundmaß erſcheint. In dieſen Dichtungen iſt die ganze Kraft und Fülle Goethiſcher Sprache in die
antiken Rhythmen gegoſſen worden; geradezu unbegreiflich iſt es,
wie man wegen einzelner allzu kühner Sprachgewaltthaten hier die
Redeweiſe eines Greiſes hat wahrnehmen wollen! In dem Vorſpiel
iſt die Wirkung — man möchte ſagen trotz des Versmaßes erreicht;
denn dieſes iſt durchaus einfach, auch in den erregteſten Partien
gleichmäßig behandelt; nur zweimal findet ſich ein Anapäſt eingeſchoben. Anders in der Pandora; hier iſt der Vers offenbar mit
bewußter Kunſt wechſelnd behandelt. Schon in die Anfangsrede
des Epimetheus ſind Anapäſte eingewebt; mit entſchiedener Ab-
ſichtlichkeit aber treten ſie ſpäter in dem Dialog auf, der Pandorens
Aeußeres ſchildert; ſelbſt zwei in einem Verſe ſind anzutreffen.

> . . . . Wie Kriegsgefährte den Schützen deckt
> Mit dem Schild, ſo ſie der Augen treffende Pfeilgewalt.

Verſe von unregelmäßiger Zahl der Metra finden ſich unter
den Trimetern der Pandora nicht; dagegen iſt einmal ſtatt eines
Anapäſt ſogar ein Päon eingeſchoben: „Von Fülle zu Entbehren,
von Entzücken zu Verdruß.“

Mit dieſem antik-phantaſtiſchen Werke erreicht die Anwendung
des ſechsfüßigen Jambus bei Goethe zunächſt ihr Ende; es ſind von
1800 an alſo nur acht Jahre, in denen er ſich dieſes Verſes oft
und gerne bedient hat. Mit dem Ende der ſpecifiſch antiliſirenden
Periode verſchwindet derſelbe, um ſogar in dem der Pandora

stilistisch so ähnlichen Epimenides nicht wiederzukehren, obgleich Epimenides' eigene gewichtig=pathetische Reden fast dazu aufzufordern
schienen.

Erst sehr viel später, als sich Goethe im höchsten Alter an die
Vollendung des Helena=Actes machte, wandte er sich wieder dem
Versmaß zu, in welchem er ihn begonnen hatte. Hier ist es nun
höchst interessant zu beobachten, daß er es absichtlich nach anderen
Grundsätzen als früher behandelte[1]). Daß in der That hier
Grundsätze vorliegen, kann nicht zweifelhaft sein, wenn wir die
Umwandlung betrachten, die er mit dem früher Entstandenen
vornahm. Wenn er schon in der Pandora nach größerer Ab=
wechslung des Verses gestrebt hatte, so ist dies Streben hier aufs
Consequenteste durchgeführt. Während in jenem Helenafragment nur
acht Verse sich fanden, die Anapäste enthielten, sind es in dem
entsprechenden Abschnitt hier neununddreißig; einunddreißig Verse
sind also in dieser Absicht umgeformt. Ich gebe einige Vergleiche,
indem ich die ältere und die jüngere Form mit *A* und *B* bezeichne.

> *A.* Noch immer trunken von der Woge schaukelndem
> Bewegen, die vom phrygischen Gefild uns her,
> Auf straubig hohem Rücken mit Poseidons Gunst
> Und Euros Krafft, an heimisches Gestade trug.
> *B.* Noch immer trunken von des Gewoges regsamem
> Geschaukel, das vom phrygischen Blachgefild uns her
> Auf sträubig hohem Rücken durch Poseidon's Gunst
> Und Euros Kraft, in vaterländische Buchten trug.

Hier könnte nun vielleicht Jemand von Zufall reden und andere
Absichten für die Umgestaltung annehmen; es giebt jedoch Fälle,
welche die Sache außer Zweifel setzen.

> *A.* Denn Ruf und Schicksal gaben die Unsterblichen.
> *B.* Denn Ruf und Schicksal bestimmten fürwahr die Unsterblichen.
> *A.* Denn schon im hohen Schiffe blickte der Gemahl
> Mich selten an und redete kein freundlich Wort.
> *B.* Denn schon im hohen Schiffe blickte mich der Gemahl
> Nur selten an, auch sprach er kein erquicklich Wort.

---

[1]) Vgl. jetzt auch Niejahr's Aufsatz im 1. Bande des Euphorion.

Oefters wird nur durch Veränderung einer Wortform der Effect erreicht; so „heiliger" statt „heilger", „mustere" statt „mustre". Indeß noch anschaulicher wird uns Goethe's Verfahren, wenn wir sehen, wie er auch in den erst in den zwanziger Jahren entstandenen Partien während des Arbeitens bemüht ist, die Anapäste in den Vers einzuführen. Unter den damals gedichteten Trimetern der Helena finden sich fünfundfünfzig, welche Anapäste enthalten. Dem Apparat der Weimarer Ausgabe läßt sich nur entnehmen, daß einunddreißig dieser Verse umgebildet sind aus ursprünglichen Entwürfen, die keinen Anapäst aufzeigten. Außerdem ist in einem Falle noch ein zweiter Anapäst einem Verse eingefügt worden, der schon einen enthielt. Auch hier sind die Veränderungen manchmal sehr geringfügiger Art.

Aus (8954—8956):

> Ist leicht zu sagen. Von der Königin hängt es ab
> Sich zu erhalten, euch Zugaben auch mit ihr.
> Entschlossenheit ist nöthig die behendeste —

wurde schließlich:

> Ist leicht gesagt: Von der Königin hängt allein es ab
> Sich selbst zu erhalten, euch Zugaben auch mit ihr.
> Entschlossenheit ist nöthig und die behendeste.

An anderen Stellen freilich benutzte Goethe diesen Anlaß auch zu Einschiebungen höchst charakteristischer Art; so 9063:

> Wie der Trompete Schmettern Ohr und Eingeweid'
> Zerreißend anfaßt,

diese Worte wurden gesteigert durch den Zusatz:

> Wie scharf der Trompete Schmettern Ohr und Eingeweid'
> Zerreißend anfaßt . . .

Wir finden endlich im zweiten Theile des Faust außer dem Helena-Acte den Trimeter noch zweimal angewandt; in Faust's Monolog im Anfang des IV. Actes und in der Rede der Erichtho zu Beginn der klassischen Walpurgisnacht. Beide Stücke sind erst nach Vollendung der Helena verfaßt. Im IV. Acte, wo der Monolog nur siebenundzwanzig Verse umfaßt, findet sich nur einmal (im dritten Verse) ein Anapäst; jedoch ist gleich der erste Vers ein

Siebenfüßler, in überraschendem Gegensatz zu dem Helena-Act, wo
die größte Sorgfalt gewaltet hat und weder Sieben- noch Fünffüßler haben passiren dürfen. Die Rede der Erichtho dagegen zeigt
unter fünfunddreißig Versen sieben anapästische; und bei einem ist
wiederum zu beobachten, daß er erst nachträglich diese Gestalt
erhielt: V. 7019 schrieb Goethe zuerst nach iambischem Rhythmus
„Gewaltigem" und „Gewaltigstem"; schließlich aber anapästisch
„Gewaltigerem".

Auf die Anwendung der im Griechischen vorkommenden eigentlichen Daktylen im Trimeter hat Goethe wohl mit Recht auch in
dieser Periode gänzlich verzichtet. Das deutsche Ohr ist offenbar
nicht so feinhörig wie das griechische und würde aus dem scheinbaren Entgegenarbeiten des Daktylus nicht den Fortgang des
iambischen Rhythmus herauszuhören wissen [1].

Diese Uebersicht hat gezeigt, daß Goethe nur in zwei abgeschlossenen kurzen Zeitabschnitten (1800—1808 und 1825—1830)
sich des Trimeters bedient hat, und daß er auf zweierlei Art
bemüht gewesen ist, ihn der deutschen Sprache anzupassen. Mir
scheint es, daß es auch seiner Kraft nicht gelungen ist, diesen
Vers mit dem natürlichen Tonfall des Deutschen zu vereinigen.
Rein iambisch scheint er einförmig und trocken, durch die eingelegten
Anapäste erhält er eher etwas Stoßendes und Mühsames, als
lebhaftere Beweglichkeit. Und so dürfte es wohl gerechtfertigt sein,
wenn das Beispiel Goethe's nur vereinzelt Nachahmung gefunden,
und wenn im Ganzen der Gebrauch des Trimeters auf die Uebersetzungen beschränkt geblieben ist, wo er freilich für die charakteristische Wiedergabe des antiken Dramas unentbehrlich scheint,
während der Blankvers eine lästige Modernisirung mit sich bringt.

---

[1] Die geringe Strenge Goethe's in der Abmessung der Silben, die
hier ebenso wie in seinen Hexametern zu bemerken ist, führt freilich dazu,
daß manchmal geradezu Trochäen entstanden sind, wenn z. B. ein Vers mit
„Phöbus" beginnt. Doch liegt hier eine metrische Absichtlichkeit keinesfalls
vor, ebensowenig auch bei den streng genommen spondeischen Versfüßen
(„vollbracht"), die Goethe nicht auf die erste, dritte und fünfte Stelle des
Verses beschränkt, sondern überall sich sorglos gestattet.

Goethe und Wilhelm Humboldt.

Es war der lebhafte Wunsch Goethe's und Schiller's, in ihrem Zusammenwirken ein ästhetisches Zeitalter für die deutsche Nation heraufzuführen. Das ästhetische Interesse sollte für die Nation als Ganzes ein wahrhaftes Lebensinteresse werden. Wohl stand Deutschland damals in einer literarischen Epoche; Bücher — ihr Erscheinen und ihre Beurtheilung — galten als die wichtigsten Gegenstände der Aufmerksamkeit; aber wie weit war dieser theils sentimentale, theils aufgeklärt nüchterne literarische Sport von dem untrüglich gesunden ästhetischen Gefühl und Urtheil entfernt, die allein Dichter und Hörer in ein festes gegenseitiges Verhältniß setzen können. Wie bitter, wie hoffnungslos sind die Klagen beider Dichter über die künstlerische Bildungsstufe des deutschen Publicums. Sie schrieben für einen engen Kreis von Freunden, in dem sie ihre Welt sahen, und wenn Schiller in der Jungfrau von Orleans der Tagesmeinung etwas nachgegeben hatte, so erschrak er darüber selbst und stellte sich in dem neuen Werke, das er unternahm, absichtlich auf einen desto abgelegeneren und erhöhteren Standpunkt. Er sprach dies ausdrücklich gegen Wilhelm Humboldt aus, der in jenem engen Kreise um Goethe und Schiller unstreitig der hervorragendste Mann war. Humboldt ist ein durchaus unentbehrliches Glied in der Geschichte unserer klassischen Literaturepoche. Seine Productivität war ursprünglich gering und entfaltete sich später nur auf speciell wissenschaftlichem Gebiete; aber die Fähigkeit aufzunehmen und das Aufgenommene in sich vollendet darzustellen, übte er so umfassend

gegenüber der gleichzeitigen klaſſiſchen Production, daß er als all=
ſeitiger und vollberechtigter Vertreter jener glänzendſten Bildungs=
epoche Deutſchlands gelten darf. Wie ſich dem Athener in dem
Staatsmanne Perikles, dem Italiener der Renaiſſance in dem
Machthaber Lorenzo di Medici die Summe der von der Nation
gewonnenen Bildung nicht gedacht, nicht gewollt, ſondern gelebt
darſtellte, ſo dem Deutſchen in dem gleichfalls ſtaatlicher Thätigkeit
gewidmeten Humboldt.

Es war Humboldt's bewußtes und abſichtliches Beſtreben, die
Individualität der verſchiedenen Culturvölker gleichſam als Pſychologe
zu ſtudiren und in ſich aufzunehmen; aber in dieſer weit ſich aus=
dehnenden objectiven Forſchung und ſelbſtloſen Aneignung hielt er
dennoch an zwei vorgefaßten, alles beherrſchenden Grundſätzen mit
der Sicherheit dogmatiſcher Ueberzeugung feſt: erſtens daran, daß in
dem griechiſchen Volksgeiſt die höchſte Blüthe der Menſchheit zur
Reife gelangt ſei und die moderne Welt nur der gleichen Vollendung
nachzuſtreben habe, und ſodann daran, daß von allen Nationen die
deutſche am meiſten befähigt ſei, dieſes Ziel zu erreichen, daß das
Deutſchthum durch das Griechenthum nicht aufgehoben werde, ſondern
ſich untrennbar mit ihm vereinigen könne. Wenn ein Winckelmann
ſich ſo tief in den Geiſt des Alterthums hatte verſenken können, daß
ihm alle Beziehungen des modernen Lebens, nationale wie religiöſe,
dadurch gleichgültig wurden, wenn wir ſelbſt bei Goethe und Schiller
Aeußerungen treffen, in denen ſie bedauern, für Deutſche und in
deutſcher Sprache ſchreiben zu müſſen, ſo iſt Humboldt zu allen
Zeiten, in Rom oder Paris und Madrid, von inniger Freude erfüllt,
ein Deutſcher zu ſein und beſonders den Beſitz der deutſchen Sprache
zu genießen. Aber er findet nicht wie Herder oder Goethe in ſeiner
Straßburger Epoche den Werth des Deutſchthums in den eigen=
thümlichen Schöpfungen ſeiner ehrwürdigen Vorzeit, ſondern in ſeinen
letzten, aus der Verbindung mit dem Griechenthum entſproſſenen
Werken; Weimar und Jena waren ſein Deutſchland.

Es leuchtet ein, daß ein ſolcher Mann alle Phaſen des gleich=
zeitigen künſtleriſchen Lebens in Deutſchland nicht nur verfolgen,

sondern innerlich mit durchleben mußte, wie es Humboldt thatsächlich
vom Erscheinen der Iphigenie bis zur Vollendung des Faust gethan
hat. Ein unerschütterliches vierzigjähriges Freundschaftsverhältniß
zu Goethe giebt davon Zeugniß. Freilich war Humboldt mit Schiller
eher befreundet als mit Goethe, und auch als er diesen kennen ge=
lernt, zeigt das Verhältniß zu Schiller doch anfänglich größere Ver=
traulichkeit; allein auf die Dauer war Schiller's einfacheres, mehr
methodisches Streben weniger geeignet, einen Mann wie Humboldt
zu fesseln, als Goethe's unermüdlicher Drang nach umfassender
Weltkenntniß und Lebensbethätigung. Schiller's frühzeitiges Ende
mußte zudem Goethe's Werth für die Lebensführung Humboldt's
noch bedeutend steigern. Der Briefwechsel beider Männer ist eines
der anziehendsten Vermächtnisse aus dem Weimarer Kreise. Wohl=
thuend berührt die vollendete rücksichtsvolle Zartheit, welche Humboldt
zur Natur geworden war und über die auch Goethe gebot, ein
diplomatischer Ton im besten Sinne des Wortes, der jeden Mißklang
aus dem Verkehr ausschließt. Indem nun gar für Humboldt nicht
selten seine Gattin, deren bezaubernde Liebenswürdigkeit nie sich
vermissen ließ, als Correspondentin eintrat, wurde damit zugleich in
Goethe's Redeweise ein leiser Zug von Galanterie und Ritterlichkeit
hineingetragen. Blieben diese charakteristischen Eigenschaften des
Verkehrs sich zu allen Zeiten gleich, so veränderte sich doch auch
manches durch Verschiebung des Altersverhältnisses der Freunde.
Als Achtundzwanzigjähriger trat Humboldt in nähere Beziehung
zu dem Sechsundvierziger, als junger, noch fast unbekannter Beamter
und Schriftsteller zu dem Minister und Haupt der literarischen
Welt. Es ist ein Zeichen von Humboldt's hoher Begabung und
entschiedener Befähigung, seine Gaben zu zeigen, daß Goethe ihm
sehr bald die Stellung eines Gleichberechtigten einräumte; immerhin
mußte das Verhältniß doch ein anderes sein als dreißig Jahre
später, da Humboldt, eine politische und wissenschaftliche Größe, in
die sechziger, Goethe in die achtziger Jahre eintrat.

Als Humboldt sich zuerst in Jena Goethe's Kreise näherte —
er war übrigens schon früher mit Goethe persönlich zusammen

getroffen —, war er durchaus dazu vorbereitet und dafür auf-
geschlossen, Alles, was sich ihm dort darbot, aufzunehmen. Dem
Staatsdienste hatte er nach kurzer Frist schon entsagt, um ausschließlich seiner Selbstbildung zu leben, und der Weg, den er ein-
schlug, war zunächst die eingehendste und sorgfältigste Vertiefung
in Sprache und Cultur des griechischen Alterthums, um daraus den
Maßstab für die Cultur der Gegenwart zu entnehmen. Seine
Gattin war hierbei die eifrigste Mitstrebende; Friedrich August Wolf,
mit dem ihn der lebhafteste Briefwechsel verband, war der Führer
auf diesem Pfade. Gegen ihn hatte sich Humboldt schon früher
geäußert (1. December 1792): „Es giebt außer allen einzelnen Studien
und Ausbildungen des Menschen noch eine ganz eigene, welche gleichsam
den ganzen Menschen zusammenknüpft, ihn nicht nur fähiger, stärker,
besser an dieser und jener Seite, sondern überhaupt zum größeren und
edleren Menschen macht" . . . . „Diese Ausbildung nimmt nach und
nach mehr ab, und war in sehr hohem Grade unter den Griechen . . . .
Kein anderes Volk verband zugleich so viel Einfachheit und Natur
mit so viel Cultur, und keines besaß zugleich so viel ausharrende
Energie und Reizbarkeit für jeden Eindruck." Die Skizze über Zweck
und Ziel des griechischen Studiums, die er Wolf zusandte, sprach
mit voller Klarheit den Gedanken aus, daß die Einseitigkeit des
modernen Strebens, die den Menschen von dem eigentlichen Mittel-
und Kernpunkt seines Wesens abziehe, an der harmonischen ästhetischen
Cultur, die wir den Griechen entnehmen können, ihren Ausgleich zu finden
habe. Auf diesem Wege aber mußte er nothwendig mit der Thätigkeit
Goethe's und Schiller's zusammentreffen, die demselben Ziele entgegen
strebte. Wenn zuerst auch ein naturwissenschaftliches Interesse Humboldt und Goethe zusammenführte, indem beide gemeinsam anatomische
Vorlesungen bei Loder in Jena hörten, so war diese Berührung doch
nur vorübergehend. Denn Humboldt's vielseitigen Geist konnte eine
solche Beschäftigung wohl augenblicklich anziehen [1]); an einem nach-
haltigeren Interesse für Naturwissenschaften fehlte es ihm trotzdem

---

[1]) Er dachte momentan sogar an eine vergleichend anatomische Arbeit
über das Keilbein. Goethe-Jahrbuch 8, 95.

gänzlich. Immerhin war sein Verständniß für Goethe's osteologische Ideen jedenfalls geeignet, den letzteren günstig zu stimmen.

Dagegen gaben Schiller's Horen einen dauernden Anhalt für gemeinsames Streben. Sehr schön hat Goethe fast vierzig Jahre später Humboldt an jene Zeit erinnert: „wo wir uns zu einer ersten gemeinsamen Bildung verpflichtet fühlten, wo wir mit unserem großen edlen Freund verbunden, dem faßlich Wahren nachstrebten, das Schönste und Herrlichste, was die Welt uns darbot . . . . . auf das Treulichste und Fleißigste zu gewinnen suchten". Den drei hier Ge= nannten könnten wir noch Heinrich Meyer als kunsthistorischen Be= rather, und Körner, den theilnahms = und verständnißvollen Freund Schiller's, anreihen. Diese fünf an Begabung weit von einander abstehenden, aber in ihrem idealen Streben übereinstimmenden Personen bilden gleichsam eine eigene Familie in dem literarischen Menschengewühl Deutschlands, die zwar nicht in alle die ver= schlungenen Irrungen eingreift, und daher von denen, die darin be= fangen, zu Zeiten fast übersehen wird, die aber ewige Güter pflegt, die immer von Neuem wieder die Nachwelt zur Versenkung und Ver= tiefung auffordern[1]). In den Briefen, die diese fünf Personen mit einander gewechselt[2]), ist ein geistiger Schatz aufbewahrt, welchen die deutsche Künstlerwelt, anfänglich von der Romantik beherrscht und später in das entgegengesetzte Extrem verfallen, kaum noch begonnen hat sich nutzbar zu machen. Und ein gleichfalls noch zu hebender Schatz ruht vergraben in den schnell vergessenen Horen und Propyläen.

Humboldt ließ es sich darauf angelegen sein, Goethe auch in

---

[1]) Hiermit sollen Herder's Verdienste nicht verkannt werden; indeß hat derselbe an jenem Kreise bekanntlich nicht näheren Antheil.

[2]) Zu der Correspondenz Goethe's mit Humboldt, Meyer und Körner hat das Goethe=Jahrbuch sehr werthvolle Ergänzungen gebracht. Eine be= queme Uebersicht über vieles, was daneben in Betracht kommt, bieten die von Bratranek in seiner Edition (Neue Mittheilungen u. s. w.) gesammelten „Beleg= stellen". Ich kann mich dem Tadel, der diese Art und Weise der Sammlung getroffen, nicht anschließen. Aeußerungen eines Correspondenten über den anderen gegen eine dritte Person bieten oft eine erwünschte Correctur dessen, was die directe Correspondenz nicht völlig wahrheitsgemäß auszudrücken gewagt hat.

nähere Beziehung zu seinem philologischen Freunde und Meister, Friedrich August Wolf, zu bringen. Es gelang ihm, Goethe von anfänglicher Mißbilligung schließlich zur Anerkennung der Prolegomena Wolf's und seiner homerischen Theorie zu führen; was er freudig hierüber an den Freund berichten konnte, ward durch Goethe selbst in der Elegie Hermann und Dorothea bestätigt. Welche Bedeutung dieser dem Urtheile Humboldt's beilegte, wird durch das weitgehende Vertrauen deutlich, mit welchem er ihn zur Beurtheilung seiner eigenen Productionen aufforderte. Schon im December 1794 sandte er einen Abschnitt der Unterhaltungen deutscher Ausgewanderter an Schiller mit der Bitte, er oder Humboldt möge ihn durchsehen. Als er darauf Schiller das erste Buch Wilhelm Meister's zuschickt, zeigt dieser es auch Humboldt und meldet dann: „H. v. Humboldt hat sich auch recht daran gelabt und findet Ihren Geist in seiner ganzen männlichen Jugend, stillen Kraft und schöpferischen Fülle." Goethe entgegnet: „Da ich nebst der Ihrigen auch H. v. Humboldt's Stimme habe, werde ich desto fleißiger und unverdrossener fortarbeiten." Man muß sich der ingrimmigen resignirten Verachtung erinnern, die Goethe für das ästhetische Urtheil des Publicums im Ganzen empfand, um den Werth einer solchen Aeußerung völlig zu schätzen. So kam es nun auch zu directer Correspondenz und gewiß auch zu persönlicher Aussprache über den stückweise erscheinenden, von Goethe nur mühsam zur Vollendung gebrachten Roman. Indeß ganz bis ins Einzelne gehend nahm Goethe Humboldt's Interesse erst in An- spruch bei der Redaction seiner in antiken Maßen, besonders in elegischer Form verfaßten Gedichte. Goethe kam zeitlebens nicht zu einer bestimmten Annahme oder Abweisung der strengen metrischen Gesetze, die Voß aufgestellt. Der Dichter der Römischen Elegien war zu antik, um sie zu verwerfen, der Dichter von Hermann und Dorothea zu gründlich deutsch, um sie nicht als fremdartig zu empfinden. In Humboldt glaubte nun Goethe den Mann gefunden zu haben, der eine ernstliche, durch den Verkehr mit Wolf gepflegte klassische Bildung mit gesundem, deutschem Sprachgefühl verbände, so daß man seinem tactvollen und kenntnißreichen Urtheil vertrauen könne. So gab denn Humboldt eine Reihe von Bemerkungen zu Alexis und Dora, Hermann und Dorothea (Briefe an Goethe vom 25. Juni 1796, 6. und 30. Mai 1797); und es wurde außerdem bei persönlichem Zusammensein im April 1797 „ein genaues prosodisches Gericht" über die letzten Gesänge des Epos abgehalten. Doch konnte Goethe sich nicht vollständig mit Humboldt einigen; er verlangte mehr eigenartige freie Bewegung für den deutschen Vers, als der Schüler Wolf's zugestehen wollte. Manches, was Humboldt beanstandete, ist stehen geblieben. Im Ganzen äußerte dieser auch nur sehr behutsam seine Meinung; er stand damals doch unzweifelhaft Schiller noch weit näher. Goethe schrieb ihm wohl mit vertrauensvoller Sorglosigkeit und Rücksichtslosigkeit, so daß Humboldt urtheilte: „Goethe treibt und lebt in seinen Briefen, sowie man ihn im Gespräche sieht"; aber Humboldt antwortete noch nicht so. Weit mehr erkennt man damals sein ganzes Wesen in den Briefen an Schiller. Dort urtheilt er ausführlicher über Goethe's Werke, von dort erhält er Mittheilungen über Goethe's Arbeiten, so vor Allem ausführliche Nachricht über den Plan des Faust [1]. Auch entsprechen Schiller's damalige Schöpfungen noch vollständiger als Goethe's Werke der augenblicklichen Entwickelungsstufe von Humboldt's Individualität. Von philosophischen Studien wieder zur Dichtung zurückgekehrt, ließ Schiller damals die Tiefe seines idealen Empfindungslebens mit der Klarheit seiner Reflexion sich im Hervorbringen jener Gedankendichtungen vereinigen, in denen Humboldt den Gipfel der Poesie sah. Wenn Humboldt zu dichten vermocht hätte, wären sie seine Vorbilder geworden. Auch in ihm stritten Gedanke und Empfindung beständig um die Herrschaft, und nicht in ihrer klaren Scheidung, sondern in ihrem harmonischen Zusammenwirken sah er das zu erstrebende Ziel. Erst in späterer Zeit gewann, wie in Schiller der Dichter, so in ihm der Forscher und Denker das entschiedene Uebergewicht. In Folge dessen strebten beide Männer alsdann allmählich aus einander; jetzt aber vereinigten sie sich in einem gegenseitigen Verständniß, welches

---

[1] Humboldt an Schiller 17. Juli 1795. Leider kennen wir Schiller's Brief nicht, der vom 6. Juli datirt war.

ihr Briefwechsel vom Jahre 1795 wirksam bis in die feinsten Adern des Gedankenlebens, bis in die eigenthümlichsten Töne der Empfindung bekundet. Mochte Humboldt Goethe's Römische Elegien, sein Märchen, Theile des Wilhelm Meister noch so sehr genießen und bewundern, an ein Gedicht wie Schiller's Ideal und Leben reichte für ihn nichts davon hinan. „Es hat mich seit dem Tage, an dem ich es empfing, im eigentlichsten Verstande ganz besessen, ich habe nichts Anderes gelesen, kaum etwas Anderes gedacht."

Diese Hochschätzung mußte auch dazu führen, daß Humboldt über seine eigenen literarischen Leistungen und Pläne mehr das Urtheil Schiller's als Goethe's einholte. Nur über seine Aeschylos-Uebersetzung sehen wir ihn in einem Briefe vom 16. Februar 1797 (Goethe-Jahrbuch 8) mit dem letzteren verhandeln. Sonst brachte es schon der geschäftliche Gang mit sich, daß Alles, was er in den Horen erscheinen ließ, der Kritik Schiller's als des Herausgebers unterlag, und daß Schiller zugleich im Interesse der Zeitschrift Humboldt zur Production anzuspornen suchte.

Vor Allem aber bewies dieser sein Vertrauen in der Darlegung des umfassenden Planes, der ihm damals am Herzen lag, aber freilich niemals zur Vollendung gedieh. Eine Charakteristik des griechischen Geistes, deren ersten Theil die Schilderung des griechischen Dichtergenies bilden sollte[1]). In den Briefen an Goethe finden wir keine Erwähnung dieses Planes.

Doch eine neue Epoche für das Verhältniß beider Männer beginnt im Jahre 1797 mit Humboldt's Aufbruch aus der Heimath zu mehrjährigen Reisen. Ueberraschend genug! In der Ferne wächst seine Mittheilsamkeit gegen Goethe, während die Beziehungen zu Schiller spärlicher werden. Allerdings fehlt uns ein großer Theil der Correspondenz mit diesem; aber die reichhaltigen, tagebuchartigen Berichte, die Goethe erhält, lassen erkennen, daß er der Vertraute des Reisenden war, daß ihm die Früchte der Reise vorgesetzt wurden. Diese Aenderung entsprang zum Theil daraus, daß das letzte Werk

---

[1]) Was davon ausgeführt wurde, hat kürzlich Leitzmann veröffentlicht.

Goethe's, Hermann und Dorothea, Humboldt gepackt hatte, wie noch kein anderes; sie ergab sich andererseits daraus, daß Schiller, mit voller Leidenschaft der Arbeit an Wallenstein hingegeben, weder für theoretische Erörterungen das bisherige Interesse, noch ein Verlangen nach Aufnahme neuer umfassender Eindrücke in sich fühlte. Das Entscheidende aber war eine innere Umwandlung Humboldt's. Seine Reiselust entsprang aus dem Streben, positive Kenntnisse, allseitige Welterfahrung sich zu erwerben. Er hatte bemerken müssen, daß seine originale, schöpferische Fähigkeit nicht so groß sei wie die Schiller's, daß er aus dem geringen Materiale nicht so Erstaunliches aufbauen könne wie jener; trotz alles Reflectirens, Disputirens der letzten Jahre war er nicht dazu gelangt, seinen Ideen feste Formen zu geben. Er erkannte, daß er eines größeren stofflichen Inhalts bedürfe, um die ganze Kraft seines Geistes zu üben und zu den seiner Begabung entsprechenden Ergebnissen verwerthen zu können. Von der Speculation zum Erfassen der Wirklichkeit hingewandt, mußte die Persönlichkeit des Mannes vorzüglich ihm werthvoll werden, der in seinem nach allen Seiten hingewandten Geistesleben gleichsam ein Weltbild im Kleinen darstellte. Er mußte zugleich auch das lebhafteste Interesse und Verständniß bei diesem Manne finden, dessen Lernbegier noch immer jugendlich rege war, ja selbst noch von so kindlicher Anspruchslosigkeit, daß kleine deutsche Landstädtchen ihm auf seinen Reisen genügenden Stoff für umfangreiche Notizen-sammlungen boten. Mit **Paris** und **Madrid** eröffnete Humboldt Goethe ganz neue Bilder, für welche dieser aufs Lebhafteste dankbar war.

Trotz alledem war die erste größere Arbeit, an welche sich Humboldt auf der Reise machte, eine Fortbildung der ästhetischen Untersuchungen Schiller's. Allein diese Zusammenfassung der bis-herigen Studien Humboldt's vollzog sich durch die Betrachtung einer Goethischen Dichtung, entnahm ihr die Maßstäbe des ästhetischen Urtheils. Die Schrift über Hermann und Dorothea wurde im April oder Mai 1798 in Paris beendigt und darauf Goethe und Schiller mitgetheilt. Zwei Jahre früher hätte Humboldt vermuthlich Schiller's philosophische Gedichte zu Grunde gelegt. Jetzt erscheint

Goethe als der vollendete, allseitig harmonisch ausgebildete Dichter. Schon Haym hat mit Recht hervorgehoben, daß in ihm hier der Gegensatz des naiven und des sentimentalischen Dichters sich versöhnen sollte; wenn Schiller seine Hoffnung darauf setzte, man würde seine und Goethe's Dichtung einst unter einem höheren idealischen Gattungsbegriff subsumiren, so wurde hier Goethe's Dichtung als Vertreterin dieses Gattungsbegriffes erwiesen. Und in der That wird man gerade dem Goethe'schen Epos diese Schätzung nicht versagen dürfen; nur braucht dieselbe nicht zu Ungunsten Schiller's auszuschlagen, dem in der Gestalt Wallenstein's, die er damals schuf, die gleiche Verschmelzung, freilich nicht ohne einige offen bleibende Risse und Sprünge, zu erreichen gelang[1]).

Der Werth des Humboldt'schen Werkes ist im Ganzen von Mit- und Nachwelt nicht nach seinem vollen Maße geschätzt worden. Die romantischen Stimmführer, deren Selbstgefälligkeit nur einen Goethe nach ihrem Sinn und Maß gelten ließ, discreditirten es sogleich, und es ging ihm ungefähr wie Goethe's gleichzeitig erscheinenden Propyläen: man glaubte alles schon weit besser zu wissen und sich der Mühe entschlagen zu können, die etwas schwierige Form des Ganzen zu durchdringen. Goethe war in einem thatsächlichen Irrthum, wenn er aus dem Werke Humboldt's schloß, „daß er auf der letzten Strecke seiner Laufbahn mit der Kritik in Uebereinstimmung komme"; die literarische Kritik Humboldt's war so wenig die allgemeine Deutschlands, wie es die Kunstkritik Heinrich Meyer's war. Und doch ruht in dieser Schrift ein Schatz ästhetischer Einsicht, welcher den von Schiller gesammelten Reichthum aufs Werthvollste vermehrt hat[2]). Schiller selbst sprach die höchste Anerkennung mit den

---

[1]) Humboldt suchte auf andere Weise den eigenthümlichen Werth von Schiller's Dichtung zu charakterisiren, welche vorzugsweise künstlerische Behandlung der Sprache sei.

[2]) Hier sei an die schönen, erst durch den 8. Band des Goethe-Jahrbuchs bekannt gewordenen Worte Humboldt's nach Schiller's Tode erinnert: „Seine Lehre stand eigentlich im Widerspruch mit der Welt, wurde bald übersehen, bald verkannt. Aber so lange er lebte, war sie wenigstens für uns, seine Freunde, das eigentlich Geltende. Jetzt, da er dahin ist, haben die anderen die Uebermacht."

Worten aus: „Ich bin überzeugt, was auch künftighin über den Proceß des Künstlers und Poeten, über die Natur der Poesie und ihre Gattungen noch mag gesagt werden, es wird Ihren Behauptungen nicht widersprechen, sondern diese nur erläutern, und es wird sich in Ihrem Werke gewiß der Ort nachweisen lassen, an den es gehört und der es implicite schon enthält." Goethe's Dankschreiben sprach vor Allem die persönliche Empfindung mit einer Wärme und Rührung aus, welche ein unerschütterliches geistiges Bündniß erkennen ließ. „Ich will Ihnen gerne gestehen, daß mich Ihr Studium meines Gedichtes .... beschämt haben würde, wenn ich nicht zugleich gedächte, daß es Ihnen mit angehört und Sie also eine Art Neigung wie zu einer eigenen Arbeit gegen dasselbe fühlen müssen .... Sie wissen selbst, wie sehr wir uns wechselseitig umzubilden unaufhörlich gearbeitet haben." Allein trotz dieser Aeußerungen fand Humboldt doch nicht ganz den gewünschten Widerhall von Seiten der Freunde. Goethe war überhaupt nicht geeignet, complicirten theoretischen Feststellungen geduldig zu folgen, und Schiller war augenblicklich in einer Periode angespanntester productiver Arbeit und somit auch nicht zu tieferem Durchdenken der von Humboldt gewonnenen Ergebnisse aufgelegt[1]. Beider Briefe ließen dies merken, und Goethe schrieb daher etwas besorgt an Schiller, es möchte dies „dem Freunde nicht ganz erquicklich sein". Er war erfreut, als Schiller ihm meldete, diese Besorgniß sei irrig gewesen. Nichtsdestoweniger ist in der weiteren Correspondenz mit Humboldt von dem Werk nicht mehr die Rede, und die Beschreibung und Beurtheilung des realen Lebens verdrängt vollkommen die abstracte Reflexion. Der Reisende sendet dem Weimarer Freunde die interessantesten Mittheilungen und Kritiken, die dieser mit der größten Dankbarkeit aufnimmt und zum Theil auch veröffentlicht: so in den Propyläen Nachrichten über die französische tragische Bühne, über eine neue Lehrart der Malerei, über zwei Gemälde von David und Gérard; in den Allgemeinen geographischen Ephemeriden eine Schilderung

---

[1] In seinen letzten Jahren steigerte sich noch die absprechende Ablehnung der theoretischen Kritik; Körner hatte darunter zu leiden.

über den Montserrat bei Barcelona; der später in Humboldt's Werke aufgenommene Aufsatz über das Musée des petits Augustins konnte wegen des Eingehens der Propyläen von Goethe nicht mehr verwerthet werden, ebensowenig wie die für jene Zeit höchst werthvolle Aufzeichnung und Beschreibung spanischer Gemälde durch Humboldt's Gattin. Am werthvollsten war Goethe der Aufsatz über das französische Theater, da er eben mit der Uebersetzung Voltaire'scher Tragödien beschäftigt war. „Ohne Ihren Brief wäre dieses Experiment nicht gelungen, ja ich hätte es nicht unternehmen mögen. Da ich das Stück nicht allein ins Deutsche, sondern wo möglich für die Deutschen übersetzen möchte, so war mir Ihre Charakteristik beider Nationen über diesen Punkt ein äußerst glücklicher Leitstern." Mit dem Worte „Charakteristik beider Nationen" traf Goethe direct auf den Mittelpunkt von Humboldt's damaliger Thätigkeit, deren Ziel dieser dem Freunde offen ausgesprochen hatte. Nachdem das Studium der Gegenwart an die Stelle der Alterthumsforschung getreten, war auch an Stelle der Charakteristik des griechischen Geistes ein umfassenderes Unternehmen getreten: die vergleichende Betrachtung der modernen Völker, vor Allem der Deutschen und Franzosen [1]); die Völkerpsychologie. Den Weg, den später der Forschergeist Humboldt's der Welt gezeigt hat, den sprachwissenschaftlichen, schlug er damals noch nicht ein [2]); er suchte noch nach dem Maßstabe der Vergleichung; dennoch hatte er auch jetzt schon einen bedeutenden Schritt zu dem Ziele gethan, nach dem er in der letzten Epoche seines Lebens mit ungetheilter, angespannter Kraft hinstrebte. Goethe am nächsten jedoch stand er gerade in dieser Zeit, wo er den Volkscharakter noch aus der Gesammtheit aller seiner Aeußerungen erkennen wollte. Wenn er ihm schrieb, daß er überall auf die Kenntniß der Menschen ausgehe, und zwar auf eine solche, die energisch genug ist, um vollkommen wahr zu sein, philosophisch

---

[1]) Der französische Volkscharakter **hatte** durch die Ereignisse der Revolution vorzugsweise das Interesse erweckt; man vergleiche auch Woltmann's Abhandlung darüber in den Horen.

[2]) Doch gewann er schon damals das Interesse für die Basken und ihre Sprache, welches später für seine linguistische Forschung so wichtig ward.

genug, um für mehr als den jedesmaligen Augenblick zu gelten, so
paßt dies auch auf den Dichter, der sich selbst in den Versen schilderte:

> Weltverwirrung zu betrachten, Herzensirrung zu beachten,
> Dazu war der Freund berufen, Schaute von den vielen Stufen
> Unsres Pyramidenlebens Viel umher und nicht vergebens;
> Denn von außen und von innen Ist gar manches zu gewinnen.

Mit einer leisen Ironie blickte Goethe nur auf die Eigenschaft
Humboldt's, auch unter den fremdesten, wirkungsvollsten Eindrücken
doch immer ein unverkennbarer, unveränderlicher Deutscher zu bleiben.
Er bemerkte dies besonders in Humboldt's stets rege bleibendem
Interesse für die Fragen und Streitigkeiten der philosophischen
Speculation, besonders der Fichte'schen, welche er seinerseits für ein
trauriges, „kimmerisches" Erbtheil der Deutschen hielt. Aber auch
abgesehen davon hatte Goethe recht; Humboldt schrieb ausdrücklich,
daß ihm alles, was ihn außerhalb Deutschlands umgebe, doch immer
heterogen bleibe. Diese Empfindung hinderte ihn freilich nicht, mit
offenen und geschärften Augen zu sehen und zu urtheilen.

Noch lebhafter schien der geistige Austausch zwischen beiden
Freunden werden zu müssen, als Humboldt nach kurzem Aufenthalte
in der Heimath für eine Reihe von Jahren seinen Wohnsitz in Rom
als preußischer Gesandter aufschlug. Lebte doch Goethe immer noch
im Geiste an dem Orte, an dem allein er sich wahrhaft glücklich
gefühlt, hatte er doch wenige Jahre zuvor Heinrich Meyer's Reise
in Italien von Schritt zu Schritt mit seinem Interesse begleitet,
schrieb er doch an Humboldt: „Es vergeht kein Tag, daß ich nicht
beim Anblick des großen Prospects von Rom . . . halb unzufrieden
ausrufe: Diesen Weg können nun die Freunde machen, wenn es
ihnen beliebt! Sie gehen um die Colosse auf Monte Cavallo, die
ich nur noch wenige Minuten in meinem Leben zu sehen wünschte,
ganz bequem herum, und von da hängt es bloß von ihnen ab, sich
zu anderen festlichen Gastmahlen hinzubewegen, indeß wir armen
Nordländer von den Brosamen leben!" Und trotzdem führte Humboldt's römischer Aufenthalt thatsächlich nicht zur größeren Festigung
und Belebung des Verhältnisses. Nirgends scheiden sich die Geister

so wie in Rom. Jeder sieht und empfindet diese einzige Stadt
anders. Humboldt betrachtete Rom mit historischem Sinn als ein
ungeheures Trümmerfeld; Goethe beschaute es mit Naivetät als eine
Stätte unerschöpflichen Reichthums; Humboldt wurde auf dem Aventin
und im Anblick der Albaner Berge elegisch gestimmt, Goethe mit
quellender, überschwellender Freude erfüllt. Humboldt's weit aus-
gesponnenes Gedicht „Rom“ erklingt überall nur von dem einen Tone:

> So von Öd und Kummer trüb umschwebet
> Blicken, wie durch zarten Trauerflor,
> Roms Gefild', und einsam klagend strebet
> Trümmer dicht an Trümmer nur empor.
> Gräber, von der Vorzeit Hauch durchbebet,
> Schweigend ewig dem erschrocknen Ohr,
> Hingestreut in wechselnden Gestalten,
> Feiern Orcus dunkler Mächte Walten.

Dagegen Goethe: „Es darf uns nicht niederschlagen, wenn sich uns
die Bemerkung aufdringt, das Große sei vergänglich; vielmehr wenn
wir finden, das Vergangene sei groß gewesen, muß es uns auf-
muntern, selbst etwas von Bedeutung zu leisten, das fortan unsere
Nachfolger, und wäre es auch schon in Trümmer zerfallen, zu edler
Thätigkeit aufrege.“ Die letzte Wendung dieses Satzes ist wiederum
höchst charakteristisch; Goethe wurde in Rom zur lebhaftesten Thätigkeit hingerissen, Humboldt dagegen in den ruhigen Genuß des
Empfindens wie in einen träumerischen Schlummer gewiegt. Nicht
daß diese Zeit für sein geistiges Leben eine unfruchtbare gewesen
wäre; es reiften in ihr schon Ideen zur Vollendung, welche erst
später ihre äußere Gestalt erhielten; aber zu äußerer Gestalt eben
gelangte damals nichts, und vor Allem fand die einst so lebhaft gepflegte Alterthumsforschung durch Rom keine Erneuerung und Belebung. Das aber war es, was Goethe erwartet hatte. Er wünschte
von Humboldt Nachrichten über den „römischen Kunstkörper“, über neu
gefundene Kunstwerke, über Künstler, Kunsthändler, Ciceronen u. s. f.
Das konnte Humboldt nicht geben, der sich ärgerte, wenn man eine halb-
versunkene Ruine ausgrub, weil es nur ein Gewinn für die Gelehr-
samkeit auf Kosten der Phantasie sei, der überhaupt nicht das Einzelne

erkennen wollte, sondern nur den Eindruck des Ganzen empfinden. So wurde der Briefwechsel immer spärlicher und dürftiger. Freilich ward dadurch das persönliche Verhältniß nicht verändert; dies war unerschütterlich. So bewies es sich auch in der 1809 beginnenden Periode von Humboldt's angespannter politischer und diplomatischer Thätigkeit.

Auch während dieser Zeit, als Goethe's und Humboldt's Wege am meisten aus einander gingen, wurde der Verkehr von Zeit zu Zeit durch Briefe und durch persönliche Zusammenkünfte, die Humboldt mühsam genug seiner gedrängten Zeit abrang, immer wieder aufgenommen. Freilich — Theilnahme an Humboldt's amtlicher Thätigkeit findet sich in Goethe's Briefen kaum ausgesprochen, wohl aber Interesse für die immer ernsthafter von dem Freunde gepflegten Sprachstudien. Wiederum zieht Goethe mit seiner nie ermattenden Lernbegier geistige Nahrung aus den in' der Stille reifenden Früchten einer eigenartigen, ideenreichen Schaffenskraft. Humboldt muß ihm eine Sprachenkarte anfertigen, um Abstammung und Verwandtschaft der Sprachen zu verdeutlichen. Humboldt seinerseits setzte seinen Antheil an Goethe's Dichtung fort, doch freilich jetzt nicht mehr als Aesthetiker oder forschender Historiker, sondern als liebevoll und freudig genießender Leser. Auch in der arbeitsreichsten Zeit seiner Berufsthätigkeit blieb ihm immer das „Leben in der Idee" der beste Theil des Menschen, und er fand stets auch den Raum dafür, indem er sich von der Gegenwart niemals überwältigen ließ. Vollendete er doch in dieser Zeit sogar die Uebersetzung des Agamemnon, über deren Fortschritte er mit Goethe stets verhandelt und berathen hatte.

So vermochte er auch die Enttäuschung, welche der allzu frühe und unfreiwillige Abschluß seiner politischen Thätigkeit ihm brachte, mit ruhiger Fassung hinzunehmen, ja vielleicht selbst mit innerer Befriedigung darüber, daß ihm nunmehr ausschließliches geistiges Schaffen vergönnt war. Und gerade diese letzte Epoche seines Lebens (seit 1820) ließ die Gemeinschaft mit Goethe wieder aufs Wirksamste hervortreten. Als Humboldt gleichsam nach einer langen Auswanderung wieder in die geistige Heimath zurückkehrte, von der er

ausgegangen, fand er dieselbe bis zur Unkenntlichkeit verändert.
Neue Männer hatten neue Bauten aufgeführt; die einst für herrlich
gegolten hatten, standen verlassen und verwachsen; ihre Insassen
waren verschwunden. Als eine Wüste mußte ihm dies Land erscheinen; aber noch wandelte durch ihre Nacht die Feuersäule, der
folgen konnte, wer nach einem neuen gelobten Lande strebte —
Goethe stand noch aufrecht, nicht als Leiter der schriftstellernden
Masse, die ihn in seinem Alter weniger begriff als jemals früher,
aber als eine Macht, die unerschütterlich in sich selbst ein nicht zu
übersehendes und nicht zu entstellendes Wahrzeichen blieb. Unter
dieses Zeichen stellte sich Humboldt, selbststrebend nicht als ein Ab-
hängiger, sondern als ein freier und seiner selbst bewußter Mit-
kämpfer. Das übereinstimmende, auf früh gelegter gemeinsamer
Grundlage ruhende Streben beider Männer erhielt eine ergreifende
Weihe durch die Verehrung, mit welcher beide des abgeschiedenen
früheren Genossen Schiller gedachten. Beide veröffentlichten ihre
Correspondenz mit dem Verstorbenen; beide begleiteten sie mit Worten
völlig gleichen Sinnes. Wenn Goethe schrieb, daß Schiller unab-
lässig gestrebt und gewirkt habe, und ob auch körperlich leidend, im
Geistigen doch immer sich gleich und über alles Gemeine und Mittlere stets erhaben gewesen sei, so bestätigte Humboldt, daß er die
Angst des irdischen Lebens von sich geworfen hatte, aus dem engen
dumpfen Leben in das Reich des Ideales geflohen war, gelebt hatte,
umgeben von den höchsten Ideen und den glänzendsten Bildern,
welche der Mensch in sich aufzunehmen und aus sich hervorzubringen
vermag. Neben die umfassende Charakteristik Schiller's, welche Humboldt hier entwarf, stellte sich alsdann würdig diejenige Goethe's,
die er in der Besprechung des zweiten römischen Aufenthaltes 1830
ausführte. Sie ist zu Goethe's Lebzeiten nicht erreicht und auch
später nicht übertroffen. Wenn auch hier nicht alle Seiten dieser
unerschöpflichen Persönlichkeit geschildert werden, so ist doch die Vereinigung des Dichters, bildenden Künstlers und Naturforschers unübertrefflich durchdrungen und erhellt. Ein weit umfassenderes Verständniß Goethe's zeigt sich hier, als es aus den Briefen Schiller's

hervorgeht, der das Naturstudium als „Schlacken in dem reinen
Sonnenelement" des Freundes beurtheilt und stets die Geistesarbeit
Goethe's nur nach der Masse der augenblicklichen poetischen Production bemessen hatte. Goethe's Dankbarkeit und Anerkennung war
die lebhafteste: er gestand, daß er über sich selbst durch die Darstellung des Freundes aufgeklärt, zum Theil freilich auch zur Versenkung in schwer lösbare Probleme des Innenlebens angereizt
worden sei. Bei diesem gegenseitigen Verständnisse nahmen folgerecht
auch beide gegenseitig an den Arbeiten des anderen ununterbrochenen
Antheil, und um so werthvoller war jedem dieser Antheil, als ja
beide im Allgemeinen nicht mehr für die Mitwelt, sondern die Nachwelt arbeiteten. Der zweite Theil des Faust wie Humboldt's
großes sprachwissenschaftliches Werk wurden erst nach dem Tode der
Verfasser der Welt bekannt. Goethe's Theilnahme an diesen ety-
mologischen Untersuchungen wurde hauptsächlich durch Riemer, seinen
philologischen Beirath, vermittelt. Unmittelbarer konnte Humboldt's
Interesse an den dichterischen Schöpfungen, vor Allem dem Faust,
sein. Die Helena lernte er, schon im Manuscript bei seinem letzten
Besuch in Weimar kennen und bewunderte verständnißvoll den aus
allen gewohnten Schranken heraustretenden Gang dieser Dichtung.
Und gegen Niemand hat sich Goethe in den letzten Jahren so offen
über die Faustdichtung geäußert als gegen Humboldt; die werthvollsten Zeugnisse über die frühe Conception des zweiten Theiles
sind uns hier aufbewahrt. Und an Goethe's Bericht über seine
bewußte absichtsvolle Thätigkeit an diesem Werke schloß Humboldt
eine letzte Beurtheilung Goethe'scher Poesie, die bis in die letzte Tiefe
derselben dringt. Es klingt überraschend, wenn er ausspricht, der
Dichter des Götz und Werther habe immer „mit völligem Bewußtsein" gedichtet[1]), aber es wird zur Wahrheit, wenn darauf die Erklärung folgt: „Ihre Dichtung stammte von jeher aus Ihrer
ganzen Natur- und Weltansicht. Daß diese in Ihnen nur
eine dichterische sein konnte, und daß Ihre Dichtung durch

---

[1]) Man vergleiche damit Goethe's Wort: „Ich habe meine Sachen als
Nachtwandler geschrieben."

den ganzen Natur= und Weltzusammenhang bedingt sein mußte, darin liegt Ihre Individualität."

So im Wirken verbunden, sahen beide auch mit gleicher Gesinnung der unerkennbaren Zukunft entgegen. Durch bewußte und zweckvolle Thätigkeit bekannte Goethe, solle sich der Einzelne zur Entelechie heranbilden, die die Bürgschaft ewiger Dauer in sich trage. Humboldt schreibt: „Wie dunkel auch alles Jenseitige ist, so kann ich es nicht für gleichgültig halten, ob man vor dem Dahingehen zur wahren Klarheit des im langen Leben in Ideen Erstrebten gelangt oder nicht. So weit kann sich die Individualität nicht verlieren" . . . .

Noch fünf Tage vor seinem Tode hat Goethe den inhaltsschweren, aus dem Innersten geschöpften Entwurf eines Briefes an Humboldt verfaßt, der nicht mehr vollendet wurde.

Was beide Männer so unerschütterlich bis zum Tode verbunden hatte, war kein einzelnes gemeinsames Interesse; es war die Allseitigkeit und Ganzheit ihres Interesses an der Auffassung und Erkenntniß des Menschen und an der Ausprägung seines Geisteslebens in den natürlich ihm angewiesenen Gebieten. An dieser Erkenntniß arbeiteten beide ihr Leben lang; der eine freilich mit unvergleichlich größerer schöpferischer Kraft, beide aber mit gleicher Tiefe des Gedankens.

Goethe und Heinrich Meyer.

Je mehr sich die Schätze des Goethischen Nachlasses uns erschließen, desto mehr staunen wir über die unabläßige, von Stufe
zu Stufe fortschreitende, nie sich überstürzende, aber stets zielbewußte
Thätigkeit des Dichters wie des Forschers. Was Goethe von seinem
dichterischen Schaffen bekennt, daß er Stoffe Jahrzehnte in sich getragen, durchdacht, angeschaut, umgeformt, endlich ausgebildet habe,
das gilt ebenso von seinem naturforschenden und seinem kunstwissen-
schaftlichen Bestreben. Diese Stetigkeit, dieser Mangel alles Willkürlichen, Sprunghaften befähigte ihn in hervorragendem Maße, mit
anderen gemeinsam zu arbeiten und zu streben; wer sich einmal mit seiner
Denk- und Urtheilsweise vertraut gemacht, der konnte seinem Gange
leicht und sicher folgen. So hat sich Goethe auch Personen geringerer Begabung wie Riemer und Eckermann zu werthvollen
Gehülfen herangezogen, hat ihnen Befugnisse, z. B. in der Correctur
seines Prosastils, eingeräumt, die von einem ganz ungewöhnlichen
Vertrauen zeugen, hat auch für die Entwickelung des Gedankeninhaltes seiner Werke aus dem Gespräch mit ihnen Förderung und
Klärung gewonnen. Diese an sich nicht starken Individualitäten
waren durch den beständigen Verkehr mit ihm so vollständig in seine
Bahn gezogen, daß sie unwillkürlich seine Sprache redeten und auch
in ihrem Denken die Ideen, welche er ihnen geschenkt, folgerecht und
fehlerlos zu verwerthen wußten. Doch auch Personen von selbst-
ständiger genialer Eigenart finden wir mit Goethe zu dauerndem,
fortschreitendem Wirken vereint; man erinnere sich Schiller's, der im

Xenienkampfe, in der gemeinsamen Bühnenthätigkeit mit Goethe so
völlig verwachsen erscheint, daß oft nicht festzustellen ist, was das
Werk und Verdienst des einen oder des anderen ist. Eine Mittelstellung
nimmt Goethe's fast fünfzig Jahre lang mitthätiger Kunstfreund Heinrich
Meyer ein; kein schöpferisches Genie in Forschung oder Ausführung;
aber auch nichts weniger als ein bloßer Handlanger, sondern zeitlebens ein Mann unermüdlicher, folgerechter Arbeit, ein nach un-
erbittlichen Normen scharf, oft daher auch einseitig urtheilender Geist.

Meyer war beträchtlich jünger als Goethe, aber dennoch, als
dieser ihn in Italien kennen lernte, nicht der von Goethe heran-
gezogene dankbare Ablatus, sondern vielmehr durch Kenntniß der
Kunstgeschichte wie der italienischen Sammlungen, durch Erfahrung
in praktischer Kunstthätigkeit für den eben zu neuen Einsichten
hindurch gedrungenen Dichter eine werthvolle Autorität. Dies Verhältniß blieb freilich nicht dauernd; denn in der angestrengten Arbeit
des zweiten römischen Aufenthalts erfaßte Goethe in weit reicherem
Umfang und tieferem Eindringen die Gedanken, welche d r von
Meyer vertretenen künstlerischen Richtung zu Grunde lagen; aber
durch sein ausgebreitetes Detailwissen blieb Meyer auch dann noch
für Goethe höchst schätzenswerth, als dieser sich gewöhnt hatte, die
Grundzüge der gemeinsamen Thätigkeit mit sicherer Hand vor-
zuzeichnen. Was beide Männer verband, die doch jeder auf eigene
Weise sich gebildet hatten und an Begabung so weit von einander
abstanden, das war im Grunde ihre gemeinsame Abhängigkeit von
einem Dritten, den sie als ihren Meister verehrten, von Winckelmann.
Beide haben ihn nicht gekannt; aber sie waren dennoch seine Schüler,
wie Meyer's ganze Lebensarbeit, wie für Goethe besonders die herrliche Abhandlung, die Winckelmann's Namen trägt, es beweist. Als
Goethe nach Italien kam, war Winckelmann seit achtzehn Jahren
verstorben; aber sein Gewand war zurückgeblieben, und wie das der
Helena in Wolken aufgelöst zeigte es Jedem, der Rom betrat, diese
Stadt in einer eigenartigen Beleuchtung, die von Anfang an den
Eindruck fest bestimmte. So lernte Goethe Rom kennen, so lebte es
für alle Zeit in seinem Geist, und als ein anderes, das „neu-

katholische" Künstlerwesen in Rom empor kam, da war es Winckelmann's Banner, unter dem Goethe so überzeugungsvoll dagegen stritt.

Die Verehrung der antiken Kunst als der unbedingt muster-
gültigen, welche Goethe und Meyer von Winckelmann übernahmen,
führte zur Aufstellung von zwei praktischen Postulaten, die zu verwirklichen beide mit höchstem Eifer strebten; zunächst sei der Antike
ein bestimmter Kanon, eine Reihe bestimmter Gesetze zu entnehmen,
welche für die Künstler unserer Tage, wie aller Zeiten maßgebend
seien, und es müsse sodann die Kunstübung der Willkür des Einzelnen
entzogen und wiederum wie im Alterthume (wie auch in der Blüthe-
zeit der italienischen und deutschen Kunst) zu einem gleichmäßigen
Fortschreiten in Ausprägung und Umbildung der wichtigsten Typen
gestaltet werden und so vom Meister auf den Schüler und so von
Geschlecht zu Geschlecht sich vererben. Wie der griechische Künstler
das Götterbild, der Künstler der Renaissance die Gottesmutter oder
den Heiligen nicht auf eine völlig neue und überraschende Weise
darzustellen, vielmehr bloß einen schon vorhandenen Typus weiter zu
entwickeln strebte, so sollte auch in der Neuzeit verfahren werden; auf
diesem Wege allein sei eine Wiedererhebung der Kunst zu erreichen.
Der Ernst, mit dem beide Freunde die künstlerische Thätigkeit betrachteten, in ihr nichts weniger als ein leichtes Spiel, sondern eine
der gewichtigsten Aufgaben des menschlichen Geistes erkannten, spricht
sich deutlich in jenen Forderungen aus.

Als Goethe im Jahre 1788 aus Italien heimkehrte und Meyer
dort zurückließ, scheint keine Besprechung über ein künftiges gemeinsames Wirken stattgefunden zu haben. Goethe konnte auch keine
Aussichten in Weimar eröffnen, ehe er mit dem Herzog Rücksprache
genommen hatte. Allein wie er selbst entschlossen war, seine
römischen Studien nicht auf sich beruhen, sondern zu einer lebenslangen
und weitgreifenden Thätigkeit sich entwickeln zu lassen, so stand es
ihm auch von Anfang an fest, daß Meyer hierbei sein Mitarbeiter
sein müsse. Keinem der Künstler, die er in Italien kennen gelernt,
schenkte er das gleiche Vertrauen. Der sogleich begonnene Briefwechsel führte schon im nächsten Jahre dazu, daß Goethe dem Ge-

fährten nach Beendigung seiner italienischen Studien einen Wirkungs-
kreis in Weimar in Aussicht stellte. Im Jahre 1701 trat Meyer
in der That als Professor an der Zeichenschule in Weimar ein und
ward sogleich von Goethe als Hausgenosse aufgenommen, ein Verhältniß, das andauerte, bis sich Meyer, schon in vorgerückten Jahren,
einen eigenen Hausstand gründete. In dem Zusammenleben beider
Freunde reifte nun allmählich der umfassende Plan, der Goethe
schon länger vorgeschwebt, zu größerer Klarheit. Eine umfassende
Charakteristik Italiens sollte geliefert werden, zunächst als „Basis
dieses Gebäudes" von Goethe selbst „eine Darstellung der physikali-
schen Lage, im Allgemeinen und Besonderen des Bodens und der
Cultur, von der ältesten bis zur neuesten Zeit und des Menschen
in seinen nächsten Verhältnissen zu diesen Naturumgebungen". Diese
„Basis", welche unzweifelhaft den Einfluß von Herder's „Ideen"
erkennen läßt, sollte indeß dem Hauptzwecke nur dienstbar sein, —
eine Beschreibung Italiens als des gewaltigsten „Kunstkörpers" der
Welt, einer Würdigung der dort so überreich wie nirgend sonst
vereinigten Kunstwerke. Durch diese Beschreibung sollten alsdann
an den vorzüglichsten Kunstwerken, also auf empirischem Wege, die
Kunstbegriffe nachgewiesen werden, deren Verbreitung Goethe am
Herzen lag, von denen er sich eine Belebung und Läuterung des
gesammten Kunstlebens der Gegenwart versprach. Diesen ausgedehnten Plan in seinem mühsamsten Theile zu verwirklichen, unternahm Meyer im Jahre 1795 eine neue Reise nach Italien, die im
Laufe von zwei Jahren ihn eine Fülle von Material gewinnen
ließ. Mit einer Ausdauer und Betriebsamkeit ohne Gleichen führte
er in den wichtigsten Städten Italiens eine systematische Beschreibung
der Kunstwerke durch, und zwar nach einem bestimmten tabellarischen
Schema, über das er sich mit Goethe geeinigt hatte. Große Stöße
dieser Aufzeichnungen finden sich in seinem Nachlasse; nur ein geringer Theil davon hat in gedruckten Aufsätzen Verwerthung gefunden.
Das Schema der Beschreibung ist für Sculpturwerke meist das
Folgende: 1. Ort, Gattung des Kunstwertes, Material, 2. Gegenstand,
3. Zeit, Stil, Manier, Arbeit, 4. Erfindung, Anordnung, 5. Ausdruck,

6. Falten, 7. Massen, 8. Wirkung von Licht und Schatten, 9. Gegen=
wärtiger Zustand, Ergänzung, 10. Allegorie, 11. Besondere An=
merkungen. Bei Werken der Malerei treten noch zwei Rubriken
über Zeichnung und Colorit hinzu, wogegen die von den Ergänzungen
handelnde selbstredend wegfällt. Manche Abweichungen kommen
natürlich in dieser Eintheilung vor; im Ganzen aber werden gleich=
mäßig nach dieser Richtschnur die Kunstwerke eingehend besprochen
und bis ins Einzelnste beurtheilt. Meyer ist ein unbestechlicher
Richter; er scheut sich nicht vor dem Meisterwerke, das er als Ganzes
aufs Höchste bewundert, doch mit kühler Sicherheit die Kritik zu üben:
ein Finger sei schlecht gezeichnet, der Faltenwurf an einer Stelle
ungeschickt u. s. w. Es liegt am Tage, daß die Gefahr einer solchen
Urtheilsweise darin liegen mußte, über dem Einzelnen schließlich
das Ganze zu vergessen. Meyer ist vor dieser Gefahr meist durch
ein wahrhaft tiefes Gefühl für das Schöne bewahrt geblieben.
Wenn er auch am reinsten und freudigsten sich für die harmonische
Vollkommenheit Rafaels begeistert, so ist er doch auch Michel Angelo
gerecht geworden, der im Einzelnen so oft die Kritik herausfordert.
Ein ausführlicher, für jene Zeit sehr beachtenswerther Aufsatz über
Michel Angelo findet sich in Meyer's Papieren sowohl im Entwurf
als in Reinschrift; leider ist er nie zum Abdruck gekommen. Hier
zeigt sich trotz scharfer Einzelbeurtheilung doch volles Verständniß für
die „kühne Großheit des Stils".

Am meisten bewundert Meyer die mediceische Kapelle, und in
ihr den sogenannten „Tag" und „Abend"; er vergleicht sie „hin=
sichtlich auf das Großartige mit den gepriesensten Statuen des
Alterthums"; ihre „meisterhafte Behandlung" nennt er eine wahr=
hafte Schule für Bildhauer. Wenn er endlich Michel Angelo das
Verdienst zuschreibt, die Kunst „von dem Magern und Schwachen,
ängstlich Dürren des alten Stils befreit" zu haben, so werden wir
hierdurch auf seine Beurtheilung der Kunst des Mittelalters gelenkt.
Es leuchtet ein, daß Perioden unvollkommen ausgebildeter Technik
vor den Augen eines so sehr das Einzelne betrachtenden Kritikers
nicht unbedingte Anerkennung finden können, und so sehen wir auch

bei Meyer beständig hervorgehoben, daß die Kunst des Mittelalters, auch die des Quattrocento, nur historisch zu würdigen, nur in ihrer allmählichen Entwickelung zu verfolgen und zu schätzen, nicht aber an sich selbst zu messen und unbedingt anzuerkennen sei. Dies hindert ihn aber nicht, einzelnen Meistern dieser Epoche nach Maßgabe ihrer Zeit das höchste Lob zu schenken, so Fiesole, Orcagna, Ghiberti, Donatello, Masaccio. Den Werth dieser Künstler hat er als einen der ersten erkannt. Er hält sich lange in Florenz auf, während er früher Rom bevorzugt hatte, und wird hierzu auch ausdrücklich von Goethe aufgefordert, der selbst Florenz leider nur von einem flüchtigen Besuch kannte. Ausführliche Aufzeichnungen über die genannten und viele andere Künstler enthält sein Nachlaß; aus der staunenden Bewunderung für die Werke des Masaccio, die alles Gleichzeitige so weit überragen, ist einige Jahre später ein werthvoller Aufsatz in den Propyläen entstanden. Am wenigsten zeigte sich Meyer damals fähig, die ältere Baukunst zu schätzen. Die imposanten Rustikapaläste von Florenz empfindet er nur als schwerfällig und düster; für die Gothik vollends geht ihm jedes Verständniß ab. Es muß dem ursprünglich ganz an der Antike gebildeten Künstler zu Gute gehalten werden, wenn er in diesem Gegenpol der hellenischen Kunst nur einen Abfall von der wahren Kunst zu sehen vermochte. An Brunellesco bedauert er noch einige Nachwirkungen „vom Gespenst des gothischen Abgeschmacks zu finden". Bekanntlich theilte auch Goethe in jenen Jahren diesen Standpunkt, der sich freilich bei beiden Freunden im Laufe der Zeit wesentlich verändern sollte. Noch lebhafter war übrigens Meyer's Geringschätzung der Gothik zu Tage getreten, als er schon früher auf Goethe's Wunsch die Kunstschätze einiger deutscher Städte beschrieben hatte. So hatte er in Nürnberg über Peter Vischer, besonders über die Apostelfiguren am Sebaldusgrab sich hochbewundernd geäußert, dann aber achselzuckend die Einschränkung hinzugefügt: zur höchsten Vollendung könne sich dies Werk freilich nicht erheben, weil es gothisch sei.

Dagegen zeigt sich Meyer's eigentliche Stärke wie in seinen Studien über die Hochrenaissance, so in denen über die Kunst des

Alterthums. Das Material zu einer Anzahl späterer Aufsätze dieses Inhaltes hat er auf dieser Reise gesammelt, so über die Niobegruppe, die capitolinische Venus, die aldobrandinische Hochzeit; die Hauptmasse seiner Studien hat erst viel später in seiner Geschichte der antiken Kunst ihre Verwerthung gefunden. Bei seiner Beurtheilung des eben genannten Gemäldes ist es charakteristisch, daß er es zwar als einzelnes Werk nicht sehr hoch schätzt, trotzdem aber meint, daß sich aus ihm wesentliche und gültige Regeln und Gesetze der Malerei ableiten lassen, weil es den Charakter der antiken Malerei rein repräsentire. Ein besonderes Interesse gewann dieses Bild ihm auch dadurch ab, daß er die von Goethe in seinen optischen Studien gefundenen Gesetze über das Colorit hier praktisch durchgeführt zu sehen meinte[1]). Wie wenig naturalistisch, sondern vielmehr stilistisch bedingt er die Farbengebung auffaßte, zeigt seine Vermuthung, ein mehrfarbiger Strich, der unter dem Gemälde hinläuft, habe den Grundton der Farbenharmonie, wie ein Accord die Tonart eines Musikstückes bezeichnen sollen.

Für die Hochschätzung, welche Meyer der antiken Kunst gegenüber jeglicher neueren zollte, zum Schlusse noch ein charakteristischer Beweis! Fast unbedingt bewundert er Rafael; trotzdem äußert er vor dem berühmten Bilde der „Vision des Ezechiel" im Palazzo Pitti: Gott Vater, der hier den Typus des Jupiter zeige, würde, wenn dies Bild in gewaltiger Größe ausgeführt wäre, den Werken des Phidias gleichkommen; aber dazu habe selbst Rafael's Kunst nicht ausgereicht. —

Während dieser eifrigen Thätigkeit in Italien hatte Goethe in der Heimath den gemeinsamen Plan nach seiner Weise unermüdet verfolgt und lebhaft darüber mit dem Freunde sich schriftlich unterhalten. Allmählich trat ihm jedoch der systematische, theoretische Theil des beabsichtigten Werkes vor dem historisch-praktischen in den Vordergrund. Es war der Einfluß Schiller's, der dies bewirkte.

---

[1]) Auch bei neueren Malern glaubte Meyer dies zu erkennen, wenn auch nicht in so vollkommener Weise; er nennt besonders Pietro da Cortona.

Die Kühnheit und Sicherheit, mit der Schiller den Werth und die Bedeutung des Aesthetischen und speciell der Poesie in seinen Abhandlungen, die er in den Horen erscheinen ließ, bestimmt hatte, wirkte auf Goethe überzeugend, so daß er Schiller's Anschauungen als Grundlage dessen annahm, was er für die bildende Kunst zu leisten wünschte.

Schiller hatte den ästhetischen Zustand des Menschen als einen eigenen, neben dem sinnlichen und dem sittlichen, definirt; er hatte ihn aus dem „Spieltrieb" abgeleitet, — dem Triebe, die Kräfte ohne sinnliches Bedürfniß und ohne sittlichen Zweck sich bethätigen zu lassen. Er hatte dadurch die ästhetische Seite des Menschen weder in Abhängigkeit von der sittlichen oder der sinnlichen, noch in einen Gegensatz zu einer von beiden gebracht. Er hatte damit Goethe's Empfindungsweise vollkommen entsprochen, hatte ihm seine „Träume" gedeutet. Er hatte ferner die Aufgabe des Künstlers in enge Beziehung zur Naturbetrachtung gesetzt, aber dennoch nicht als Nachahmung der Wirklichkeit bestimmt; vielmehr hatte er das Wesentliche der künstlerischen Thätigkeit in einer besonderen subjectiven Auffassung der Natur gefunden, kraft deren sie unter dem Gesichtspunkt der Freiheit betrachtet wurde, und durch die sie allein nur als schön erscheinen könne. Goethe war im Grunde derselben Meinung, wenn er schreibt: „Indem der Künstler irgend einen Gegenstand der Natur ergreift, so gehört dieser schon nicht mehr der Natur an, ja man kann sagen, daß der Künstler ihn in diesem Augenblicke erschaffe" [1]. Er wollte, daß der Künstler nicht die äußere, zufällige Wirklichkeit, sondern das innere Gesetz der Erscheinungen darstelle. Was Schiller Freiheit nannte, nannte Goethe inneres Gesetz. Es war dasselbe, nur von verschiedenen Seiten aus betrachtet. So kann es nicht wundern, daß Goethe Schiller als Bundesgenossen und Vorkämpfer proclamirt. „Schiller", schreibt er an den Freund nach Italien, „ist sehr fleißig und Sie werden gute Sachen von ihm in den Horen finden. Er hat sich in dem ästhetischen Fache zu einer großen Consequenz

---

[1] Einleitung zu den „Propyläen", S. XVIII.

durchgedacht, und ich bin neugierig, wie es mit dieser gleichsam neuen Lehre gehen wird, wenn sie im Publicum zur Contestation kommt. Da sie mit unserem Denken homogen ist, so wird uns auch auf unserem Wege damit großer Vortheil gebracht." Meyer antwortet darauf: „Es lebe Schiller, der sich mit uns zum Streit für die Sache des Guten und Schönen vereinigt hat!" Streitlustig ist die Gesinnung der Freunde überhaupt. „Wir befinden uns im Fall derer", heißt es ein anderes Mal, „die einen neuen Glauben stiften wollen, oder, welches noch viel schwerer und gefährlicher ist, den Aberglauben zu bekämpfen vorhaben [1])."

Dies Bewußtsein eines nothwendigen Kampfes mag heutzutage überraschend scheinen, wo Goethe's und Meyer's Anforderungen an die bildende Kunst sich der historischen Betrachtung vielleicht nicht so verschieden von denen ihrer nächsten Vorgänger zeigen. Allein es ist zu berücksichtigen, daß beide und vor Allem Goethe die durch Winckelmann und Lessing gewonnenen Einsichten doch in einer ganz anderen Tiefe erfaßten, weit sicherere und klarere Ergebnisse aus ihnen zogen als die Masse ihrer Zeitgenossen, daß sie die Ober= flächlichkeit des Urtheils, den Mangel an künstlerischem Ernst, an „künstlerischer Moralität" (um einen Ausdruck J. Burckhardt's zu brauchen) mit Widerwillen empfanden. Und schon zeigten sich auch damals in Rom die ersten schwachen Spuren einer neuen Beur= theilung der christlichen Kunst, welche der der Freunde direct wider= sprach. Und gerade auf diesem Felde erblickten sie ihre wesent= lichste Thätigkeit. Was Winckelmann für die Kunst des Alterthums geleistet, dasselbe nach den Grundgedanken, die er überliefert, für die nachchristliche Kunst zu leisten, das war das Neue, das sie erstrebten.

Nicht zu völligem Abschluß sind die italienischen Forschungen gelangt. Meyer wurde durch Krankheit genöthigt, Italien zu ver=

---

[1]) Diese den Freunden gemeinsame Kunstlehre habe ich eingehend in meinem Buch „Die klassische Aesthetik der Deutschen" dargestellt. Eine Auswahl von Meyer's kleineren Schriften hat P. Weizsäcker in Bd. 25 der „deutschen Literaturdenkmale" wieder veröffentlicht.

lassen, Goethe durch die Kriegsereignisse verhindert, es zu besuchen.
Mit dem Jahre 1797 wurde die Arbeit des Sammelns abgeschlossen
und für das Jahr 1798 der Beginn der beabsichtigten Veröffentlichung
geplant. Diese gewann übrigens nach mannigfachen Ueberlegungen
einen anderen Charakter. Nicht die Darstellung Italiens, sondern
Geschichte und Theorie der bildenden Künste wurde die Hauptaufgabe des Sammelwerkes, dem auch Schiller geeignetes Interesse
zuwandte. Seine Unterhaltung gab Goethe „neuen Muth", wenn
seine der öffentlichen Wirksamkeit abgeneigte Natur vor der Ausführung des Unternehmens sich scheute; „Schiller ist herrlich, insofern
von Erfindung und Durcharbeitung des Planes, von Aussichten nach
allen Richtungen die Rede ist". An eine eigentliche Mitarbeit war
freilich kaum zu denken, da Schiller durch den Wallenstein zu sehr
beschäftigt und zudem überhaupt nicht Fachmann in Sachen der
bildenden Kunst war.

Unter dem Namen „Propyläen. Eine periodische Schrift,
herausgegeben von Goethe" trat das Unternehmen schließlich gegen
Ende des Jahres 1798 ans Licht. Selten wohl hat sich eine
Zeitschrift an einen so auserlesenen Kreis gewendet wie diese, nicht
etwa durch die Schwerverständlichkeit des Inhaltes, sondern durch
den vornehmen, jeden pikanten Reiz verschmähenden Ton. Der gesammte Werth, den Goethe der Kunst beilegte, die hohe Würde, die
er ihr zuschrieb, spricht sich in der Feierlichkeit der Einleitung aus,
welche weit mehr giebt, als der Name besagt, — ein wahrhaftes
künstlerisches Glaubensbekenntniß. Auch in den weiteren Aufsätzen,
die in leichterem und flüssigerem Stil geschrieben, ist jene Vornehm-
heit festgehalten; so wendet sich die Polemik nie gegen einzelne Personen, sondern stets nur gegen Einwürfe, welche die Herausgeber
selbst gegen sich zu erheben scheinen; so ist alles Extreme, das sich
in der Correspondenz bemerklich macht, mit Strenge vermieden;
scharfe Ausfälle gegen die Gothik, gegen abweichende ältere oder
neuere Kunstrichtungen sucht man vergebens.

Die beiden ersten Bände, in je zwei Heften 1798 und 1799 erschienen, sind ausschließlich von Goethe und Meyer verfaßt. Goethe

hat die werthvollsten seiner Aufsätze über Malerei und Sculptur für
dieses Unternehmen bestimmt. „Ueber Laokoon", „Ueber Wahrheit
und Wahrscheinlichkeit der Kunstwerke", „Der Sammler und die
Seinigen", die Anmerkungen zu Diderot's „Versuch über die Malerei"
erschienen damals. Weit umfangreicher ist jedoch der Antheil
Meyer's. Bisher war dieser erst wenig als Schriftsteller bekannt
geworden; zwei Aufsätze in Schiller's Horen: „Ideen zu einer
künftigen Geschichte der Kunst" und „Beiträge zur Geschichte der
neueren bildenden Kunst" waren das Wichtigste, was er bisher veröffentlicht hatte; ein dritter Aufsatz für Schiller, an dem er während
seines Studiums an der Dresdener Gallerie gearbeitet, der Correggio
und die Familie Caracci behandeln sollte, war nicht vollendet worden.
Jetzt legte er wenigstens einen Theil seiner reichen Sammlungen in
den Propyläen nieder und trat in die erste Reihe deutscher Kunstschriftsteller. Etrurische Monumente, die Niobegruppe, die Capitolinische Venus, Masaccio, Rafael's Werke im Vatican, Giulio
Romano's mantuanische Fresken, dies war der mannigfaltige Stoff,
der hier behandelt wurde. Dazu traten noch Aufsätze, die praktische
Winke geben wollten über „Lehranstalten zu Gunsten der bildenden
Künste", „von den Gegenständen der bildenden Kunst". Letztere
Abhandlung war in enger Gemeinschaft mit Goethe verfaßt. Schon
nach Italien hatte er dem Freunde geschrieben, er habe mit Schiller
über die Wahl des Gegenstandes bei Kunstwerken viel verhandelt;
— „sammeln Sie doch ja auch für diesen Punkt; es ist der erste
und der letzte". In der That wird in Goethe's Kunstbetrachtung
beständig bis an sein Ende diese Frage als eine der wichtigsten
aufgeworfen, und es lassen sich aus ihrer Beantwortung die Grundzüge seiner gesammten ästhetischen Theorie entnehmen. Denn wenn
er einerseits antwortet, kein realer Gegenstand sei unbrauchbar, und
andererseits, keiner sei so brauchbar, wie er in der Wirklichkeit erscheine,
so ist darin sowohl das realistische als das idealistische Element
seines Denkens gegeben. Nicht so allgemein gefaßt sind Meyer's
Gedanken in dem genannten Aufsatze, der ja auch nur die bildende
Kunst behandelt und vor Allem feststellen will, welche Stoffe für

diese im Unterschied von der Poesie geeignet seien; aber er theilt
mit Goethe die aufmerksame Betrachtung des Motivs, d. h. des-
jenigen Punktes, der aus der realen Handlung oder Erscheinung
hervorzuheben ist, um den Kernpunkt eines einheitlichen Kunstwerkes
zu bilden. Besonders liegt es Meyer am Herzen, bei dem bildlichen
Darstellen von Vorgängen auf die Wahl des richtigen Zeitpunktes
hinzuweisen, der die ganze Handlung, ihre Vergangenheit, Gegenwart
und Zukunft auf einen Schlag deutlich erkennen läßt. Er geht
indeß zu weit, wenn er eine Anzahl von Momenten verwirft, weil
das Verhältniß von Ursache und Wirkung in ihnen nicht klar
hervortrete. Denn er übersieht dabei, daß dieser Vorwurf sich gegen
jede bildnerische Wiedergabe eines Vorganges richten läßt, weil
jenes Verhältniß überhaupt nur in unserem Denken, nicht aber in
der sinnlichen Wahrnehmung vorhanden und daher niemals sinnlich
darstellbar ist.

Auf geeignete Stoffe den Maler und Bildhauer hinzuweisen,
war auch der Hauptzweck der Preisausschreiben, welche beide Freunde
seit 1799 in den Propyläen und später in der Jenaer Literaturzeitung erließen. Sie sind das eigenthümlichste Zeugniß der gemeinsamen Arbeit Beider, indem sowohl in den Aufgaben als in den
Kritiken der Antheil des Einzelnen kaum von dem des Anderen
zu sondern ist, und eine gegenseitige Unterstützung in der Redaction
der einzelnen Abschnitte stattgefunden hat. So sehr empfanden
Beide ihre Arbeit als eine gemeinsame, daß Jeder von Beiden unbekümmert von einem Aufsatze des Anderen wie von einem
eigenen sprach.

Wenn die Preisaufgaben meist Stoffe aus den hellenischen
Sagenkreisen behandelten, so ist daraus nicht etwa auf eine willkürliche Vorliebe für diese oder gar auf den kindischen Gedanken zu
schließen, daß nur den Stoffen des Alterthums die nöthige Würde
eigen zu sein schiene, sondern diese Praxis entsprang aus der schon
früher betonten Ueberzeugung, daß der sicherste Weg zur Vollkommenheit in der consequenten Fortbildung künstlerischer Tradition, in
der beständigen Umbildung vorliegender Typen gegeben sei. Hier

boten sich naturgemäß zwei Wege dar: sowohl die hellenische als die christliche Mythologie entsprachen durch den Reichthum ihrer künstlerischen Geschichte jenen Absichten. Für die hellenische gab den Ausschlag, daß nach Meinung der Freunde in den homerischen Gedichten eine Reihe von Aufgaben in der besten und klarsten Ausprägung des Stoffes vorliege, welche dem jungen Künstler — und sie zu fördern war die Hauptabsicht des Unternehmens — die Arbeit wesentlich erleichtere (Propyläen II, 1, 163). — Völlig fern aber lag den Preisrichtern der Gedanke, es sei ein gänzlich Neues zu erstreben, die Kunst müsse, um aufzublühen, durchaus von Neuem beginnen; an der Continuität der universellen Kunstentwickelung, an der Heiligkeit klassischer Tradition hielten sie mit dem ganzen Ernst des Gewissens fest.

Die Preisausschreiben hatten Erfolg; eine beträchtliche Anzahl von Künstlern betheiligte sich; von Jahr zu Jahr wiederholte man sie; — weniger Erfolg aber hatten die Propyläen[1]). Es half nichts, daß Goethe auch Schiller zur Kunstkritik und Wilhelm Humboldt zu Mittheilungen über das französische Kunstleben heranzog, — die Theilnahme des Publicums blieb verschwindend gering. Und in der That — die Propyläen waren weder durch idealistische Phrasen noch durch Derbheit des Naturalismus packend, sie boten nicht durch persönlichen Klatsch dem Manne der Clique noch durch die beliebte süßliche Sentimentalität der Frauenwelt die ersehnte geistige Nahrung; sie waren rein sachlich; — aber wiederum für den zünftigen Gelehrten nicht trocken genug, zu belletristisch in der Gesprächs- und Briefform; — sie waren nur für die geringe Zahl unabhängiger, rein sachlich interessirter Personen. Schiller hatte wohl Recht von „der ganz unerhörten Erbärmlichkeit des Publicums" zu schreiben, „die sich bei dieser Gelegenheit manifestirt hat". Das Organ der Freunde wurde jetzt die „Jenaische Literaturzeitung", in der sie unter dem bekannten gemeinsam sie deckenden Zeichen der

---

[1]) Welch weitgehende Vorarbeiten Goethe noch zur Fortführung der Propyläen gemacht hatte und schließlich unbenutzt lassen mußte, habe ich im 47. Bande der Weimarer Ausgabe seiner Werke dargelegt.

„Weimarischen Kunstfreunde" (W. K. F.) in der Form von Kritiken, Preisausschreibungen, Mittheilungen über wichtigere Kunsterzeugnisse für die Fortdauer ihres Bestrebens sorgten. Wie sehr sie hier ihre Thätigkeit in eines verschmolzen, geht daraus hervor, daß öfters eine Arbeit, die Beide stückweise geliefert, in der Reinschrift ohne jedes Unterscheidungszeichen vereinigt und so zum Druck geliefert wurde; eine Reihe derartiger Reinschriften ist uns erhalten. Sehr merkwürdig ist das Verhältniß bei der umfangreichen und werthvollen Recension von Dürer's christlich-mythologischen Handzeichnungen (München 1808). Früher war man auf Grund mancher, freilich nicht eigentlich beweisender Aeußerungen Goethe's der Meinung, daß diese Besprechung sein Werk sei. Der handschriftliche Nachlaß des Letzteren hat uns nun darüber belehrt, daß sie ursprünglich ganz von Meyer verfaßt und von Goethe nur emendirt, mit einigen Zusätzen versehen und in einer anderen Anordnung der Theile zum Druck redigirt worden ist. Der große Abschnitt, welcher die Zeichnungen nach den Gesichtspunkten „Hohes und Würdiges", „Edles und Zartes", „Humoristisches", „Das Naive", „Allegorisch-Bedeutendes" u. s. w. beurtheilt, dieser Abschnitt, welchen man wegen der auf das Große gerichteten Behandlungsweise glaubte nur Goethe zusprechen zu können, ist Meyer's Werk, — ein deutliches Zeichen, wie sehr man sich gewöhnt hatte, diesen zu unterschätzen.

Das weitaus werthvollste Denkmal des Zusammenwirkens beider Freunde ist das Werk „Winckelmann und sein Jahrhundert. In Briefen und Aufsätzen herausgegeben von Goethe. 1805". Es ist hier nicht der Ort, die Bedeutung von Goethe's dort niedergelegter Abhandlung nachzuweisen; es sei nur erwähnt, daß Meyer den umfangreichsten Theil des Werkes, den höchst verdienstvollen „Entwurf einer Kunstgeschichte des achtzehnten Jahrhunderts" beisteuerte. Er erfüllte hiermit eine Aufforderung, die Goethe schon vor Jahren (1798) an ihn gerichtet hatte. Wenige Jahre später lieferte Meyer auch einen Beitrag zu Goethe's Farbenlehre.

In ihrer kritischen Thätigkeit legten die Freunde jetzt ein wesentliches Gewicht auf das Charakteristische in den einzelnen Kunstwerten. „Wir freuen uns", schrieb Meyer in der Preisvertheilung von 1803, „daß es scheint, als fange man an, das Bedürfniß charakteristischer Darstellung in jeder Kunstgattung besonders zu empfinden." Beide hatten ihrerseits niemals diesen Punkt gering geschätzt; immer hatten sie vorausgesetzt, daß das künstlerische Gesetz in jedem Einzelfall in charakteristischer Ausprägung, der Typus in jedem Einzelfall stets individuell durchgebildet erscheinen solle; allein es lag in der Natur der Sache, daß die entschiedene Betonung des Allgemein = Gesetzlichen, Typisch = Bedeutsamen die Gefahr mit sich brachte, daß schwächere Nachfolger sich mit leeren und gleichgültigen akademischen Formen glaubten begnügen zu können. Goethe war jedoch von Anfang an bedacht, dem entgegenzutreten; schon 1797 hatte er sich über einen ihm sonst unsympathischen Aufsatz von Hirt[1]) doch befriedigt geäußert, weil er das Verdienst habe, den Kunstwerken auch das Charakteristische und Leidenschaftliche als Stoff zuzuschreiben, das durch den Mißverstand des Begriffes von Schön= heit und göttlicher Ruhe allzu sehr verdrängt gewesen sei. Und so finden wir auch unter den prämiirten Bewerbungsstücken um die Weimarer Preisaufgaben neben streng dem antiken Reliefstil ent= sprechenden Compositionen auch Werke von fast grotesker Charakteristik.

Es war die letzte Concurrenz, bei welcher dieses Werk den Preis erhielt, im Jahre 1807. Goethe, der sich jetzt eifriger als in den vorhergehenden Jahren der poetischen Production zuwandte (Pandora, Wahlverwandtschaften, Westöstlicher Divan), den daneben die Redaction der Farbenlehre und bald die Ausarbeitung seiner Selbstbiographie beschäftigte, hielt sich etwa ein Jahrzehnt von eigenen Arbeiten über bildende Kunst ferne, wenn er auch Meyer's Thätigkeit in diesem Zeitraum mit seinem beständigen Antheil be= gleitete. Erst nachdem die Rheinreisen in den Jahren 1814 und 1815 ihn auf die Schätze altdeutscher Kunst in jenen Gegenden aufmerksam gemacht, fühlte er in sich den Antrieb, von Neuem in das künstlerische Getriebe der Zeit einzugreifen. Indeß hat er in den Heften über

---

1) Ueber Hirt vgl. mein Buch „Deutsches Kunstleben in Rom" S. 50, 51, 58.

Kunst und Alterthum, die er seit 1816 in zwangloser Folge heraus-
gab, sich selbst meist auf den poetisch=literarischen Theil beschränkt
und die Besprechung von Gegenständen der bildenden Kunst häufiger
dem Freunde überlassen. Aeußerlich wurde auch hier der Antheil
beider nicht geschieden. Unter der Chiffre W. K. F. erließen sie
gemeinsam schon im zweiten Hefte jenes „Manifest" über „Neu-
deutsche religiös=patriotische Kunst", welches so großes Aufsehen erregte. Dies Manifest widersprach dem, was man geglaubt hatte
von den Freunden, speciell von Goethe, erwarten zu dürfen. Als
Goethe das erste Heft hauptsächlich der Würdigung altdeutscher
Kunstschätze gewidmet, da hatten die Führer der geltenden romantischen,
„religiös=patriotischen" Richtung gemeint, Goethe habe der Verehrung
des antiken und des Renaissance=Ideales abgeschworen und sich jener
Schule zugewandt, welche die Kunst in die Fesseln mittelalterlicher
religiöser Vorurtheile und einer befangenen Auffassung des Psychischen
und der Körperwelt einzuschließen bestrebt war. Mit jenem Aufsatze zerrissen die Weimarischen Kunstfreunde jenen Irrthum, sie
erklärten, was ihre Anschauung bis an ihr Ende blieb, daß sie zwar
durch Vertiefung in die früher gleichgültiger betrachteten Schätze der
deutschen und italienischen vorklassischen Kunst sie höher zu schätzen
gelernt hatten, daß sie aber unverbrüchlich an dem Werthe der
antiken Kunst festhielten und sie als die Schule und das Vorbild
jedes neu aufstrebenden Künstlers anerkannten. Und gleichsam als
ein Gegengewicht gegen die ausführliche Behandlung altdeutscher
vorklassischer Meister fügte Goethe noch demselben Bande den eingehenden Aufsatz über das Abendmahl Lionardo da Vinci's und
seine Nachbildungen ein. Dieser Aufsatz, eine der interessantesten
und wichtigsten kunsthistorischen Arbeiten Goethe's, ist zugleich das
merkwürdigste Beispiel seiner gemeinsamen Thätigkeit mit Meyer.
Er ist in der Form, in welcher er uns vorliegt, zweifellos ganz
und gar das Werk Goethe's, der ihn auch selbst in die Ausgabe
seiner gesammelten Werke aufgenommen hat. Allein in dem Nachlasse Meyer's findet sich ein flüchtiges Bleistiftconcept von dessen
Hand, worin auf wenigen Seiten der Hauptinhalt des interessantesten

und geistreichsten Abschnittes (überschrieben: das Abendmahl) skizzirt
ist [1]). Wenn auch bedeutende Differenzen zwischen diesen abgerissenen
Notizen und Goethe's Ausführung sich finden, so ist doch zweifellos jenes
Concept von Goethe stark benutzt worden. An ein Goethisches
Dictat ist bei dem Charakter der Aufzeichnungen nicht zu denken;
andererseits ist auch nicht anzunehmen, daß Meyer ganz auf eigene
Hand die Disposition zu Goethe's Aufsatz geliefert, vielmehr dürfte
das Wahrscheinlichste sein, daß Meyer jene Skizze von seiner Reise
nach Italien im Jahre 1797 mitgebracht hat und sie Goethe zur
Verfügung stellte, als dieser seine umfassende Arbeit über das
Abendmahl unternahm. Das Wichtigste ist die Charakteristik der
dreizehn Personen des Gemäldes, großentheils durch Worte augenblick-
licher Erregung, die ihnen in den Mund gelegt werden. Hierbei
ist der Fortschritt von Meyer's platterer Ausdrucksweise in dem
Entwurfe zu Goethe's edlerer und doch charakteristischerer Darstellung
bemerkenswerth. So heißt es von Philippus bei Meyer: „Jugend-
liche Figur. Hände nach der Brust gerichtet. Gutmüthig. Egoistische
Verlegenheit. „Auf mich ists nicht gesagt. Ich bins gewiß
nicht"; — — bei Goethe: „Philippus, der Dritte zu dieser Gruppe
gehörig, rundet sie aufs Lieblichste; er ist aufgestanden, beugt sich
gegen den Meister, legt die Hände auf die Brust, mit größter
Klarheit aussprechend: „Herr ich bins nicht! Du weißt es!
Du kennst mein reines Herz. Ich bins nicht." Einen anderen
Apostel schildert die Skizze mit den Worten: „Ein Alter schlägt von
oben herab mit der umgewendeten Hand in die Fläche und betheuert
verdrießlich: so habe es gehen müssen"; — dagegen lesen wir in
„Kunst und Alterthum": „Thaddäus zeigt die heftigste Ueberraschung,
Zweifel und Argwohn; er hat die linke Hand offen auf den Tisch

---

[1]) Wörtlich habe ich diese Skizze in der Vierteljahrsschrift für Literatur-
geschichte III, 376 und 377 mitgetheilt. Die Ansicht von Witkowski und
A. G. Meyer (vergl. ihre Ausgabe des 30. Theiles von Goethe's Werken in
Kürschner's „Deutsche Nationalliteratur" S. 301), „die Skizze sei ein Versuch
Meyer's, nach Empfang von Goethe's Aufsatz die eigene Meinung auszudrücken",
scheint mir unvereinbar mit dem Wortlaut der Handschrift, die gegenüber
Goethe's Aufsatz entschieden den Charakter einer Vorstufe trägt.

gelegt, und die Rechte dergestalt erhoben, als stehe er im Begriff, mit dem Rücken derselben in die Linke einzuschlagen; eine Bewegung, die man wohl noch von Naturmenschen sieht, wenn sie bei unerwartetem Vorfall ausdrücken wollen: „Hab' ichs nicht gesagt! — Habe ichs nicht immer vermuthet"!

Das Zusammenwirken Goethe's und Meyer's setzte sich während der letzten Lebensjahre Beider in der weiteren Folge der Zeitschrift fort. Eine ganz ähnliche Vorarbeit wie für das „Abendmahl" lieferte Meyer noch 1830 dem Freunde für die Besprechung von Zahn's Pompejanischen Wandgemälden. Zuletzt traf Meyer noch die schmerzlich ehrenvolle Pflicht, die von Goethe für das letzte Heft vorbereiteten Beiträge nach dessen Tode zu vollenden. In dem Aufsatze: „Künstlerische Behandlung landschaftlicher Gegenstände" und in der Kritik der Appiani'schen Kupferstiche („Siegesglück Napoleon's in Oberitalien") liegt das letzte Denkmal einer fast fünfzigjährigen übereinstimmenden Thätigkeit vor. Noch ehe der Druck vollendet, noch im Jahre 1832, folgte Meyer Goethe im Tode nach.

Das andauernde folgerechte Bestreben der Freunde, auf die gleichzeitige Kunstübung und Kunstlehre fördernd und zielsetzend einzuwirken, hat im Ganzen nicht einen entsprechenden Erfolg gefunden. Vornehmlich deshalb, weil es unmöglich war, zu Beginn des Jahrhunderts den aufstrebenden romantischen Tendenzen entgegen zu arbeiten. Wer gewohnt war, stets Religion und Philosophie, Poesie und Kunst vermöge einer angeblich-historischen, thatsächlich erdichteten Betrachtungsweise in verworrenen Bildern vor sich gaukeln zu lassen, dem mußte eine Kunst, die durchaus nichts anderes sein wollte als Kunst, wie ein Stein statt Brodes vorkommen. So fehlt es denn, was die Weimarer Kunstfreunde darboten, vielleicht nicht an Verständniß, jedenfalls aber an Schätzung bei den Zeitgenossen. Die Richtung auf die Reproduction des Sinnlichen in der Kunst, das Verlangen nach ernster künstlerischer Wahrheit erschien als eine Herabwürdigung der Kunst in den Augen dessen, der glaubte sie nur in einer mystischen Verbindung mit religiösen oder geschichtsphilosophischen Ideen schätzen zu können. — In späteren Jahrzehnten — bis

in die Gegenwart — ist es dann die Zunahme einer mehr und mehr
naturalistischen Kunstrichtung gewesen, welche die strengen Stil-
principien Goethe's und seines Freundes fremd erscheinen und wenig
Beachtung mehr finden ließen. Und es darf auch nicht verschwiegen
werden, daß in der praktischen Anwendung der Grundsätze des
reinen Stils die Freunde bisweilen in die Gefahr der Manier
verfielen, die sie doch so entschieden abweisen wollten. Indeß zeigt
eine unbefangene Beobachtung, daß diese Abirrung Goethe näher lag
als Meyer, der nicht müde ward, die Nothwendigkeit unbefangenen
Naturstudiums zu betonen [1]).

Wie hoch Goethe des Freundes Urtheil schätzte, wird endlich
auch daraus ersichtlich, daß er es auch auf anderen Gebieten der Kunst,
bei seinem eigenen poetischen Schaffen zu vernehmen wünschte. Er
wußte wohl, was er that, wenn er an Meyer schrieb, als er Hermann
und Dorothea vollendete: es komme hauptsächlich darauf an, ob es
vor ihm die Probe aushalte; denn die höchste Instanz, vor der es
gerichtet werden könne, sei die, vor welche der Menschenmaler seine
Compositionen bringe. Und wer möchte Meyer nicht zustimmen,
wenn er darauf antwortet, als sähe er ein Marmorrelief vor sich
und von den nur leise eingegrabenen Figuren spricht, die doch für
die Ewigkeit gemeißelt seien, „jede so rein menschlich und ganz sie
selbst"! —

---

[1]) Vergl. darüber meine „Klassische Aesthetik der Deutschen", S. 205,
207, 208, 213.

Goethe's Kunstanschauung in ihrer Bedeutung für die Gegenwart.

Wer gegenwärtig über Kunst schreiben
oder gar streiten will, der sollte einige
Ahnung haben von dem, was die Philosophie in unseren Tagen geleistet hat und
zu leisten fortfährt.

Goethe, Sprüche Nr. 704.

Ueberall hören wir heutigen Tages den Ruf erschallen, daß die Kunst, die redende wie die bildende, neue Bahnen einzuschlagen habe. Für die Künstler wie für ihre literarischen Vorkämpfer ist diese Lehre zu einem Dogma geworden, so wenig sie sonst von Dogmen wissen wollen. Mit der historischen Thatsache, daß die Entwickelung künstlerischen Schaffens sich zu allen Zeiten in Ver= erbung vom Meister zum Schüler vollzogen hat, mag auch der Schüler den Meister zuletzt noch so sehr übertroffen haben, — mit dieser Thatsache glauben diejenigen nicht rechnen zu müssen, in deren Gedankengang das Gesetz der Vererbung sonst so oft und so eifrig angerufen wird.

Worin besteht nun das angeblich Neue, das erstrebt werden und zum Theil schon erreicht sein soll? Man staunt, zu hören, daß es in der Naturwahrheit bestehen soll, als ob die Künstler früherer Zeiten nach ihr nicht gestrebt hätten und als ob andererseits sie für den Künstler das einzige Ziel bilden könnte!

Wer abseits von den neuen Bahnen steht, sagt sich mit Be= fremden, daß das Streben nach der Wahrheit ja wohl die Aufgabe der Wissenschaft sei, und daß es doch seltsam wäre, wenn die Kunst dasselbe Ziel haben sollte. Aber der rüstig Vorbeischreitende belehrt ihn mitleidig (wenn nicht mit göttlicher Grobheit), daß die neuere Kunst eben erkannt habe, daß sie wissenschaftlich sein müsse, und er verweist ihn auf den „Experimentalroman", auf das Drama, das weder Handlung noch Helden hat, sondern nur einen socialen Zustand mit quellenmäßiger Akribie darstellen will, auf die Gemälde, welche sich des irreführenden Hülfsmittels der Contouren entledigt haben, weil derartige Einfassungslinien der Körper gar keine wissenschaftliche Existenzberechtigung hätten. Und wenn man nochmals fragt, ob denn wirklich zwischen der wissenschaftlichen Wahrheit und der künstlerischen gar kein Unterschied obwalte, so erhält man die Antwort, daß allerdings ein Unterschied dadurch gegeben sei, daß in der Kunst das subjective Element der Persönlichkeit des Künstlers sich geltend mache, so daß die volle Zuverlässigkeit der Wissenschaft nicht erreicht werde; die Kunst, habe Zola so trefflich gesagt, sei ein Stück Wirklichkeit, durch das Medium eines Temperaments betrachtet. Niedergedrückt von dem Betrübenden dieser Antwort, versenken wir uns in die Betrachtung, ob es wirklich Schicksal der Kunst sei, beständig der Wissenschaft nachzulaufen, ohne sie jemals einholen zu können, und ob wirklich ein geistiger Fortschritt darin liege, daß, nachdem die scharfsinnigste und tiefdringendste Gedankenarbeit seit anderthalb Jahrhunderten (vom Alterthum zu schweigen!) auf die Erfassung des Wesens der Kunst gewendet worden, man Alles dies vergesse und statt dessen den kümmerlichen, stümperhaften Satz eines verdienstvollen, aber philosophisch ganz unbefangenen Romanschriftstellers als Orakel verehre. Aber zugleich erinnern wir uns, daß die angeblich neue Weisheit, die uns hier gelehrt wird, eine sehr alte ist, daß schon der alte Baumgarten, der Begründer der „Aesthetik", vor 150 Jahren die Kunst als ein „undeutliches Wissen" bezeichnet und sich redlich bemüht hat, neben der ehrenfesten Wissenschaft auch dieser zweifelhaften Erscheinung eine leidliche gebuldete Existenz zu sichern. Und Empörung ergreift uns, daß man uns nöthigen will, auf die große Erkenntniß der Freiheit und selbstständigen Würde der Kunst zu verzichten, welche ein Lessing und

Winckelmann geahnt, welche Kant begründet, welche Goethe und Schiller mit aller Geisteskraft verfochten haben, — Empörung, daß man uns beschränkte Geistlosigkeit als Errungenschaft des modernen Geistes aufschwatzen will.

Und doch müssen wir andererseits zugestehen, daß die Forderung der Naturwahrheit in künstlerischem Sinne, wie jene großen Vorbilder sie aufgefaßt haben, in der Folgezeit allzusehr vergessen war, daß ein akademischer Idealismus in der bildenden Kunst, eine geglättete, charakterlose Rhetorik in der redenden Kunst sich unbekümmert ausbreitete, ohne viel darum zu fragen, ob die Form mit dem Inhalt organisch verwachsen sei, ob das in künstlerischem Sinn Wahre nicht von Unnatur, von charakterloser Manier bedroht werde. Wir müssen zugestehen, daß der Ruf nach ernstem Naturstudium als ein anregender und erfrischender in dies schablonenmäßige Treiben hereinklang und der Kunst Förderung und Kräftigung hätte geben können, wenn er nicht zur Forderung einer geist- und verständnißlosen Naturnachahmung verzerrt worden wäre.

In diesem Zwiespalt, in den uns der Kampf einer akademischen und einer naturalistischen Kunstauffassung versetzt, ist es die Stimme Goethe's, welche uns als eine wahrhaft versöhnende und zielweisende Offenbarung erscheint, die Stimme des Meisters, der den Gesetzen der Kunst wie der Natur mit gleich empfänglichen Sinnen und mit gleich verständnißvollem Empfinden nachging [1]).

Hat doch Goethe selbst jenen Zwiespalt in sich empfunden! Hat er ja nach einer Erziehung, die noch französisch-klassischen Traditionen folgte, nach einem von Oeser's leerer Akademiekunst bestimmten Eintritt in das Feld der bildenden Kunst sich in Straßburg mit jugendlich-glühendem Eifer dem Naturalismus zugeschworen, um dann in reiferem Alter sich wieder von ihm abzuwenden und an

---

[1]) Es sei hier auf die treffliche, commentirte Ausgabe der Kunstschriften Goethe's hingewiesen, die A. G. Meyer und Witkowski im 30. Bande der Kürschner'schen Goethe-Edition gegeben haben. Eine vollständige Sammlung aller Arbeiten und Entwürfe Goethe's auf diesem Gebiet bringen Bd. 47 bis 49 der Weimarer Ausgabe.

der Hand von Kant's Kritik der Urtheilskraft die dauernden Grund=
sätze seines geläuterten Stils zu erschaffen. In diesem Stil seiner reifen
Jahre, wie er nach dem Ertrage der italienischen Reise ihn sich
geformt, wie er in „Hermann und Dorothea" ihm die höchste schöpfe=
rische Bewährung gegeben, war er überzeugt, einheitlich die Forde=
rung der Schönheit mit der der Wahrheit im höchsten Sinne zu
erfüllen. Er fand sich darin bestärkt durch die begeisterte Zustimmung
seiner Freunde, durch die erhebende Wirkung, welche Wilhelm Meister
auf Schiller, Hermann und Dorothea auf Wilhelm Humboldt
übte, und er hielt an diesen Grundsätzen fest, auch als in späterem
Alter neue Eindrücke auf ihn einwirkten und seine Production theil=
weise in andere Bahnen lenkten; es lassen sich wohl Veränderungen
in der historischen Urtheilsweise des alternden Goethe nachweisen,
nicht aber in der theoretischen Formulirung.

Der Dienst der Schönheit als die Aufgabe, als das Streben
und Sehnen des Künstlers stand Goethe in erster Linie vor der
Seele und in dieser Anschauung war er mit den größten Künstlern
aller Zeiten einig. Wenn heutzutage „Moderne" sich darin gefallen,
diesen Standpunkt als „Gymnasial=Aesthetik" zu verspotten, so be=
weisen sie damit nur ihre Pygmäennatur, die an das Große über=
haupt nicht heranreicht. „Die Schönheit", sagt Michel Angelo [1]),
„ward mir bei meiner Geburt als treues Vorbild für meinen
doppelten Beruf gegeben. Sie ist Leuchte und Spiegel mir in beiden
Künsten. Wer anders davon denkt, irrt sich. Denn dieses, das
Schöne nur, begeistert das Auge zu jener Erhabenheit der Vorwürfe,
die ich mir zu malen und zu meißeln vornehme. Während freche
und thörichte Menschen einen falschen Begriff sich von der Schönheit
machen, diese zu ihren Sinnen herabziehen, kommt sie vielmehr vom
Himmel und führt jeden gesunden Geist dorthin wieder zurück."
Diese in ihrem Kern in Plato begründete Vorstellung von der über=
waltenden Größe und Herrlichkeit des Schönen hat auch Goethe
begeistert, als er in „Pandora" die Verkörperung des Schönen mit

---

[1]) Im 36. Sonett. Vergl. L. v. Scheffler, Michel Angelo.

der Fülle glühender Empfindung und dem Aufgebot der kunstvollsten
Form darstellte.

> „Der Seligkeit Fülle, die hab' ich empfunden;
> Die Schönheit besaß ich — sie hat mich gebunden.
> Im Frühlingsgefolge trat herrlich sie an;
> Sie erkannt' ich, sie ergriff ich; da war es gethan!
> Wie Nebel zerstiebte trübsinniger Wahn,
> Sie zog mich der Erd' ab, zum Himmel hinan [1]).“

Nicht minder ein Hymnus im Dienste der Schönheit ist Goethe's
Charakteristik von Winckelmann. An die Zeugnisse der Alten über
den Zeus des Phidias anknüpfend ruft er aus: „Der Gott war
zum Menschen geworden, um den Menschen zum Gott zu erheben.
Man erblickte die höchste Würde, und ward für die höchste Schönheit
begeistert. Für diese Schönheit war Winckelmann seiner Natur nach
fähig; er ward sie in den Schriften der Alten zuerst gewahr; aber
sie kam ihm aus den Werken der bildenden Kunst persönlich entgegen, aus denen wir sie erst kennen lernen, um sie an den Gebilden
der lebendigen Natur gewahr zu werden und zu schätzen [2]).“

Solche Aussprüche, welche das unbedingte Recht der Schönheit
feiern, gewinnen aber erst dann ihre richtige Bedeutung, wenn wir
uns vergegenwärtigen, daß Goethe stets der Ueberzeugung war, in
der Schönheit zugleich die Wahrheit erscheinen zu lassen. Die Forderungen der Schönheit und der Wahrheit waren ihm nicht wider-
sprechend, wie er ja selbst in der Zueignung seiner Gedichte den aus
Morgenduft und Sonnenklarheit gewebten Schleier der Dichtung aus
der Hand der Wahrheit empfangen zu haben bekennt. Aber freilich
war ihm „Wahrheit“ nicht gleichbedeutend mit jedem empirischen

---

[1]) Ich glaube, daß Goethe das oben citirte Sonett von Michel Angelo
gekannt hat. In den Jahren 1807 und 1808, da er die „Pandora“ dichtete,
beschäftigte er sich nach seinen Tagebüchern sehr eifrig mit italienischer Renaissance-
literatur. Zwar wird Michel Angelo nicht ausdrücklich genannt, wohl aber
ein Leben Leo's X. und ein Leben Aretin's, die nahe zu Michel Angelo hinführen. Zudem las Goethe, der damals auch die Sonette an Minna Herzlieb
verfaßte, besonders eifrig in dieser Zeit italienische Sonette, wie oft in den
Tagebüchern erwähnt wird.

[2]) Werke. Weimarer Ausgabe 46, 29.

Sinneseindruck. Rühmend urtheilt er von Claude Lorrain[1]), seine
Bilder hätten die höchste Wahrheit, aber keine Spur von Wirklich=
keit; der Maler habe die reale Welt bis ins kleinste Detail aus=
wendig gekannt, aber sie als Mittel gebraucht, um die Welt seiner
schönen Seele auszudrücken. Das sei eben die wahre Idealität, die
sich realer Mittel so zu bedienen wisse, daß das erscheinende Wahre
eine Täuschung hervorbringe, als sei es wirklich. Wir hören hier
den Dichter die Schöpfung der Seele, die Phantasielandschaft Claude
Lorrain's als das Wahre bezeichnen, dessen Darstellung der Kunst
gezieme, die sich der einzelnen Wirklichkeitsmomente als ihrer Hülfs=
mittel bediene. Die bloße Summe dieser empirischen Momente aber
bezeichnet er unstreitig um eine Stufe niedriger, als „wirklich". In
derselben Art hatte seiner Zeit auch Schiller die Aufgabe der Poesie
bestimmt, wenn er in der Recension von Matthisson's Gedichten das
Gesetz aufstellte, in einem Gedichte müsse Alles wahre Natur sein,
aber nichts wirkliche Natur, die eine Beschränkung jeder Wahrheit
bedeute. Eines anderen Sprachgebrauches hat sich Goethe in der
besonders der Oper gewidmeten Abhandlung „Ueber Wahrheit und
Wahrscheinlichkeit der Kunstwerke" bedient. Hier braucht er „wahr"
in dem niederen empirischen Sinne, und fordert alsdann, das Kunst=
werk solle nur den Schein des Wahren haben; aber es solle nicht,
wie die bekannten Trauben des Zeuxis, die Spatzen anlocken, es für
Wahrheit zu halten. Möge der Ausdruck so oder so gewählt sein —
wahr oder wirklich, wahrscheinlich oder wahr — wir finden überall
bei Goethe eine Distinction innerhalb des Wahren, welche zum Ver=
ständniß seiner Beziehung zum Schönen hinführen soll. Hier ent=
steht nun freilich die Besorgniß: Handelt es sich nicht um ein bloßes
Spielen mit Worten? Welcher thatsächliche Erkenntnißwerth und
welche praktische Anwendbarkeit wohnt solchen Unterscheidungen inne?
Wollen sie nicht eine unmögliche dualistische Forderung auf gekünstelte
Weise scheinbar plausibel machen? Ist es nicht muthiger und schärfer,
das Dilemma aufzustellen: die Kunst hat entweder dem Schönen

---

[1]) Gespräch mit Eckermann 10. April 1829.

oder dem Wahren zu dienen? Da gewinnen wir zwei klare, sich bekämpfende Anschauungen, vielleicht auch zwei gleichberechtigte Kunstgattungen, jede sicher und geschlossen in sich! — Aber jene Besorgniß ist gerade Goethe gegenüber durchaus entbehrlich. Er gehörte nie zu Denen, die „mit Worten trefflich streiten, mit Worten ein System bereiten"; ihm war es stets um plastische Anschauung zu thun — und wenn er „wahr" und „wirklich" unterschied, so darf man vertrauen, daß Beides in deutlichem Bilde vor seinem Geiste stand, und wenn er „schön" und „wahr" vereinigte, so geschah dies sicher nicht in dialektischem Feuerwerk, sondern in einer bestimmten Anschauungsform seiner Phantasie.

Zunächst war die Forderung der Wahrheit für Goethe schon bei der ausgeprägten „Objectivität" seiner Sinnesart schlechthin unerläßlich. Sie ist es ebenso für jeden Kunstfreund ohne Ausnahme, so daß wohl Niemand ernstlich den Gedanken einer unwahren Kunst verfechten dürfte. Denn das Kunstwerk, das nicht den Schein des Wahren hätte, würde niemals auf uns überzeugend wirken, würde stets den Widerspruch erregen, wie das auch Schiller an der schon citirten Stelle ausspricht: „Die Einbildungskraft gehorcht keinem anderen Gesetze und erträgt keinen anderen Zwang, als den die Natur der Dinge ihr vorschreibt."

Die Vereinigung der Naturwahrheit mit der Schönheit war aber für Goethe deshalb eine ganz normale und der Lösung fähige Aufgabe, weil ihm die Natur selbst „schön" erschien. Freilich nicht überall, nicht in jeder ihrer „Manifestationen"; wohl aber in den Gesetzen, die ihr zu Grunde liegen, nach denen sie bildet. Hier erscheint ihm

> „Dieser schöne Begriff von Macht und Schranken, von Willkür
> Und Gesetz, von Freiheit und Maß, von beweglicher Ordnung" —
> „Keinen höheren Begriff erringt der sittliche Denker,
> Keinen der thätige Mann, der dichtende Künstler . . ."

Diesen Begriff hat Goethe im Sinne, wenn er zu Eckermann äußert, die Intentionen der Natur seien immer schön; nicht jedoch die Aeußerungen, weil die Bedingungen selten vorhanden seien, um die Intentionen sich angemessen ausdrücken zu lassen. Mit diesen Worten ist nichts Phantastisches, nichts Erträumtes gesagt. Denn sie behaupten nichts Anderes als die Gesetzmäßigkeit der organischen Form, die Tendenz der Natur, jedes organische Wesen von der Pflanze bis zum Menschen nach einem bestimmten, jeder einzelnen Gattung entsprechenden Typus auszubilden — eine Thatsache, welche die Zeugung und das Wachsthum jedes organischen Wesens beweist, und zugleich die andere Thatsache, daß diese Form in jedem Einzelfall durch die Bedingungen der Außenwelt modificirt wird. Es bedarf kaum der Erwähnung, daß Goethe auf diese Formenlehre der Natur, in der „Metamorphose der Pflanzen" wie der Thiere, das eingehendste wissenschaftliche Studium verwandt hat und daß eben dieses Studium ihn befähigte und berechtigte, jenen optimistischen Satz, daß die Natur schön sei, auszusprechen. Inwieweit diese Betrachtung auch für die Entwickelung des geistigen Lebens gilt, dies zu untersuchen, würde hier zu weit führen. Fest steht, daß für Goethe auch die Persönlichkeit des Menschen als ein derart organisch aufstrebendes und sich ausbreitendes Gewächs erschien, daß jeder Mensch ihm von der Natur auf ein bestimmtes Ziel hin angelegt schien, während freilich nur Wenige dazu gelangten, dieses Ziel zu erreichen. Ist es einem Menschen beschieden, seine innere Entwickelung normal bis zu diesem Punkte zu führen, so wird seine Persönlichkeit auch den Eindruck des Schönen hervorrufen. So unterschied Goethe „complete" und „incomplete" Menschen, wie die Botaniker gewisse Pflanzen incompletae nennen. „Der geringste Mensch kann complet sein, wenn er sich innerhalb der Grenzen seiner Fähigkeiten und Fertigkeiten bewegt; aber selbst schöne Vorzüge werden verdunkelt, aufgehoben und vernichtet, wenn jenes unerläßlich geforderte Ebenmaß abgeht[1])." Und die Erscheinung des schönen Menschen ist in der Wirklichkeit so selten, wie jede andere Manifestation des Schönen. „Das letzte Product der sich immer steigernden Natur", lesen wir in Winckelmann's Charakteristik, „ist der schöne Mensch. Zwar kann

---

[1]) Sprüche (Loeper) Nr. 17, 18.

sie ihn nur selten hervorbringen, weil ihren Ideen gar viele Bedin=
gungen widerstreben, und selbst ihrer Allmacht ist es unmöglich, lange
im Vollkommenen zu verweilen und dem hervorgebrachten Schönen
eine Dauer zu geben. Denn genau genommen, kann man sagen,
es sei nur ein Augenblick, in welchem der schöne Mensch schön sei."
Was dem gegenüber die Aufgabe der Kunst ist, liegt auf der
Hand. Sie schafft der Natur nach; aber da sie es vermag nach
dem Willen des Künstlers, ohne den Hemmungen der Wirklichkeit
zu unterliegen, so kann und soll sie schöner bilden als die Natur
und dennoch wahr, getreu den wesentlichen Gesetzen der Natur. Sie
„ruft das Einzelne zur allgemeinen Weihe, daß es in herrlichen
Accorden schlägt". Auf zwei verschiedenen Wegen kann der Künstler
dies erreichen. Er kann entweder aus den unerschöpflichen Eindrücken,
welche ihm die Welt bietet, diejenigen auswählen, deren Zusammen=
stellung ein harmonisches Ganze bilden wird, oder er kann, tiefer
dringend, aus den unzähligen Einzelfällen, die sich empirisch ihm
aufdrängen, das gemeinsame Gesetz der typischen Bildung abstrahiren
und im Besitz dieser Erkenntniß dann selbständig und doch natur=
getreu schaffen. Die erste Weise, die der Auswahl, war von Goethe's
unmittelbaren Lehrern, von einem Raffael Mengs und seinen An=
hängern als die einzige gepriesen; daß der Künstler vor Allem aus der
Natur das Schöne auszuwählen wisse, war dort die Hauptforderung,
die gestellt wurde; die zweite, welche einen unermeßlichen Fortschritt
einschließt, war Goethe selber eigenthümlich, und er rühmt sie in der
bildenden Kunst vor Allem an den großen Meistern der Renaissance
Lionardo, Michel Angelo und Raffael. In der Einleitung zu den
„Propyläen" bezeichnet er die beiden Wege in nicht zu verfehlender
Art: „Wenn sich das schon selten genug ereignet, daß ein Künstler
durch Instinct und Geschmack, durch Uebung und Versuche dahin
gelangt, daß er den Dingen ihre äußere schöne Seite abzugewinnen,
aus dem vorhandenen Guten das Beste auszuwählen und wenigstens
einen gefälligen Schein hervorzubringen lernt, so ist es besonders in
der neueren Zeit noch viel seltener, daß ein Künstler sowohl in die
Tiefe der Gegenstände, als in die Tiefe seines eigenen Gemüthes zu

dringen vermag, um in seinen Werken nicht bloß etwas leicht und
oberflächlich Wirkendes, sondern wetteifernd mit der Natur etwas
geistig Organisches hervorzubringen und seinem Kunstwerk einen
solchen Gehalt, eine solche Form zu geben, wodurch es natürlich
zugleich und übernatürlich erscheint." — „In der neueren Zeit" —
es klingt, als hätte Goethe heute geschrieben. Wir wollen hier nicht
Klagelieder über den Verfall der heutigen Kunst anstimmen, wir
wollen uns vielmehr darüber freuen, daß das Studium der empiri=
schen Natur und die Fähigkeiten, ihre einzelnen Erscheinungen wieder=
zugeben, im physischen wie im psychischen Gebiet sich seit Goethe's
Zeit unvergleichlich gesteigert hat; aber wer wird behaupten wollen,
daß die Kunst und Einsicht, ja wir dürfen sagen, der Wille, die
beobachteten Einzelheiten zur harmonischen Einheit zusammenzufügen,
sich in gleichem Maße entwickelt habe? Wer kennt nicht die Romane
und Dramen der Gegenwart, denen man die gesammelten und auf=
gespeicherten Einzelbeobachtungen einzeln gleichsam wieder abzupfen
kann, wer kennt nicht die Bilder, in denen man nur ein zufälliges
Stückchen Wirklichkeit, und nicht einmal das von Zola geforderte
„Temperament" erkennen kann? „Wir sehen in der Natur nie
etwas als Einzelheit", äußerte Goethe gegen Eckermann, „sondern
wir sehen Alles in Verbindung mit etwas Anderem, das vor ihm,
neben ihm, hinter ihm, unter ihm und über ihm sich befindet. Auch
fällt uns wohl ein einzelner Gegenstand als besonders malerisch auf;
es ist aber nicht der Gegenstand allein, der diese Wirkung hervor=
bringt, sondern es ist die Verbindung, in der wir ihn sehen, mit
dem, was neben, hinter und über ihm ist, und welches Alles zu
jener Wirkung beiträgt.... Es ist in der Natur nichts schön, was
nicht naturgesetzlich als wahr motivirt wäre. Damit aber jene
Naturwahrheit auch im Bilde wahr erscheine, so muß sie durch Hin=
stellung der einwirkenden Dinge begründet werden.... Lasse ich aber
diese einwirkenden Ursachen in meinem Bilde hinweg, so wird es
ohne Wahrheit sein und ohne die eigentlich überzeugende Kraft....
Wiederum aber würde es thöricht sein, allerlei prosaische Zufällig=
keiten mitzeichnen zu wollen, die so wenig auf die Form und Bil=

dung des Hauptgegenstandes als auf dessen augenblickliche malerische
Erscheinung Einfluß hatten." Gerade der letztgenannte Fehler ist es,
der so viele gewissenhaft und technisch anerkennenswerthe Leistungen
der heutigen Kunst ungenießbar macht; sie sind mit überflüssigen
Einzelheiten überladen, die eben darum, weil sie überflüssig sind, auf
die geschärftere Auffassung störend wirken; sie meinen dadurch wahr
zu sein, während sie nach Goethe's Urtheil dadurch nur Sclaven
der Wirklichkeit werden. „Von der Nothwendigkeit", lesen wir in
den Sprüchen (750 f.), „daß der bildende Künstler Studien nach
der Natur mache, und von dem Werthe derselben überhaupt sind
wir genugsam überzeugt; allein wir leugnen nicht, daß es uns
öfters betrübt, wenn wir den Mißbrauch eines so löblichen Strebens
gewahr werden. Nach unserer Ueberzeugung sollte der junge Künstler
wenig oder gar keine Studien nach der Natur beginnen, wobei er
nicht zugleich dächte, wie er jedes Blatt zu einem Ganzen abrunden
möge."

Die Goethische Kunst bildet freilich gesetzmäßiger als die Natur;
aber sie weicht deshalb nicht von der Wahrheit ab; ja man kann
das Paradoxon wagen, sie ist wahrer als die Natur, insofern sie
das Wesen der Dinge, der Personen ungetrübter erscheinen läßt,
nicht die anheftenden Zufälligkeiten. Der Skeptiker kann freilich den
Einwand erheben: Giebt es ein Wesen? Handelt es sich hier nicht
um ein bloßes Gedankending, das mit der Thatsächlichkeit des Lebens
gar nichts zu thun hat? Aber ohne auf erkenntniß=theoretische
Fragen eingehen zu wollen, kann hier einfach erwidert werden, daß
unsere gesammte Betrachtungsweise der Dinge praktisch auf dieser
Voraussetzung ruht. Ein Jeder ist praktisch überzeugt, von jeder
Gattung eine bestimmte Vorstellung, einen Inbegriff in sich zu be=
sitzen, dem er die Einzelerscheinung subsumirt und an dem er sie
mißt, und er ist überzeugt, daß die Einzelerscheinung um so nor=
maler entwickelt ist, je mehr sie dieser typischen Vorstellung entspricht.
Und Goethe hatte aus seiner eingehenden Betrachtung des Menschen
wie der gesammten organischen Natur die Einsicht gewonnen, daß
die Typen, die vor seinem geistigen Auge deutlich und scharf umrissen

standen und sich bewegten, durch die Erfahrung gegeben seien, d. h. durch die empirische Wahrnehmung des Gemeinsamen in der unermeßlichen Zahl der Einzelgestalten. Hierüber gerieth er bekanntlich mit Schiller in Disput, in jener Zusammenkunft, die Beide zuerst zu regerem Gedankenaustausch führte: er beschrieb die ihm vorschwebende „Urpflanze" und mußte dann hören, daß Schiller dies Gebilde für eine „Idee" erklärte; mit voller Sicherheit verfocht er demgegenüber seine Behauptung, nicht eine Idee, sondern ein Resultat der Erfahrung sei hier gegeben. Freilich gehören zur Erfahrung geeignete Organe und die Kunst, sie zu gebrauchen[1]). „Wenn ich jüngere deutsche Maler befrage", äußerte Goethe mit Verwunderung, „warum sie .... vor aller Harmonie zu fliehen scheinen, so geben sie wohl ganz dreist und getrost zur Antwort, sie sähen die Natur genau auf solche Weise. Kant hat uns aufmerksam gemacht, daß es eine Kritik der Vernunft gebe .... Ich aber möchte in eben dem Sinne die Aufgabe stellen, daß eine Kritik der Sinne nöthig sei, wenn die Kunst überhaupt, besonders die deutsche, irgend wieder sich erholen und in einem erfreulichen Lebensschritt vorwärts gehen solle." So verkündet auch das Gedicht der Lebenskunst „Vermächtniß":

> Den Sinnen hast Du dann zu trauen,
> Kein Falsches lassen sie Dich schauen,
> Wenn Dein Verstand Dich wach erhält.
> Mit frischem Blick bemerke freudig
> Und wandle sicher wie geschmeidig
> Durch Auen reichbegabter Welt.

Er selbst beklagt in einem Briefe aus Rom, daß er die Natur nicht mit so großen Augen zu sehen verstehe, wie Michel Angelo; aber dafür durfte er bei der von allen Seiten ihm nachgerühmten und oft erprobten „Gegenständlichkeit" seines Geistes der Sicherheit seiner Sinne vertrauen, und in diesem Bewußtsein konnte er mit Freiheit und Zuversicht typisch bilden und schaffen, ohne zu fürchten,

---

[1]) Vergleiche „Der Sammler und die Seinigen. Sechster Brief" und Sprüche Nr. 759, 760.

daß er der Natur untreu werde. So sind die Gestalten seiner vollendeten Kunst, besonders in Hermann und Dorothea, Vater, Mutter und Sohn, Bürger und Auswanderer typisch für ihren Beruf, für ihre Stellung in Familie und Gesellschaft [1]. So wünschte er gleichfalls dem lyrischen Dichter die Fähigkeit, einen nationalen, socialen, berufsmäßigen Zustand in typischer Weise auszusprechen, und er freute sich, wenn er aus Gedichten, wie denen von Hebel und Voß, die „Totalität des Zustandes", in dem der Dichter lebte, erschließen konnte.

Aber trotz dieser Verherrlichung und Neuschöpfung des Typischen, des Normalen, — wer wollte leugnen, daß Goethe's Gestalten auch an individuellem Leben reich, ja oft mit verschwenderischer Liebe damit ausgestattet seien! Da entsteht die Frage: auf welche Weise verträgt sich praktisch und theoretisch die individuelle Charakteristik mit der typischen? In praktischer Hinsicht freilich ist die Frage schon im selben Augenblick gelöst wie aufgeworfen. Denn das Kunstwerk stellt ja das Typische immer nur in Einzelwesen dar, welche gerade nach Goethe's Wunsch immer in Beziehungen zur Umgebung gesetzt sein sollen; es stellt sie immer unter gewissen Bedingungen dar, allerdings günstigen, der Entfaltung vortheilhaften Bedingungen, die aber trotzdem stets eine individuelle Entwickelung hervorbringen. Freilich, je weniger ein Werk von solchen Bedingungen erkennen läßt, um so weniger wird es auch natürlicher Weise individuell sein. Eine Statue, wie der im Alterthum unter dem bezeichnenden Namen „Kanon" bekannte Jüngling des Polyklet, hat in der That sehr wenig Individuelles, weil sie uns die nackte Gestalt durch keine speciellen Attribute bestimmt, in keiner bestimmten Handlung begriffen, überhaupt in kein deutliches Verhältniß zur Außenwelt gesetzt zeigt; in diesem Falle ausgeprägt individuell zu bilden, wäre widersinnig, und jede bedeutende Abweichung von dem menschlichen Normaltypus würde als bare Willkür empfunden werden. Allein es liegt auf der Hand, daß es sich hier um einen Ausnahmefall handelt, und daß

---

[1] Mit feinstem Verständniß hat dies Victor Hehn in dem Aufsatz „Naturformen des Menschenlebens" (Gedanken über Goethe III) dargelegt.

in der Regel jede künstlerische Aufgabe die Individualisirung erfordern
wird. Indeß mit diesem praktischen Satze ist die oben gestellte Frage
noch nicht erledigt. Denn es könnte danach immer noch scheinen,
als sei nach Goethe's Meinung das Individuelle nur ein nothwendiges Uebel, ein unausrottbares Ueberbleibsel empirischer Beschränktheit, das auch in dem Kunstwerk die Reinheit des typischen Bildes
störe. Es wäre in der That ein vernichtender Vorwurf gegen die
Kunstanschauung Goethe's, wenn eine solche Beurtheilung sich als
Consequenz aus ihr ergeben würde.

Nun könnten zunächst eine ganze Reihe von Aussprüchen Goethe's
angeführt werden, in denen er die „charakteristische“ Kunst vor Allem
rühmt und es als unbedingte Forderung hinstellt, „charakteristisch“
zu bilden. Allein wenn wir diese Aussprüche näher prüfen, so
erkennen wir mit Ueberraschung, daß hier ein ganz anderer Sprachgebrauch als der heute übliche zu berücksichtigen ist. Nicht etwa das
Individuelle ist darunter verstanden, sondern gerade das Typische,
doch in einem bestimmteren, begrenzteren Sinne; also nicht der Typus
der „Urpflanze“ im Allgemeinen, sondern der einer besonderen
Gattung, nicht der des Menschen schlechthin, sondern der einer Rasse,
eines Volkes. Unzweideutig zeigt diesen Sprachgebrauch die Auseinandersetzung im sechsten Brief der Kunstnovelle „Der Sammler“.
Hier ist zuerst davon die Rede, daß der Künstler auf einer niederen
Stufe damit anfange, ein einzelnes Geschöpf nachzubilden. „Nehmen
Sie an“, fährt Goethe darauf fort, „daß dieser Mann, den wir
wegen seines Talentes nun schon einen Künstler nennen, sich hierbei
nicht beruhigte, daß ihm seine Neigung zu eng, zu beschränkt vor-
käme, daß er sich nach mehr Individuen, nach Varietäten, nach
Arten, nach Gattungen umthäte, dergestalt, daß zuletzt nicht mehr
das Geschöpf, sondern der Begriff des Geschöpfes vor ihm stünde,
und er diesen endlich durch seine Kunst darzustellen vermöchte . . . .
Das Kunstwerk würde gewiß charakteristisch ausfallen.“ Unsere
Frage wird durch diesen Gedankengang noch nicht gelöst. Hören
wir einen anderen Ausspruch, der, von Shakespeare und Calderon
ausgehend, die poetische Darstellung des Menschen betrachtet (Sprüche

Nr. 768). „Eigenthümlichkeit des Ausdruckes ist Anfang und Ende aller Kunst. Nun hat aber eine jede Nation eine von dem allgemeinen Eigenthümlichen der Menschheit abweichende besondere Eigenheit, die uns zwar anfänglich widerstreben mag, aber zuletzt, wenn wirs uns gefallen ließen, wenn wir uns derselben hingäben, unsere eigene charakteristische Natur zu überwältigen und zu erdrücken vermöchte." Der Spruch redet eigentlich nicht von dem national bedingten Kunst= wert, sondern von dem national bedingten Schaffen; allein da das Eine die Voraussetzung des Anderen ist, so dürfen wir ihn wohl heranziehen. Er führt uns weiter; wenn wirklich, wie hier gesagt ist, Eigenthümlichkeit des Ausdruckes ein untrennbarer Bestandtheil der Kunst ist, warum soll sie bei dem National=Charakteristischen stehen bleiben und nicht zum Individuell=Charakteristischen fortschreiten? Gewiß ist, daß, je weiter die Ausgestaltung des Eigenartigen geht, es desto schwerer sein wird, dennoch zugleich das Typische festzuhalten; aber um so höher ist der Werth des Kunstwerkes, dem dieses Schwierigste gelingt; — nach Goethe's eigenem Wort: „Die höheren Forderungen sind an sich schon schätzbarer, auch unerfüllt, als niedrige ganz erfüllte [1])." Wir dürfen es aussprechen, daß ein Werk, wie das erwähnte des Polyklet, eben deshalb keine sehr hohe Schätzung beanspruchen kann, weil die Kunst sich ihre Aufgabe hier noch leicht gemacht hat, weil sie ihren Sieg feiert, ohne durch einen Kampf mit widerstrebendem Stoff uns Bedeutung und Kraft dieses Sieges zu zeigen. Auch gestattet ein Ausdruck wie „Anfang und Ende der Kunst" nicht mehr, die „Eigenthümlichkeit" des Werkes als bloßes unvermeidliches Uebel aufzufassen, so viel man auch bei Goethe's Sprüchen stets als paradoxe Uebertreibung in Abzug bringen muß, wenn man ihn nicht beständiger Selbstwidersprüche beschuldigen will. Es giebt endlich auch Aussagen, welche das Charakteristische mehr im individuellen Sinne auffassen und wenigstens den Versuch machen, auszusprechen, wie Goethe das Verhältniß desselben zur Darstellung des Ideales empfand. Im fünften Briefe des „Sammlers" finden

---

[1]) Sprüche Nr. 725.

wir eine Betrachtung, wie in den Bildwerken des Alterthums das Fürchterliche künstlerisch dargestellt wird. „Alles Charakteristische", heißt es hier, „ist gemäßigt, alles natürlich Gewaltsame ist aufgehoben, und so möchte ich sagen: Das Charakteristische liegt zum Grunde, auf ihm ruhen Einfalt und Würde...", und an anderer Stelle lesen wir: „Der Charakter erscheint nur noch in den allgemeinsten Linien, welche durch die Werke gleichsam wie ein geistiger Knochenbau durchgezogen sind." Solche Aussprüche geben dem Verstande allerdings keine völlig präcise Directive; aber eine solche ist auch nicht zu fordern. Es ist in der Kunst, wie in allem Geistigen schließlich eine Grenze, über welche das logische Denken nicht hinausreicht, und gewisse Geheimnisse, wie die Vereinigung des Normalen und Individuellen, bleiben immer unergründlich. Ist doch auch in sittlicher Beziehung die Frage, wie das einfache starre Sittengesetz durch die verschiedenartigsten Individualitäten lebendig und harmonisch erfüllt werden kann, nicht wie eine Rechenaufgabe verstandesmäßig zu lösen. Aber um in Goethe's eigenthümlicher, von Kant entlehnter Sprache zu bleiben: was für den Verstand unbegreiflich bleibt, ist es nicht für die Vernunft. Und noch weniger für die unmittelbare geistige Anschauung, das „Gewahrwerden", das Goethe höher stand, als alle logische Entwickelung und für das Jeder empfänglich sein muß, der zur Kunst irgend ein Verhältniß gewinnen will. Die Kunst ist, wie ungezählte Beispiele und vor Allem Goethe's eigene Kunstweise darthut, nach seinem Ausdruck [1]) thatsächlich die Vermittlerin des Edlen und des Gemeinen; das eine in das andere aufzunehmen und zu überwinden, ist das Majestätsrecht[2]) des großen Künstlers; diesen Proceß in Worten völlig zu erschöpfen, ist unmöglich.

Keinem Zweifel aber unterliegt, daß in dieser „Vermittelung" um so mehr gewagt werden kann, je reicher, je umfassender, je complicirter das Kunstwerk ist. Was als Einzelerscheinung abstoßend wäre, kann in einem größeren Ganzen durch den Gegensatz zu dem

---

[1]) Sprüche Nr. 1049, 50. Das Gemeine ist, wie der Zusammenhang zeigt, nicht in sittlicher Beziehung zu verstehen.
[2]) Sprüche Nr. 697.

Erfreulichen deſſen Eindruck ſteigern, es kann in einem höheren Verhältniß aufgehoben den Eindruck des Harmoniſchen hervorbringen. Goethe, der als das Ziel jedes Kunſtwerkes, auch wenn es einen ſchaudererregenden Gegenſtand darſtellt, die Schönheit und als Wirkung das Gefühl der Anmuth fordert[1]), ſcheut ſich nicht, zu behaupten, daß die Laokoongruppe anmuthig ſei[2]), daß der Schmuck eines Sarkophages, der die getödteten Kinder der Niobe zeigt, dem größten Elend, das einem Vater, das einer Mutter begegnen kann, himmliſche Anmuth eingehaucht habe! Das frappanteſte Beiſpiel iſt jedenfalls das des Laokoon; hier faßt Goethe ſeine Betrachtung in folgenden Worten zuſammen: „Ich getraue mir daher nochmals zu wiederholen, daß die Gruppe des Laokoons, neben allen übrigen anerkannten Verdienſten, zugleich ein Muſter ſei von Symmetrie und Mannigfaltigkeit, von Ruhe und Bewegung, von Gegenſätzen und Stufengängen, die ſich zuſammen theils ſinnlich, theils geiſtig dem Beſchauer darbieten, bei dem hohen Pathos der Vorſtellung eine angenehme Empfindung erregen und den Sturm der Leiden und Leidenſchaft durch Anmuth und Schönheit mildern." Und um nach der bildenden Kunſt auch der Poeſie dieſes ſchwerſte Geheimniß abzugewinnen, erinnern wir an die Ausſprüche über Calderon und Shakeſpeare, welche „das Ungeheuere mit dem Abgeſchmackten" in Verbindung bringen und doch „vor dem höchſten äſthetiſchen Richterſtuhl untadlig beſtehen[3])". Wir hören, wie Goethe nicht müde wird, insbeſondere Shakeſpeare zu preiſen, weil trotz der unendlichen Fülle des verſchiedenartigſten Stoffes das Ganze ſich zu einer abgeſchloſſenen und plaſtiſchen Form entwickelt[4]); wir hören, wie er mit der Reſignation des Epigonen das am meiſten in Greueln ſchwelgende Trauerſpiel Shakeſpeare's hoch erhebt und in „Richard III." nicht etwa nur charakteriſtiſche Kunſt, ſondern gerade „Poeſie, Symbolik, Idee" findet[5]).

---

[1]) Der Sammler a. a. O.
[2]) Ueber Laokoon. Propyläen I.
[3]) Anmerkungen zu Diderot's „Neffe des Rameau"
[4]) Geſpräch mit Voß. Biedermann Nr. 1470.
[5]) Mit Riemer. Ebenda N. 1420 m.

Mit diesen Worten, welche die ästhetische Vollendung Richard's III. bezeichnen, erschließt sich uns ein neuer, inhaltvoller Ausblick. Wir sind bisher in der Betrachtung des Individuellen, des Anormalen von der Einzelgestalt zum reich componirten Kunstwerk vorgeschritten; aber wir haben dabei versäumt, zu untersuchen, in welcher Weise der Begriff des Allgemeingültigen, des Typischen, den uns Goethe früher nur in Bezug auf die Einzelgestalt entwickelt hat, sich in umfassenden Compositionen wiederfindet, sich bewahrt oder umbildet. Inwieweit entspricht die „Anmuth" des Laokoon, die „Poesie" Richard's III. dem, was in der künstlerischen Einzelerscheinung als das „Typische" bezeichnet wurde? Die Worte „Symbolik", „Idee" in dem letzten citirten Spruch geben uns zur Lösung den Schlüssel. Das Wort „Idee" gebraucht Goethe selten; er weist es sogar öfters ab; daher thun wir besser, uns an das Wort „Symbolik" zu halten, das immer von Neuem in Goethe's ästhetischen Erwägungen wiederkehrt. Was in der Erscheinung des Einzelwesens das Typische ist, das ist in dem Ausdruck einer zusammengesetzten menschlichen Handlung, eines reichhaltigen menschlichen Zustandes das Symbolische. Das Symbolische beruht in dem Gleichartigen der stets sich in neuen zeit- und ortsgemäßen Formen wiederholenden Bezüge des Menschen zu seiner geistigen und physischen Umgebung. Auch in diesen Bezügen waltet eine dem durchdringenden Auge des Psychologen erkennbare Gesetzlichkeit, und die künstlerische Handlung, welche diese Gesetzmäßigkeit klarer und deutlicher wiedergiebt, als die empirisch zu beobachtenden Fälle, diese Handlung ist symbolisch. Nicht als ob der Künstler sie zur Darstellung brächte mit dem Zweck, das allgemeine Gesetz zu erweisen; aus solch unpoetischem Verfahren läßt Goethe die „Allegorie" entstehen, welche er verwirft, sondern in der Art, daß er „das Besondere lebendig fühlt" und zugleich kraft seiner künstlerischen Divinationsgabe unbewußt „das Allgemeine mit erhält [1]". Das „Besondere" soll durch den künstlerischen Proceß nicht in einen „Begriff" verwandelt werden, sondern in eine „Idee",

---

[1] Sprüche Nr. 363.

aber nicht im speculativ-philosophischen Sinn, sondern in eine Idee, welche „Bild", geistige Anschauung ist[1]). Um zu erkennen, wie Goethe in dem besonderen Gegenstande eines Kunstwerkes das Allgemeine symbolisch dargestellt fand, ist wiederum seine Betrachtung der „Laokoongruppe" äußerst aufklärend. „So ist auch", schreibt er, „bei dieser Gruppe Laokoon ein bloßer Name ... er ist nichts von Allem, wozu ihn die Fabel macht, es ist ein Vater mit zwei Söhnen in Gefahr, zwei gefährlichen Thieren zu unterliegen.... Sollte ich diese Gruppe, wenn mir keine weitere Deutung derselben bekannt wäre, erklären, so würde ich sie eine tragische Idylle nennen. Ein Vater schlief neben seinen beiden Söhnen; sie wurden von Schlangen umwunden und streben nun, erwachend, sich aus dem lebendigen Netze loszureißen." Führt das Kunstwerk in der That einen so einfachen, aber zugleich jedes menschliche Empfinden erschütternden Vorgang vor Augen, der in ähnlicher, wenn auch nicht so phantastischer Weise sich beständig wiederholen, und den höchsten Schmerz eines Vaters um seine Kinder herausfordern kann — so ist es der allgemeinen ergreifenden Wirkung sicher, welche dieses Werk seit Jahrtausenden schon ausgeübt hat. Ist es aber deshalb etwa seiner Absicht, die bekannte trojanische Sage zu illustriren, untreu geworden? Gewiß nicht — die allgemeine und die besondere Bedeutung, das Symbolische und das Singuläre vereinigen sich ohne Spalt und Riß. Und mit den poetischen Aufgaben ist es nicht anders wie mit den plastischen. Ein bekanntes Epigramm Goethe's beginnt mit den Worten: „Ein alter Mann ist stets ein König Lear"; Turgeniew hat eine Novelle schlechtweg „Ein König Lear auf dem Dorfe" benannt. Ja wir dürfen sagen: jedes bedeutende menschliche Schicksal, das in einem Dichtwerke hohen Ranges dargestellt worden ist, hat für uns symbolische Bedeutung gewonnen. Mögen wir uns an das Schicksal eines Achilles oder einer Antigone, eines Romeo oder Othello, eines Götz oder Tasso erinnern — überall erkennen wir sogleich die Allgemeingültigkeit der Erfahrungen, welche der Dichter

---

[1]) Sprüche Nr. 742, 743.

seinen Helden durchleben läßt, und wir finden in der empirischen Welt leicht die bestätigenden Gegenbilder. Daraus folgt jedoch keines= wegs, daß der Dichter nur das Alltägliche, gleichsam Selbstverständ= liche darzustellen habe. Im Gegentheil, er kann das Seltsamste uns vorführen, wenn er es nur genügend zu motiviren weiß, d. h. wenn er uns in den Stand setzt, es irgend einer allgemeinen Erfahrung, die wir aus unseren Beobachtungen gewonnen haben, unterzuordnen, d. h. eben es symbolisch erscheinen zu lassen; sobald wir das können, sind wir befriedigt; können wir es nicht, so erscheint uns die Hand= lung als unnatürlich. Nach Goethe's Ausspruch handelt es sich für den motivirenden Dichter darum, Phänomene des Menschengeistes als historische nachzuweisen, die sich wiederholt haben und wiederholen werden [1]); auch in diesem Satz zeigt sich das Besondere mit dem Allgemeinen innig verbunden.

Der Begriff des Symbolischen führt uns schließlich auch dazu, das Verhältniß des Schönen zum Sittlichen zu erkennen, die Frage nach dem sittlichen Inhalt des vollendeten Kunstwerkes zu beant= worten. Goethe acceptirt ausdrücklich die in Kant's „Kritik der Urtheilskraft" gegebene Darlegung „von der Schönheit als einem Symbol der Sittlichkeit"; aber er vertieft die Kantische Ansicht, indem er, da wo der kritische Philosoph nur hergebrachtermaßen eine solche symbolische Bedeutung gelten läßt, seinerseits einen organischen Zusammenhang erkennt. In demselben Briefe [2]), in welchem er Heinrich Meyer den Kantischen Abschnitt mittheilt, spricht er über die „halbwahre" Forderung, daß die Künste das Sittengesetz an= erkennen und sich ihm unterordnen sollen; und er fährt fort: „Das Erste haben sie immer gethan und müssen es thun, weil ihre Gesetze so gut als das Sittengesetz aus der Vernunft entspringen; thäten sie aber das Zweite, so wären sie verloren, und es wäre besser, daß man ihnen gleich einen Mühlstein an den Hals hinge und sie ersäufte." Es ist nicht die zweite Hälfte des Satzes, die uns überraschen oder lebhaft interessiren kann; daß Goethe nicht eine „Unterordnung" der

---

[1]) Sprüche Nr. **773**.
[2]) **20. Juni 1797.**

Kunst statuiren konnte, daß er ihre Selbständigkeit als Künstler ohne
Weiteres beanspruchen mußte und dieselbe mit Freuden durch Kant
auch philosophisch erwiesen fand, ist eine Thatsache, die keines Nach-
weises bedarf. Das Wesentliche des Spruches ist vielmehr die
Anerkennung des mit dem Kunstgesetze aus einer Quelle entspringenden Sittengesetzes auch durch den schaffenden Künstler. Hier
treffen wir auf einen der Punkte, die Wilhelm Humboldt's Ansicht
rechtfertigen, wenn er Goethe zurief: „Ihre Dichtung stammte von
jeher aus ihrer ganzen Weltansicht." Wir können, ohne uns auf
ein weitgedehntes abliegendes Gebiet zu verlieren, nur flüchtig hier
die Grenzlinie zwischen Aesthetik und Ethik berühren; aber wir müssen
dennoch constatiren, daß für Goethe's gesammte Auffassung das
Sittengesetz nicht ein durch fremdartige Gewalt dem Menschen auf-
gezwungenes Gebot war, sondern nur der Ausdruck der normalen
Bedingungen individueller und gesellschaftlicher Entwickelung. Eine
Sittlichkeit ersterer Art, welche zu der organischen Entfaltung des
„Typus" in einem Widerspruch stünde, müßte von dem Künstler im
Goetheschen Sinne zweifellos als Feindin betrachtet werden; ebenso
aber muß eine Sittlichkeit als Bundesgenossin gelten, deren Gesetze
gleichsam als eine Realität erkannt werden, als Bedingung der
Gesundheit oder Erkrankung des Organismus. So spricht Goethe
ohne weitere Begründung, wo er von dem Sittlichen redet, auch
von der „Schönheit seiner Erscheinung". So sollte seine „Pandora",
die Verkörperung der Schönheit, den Menschen zugleich alle sittlichen
Güter verleihen; so sagt er von der griechischen Tragödie, sie habe
sich das Reinmenschliche zur Aufgabe gesetzt und damit zugleich das
Sittliche, „als einen Haupttheil der menschlichen Natur". Mit sittlichen Tendenzen hat diese Auffassung dennoch nichts zu thun;
vielmehr ist Goethe des unbedingten Vertrauens, daß die sittliche
Wirkung, welche im Gegenstande liegt, hervortreten wird, wenn der
Dichter nichts anderes im Auge hat, als die kunstgemäße wirksame
Behandlung[1]). Ganz und gar verwirrt worden ist aber diese Frage

---

[1]) Gespräche mit Eckermann 28. April und 1. Mai 1827.

durch die Forderung, daß es dem Sittlichen immer gut und dem Unsittlichen immer schlimm ergehen müsse, eine kindliche Jurisprudenz, für die selbstverständlich in Goethe's Gedanken kein Raum ist. Der Künstler theilt nicht Lohn oder Strafe aus, sondern er stellt dar; aber wenn er im Dienste der Schönheit und Wahrheit steht, kann er nicht anders darstellen, als daß das Gute seine fördernde und bildende Kraft, das Böse seine selbstzerstörende Kraft in sich selber trägt. Freilich aber werden die Begriffe von Gut und Böse für ihn nicht zusammen fallen mit den äußerlichen Satzungen, die Staat oder Kirche aufgestellt haben; vielmehr wird er oft genug die Bewährung der wahren menschlichen Sittlichkeit in dem Gegensatz der Persönlichkeit gegen diese Forderungen erblicken, wie Goethe das besonders an dem Beispiel der Antigone nachweist; gerade in dem Widerspruch gegen das rohe Gebot Kreons offenbart sich die edle Natur der Heldin.

Wir stehen am Ende unserer Untersuchung. Sollen wir nochmals hervorheben, worin wir die Größe der Goethischen Kunst, worin wir ihre unüberwindliche und für die Kunst unserer Zeit zielweisende Bedeutung sehen, so ist es die Vereinigung des Wahren und Schönen, des Individuellen und Typischen, des Persönlich-Freien und des Sittlichen, die mit so genialer Sicherheit vollzogen wird. Hier hat sich die tiefste Erfassung der Natur, des Seelenlebens und der Bedingungen künstlerischen Schaffens zu einem Gesammtergebniß vereinigt, das einen unerschöpflichen Reichthum künstlerischer Weisheit in sich birgt. Und vor Allem wird eine Zeit, deren Ringen und Streben auf realistisches Schaffen hineifert, aus diesem Schatze lernen können und lernen müssen, wie sie in ihrer realistischen Arbeit dennoch die Größe, die Freiheit, die Unvergänglichkeit eines imponirenden Kunststils sich erobern kann.

Raffael Mengs' Schriften
und ihr Einfluß auf Lessing und Goethe.

Daß Mengs nicht nur Maler, sondern auch Denker auf dem Kunstgebiete war, ist allbekannt. Schriftsteller freilich war er nur in sehr ungenügender Weise, da er wohl viele Sprachen kannte, aber keine völlig beherrschte. Seine Freunde mußten aus wirren Manuscripten, die bald italienisch, bald deutsch, bald spanisch abgefaßt waren, ein druckfähiges Ganzes zusammen stellen. Die größten Verdienste darum erwarb sich der spanische Gesandte in Rom, Marchese D'Azara[1]), der 1780 die Werke des im Vorjahr verstorbenen Malers in einheitlicher italienischer Bearbeitung in zwei Bänden erscheinen ließ; die deutsche Ausgabe von Prange (1786) ist zwar nicht durchweg Uebersetzung, da ihr zum Theil deutsche Manuscripte zu Grunde liegen, aber doch von der Azara'schen abhängig. Einzelne Schriften von Mengs waren indeß schon bei seinen Lebzeiten erschienen; 1765 gab Füßli in Zürich die Riflessioni sulla bellezza in deutscher Redaction heraus. Von dieser Schrift meine ich, daß Lessing Kenntniß genommen hat, und dieser Umstand hat mich veranlaßt, seinen Namen in die Ueberschrift dieser Abhandlung aufzunehmen, die sich hauptsächlich mit Mengs und Goethe beschäftigen soll. In den Vorarbeiten zu einer Fortsetzung des Laokoon heißt es (Munder XIV, 411) im Abschnitt XXXII: „Allein zur körperlichen Schönheit gehört mehr als Schönheit der Form. Es

---

[1]) Vergleiche mein „Deutsches Kunstleben in Rom" S. 8, 11, 24, 81.

gehört dazu auch die Schönheit der Farben, und die Schönheit des Ausdrucks"; und weiter im Abschnitt XXXIII: „Ideal der körperlichen Schönheit? Was es ist? Es bestehet in dem Ideale der Form vornehmlich, doch auch mit in dem Ideale der Carnation und des permanenten Ausdrucks." Diese Eintheilung findet sich schon in der eben erwähnten Schrift von Mengs aus dem Jahre 1765; er charakterisirt die drei nach seinem Urtheil größten Maler gemäß der Art, wie sie sich zu diesen drei Aeußerungsformen der Schönheit verhalten. „Raffaello", heißt es in der mir vorliegenden italienischen Ausgabe, „scelse l'espressione, che trovò nella Composizione e nel Disegno; Correggio prese il dilettevole, e lo trovò in certe forme . . .; e Tiziano finalmente abbracciò l'apparenza di verità, che trovò massimamente ne' Colori." Die Eintheilung nach diesen Gesichtspunkten kehrt bei Mengs beständig wieder, und ist ein Grundschema für seine Betrachtungen. Man wird annehmen dürfen, daß auch Lessing von daher sie entnommen hat.

Weit bedeutungsvoller sind die Beziehungen zwischen Mengs und Goethe und den „Weimarer Kunstfreunden" überhaupt. Goethe's Lehre wurzelt zum Theil in der von Mengs; freilich ist sie auch in wichtigen Punkten ihr entgegengesetzt, und überhaupt in ihren Definitionen bestimmter, in ihren Urtheilen freier und weiter; aber erst allmählich hat sie diese Vorzüge errungen. Als Goethe Mengs' Schriften zuerst kennen lernt, ist er ganz und gar von Bewunderung erfüllt. An Frau von Stein schreibt er (26. Februar 1782): „Neuerlich lese ich die Schriften des verstorbenen Mengs und da lernt man sich bescheiden, daß eigentlich Niemand als ein solcher Künstler über die Kunst reden sollte. Sie sind in allem Betracht vortrefflich und gereichen mir zu rechtem Trost, da ich so Vieles, was bisher bei mir nur Stückwerk war, verbinden, und meine Erkenntniß der vortrefflichen Sachen immer mehr schärfen kann." In Italien freilich scheint sich Goethe weniger mit Mengs beschäftigt zu haben; daß er seine Schriften bei sich führte, geht wohl aus einer Notiz hervor, die er in sein Reisehandbuch eintrug;

aber er besuchte nicht einmal das reichhaltige Mengs-Cabinet des Marchese Azara in Rom[1]). Zu Lehrern wählte er sich die lebenden Künstler, vor Allem Heinrich Meyer. Aber was diese ihm überliefern konnten, war im besten Falle, und bei Meyer ganz zweifellos, aus Mengs' Schriften geschöpft.

Mengs hat einen zweifachen und in der That äußerst ent= wickelungsfähigen und fruchtbaren Grundgedanken, den, daß der Künstler die Natur studiren und erkennen, daß er aber, nachdem er diese Kenntniß gewonnen, in seinen Werken sie umbilden müsse. In dieser Allgemeinheit ausgesprochen, gilt der Satz auch für Goethe bis ans Ende seines Lebens, und hierin liegt die grundsätzliche Uebereinstimmung. Sobald man freilich nähere Bestimmungen versuchen will, treten die Differenzen hervor. Verweilen wir aber zuerst noch im Allgemeinen, so besteht auch darin Uebereinstimmung, daß als die erste und unterste Stufe der künstlerischen Thätigkeit die bloße Naturnachahmung gilt, als die höhere die Bethätigung des im Künstler lebenden Ideals, als die höchste die Vereinigung beider Thätigkeiten. Goethe hat dies bekanntlich bald nach der Rückkehr aus Italien in dem Merkur-Aufsatz: „Einfache Nachahmung der Natur, Manier, Stil" ausgesprochen; zu einer so schlagenden und klaren Terminologie ist Mengs nie gelangt, aber er hat dennoch Goethe den Weg vorgezeichnet. Er beschreibt im ersten Capitel seiner „Riflessioni sopra i tre gran pittori" ausführlich jene Stufen: „La qualità più necessaria è la Imitazione di tutte le cose, che si possono concepire, e rappresentare in un momento. La seconda consiste nell' Ideale, cioè nella rappresentazione delle cose, di cui non si hanno ideali" u. s. w. Nachdem er dies weiter ausgeführt hat, führt er schließlich Raffael als Beispiel der Vereinigung beider Eigenschaften an: „Raffaello non conobbe l'Ideale come Pussino; ma quella parte, che ne possedette, seppe meglio unirla colla Imi- tazione. Nelle Imitazione Gerardo fu superiore a Raffaello;

---

[1]) Vergleiche Schriften der Goethe-Gesellschaft II, 393. V, 13.

ma questi la combinò meglio coll' Ideale, la nobilità; onde nel totale ha superato i due più eccellenti ne' due estremi."

Freilich ist Mengs in seinen Gedanken nicht eigentlich schöpferisch; in England haben die beiden Richardson's, in Frankreich Batteux; in Deutschland Elias Schlegel ähnliches ausgesprochen[1]); aber daß sie auf Goethe eingewirkt, dafür haben wir keinen Beweis; für ihn und seine Freunde war, soweit wir urtheilen können, Mengs der anregende Geist.

Eine Hauptbedingung des Mengs'schen Systems mußte freilich für Goethe unannehmbar bleiben. Mengs hing der Baumgarten'schen Kunstmetaphysik und ihrer Vollkommenheitslehre an, die für Goethe's naturreinige Gesinnung unannehmbar war. Es ist höchst merkwürdig, daß Mengs glaubte, mit jener Lehre den Grundsatz der Naturnach= ahmung vereinigen zu können, den Baumgarten's fast ebenbürtiger Schüler, Meyer, eifrig bekämpfte. Mengs glaubte zunächst die Natur nachahmen zu müssen, um sie dann zur Vollkommenheit zu ver= bessern; eine so naive Vorstellung konnte Goethe natürlich nicht genügen. Mengs wollte die Schönheit zur Natur hinzufügen; Goethe die in der Natur lebendige verborgene Schönheit entdecken herausarbeiten, befreien. Denn das ist ein weiterer Gegensatz, daß für Mengs die Schönheit etwas Festes und Fertiges, eine einzelne bestimmte Eigenschaft ist, für Goethe dagegen etwas dem Wesen der einzelnen Gegenstände Entsprechendes und Inhärirendes. Aller= dings sagt auch Mengs in dem Tractat über die Schönheit einmal: „La Bellezza si trova allora in qualunque cosa, quando tutta la materia è conforme alla sua destinazione"; aber er weiß mit dieser Bestimmung nichts Weiteres anzufangen, und auch diese Angemessenheit des Gegenstandes liegt ihm nicht in dem Wesen, in der Eigenart desselben, sondern in der Zweckmäßigkeit seiner einzelnen Theile, welche der Künstler daher, um einen voll=

---

[1]) Vergl. hierüber besonders Heinrich von Stein's Geschichte der neue= ren Aesthetik.

kommen der Bestimmung entsprechenden Gegenstand zu schaffen, von allen Seiten zusammensuchen und zusammensetzen muß. Auch Goethe stellt noch in späteren Jahren, in einer sehr interessanten Gesprächsaufzeichnung Eckermann's, die Schönheit mit der Zweckmäßigkeit in enge Verbindung; aber diese Zweckmäßigkeit entspringt ihm aus einer organisch gesunden Entwickelung, nicht aus einer mechanischen Zusammensetzung des Naturproductes.

Indeß trotz dieser Beschränkungen bildet Mengs' entschiedene Betonung der Naturgrundlage der Kunst inmitten einer Zeit manierirter Kunstübung doch ein sehr bedeutsames Verdienst seiner Kunstforschung, und wo er über die Art der Ausbildung des jungen Künstlers spricht, erhebt er sich sogar auf Grund dieser Einsicht zu gleicher Höhe wie Goethe. Bei diesem ist aber ein gewisser Zwiespalt darin vorhanden, daß er den Kunstjünger bald auf ein sehr eingehendes Naturstudium, bald durchaus auf das Kopiren der Werke großer Meister verweist; hier bleibt etwas Unausgeglichenes, während sein Freund Meyer die Schüler durchaus auf den Weg der Natur hinführen will. Mengs unterscheidet klar und deutlich in dem Tractat von der Schönheit zwei Wege der Bildung: „L'una, che è la più difficile, è quella di scegliere della natura stessa il più utile ed il più bello. L'altra più facile, si è di apprendere dalle Opere, in cui la scelta si è di già fatta." Auf dem ersteren Wege hätten die Alten die höchste Schönheit erreicht, und auch die drei großen Maler der Neuzeit, die er vor Allen verehrt, hätten diesen Weg eingeschlagen. Dieser Weg sei auch heute noch gangbar; aber er verlange einen „philosophischen Geist", der unter den Naturerscheinungen das Beste zu unterscheiden wisse. Für die Meisten sei der zweite Weg vorzuziehen, die Nachahmung der großen Meister; aber auch hier müsse man von der mechanischen Nacharbeit sich fern halten; man müsse ihren Gedanken nachgehen und ihre Auffassung der Natur sich zu eigen machen: wir dürfen sagen: er müsse lernen die Natur mit den Augen des großen Meisters zu sehen.

Gehen wir nun zur Betrachtung der einzelnen Kunstwerke über, so ist die Verwandtschaft zwischen Goethe und Mengs geeignet, den

Vorwurf zu entkräften, den man oft dem ersteren gemacht hat, daß
er bei seinen Aussprüchen über bildende Kunst einseitig an Werke
der Plastik, und nicht der Malerei gedacht habe. Von Mengs,
dem ganz von seiner Kunst eingenommenen Maler, wird Niemand
das behaupten wollen. Und in der That hatte er ebenso wie Goethe
ein ganz bestimmtes malerisches Ideal; es ist die Malerei der Alten,
der die Neueren, auch ein Raffael, nur nachzustreben haben. Mengs
ist überzeugt, daß auch die Malerei der Alten vorzüglich gewesen sei,
ja sogar die Sculptur in gewisser Hinsicht übertroffen habe. In
dem Aufsatz: „Sopra i tre gran pittori" äußert er: „Io sono
interamente persuaso, che il Disegno dei Pittori antichi
fosse molto più perfetto di quello degli Scultori. Priemie-
ramente per l'eleganza, e per la prontezza, che già io ho
detto essere maggiore nell' esecuzione della Pittura; e
secondariamente per la stima, che si faceva de' famosi
Pittori assai più che degli Scultori . . . Le espressioni
usate dagli Storici per encomiare il merito e la finezza de'
Pittori antichi, sembrano iperboliche e incredibili a chi non
combina bene le cose." So „hyperbolische" Aeußerungen finden
sich bei Goethe nicht; aber wie hoch auch er die antike Malerei
gestellt, dafür haben wir genugsam Beweise von dem Augenblick an,
da er die aldobrandinische Hochzeit kennen lernte, bis in sein letztes
Lebensjahr, wo das Mosaik der Alexanderschlacht ihm zu Gesicht
kam. Und für Mengs wie für ihn ergaben sich daraus gewisse
Gesichtspunkte der Betrachtung, die nur scheinbar von der Plastik
entlehnt sind. Zunächst der durchgängige Gedanke, daß der Mensch
der Hauptgegenstand der malerischen Darstellung sei, wie ja die
antiken Gemälde meist auf sehr einfachem Hintergrunde einige
zusammengeordnete menschliche Gestalten zeigen; Mengs sagt in
dieser Hinsicht von den Griechen: „Conoscevano essi, che le Arti
sono fatti per gli uomini: chè l'uomo niente ama tanto
quanto se stesso; e che per ció anche l'uomo deve essere
il più degno oggetto dell' Arte; onde impiegarono la più
grande diligenza in questa parte della Natura. Essendo

l'uomo stesso più degno di quel che lo sono i suoi abiti, lo dipingevano e formavano per lo più nudo." Ein fernerer Grundsatz bezieht sich auf die geringe Zahl der in einem Bilde darzustellenden Figuren; der Marchese d'Azara berichtet in seinen Noten (I, 79), Mengs habe häufig gesagt, daß die Alten in ihren Werken nur wenig Figuren anbrächten, damit die Schönheiten um so begreiflicher und offenkundiger würden, daß aber die Neueren ihre Bilder soviel als möglich überfüllten, um die Mängel weniger kenntlich zu machen. Und in der That — Mengs' Regeln und Erwägungen überhaupt setzen immer einfache, von wenig Personen gebildete Gruppen voraus, die nach bestimmten Compositions- und Beleuchtungsgesetzen gebildet sind. Ganz ebenso steht es mit Goethe's Betrachtungen, und auch die Preisaufgaben, welche er mit Meyer gemeinsam stellte, zeigen dieselbe Richtung des Strebens. Auch hier glaube ich, daß der Einfluß von Mengs direct oder indirect gewirkt hat. Die „Alexanderschlacht" freilich hätte schon, wäre sie früher bekannt geworden, die Vorstellung von so engen Grenzen der antiken Malerei erweitern müssen.

Ueberlegen war dagegen Goethe dem kühl erwägenden Maler im Bewußtsein dessen, daß menschliche Gestalten erst durch Handlung wahrhaft interessant werden. Von dieser Einsicht zeigt sich bei Mengs wenig; es ist natürlich oft von Bewegungsmotiven die Rede, aber nicht so sehr, um Handlungen durch sie ausdrücken zu lassen, als um neue Formen für die Körperdarstellung zu gewinnen. Hier hatte Goethe die große Arbeit Lessing's im „Laokoon" sich zu Nutze machen können, und wenn er auch zu ganz anderen Ergebnissen kam wie Lessing, so war ihm doch durch ihn ein ganz neues Problem gestellt worden. Beide, Lessing und Goethe, sind darin einig, daß das Werk des bildenden Künstlers einen prägnanten Moment darstellen solle, der die früheren und späteren Stadien der Handlung errathen läßt; aber wenn Lessing im Laokoon auseinandersetzte, dieser Moment dürfe nicht transitorisch sein, so verlangte Goethe in seinem Laokoonaufsatz geradezu, daß der Moment vorübergehend sein müsse; das Bildwerk müsse sich „vor dem Auge bewegen"[1]). Diese weittragenden Gedanken liegen noch ganz außer Mengs' Horizont; ihm soll das Kunstwerk nicht so sehr einen bestimmten Gegenstand, als an einem Gegenstand die Schönheit darstellen.

Trotz dieser Verschiedenheit haben die Weimarer Kunstfreunde dennoch das ganze complicirte Schema, nach dem sie Kunstwerke beschreiben und beurtheilen, wesentlich von Mengs übernommen. Die Methode, nach welcher Meyer auf seiner zweiten italienischen Reise eine so große Menge von Gemälden und Statuen in Goethe's Auftrag und mit Goethe's Billigung schematisirt, ist in den Hauptpunkten und Rubriken aus Mengs' Schriften gezogen. Daß bei Gemälden meist zuerst die Composition, dann Zeichnung, Colorit, Ausdruck berücksichtigt werden, entspricht Mengs' schon oben dargelegter Betrachtung. Was die Composition betrifft, so vermied Goethe, ihr äußere, mechanische Regeln vorzuschreiben; Meyer aber hat eine Vorliebe für bestimmte geometrische Formen, die Pyramiden- und die Kreisform, und diese findet sich in Mengs' Lezioni pratiche di pittura begründet. Selbst was das Colorit angeht und die Grundgedanken der Goethe'schen Farbenlehre, die sich aus dessen Betrachtung ergaben, so glaube ich, daß Mengs eingewirkt hat. Er geht in diesen Lezioni wie Goethe von den drei Hauptfarben Blau, Roth und Gelb aus, welche den Farbencharakter jedes Bildes bestimmen sollen; er nähert sich aber auch schon der Goethe'schen Lehre, daß das Roth sowohl aus Blau als aus Gelb entstehen kann, indem er es die mittlere der Farben nennt. Vor allem aber ist der Gedanke, der Goethe's ganze Farbenlehre hervorgerufen hat, der Gedanke, die Farben in eine bestimmte, für den Maler ersprießliche Beziehung zur Licht- und Schattenwirkung zu setzen, in Mengs' Schriften (freilich auch schon in denen anderer Kunstschriftsteller) bereits gegeben. Im neunzehnten Paragraphen der „Optischen

---

[1]) Für Goethe's Laokoonaufsatz ist zweifellos von Bedeutung gewesen Chr. Heyne's „Prüfung einiger Nachrichten und Behauptungen von Laokoon in Belvedere"; vgl. hierüber meine Mittheilung in der Vierteljahrsschrift für Literaturgeschichte VI, 156.

Beiträge" sagt Goethe: „Ein großer Theil der Harmonie eines Gemäldes beruht auf Licht und Schatten; aber das Verhältniß der Farben zu Licht und Schatten war nicht so leicht entdeckt, und doch konnte jeder Maler bald einsehen, daß bloß durch Verbindung beider Harmonien sein Gemälde vollkommen werden könne, und daß es nicht genug sei, eine Farbe mit Schwarz oder Braun zu vermischen, um sie zur Schattenfarbe zu machen." Gerade diese Frage nach dem Verhältniß der einzelnen Farben zur Schattenwirkung ist ein von Mengs vielbehandeltes Problem, zu dessen Lösung ihm freilich alle naturwissenschaftlichen Mittel fehlen und bloß die Erfahrung des Auges ihm zu Gebote steht. —

Eine dem Schema der Weimarischen Kunstfreunde eigenthümliche Rubrik ist die der „Massen", auf welche besonders Meyer ein großes Gewicht legt. Auch diese, — größere einheitliche Licht= und Schattenpartien, — spielen bei Mengs eine große Rolle. In den „Riflessioni sopra i tre gran pittori" sagt er, daß die „Massen" dem Bilde den Idealcharakter in Hinsicht der Beleuchtung verliehen. Und in der Abhandlung über die Schönheit sagt er von Raffael: „Cominciò così a non più operare senza distinzione su la Natura, ma cercò quella parte, che si chiama Massa, ed unì i suoi chiari ne' siti più elevati, tanto nelle figure vestite, che nelle **nude**."

Diese Beispiele mögen genügen, um Mengs' Einfluß auf die Beurtheilung der Kunstwerke aufzuzeigen. Aber auch die historische Betrachtung Goethe's zeigt sich von Mengs abhängig. Nicht sowohl in der anfänglich geringen Schätzung älterer Maler, in welcher er mit dem Zeitgeschmack zuerst übereinstimmt, bald aber in richtiger Erkenntniß sich zu historisch begründetem Urtheil emporhob, wohl aber in der ganz einzigartigen Schätzung Raffael's und der verhältnißmäßig geringen Beachtung Michel Angelo's, die Goethe immer eigenthümlich geblieben ist. Mengs sagt geradezu in dem offenen Briefe an Antonio Ponz: „Per questo equivoco molti, come tanti appassionati di Michelangelo, prendono lo stilo Caricato pel vero grandioso di quel Maestro." Von Goethe wissen wir freilich, daß er von den Malereien der Sixtinischen Capelle einen gewaltigen Eindruck empfing; aber er läßt viele andere Werke des Meisters in Rom unerwähnt, und vor allem: wo es ihm darauf ankommt, den Gipfel der Kunst zu bestimmen, nennt er neben den Alten stets Raffael, niemals Michel Angelo. —

Wir haben im Verlauf dieser Untersuchung nur wenige Schriften von Mengs citirt; aber mehr von ihnen anzuführen, hätte nur Wiederholungen veranlaßt. Es sind stets dieselben Grundgedanken, die er in immer neuen Wendungen ausführt; und denen eine einheitliche systematische Zusammenfassung zu geben ihn gerade seine Künstlernatur verhindert. Was wir angeführt, wird den unzweifelhaften Einfluß, den er auf Goethe geübt, erhärtet haben, ein Einfluß, der durch die historischen Umstände sich genugsam erklärt. Aber doch nicht durch sie allein, sondern auch durch innere Beziehung! Goethe fand in Mengs einen Führer, der ihm einen Ausgang aus der Manierirtheit Oeser's zu einer naturwahren Kunst zeigte, der ihn aber zugleich die künstlerische Weisheit und Gesetzmäßigkeit in das neue Gebiet hinübernehmen ließ. Daraus erklärt sich sein Entzücken beim ersten Lesen von Mengs' Schriften, und in dieser Vereinigung von Natur und Kunst ist eine dauernde Verwandtschaft zwischen beiden Geistern begründet, so weit auch der eine über den anderen hinausschritt.

Zu Goethe's
Maximen und Reflexionen über Kunst.

Goethe's Spruchsammlung „Maximen und Reflexionen" stellt sich nach Geist und Ausdrucksform als einheitliches Gebilde dar, so verschieden auch die Gebiete sind, auf denen sich die einzelnen Sprüche bewegen. Seine organische Naturanschauung ist innig mit seiner Kunstbetrachtung wie seinen metaphysischen Ideen verbunden, und seine ethische Grundrichtung durchdringt mit ihrem kräftigen Selbstvertrauen wie mit ihrer willigen Hingabe an das Gesetz alle Gebiete seines geistigen Lebens. Auch eine Anzahl bisher unbekannter Sprüche aus dem Gebiet der Kunstlehre, die ich kürzlich aus den Schätzen des Weimarer Archivs veröffentlichen durfte, läßt auch in ihrer abrupten, unfertigen Form diese Einheit erkennen, die überall Beziehungen zu schon Bekanntem auffinden und was zunächst schwer verständlich scheint, durch Zusammenstellung einander gegenseitig erläutern läßt. Es sei mir erlaubt, diese Sprüche hier nochmals vorzulegen und einiges zu ihrer Erklärung beizutragen.

Schon bekannt war der Ausspruch: „Wem die Natur ihr offenbares Geheimniß zu enthüllen anfängt, der empfindet eine unwiderstehliche Sehnsucht nach ihrer würdigsten Auslegerin, der Kunst." Wie eine Vorstufe zu diesem Satz, wie eines der Materialien zu seiner Entstehung, erscheint nun die Erwägung: „Kunst, eine andere Natur, auch geheimnißvoll, aber verständlicher; denn sie entspringt aus dem Verstande." (Weimarer Ausgabe Bd. 48, S. 250.) Der Ausdruck „Verstand" ist hier selbstredend nicht im speciellen Sinne vom Organ des logischen Denkens zu verstehen; er tritt als pars pro toto für die ganze menschliche Geisteskraft ein und ist wegen des Zusammenklanges mit dem vorausgehenden „verständlich" gewählt. Ein Wiedererschaffen der Natur aus dem menschlichen Geiste heraus, in für uns klarerer, in durchschaubarer Form, — das ist für Goethe die Thätigkeit des Künstlers.

Die erste Bedingung aber, die dazu erfordert wird, ist die Fähigkeit des Künstlers, die Natur zu sehen. Ueber diese seltene Fähigkeit in ihren verschiedenen Graden, wie über ihre Entartung, hat sich Goethe öfters geäußert. Hierher gehört auch der neue Spruch (S. 206): „Was hat ein Maler zu studiren, bis er eine Pfirsche sehen kann wie Huysum, und wir sollen nicht versuchen den Menschen zu sehen, wie ihn ein Grieche gesehen hat?" Wir werden hier zugleich auf ein Grunddogma Goethe's, auf seine Ueberzeugung von dem einzigartigen Werth der griechischen Kunst geführt. Wenn er den Gipfel künstlerischer Naturdarstellung in der Darstellung des Menschen sah, so stand ihm unumstößlich fest, daß die Griechen in dieser Mustergültiges für alle Zeiten geleistet hätten, und folgerecht führt er das zunächst auf ihre Fähigkeit zurück, den Menschen mit richtigem künstlerischem Blick zu sehen, und empfiehlt vor Allem diese Kunst ihnen abzulernen.

Aber auch er hatte schon gegen Naturalisten zu kämpfen, welchen ein solches Lernen von fremder Kunstübung des Künstlers unwürdig schien. Von verschiedenen Seiten aus, mit verschiedenen Gedankengängen sucht Goethe diese Opposition zurückzuweisen. Da es als allgemeine Regel galt, die Körperverhältnisse in der Sculptur nach antiken Vorbildern zu bestimmen, so ruft er unmuthig aus (S. 206): „Wer Proportion (das Meßbare) von der Antike nehmen muß, sollte uns nicht gehässig sein, weil wir das Unmeßbare von der Antike nehmen wollen!" Weil er in der antiken Kunst die reinste und edelste Auffassung der Natur sieht, so wird er (S. 250) zu den leidenschaftlichen Tadelsworten fortgerissen: „Jedes gute und schlechte Kunstwerk, sobald es entstanden ist, gehört zur Natur. Die Antike gehört zur Natur, und zwar wenn sie anspricht, zur natürlichsten

Natur, und diese edle Natur sollen wir nicht studiren, aber die ge=
meine! Denn das Gemeine ist's eigentlich, was den Herren Natur
heißt! Aus sich schöpfen mag wohl heißen, mit dem eben fertig
werden, was uns bequem wird." Goethe bekämpft hier zwei ver=
schiedene, gegnerische Anschauungen in einem Athem, — die, welche
den Künstler ausschließlich auf das Naturstudium, und die, welche
ihn ausschließlich auf die eigene Individualität hinweist. Die zweite
erscheint ihm als die noch gefährlichere. „Das sogenannte Aus=Sich=
Schaffen", erklärt er (S. 210), „macht gewöhnlich falsche Originale
und Manieristen." Und er rechtfertigt seine schroffe Ablehnung mit
den Worten (S. 207): „Warum schelten wir das Manierirte so
sehr, als weil wir glauben, daß Umkehr daher auf den rechten Weg
sei unmöglich!" Dagegen will er selbst solche Künstler nachsichtig
beurtheilt sehen, die ohne rechten Erfolg dem griechischen Vorbilde
nachgestrebt haben (S. 207): „Mancher hat nach der Antike studirt
und sich ihr Wesen nicht ganz zugeeignet. Ist er darum scheltens=
werth?" Und wie er sich selber einst zugerufen hatte, es sei schön
Homeride, auch nur als letzter zu sein, so verkündigt er auch (S. 209):
„Deutsche Bildhauer, es wird euch nicht schaden, zum Ruhm der
letzten Praxiteliden zu streben!"

In allen diesen Aussprüchen ist eine gereizte, polemische Stimmung
erkenntlich, und unwillkürlich werden wir auf den Gedanken geführt,
diese Stimmung sei einem bestimmten Anlaß entsprungen. Die
Handschrift (in Bd. 48 als H¹² bezeichnet) weist auf eine verhältniß=
mäßig frühe Zeit, auf den Anfang des Jahrhunderts. Sie enthält,
in eigenhändigen, ganz flüchtig hingeworfenen Zügen, außer den
eben angeführten Sätzen noch eine Anzahl jener „Reflexionen", die
erst nach Goethe's Tod unter dem Titel „Aphorismen. Freunden
und Gegnern zur Beherzigung" im vierten Bande der Nachgelassenen
Werke gedruckt worden sind, später aber mit den übrigen Sprüchen
vereinigt wurden; in unserer Ausgabe finden sie sich S. 209. Aus
der Handschrift ergiebt sich eine interessante Variante, die uns auf
die richtige Spur helfen kann. „Sollen wir ewig als Raupen
herumkriechen, weil einige nordische Künstler ihre Rechnung dabei

finden?" fragt Goethe; ursprünglich aber lautete die Frage: „Damit man in Berlin ungestraft den Marmor zu Husarenpelzen verderben dürfe?" Und wir fragen nun weiter: wo und in welchem Anlaß hatte man in Berlin zu Anfang des Jahrhunderts eine Marmorstatue in Husarenuniform aufgestellt? Die Antwort ist nicht zweifelhaft: es ist die Schadow'sche Statue Zieten's auf dem Wilhelmsplatz gewesen; ihr Naturalismus erregte damals allgemeines Aufsehen. Sobald der Name Schadow genannt ist, fällt nun auf die ganze Reihe jener Aphorismen ein neues Licht, indem sich die Erinnerung an den Streit aufthut, in welchen Goethe zu Anfang dieses Jahrhunderts mit Schadow verwickelt war[1]). Goethe hatte sich in den Propyläen (s. Bd. 48 der W. A. S. 23) über den Kunstbetrieb in Berlin abschätzig geäußert, hatte den Naturalismus, die „Wirklichkeits- und Nützlichkeitsforderung", den engherzigen „patriotischen" Standpunkt in Kunstsachen getadelt. Schadow hatte darauf als Vertreter der Berliner Kunst in der „Eunomia" 1801, Bd. 1 geantwortet. Goethe's „Aphorismen", sowohl die früher bekannten als die jetzt erst veröffentlichten, sind Vorarbeiten für eine Duplik gegen Schadow, die aber nicht zur Ausführung kam. Nochmals kommt Goethe auf die Husarenplastik mit Leidenschaft zu reden (S. 253): „Ein Bildhauer, der aus Marmor Patrioten-Husarenpelze hauen muß, sollte dies mit Zerknirschen als einer traurigen Nothwendigkeit gehorchend verrichten, und sich freuen, wenn sich eine fremde Stimme erhebt, die das nun nicht eben als das Ziel" (der Kunst) anerkennt. Und auch über die Pläne Schadow's, Friedrich den Großen plastisch darzustellen, spricht Goethe ebenso abschätzig, in fragmentarisch mit kaum leserlichen Zügen hingeworfenen Einfällen (S. 252): „Friedrich II. zu Pferd nach Chodowiecki ist in Zinn gemalt in Nürnberg; gewöhnlich führt er die Soldaten der Kinder an und ist auch da noch ehrwürdig. Ich möchte ihn aber doch auf ähnliche Art weder in Lebensgröße, noch weniger colossal mit Augen sehen. Zeichnet doch

---

[1]) Vgl. darüber H. Grimm, Vierteljahrsschrift für Literaturgeschichte I, 293 ff. Riegel, Geschichte des Wiederauflebens der deutschen Kunst, 2. Ausg., S. 210 ff.

eure patriotischen Gegenstände! Ein König, der auf einer Brunnenröhre sitzt und denkt. Ja, wenn ihr seine Gedanken zeichnen könntet!" . . .

Die „Brunnenröhre" wird wohl jeden Leser zunächst überraschen; ich glaubte anfänglich dieses Räthsel damit lösen zu können, daß Schadow auch einen Entwurf componirt hatte, der Friedrich auf einem Sarkophag sitzend darstellte; diesen Sarkophag habe Goethe verspottet. Indessen hat mich R. M. Meyer darauf aufmerksam gemacht, daß eine bildliche Darstellung existirt, die wirklich den großen König auf einer Brunnenröhre sitzend darstelle, und zwar in Resignation, nach der unglücklichen Schlacht von Kollin. Doch scheint es nicht, daß Schadow sich auch dieses Stoffs bemächtigt habe. „Ein solcher König", fährt nun Goethe fort, „hat mit einer bildenden Kunst nichts zu thun; er soll nur im Geist und in der Wahrheit verehrt werden . . . .". Man sieht, mit welchem Selbstgefühl Goethe die gesammte Darstellung geistiger Größe dem Dichter vorbehielt; die äußere Welt wies er dem bildenden Künstler zu, die innere ließ er ihm nur so weit, als sie sich durch die äußere rein ausdrücken lasse.

Aus der „patriotischen" Beschränkung hinaus wies er den Künstler in den unendlichen Reichthum der offenen Welt, und zugleich nach den Stätten der großen Kunst, nach Italien und nach Paris, das durch Napoleon's Gewaltacte zum Sammelpunkt der hervorragendsten Kunstwerke geworden war (S. 253): „Paris ist offen; Italien wird's auch werden" (nach dem zu erwartenden Friedensschluß); „so lang uns der Athem bleibt, werden wir den Künstler in das Weite der Welt und Kunst . . . weisen. Beschränkt doch den Künstler nicht durch solche . . . fühlt sich doch ohnehin jeder in dem weitesten Welt- und Kunstgenuß beschränkt genug. Sich in seiner Beschränktheit gefallen, ist ein elender Zustand; in Gegenwart des Besten seine Beschränktheit fühlen, ist freilich kein Glück; aber es kann zum Glück führen." Es ist immer wieder die Ueberzeugung, daß von dem Großen und Bedeutenden eine Kraft ausgehe, die nur der Empfänglichkeit des Auffassenden bedarf, um ihn über sich selbst zu erheben. Nach diesem Grundsatz hat Goethe selber zu aller Zeit in unversieglicher Jugendlichkeit sein

Leben geführt; in den „Zahmen Xenien" läßt er die Frage an sich richten:

> „Sprich, wie Du Dich immer und immer erneust!"

und er antwortet:

> „Kannst's auch, wenn Du immer am Großen Dich freust;
> Das Große bleibt frisch, erwärmend, belebend;
> Im Kleinlichen fröstelt der Kleinliche bebend." —

In unseren Aphorismen kommt er nochmals auf die Frage der militärischen Standbilder zu sprechen, um in einem neuen Beispiel seine Bedenken zu äußern. „Indem das heilige römische Reich dem verdienten Helden eine Statue setzen will, setzt es in Corpore in eine Lotterie. Es ist zu fürchten, daß es eine Kunstniete zieht." So gering schien Goethe die Wahrscheinlichkeit, daß durch einen solchen Auftrag ein werthvolles Kunstwerk hervorgehen könne. Wem übrigens das in den letzten Zügen liegende römische Reich damals eine Statue zu setzen beabsichtigte, ist mir unbekannt; vermuthlich einem Feldherrn aus den Kriegen gegen die französische Republik.

Alle Aeußerungen Goethe's, die wir hier zusammengestellt haben, sind ja durch die augenblickliche, polemische Stimmung sicherlich verschärft und gesteigert worden; nicht immer hat Goethe so geurtheilt, und er selbst würde sicherlich nicht gewünscht haben, daß man in diesen leidenschaftlich hingeworfenen Worten, die er selbst nicht veröffentlicht hat, den völlig angemessenen Ausdruck seiner unumstößlichen Ueberzeugung erkennen möge. Aber die Grundtendenz stimmt doch mit seinen dauernden Anschauungen überein, und gerade in unserer Zeit, wo der Sculptur kaum mehr andere Aufgaben gestellt werden, als Statuen von Herrschern, Staatsmännern oder Feldherren, dürfte das Urtheil Goethe's Beachtung verdienen.

Indeß sind durchaus nicht all' die neugefundenen Sprüche von diesem polemischen Geist erfüllt; in vielen herrscht auch die sichere Objectivität, die in Goethe's Betrachtungsweise die Regel bildet. Wir sehen, daß er auch die zeitgenössische realistische Kunst unparteiisch zu würdigen wußte, wenn er über Chodowiecki schreibt, (S. 212 freilich wieder mit einem geringschätzigen Seitenblick auf

Berlin): „Chodowiecki ist ein sehr respectabler, und wir sagen
idealer Künstler. Seine guten Werke zeugen durchaus von Geist
und Geschmack. Mehr Ideales war in dem Kreise, in dem er
arbeitete, nicht zu fordern." Das Wort ideal ist hier mit absicht=
licher Betonung gebraucht, um hervorzuheben, daß sein Begriff nicht
dem Realismus der Ausführung widerspreche. Es war sonst nicht
Goethe's Art, Worte wie Idealität, Idealismus zur Bezeichnung
seiner künstlerischen Forderungen zu wählen; er stand über oder
außerhalb des Streites um diese Schlagworte. Hier hat er ein
solches Wort angewandt, da es ihm darauf ankam, ihre Unbrauch=
barkeit zu zeigen, sie gleichsam ad absurdum zu führen, indem er
eines von ihnen auf einen Künstler anwandte, dem nach dem all=
gemeinen Sprachgebrauch das Entgegengesetzte zukam. Indem er
die Kunst als etwas durchaus Selbständiges auffaßte, das nur dem
eigenen inneren Gesetz folgte, war für ihn jede Hereintragung fremder
Begriffe von außen her ausgeschlossen. Gegen die sklavische Ab=
hängigkeit von der bloßen Wirklichkeitsdarstellung wendet sich der
Spruch (S. 251): „Keine Darstellung wird als Kunstwerk an=
erkannt, wenn sie nicht aus der großen und weiten Welt wie durch
einen Rahmen abgeschnitten." Dieses Wort gewinnt besonderes
Interesse, wenn wir es mit der heute viel verfochtenen Meinung zu=
sammenhalten, die Kunst — bildende wie redende — brauche nur
ein Stück Leben, einen Winkel der Natur wiederzugeben; wie einfach
fügt sich die Antwort darauf: „Ja! aber dieses Stück muß in
seinem Rahmen abgeschlossen sein." Gegen eine Kunst ohne reale
Grundlage, eine „imaginirte bildende Kunst" wandte sich Goethe
zugleich in seinen Bemerkungen über Tieck's „Sternbald" und Wacken=
rober's „Klosterbruder" (S. 253; vgl. dazu S. 122 und Bd. 47, 362).

Ein besonderes Interesse hat Goethe zu jeder Zeit für die technische,
fast handwerksmäßige Grundlage der Kunst bewiesen. Gern betonte
er, daß in Perioden aufsteigenden Kunstschaffens der Schüler vom
Meister gelernt habe, indem er sich zuerst seine Handgriffe, dann seine
Auffassung und eigenthümliche Kunstsprache aneignete, endlich aber
über ihn hinausging. Und auch das „mäßige oder kleine Talent",

das an dem Vorbilde seines Meisters haften blieb, schätzte er, wie er am Beispiel eines Dieners von Philipp Hackert (S. 251) uns zeigt. Um so feindlicher war er dagegen dem Dilettantismus gesinnt, der von dem strengen, technischen Lehrgang sich dispensiren will; zu der großen Abhandlung, die er gegen ihn geplant, liefern auch unsere Sprüche noch einigen Zuwachs. „Ursache des Dilettantismus: Flucht vor der Manier, Unkenntniß der Methode. Thörichtes Unternehmen, gerade immer das Unmögliche leisten zu wollen, welches die höchste Kunst erfordert, wenn man sich ihm je nähern könnte." Auch eine Aeußerung, in der das Wort „Dilettantismus" nicht genannt wird, dürfen wir in diesen Zusammenhang hineinstellen, wenn wir uns des schon bekannten Spruches (S. 187) erinnern, wonach die Dilettanten das Ungenügende ihrer Arbeiten damit zu entschuldigen pflegen, daß sie versichern, sie sei noch nicht fertig. Hat Goethe dort darauf spöttisch erwidert, sie könne freilich nie fertig werden, weil sie nie recht angefangen war, so hören wir ihn jetzt die Forderung aufstellen (S. 210): „Was die letzte Hand thun kann, muß die erste Hand schon entschieden aussprechen. Hier muß schon bestimmt sein, was gethan werden soll." Mit lebhafter Freimüthigkeit aber spricht er zugleich aus, wie der Fehler dilettantischen Unternehmens allzu großer Aufgaben gerade von denen leicht begangen werde, die große Empfänglichkeit und Auffassungsfähigkeit zu Kunsteindrücken besitzen; auch sich selber schließt er in die Worte ein: „Jeder große Künstler reißt uns weg, steckt uns an, und alles, was in uns von eben der Fähigkeit ist, wird rege, und da wir eine Vorstellung vom Großen und einige Anlage dazu haben, so bilden wir uns gar leicht ein, der Keim davon stecke in uns" (S. 211).

Wie aber Goethe immer gerüstet ist, extreme Anschauungen nach verschiedenen Seiten hin abzuwehren, wie er dadurch in seinen Aussprüchen widerspruchsvoll erscheinen kann, so finden wir zugleich mit seiner Geringschätzung des technisch unzulänglichen Dilettantismus auch sein Verdammungsurtheil über eine geist- und gehaltlose technische Fertigkeit ausgesprochen: „Die Technik im Bündniß mit dem Abgeschmackten ist die fürchterlichste Feindin der Kunst" (S. 212).

Der Ausdruck ist paradox; würde man ihn dahin wenden, daß das Abgeschmackte, sobald es sich der Mittel der Technik bemächtigt hat, zum fürchterlichsten Feinde der Kunst werde, so würde er wohl allgemeine Zustimmung finden.

Endlich noch zwei Sprüche, die aus kunsthistorischer Betrachtung hervorgegangen sind (S. 214): „Antike Tempel concentriren den Gott im Menschen; des Mittelalters Kirchen streben nach dem Gott in der Höhe." Der heute fast trivial zu nennende Gedanke war damals von lebendiger Frische; über den Kampf zwischen klassischem und romantischem Kunstsinn schaut er mit überlegener, ruhiger Gerechtigkeit hinweg. Trotzdem wirft er ein charakterisirendes Licht auf die eigenen künstlerischen Neigungen Goethe's; er, der stets Gott mehr „im Menschen" als in „der Höhe" gesucht hatte, spricht auch darin seine Neigung zur Antike aus. Und aus Eindrücken, die er selbst bei seinem Verweilen auf antikem Boden erhalten, ist auch der letzte der Sprüche entsprungen: „Werke der Kunst werden zerstört, sobald der Kunstsinn verschwindet." In welchem Umfang hatte er in Rom es zu sehen Gelegenheit gehabt, daß die Zeiten, denen der Kunstsinn mangelte, auch nicht mehr die einfach menschliche Pietät für die großen Zeugen einstiger Kunstthätigkeit bewahrt hatten, daß sie diese nur als schätzbares Material zu neuer, nützlicher Verwendung, wenn auch nur zum Kalkbrennen, betrachtet hatten! —

. Völlig neue Aufschlüsse über Goethe's Denken und Empfinden haben wir aus diesen neuen Maximen und Reflexionen nicht gewinnen können; diese erwarten zu wollen, wäre auch unbillig. Aber es sind doch neue Strahlenbrechungen, in denen wir das Licht seines Geistes hier sehen und lebendig auf uns wirken fühlen.

Ueber Goethe's Verhältniß zu Shakespeare.
Ein Vortrag.

Wer sich mit der Literatur bloß als genießender Freund der Dichtkunst beschäftigt, der pflegt die Einzelerscheinung, das einzelne Dichtwerk oder den einzelnen Dichter zu betrachten und auf sich wirken zu lassen. Und auch vor dem wissenschaftlichen Forum der reinen Aesthetik ist diese Anschauungs- und Urtheilsweise berechtigt. Die geschichtliche Forschung dagegen hat ihr Wesen in der Erkenntniß der Zusammenhänge, in welchen die einzelnen Erscheinungen stehen, des Verhältnisses, in welches sie bewußt oder unbewußt zu einander getreten. Eine fortlaufende Entwickelungsreihe zeigt uns auch die Geschichte der Literatur, und aus der Erkenntniß der Voraussetzungen und Einwirkungen gewinnen wir den richtigen Maßstab zur Beurtheilung eines Dichters und seiner Schöpfungen. Aber auch da, wo es sich um weiter getrennte Erscheinungen handelt, die nicht in unmittelbarer Beziehung stehen, ist der Vergleich zwischen ihnen ein treffliches Mittel der Kritik, um über den eigenthümlichen Charakter, die Richtung und die Schranken der Kräfte und Leistungen eines Jeden sich aufzuklären. Und zumal gegenüber den Größten, den Häuptern der Literatur, ist dieses Verfahren fruchtbar, da wir ihnen nicht mit vorgefaßten Meinungen, nicht mit construirten Forderungen, nicht mit aufgedrungenen Gesetzen beikommen können, da wir sie an nichts Anderem messen dürfen, als an Ihresgleichen.

Gestatten Sie mir, heute in dieser Art das Verhältniß Goethe's und Shakespeare's zu untersuchen. Wir können uns dabei zum großen Theil durch die eigenen zahlreichen Aussprüche Goethe's leiten lassen, in welchen er sich über Shakespeare geäußert. Nicht als ob wir rückhaltlos und willenlos diese Aussprüche als Orakel hinzunehmen hätten; sie sind vielmehr für uns nicht mehr als ein Forschungsmaterial, aber freilich ein vorzüglich werthvolles. Denn Goethe besaß einerseits die Objectivität, sich selbst und sein Verhältniß zu Anderen mit Ruhe und Klarheit „historisch" anzusehen, und andererseits die neidlose Verehrung des Großen, wo und wie es ihm in der Gegenwart oder Vergangenheit entgegentrat. Jene erstgenannte Eigenschaft konnte sich freilich erst in seinem Alter in vollem Maße entwickeln, um sich in seiner Selbstbiographie auf's Vollendetste auszuprägen; die zweite hat er immer besessen; aber in der Jugend noch dem wechselnden Ansturm von Liebe und Haß, Bewunderung und Verachtung preisgegeben; im Alter in ruhiger Verehrung des Erhabenen sich erfreuend und das Andere still von sich ablehnend. Aber gestrebt hat er sein Leben lang danach, wie er selbst bekannte, das Vortrefflichste gewahr zu werden, das Beste, Vollkommenste zu schätzen, zu bewundern, zu verehren, oder wie er in Erinnerung an eine idealistische, religiös-philosophische Sekte des Alterthums sich ausdrückte: sich zum Hypsistarier zu bilden.

Die geniale Größe, welche in menschlichen Individualitäten seine Bewunderung erregte, pflegte Goethe das Dämonische zu nennen. Mit diesem Wort ist ausgedrückt, daß der Träger dieser Eigenschaft für unsere Betrachtung etwas Unfaßbares, nicht durch den Verstand Aufzulösendes in sich trägt. Allen Personen sprach er es zu, die auf eine unmittelbare Weise imponirend auf ihn gewirkt hatten. Napoleon besaß es im höchsten Grade; von zeitgenössischen Dichtern schrieb der alte Goethe es besonders dem Lord Byron zu, von dem er kurzweg sagte: „Byron allein lasse ich neben mir gelten". In einer früheren Zeit hatte er so neben sich Schiller geschätzt, in dessen „Wallenstein" er das große dramatische Kunstwerk der Gegenwart erkannte. In der Musik war ihm Mozart die überwältigend geniale Persönlichkeit. In der Vergangenheit fand er vorzüglich zwei große Erscheinungen auf verschiedenen Kunstgebieten, die er in

gleichem Maße verehrte: Raphael und Shakespeare. In Beiden
rühmte er, wie auch in Mozart, die Gesundheit und Klarheit des
Geistes, welche ihm als das eigentliche Kennzeichen des Klassischen
erschienen, als ein seltenes, der Gegenwart meist versagtes Geschenk
der allwaltenden Natur. Diese Gesundheit und Klarheit reihte in
seinen Augen jene großen Männer an die Geister des klassischen
Alterthums an, in denen Goethe ja vorzugsweise lebte und denen er
in der neueren Welt nur so wenig Ebenbürtiges gleichzusetzen fand.

Wenn aber so eine hohe Verehrung Shakespeare's Goethe'n
eigenthümlich war, so ist diese doch nicht in jeder Periode seines
langen und in steter geistiger Fortschrittsarbeit begriffenen Lebens
gleichartig gewesen. Versuchen wir einen schnellen Ueberblick über
die Geschichte seines Verhältnisses zu Shakespeare zu gewinnen!

In Goethe's erster literarischer Ausbildung hatte Shakespeare
noch keine Stätte. Der französische Geschmack war der maßgebende
in seinem väterlichen Hause, und auch in seiner ersten, zu Leipzig
verbrachten Studienzeit steht Goethe noch unter diesem Einfluß.
Erst in Straßburg, wo Herder's gewaltig anregende Persönlichkeit
ihm eine Fülle neuer Eindrücke eröffnete, da trat plötzlich wie eine
Erscheinung aus anderer Welt Shakespeare vor ihn hin und bannte
seinen Blick unwiderstehlich auf sich. In der übermächtigen Gewalt
dieses Eindruckes verschwand ihm jede andere Dichtergestalt, verlor
sich die eigene Persönlichkeit. „Die erste Seite, die ich in ihm las",
bekannte er bald darauf, „machte mich auf Zeitlebens ihm eigen."
Alles bewundert er nun an Shakespeare: die Freiheit seiner Komposi-
tion, welche ihm als völlige Regellosigkeit erscheint, die Natürlichkeit
seiner Menschendarstellung, auch in ihrer über unser Maß hinaus-
gehenden Größe, und vor Allem die geheimnißvolle Verknüpfung der
persönlichen Freiheit mit dem unabänderlichen Gange des Ganzen,
welche den Conflict und die Katastrophe seiner Dramen herbeiführt.
„Ich schäme mich oft vor Shakespeare", ruft er in seiner staunenden
Bescheidenheit aus, „denn es kommt manchmal vor, daß ich beim
ersten Blick denke, das hätt' ich anders gemacht! Hinten drein er-
kenne ich, daß ich ein armer Sünder bin, daß aus Shakespeare die

Natur weißsagt, und daß meine Menschen Seifenblasen sind, von
Romanengrillen aufgetrieben." Und diese unbedingte Begeisterung
beherrscht nun auch sein eigenes Schaffen. Das erste große dramatische Werk Goethe's, die dramatisirte Geschichte Gottfried's von
Berlichingen, hat der junge Dichter ganz nach Shakespeare's Vorbild
formen wollen; aber die Erkenntniß stand mit dem Enthusiasmus
noch nicht auf gleicher Stufe. Der völlige Mangel an dramatischer
Concentration, an bestimmter Gliederung der Handlung ist nicht
shakespearisch; höchstens einige der Königsdramen könnten angeführt
werden, die Goethe aber schwerlich schon kannte; er nahm hier die
große Freiheit von jeder schematischen Regel, welche Shakespeare
eigen ist, für sich in Anspruch, ohne die gewaltige Sicherheit zu bemerken, mit welcher Shakespeare dennoch dem einzelnen Fall gemäß
den dramatischen Plan formt und durchführt. Und so mußte er
den Tadel Herder's hinnehmen, der doch selbst sein Führer zu
Shakespeare gewesen war: „Shakespeare hat Euch ganz verdorben."
Gegen ein so galliges Wort des bald verstimmten Freundes hätte
Goethe freilich gar Manches anführen können: die lebensvolle
Charakteristik der Personen, den echt dramatischen Gegensatz des an
der alten Freiheit hängenden Helden und des neuen bevormundenden
Zeitalters; aber er that es nicht, er zog es vor, sein Werk umzu-
arbeiten, die Zerfahrenheit so weit möglich einzudämmen und ihm
die Gestalt zu geben, in der wir es jetzt lesen. Und Recht hatte
Herder jedenfalls darin: Goethe war bei einer durchaus andersartigen
dichterischen Individualität nicht zum Nachahmer Shakespeare's geboren; er konnte von ihm eine mächtige Anregung empfangen, aber
er mußte seinen eigenen Weg gehen.

Diesen eigenen Weg einzuschlagen rüstete sich nun Goethe, nachdem er von Frankfurt nach Weimar übergesiedelt war. Hier, wo
in abliegende Geschäfte vertieft, er jahrelang keine größere eigene
Production vollenden konnte, hier, wo er den Zeitgenossen seinem
Dichterberuf sich zu entfremden schien, — hier reifte in der Stille
ihm das künstlerische Ideal, welches ihn immer verlangender sich
nach der Antike hinwenden ließ und ihn endlich trieb, durch die

italienische Reise die tiefe Sehnsucht zu befriedigen. Nun wäre wohl
zu erwarten, daß seine Schätzung Shakespeare's sich verringert hätte,
aber um so bedeutsamer ist es, daß sie auch jetzt sich auf eine wohl-
erwogene und berechnete Weise äußerte und bewährte. In seinem
„Wilhelm Meister", dessen erste Hälfte damals entstand und langsam
ausreifte, ließ Goethe die entscheidende Einwirkung auf die menschliche und künstlerische Entwickelung des Helden durch Shakespeare
geschehen. In zwecklosen Abenteuern und Kunststümpereien ist Wilhelm
umhergeirrt; da weist ein überlegener Freund ihn auf Shakespeare
hin, „und in Kurzem", heißt es, „ergriff ihn der Strom jenes
großen Genius und führte ihn einem unübersehlichen Meere zu,
worin er sich gar bald völlig vergaß und verlor". Sein eigenes
Erleben spricht Goethe mit diesen Worten aus. Aber aus diesem
Strudel erhebt sich bald ein festes Eiland, auf welchem der jugend-
liche Held des Romans Fuß fassen und nun das feste Gebäude
seiner künstlerischen Arbeit errichten kann. „Hamlet" wird für
Wilhelm Meister das vorbildliche Werk, an welchem er die dramatische Kunst und die Bühnendarstellung zu messen und zu formen
lernt. Mit der daran sich schließenden ausführlichen Analyse der
Hamlet-Tragödie gab Goethe zum ersten Mal in Deutschland eine
congeniale Erläuterung eines der Hauptwerke Shakespeare's. Wohl
hatte Lessing mit begeisterten Worten Shakespeare als Vorbild aufgestellt, aber so tief in ihn eingedrungen war er nicht; noch niemals
war das weitverzweigte, reichgestaltige Gewächs der dramatischen
Handlung so verständnißvoll und sicher bis in seine tiefsten Wurzeln
hinein verfolgt und aus seinem Keime, der Charaktereigenthümlichkeit
des Helden, abgeleitet worden.

Die eingehenden Erwägungen und Untersuchungen über die
Aufführbarkeit des „Hamlet" und die Vorschläge zur Bühneneinrich-
tung, welche sich daran knüpften, waren für Goethe unbewußt ein
Vorzeichen der praktischen Aufgaben, die ihm selber auferlegt werden
sollten. Nach der Rückkehr von seiner zweiten italienischen Reise
übernahm er im Jahre 1791 die Leitung des Weimarer Hoftheaters,
und die Inscenirung Shakespeare'scher Stücke wurde für ihn eines

der wichtigsten und schwierigsten Probleme. Goethe, der in der edlen
Einfachheit und stillen Größe der „Iphigenie" und des „Tasso"
ganz und gar seinem eigenen dichterischen Genius gefolgt war,
zweifelte doch nicht daran, daß für die Bühne Shakespeare's Werke
das höchste Ziel bilden müßten. Es war damals noch ein Experiment,
Shakespeare aufzuführen. Der große Hamburger Theaterbeherrscher,
Schröder, hatte freilich etwa um 1780 einige der Tragödien für die
Bühne gewonnen und in ihnen glänzende Triumphe gefeiert; aber
mit welcher Aufopferung von Shakespeare's Geist! Das Publicum
konnte die erschütternde Tragik dieser Werke noch nicht ertragen; und
so mußte Hamlet am Leben bleiben und den Thron besteigen,
Desdemona aus dem Scheintode erwachen und sich wieder mit Othello
versöhnen, und im „König Lear" wenigstens Cordelia dem Tode
entgehen! Und wie die Abschlüsse, so wurde die ganze Handlung
möglichst in's spießbürgerlich Rührende herabgezogen. Goethe hat
dem gegenüber ein großes Verdienst an der Einführung Shakespeare's
in unser Theater. Er zuerst hat „König Johann" auf die Bühne
gebracht; er hat im „Julius Cäsar" und in anderen Stücken Shakespeare's Geiste und Buchstaben wieder zu ihrem Recht verholfen.
Bei all seiner Verehrung für das klassische, griechische Drama erkannte er doch rückhaltlos an, daß durch Shakespeare der Kreis des
Ausdrückbaren und Darstellbaren bedeutend über die antike Tradition
hinaus erweitert worden sei, und daß es unsere Pflicht sei, das durch
Shakespeare Gewonnene der modernen deutschen Bühne anzueignen
und sich in diesem Besitz zu behaupten.

In rein technischer Beziehung freilich mußte auch er, wie jeder
Theater-Director, die großen Schwierigkeiten in Betracht ziehen,
welche Shakespeare's geniale Freiheit unserem complicirten und dadurch schwerfälligen Bühnenmechanismus verursacht. Kaum ein
einziges Stück des Briten ist ja ohne scenische Vereinfachung auf
unseren Theatern darstellbar. Goethe hat in dieser praktischen Frage
geschwankt, je nach den Erfahrungen und Bedürfnissen im Einzelfall.
Als er 1803 den „Julius Cäsar" zur Aufführung brachte, schrieb
er an Iffland, den Leiter der Berliner Bühne, man wünsche wohl

zur äußeren theatralischen Zweckmäßigkeit hier und da durch Nehmen und Geben nachzuhelfen, aber es sei doch alles Einzelne so mit der Grundlage des Ganzen verbunden, daß, wie man irgendwo zu rücken anfange, gleich mehrere Fugen knisterten und das Ganze den Einsturz drohe. Und in der That hat er „Julius Cäsar" mit ganz geringen Veränderungen darstellen lassen. Im Gegensatz hierzu hat er 1812 „Romeo und Julia" in einer eingreifenden eigenen Bearbeitung auf die Bühne gebracht. Heftiger Tadel ist deshalb öfters gegen ihn gerichtet worden, obgleich diese Bearbeitung immerhin noch weit weniger frei ist als die geschickten, aber höchst willkürlichen neueren Zurichtungen mancher Stücke durch Dingelstedt oder Bulthaupt. Besser als tadeln ist es jedenfalls, ruhig das Shakespeare'sche Original mit Goethe's Behandlung zu vergleichen, die Grundsätze zu erkennen, von welchen er sich leiten ließ und die in der That für seine Dichtart und sein Verhältniß zu Shakespeare sehr charakteristisch sind. Wenn wir von den Streichungen und Zusammenziehungen, die durch praktische Rücksichten gefordert waren, absehen, so finden wir daneben noch eine systematische Umwandlung, welche sich nur durch die persönlichen Neigungen des Bearbeiters erklärt. Goethe hat die Fülle und den Reichthum des Weltbildes, das geboten wird, möglichst eingeschränkt und vereinfacht; dagegen die lyrisch phantasievolle Aussprache des Gefühls, die in diesem Drama schon einen großen Raum einnimmt, noch erweitert. Besonders die komischen Partien sind davon betroffen worden; die prächtige Rolle der Amme ist beträchtlich verkürzt, und Mercutio's Persönlichkeit ist einfacher und einheitlicher geworden. Alles concentrirt sich auf die beiden Hauptgestalten; auch die Elternpaare sind in den Hintergrund gerückt; die Gräfin Montague tritt überhaupt nicht auf. Mit alledem hat Goethe das Shakespeare'sche Werk seinem eigenen dramatischen Stil der späteren Zeit entschieden angenähert. Und deutlich heben sich die Goethe'schen Zusätze in ihrem reinen, klassischen Maß des Gedankens und der Form von der bizarren Energie der leidenschaftlichen Sprache Shakespeare's ab. Ein Beispiel dafür sei hier angeführt. Vor Julia's Grabgewölbe, wo der Schöpfer des Dramas den Helden nur wenige, ge-

waltsame Sätze reden läßt, da legt ihm Goethe Verse von wunder-
barem Wohllaut in den Mund:

> Wer möcht' es zahm ertragen, was auf mich
> Von Glück und Noth, Gelingen und Genuß,
> Von Angst und Schmerz die allzu reiche Zeit
> Auf einmal ausgeschüttel! Sonst ein Tag,
> Er war so leer, und eine Nacht so lang,
> Daß leere Langmuth selbst ihn nicht ertrug
> Und sich nach kärglich Neuem ängstlich sehnte.
> Nun drängt's auf einmal, als wenn sich zugleich
> Der Himmel oben öffnete, mir Seligkeit
> Aus grenzenlosen Sphären zu verleihen,
> Und augenblicks der Hölle Mißgewalt
> Den Boden flammend aufriß', und von unten
> Die Qualen alle mir entgegenschickte,
> Die ein Verdammter je geduldet hat.
> Doch was von Himmel, was von Hölle mehr!
> Die beiden Pfortenflügel, ungeheuer
> Sind sie gepaart, sie öffnen Höll' und Himmel.

Und nun schließen sich unmittelbar die Originalworte Shakespeare's an:

> „O du verhaßter Schlund! Du Bauch des Todes,
> Der du der Erde Köstlichstes verschlangst!
> So brech' ich deine morschen Kiefern auf
> Und will zum Trotz dich mehr noch überfüllen.“

Die grandiose, aber auch krasse Kühnheit der Phantasie, welche in
diesem Bilde sich ausspricht, war Goethe nicht verliehen, wurde aber
auch nicht von ihm erstrebt. —

Die lebhaften Urtheile über die Bearbeitung, welche von verschiedenen Seiten erfolgten, führten den Dichter dazu, immer ein-
dringender und umfassender die Frage nach der zweckmäßigen Bühnen-
gestaltung der Shakespeare'schen Werke zu durchforschen. Und aus
diesen fortgesetzten Erwägungen entstand 1813 der Aufsatz: „Shakespeare und kein Ende“, der allmählich noch weiter ausgearbeitet ward.
Hier leitet Goethe sehr richtig die schwierigen und unerfüllbaren
Zumuthungen, welche Shakespeare stellt, von der kindlichen Einfachheit des damaligen Bühnengebäudes und seiner Ausstattung her;
wo von einer wirklichen sinnfälligen Darstellung dessen, was der
Dichter vorschrieb, noch keine Rede war, wo man nur mit den

primitivsten Mitteln andeutete, was er forderte, da konnte man auch
die verwickeltsten Forderungen ruhig hinnehmen, denn man erfüllte
sie ebenso wenig wie die einfachen. Anders heute, wo die Technik
der Bühne alles nur irgend Mögliche mit peinlicher Sorgfalt zu
erfüllen sucht, aber eben deshalb an bestimmte Schranken gebunden
ist. Wollte man die Forderung stellen, das Drama Shakespeare's
Wort für Wort aufzuführen, so würde es, meint Goethe, bald von
unserer Bühne gänzlich verschwinden. Aber neben dieser Kritik von
Aeußerlichkeiten ist um so rückhaltloser die Bewunderung für die
wesentlichen Züge seines Genius. Als der Inbegriff aller tragischen
Kunst erscheinen ihm seine Werke. Und was schon der Jüngling
dunkel geahnt, das stellt hier der Greis mit voller Klarheit und
Sicherheit als Kern dieser Kunst an den Tag. Es ist der Zusammen-
stoß der menschlichen Willensenergie mit einem sich aufdrängenden
Verhängniß. In der tragischen Dichtung der Griechen, führt Goethe
aus, erscheint dies Verhängniß als Ausdruck eines unausweichlichen,
furchtbar waltenden Schicksals, dem der Einzelne fast willenlos,
jedenfalls hoffnungslos gegenübersteht. In dieser Form vermögen
wir Neuere es nicht mehr anzuerkennen, eine Dichtung, welche es
vorführt, erregt nicht mehr unser Interesse. Das Wollen, welches
frei ist oder doch frei scheint, nennt Goethe den „Gott der neuen
Zeit“. Und doch ist, den tragischen Eindruck zu erzeugen, unmöglich,
wenn dieses Wollen nicht von einer, von ihm unabhängigen Macht
durchkreuzt wird! Hier nun tritt Shakespeare einzig hervor, indem
er das „Alte und Neue auf eine überschwängliche Weise verbindet“,
indem er das Wollen des Menschen mit dem Sollen, das ihm
entgegentritt, in gleicher Weise hervorhebt und in erbittertem Kampfe
darstellt.

In anderen Richtungen noch verfolgt Goethe in diesen Betrachtungen bewundernd Shakespeare's gewaltige Bahn; wir können
ihm nicht in Einzelnem folgen; ich will statt dessen diesen historischen
Ueberblick mit einem Worte schließen, welches Goethe's selbstlose
Verehrung kurz und schlagend kennzeichnet. Als Goethe seinem ge-
treuen Eckermann gegenüber sich abfällig darüber äußerte, daß Manche

es sich beikommen ließen, den Romantiker Tieck als Dichter ihm
gleich setzen zu wollen, da fügte er hinzu, dieß wäre ebenso verfehlt,
als wenn er selber sich Shakespeare gleichstellen wollte, zu dem er
hinaufblicke und den er zu verehren habe.

Sollen wir nun etwa diesen Ausspruch als die pure Wahrheit ohne Weiteres acceptiren? Das wäre der gröbste Mißbrauch,
den man je mit der Bescheidenheit eines Anderen getrieben hätte.
Wir werden uns überhaupt davor hüten, ein Urtheil auf „höher"
oder „niedriger" abzugeben, — zwei für uns so unerreichbare
Größen quantitativ abzumessen. Unsere Augen reichen dazu nicht
hin, und Instrumente dafür giebt es nicht. Wir müssen uns begnügen sie qualitativ zu unterscheiden, ihre Eigenthümlichkeit gegen
einander abzuwägen. Da tritt uns zuerst vor Augen, wie Shakespeare sich mit voller und ganzer Kraft auf ein bestimmtes Gebiet
beschränkt und in ihm Unübertreffliches geleistet hat, wie dagegen
Goethe durch eine unvergleichliche Universalität seines poetischen
Schaffens sich vor ihm hervorthut. Goethe ist kein so vollendeter
Dramatiker wie Shakespeare, aber er ist ein Dichter in weit um-
fassenderem Sinne des Wortes, und gerade als Epiker beherrscht er
die Kunst souverän, als Lyriker redet er uns am Tiefsten zu Herzen.
Dagegen ist Shakespeare in seinen epischen Versuchen unbedeutend,
und in den Sonetten, seiner einzigen lyrischen Schöpfung, erreicht
er nicht die Kraft und Wahrheit seines dramatischen Gefühls-
ausdrucks.

Und diese Verschiedenheit Beider hängt auf's engste damit zusammen, wie sie ihre Kunst überhaupt auffaßten und ausübten.
Shakespeare steht mitten im praktischen Bühnenleben, und zwar
in dem seiner Zeit und seines Volkes, darin. Schauspieler war er
von Beruf und bald das geistige Haupt einer Schauspielertruppe;
er dichtete nach den Erfordernissen der Gesellschaft, die ihn umgab,
aus ihrem Empfinden, aus ihrer Lebensbetrachtung heraus. Daher
ist in seinen Werken dieser Eindruck gewaltiger Einheitlichkeit; mit

sehr wenig Ausnahmen (wie „Timon" oder „Troilus") erscheinen
sie nicht einer Stimmung entsprossen; sie sind aus einem Guß, nicht
wie Werke eines einzelnen, heftig bewegten Individuums, sondern
wie Erzeugnisse einer gewaltig wirkenden Macht, die sie aus einem
Urgrund und zu einem bestimmten Ziel hin in gleichmäßiger un=
unterbrochener Production hervorbringt. Daher diese großartige
Objectivität, durch die wir wohl die charakteristischen Züge des
Britenvolkes und des Reformationszeitalters, aber kaum das deutliche
Antlitz einer bestimmten Einzelperson zu erkennen vermögen. Da=
gegen hat Goethe trotz seiner oft gepriesenen objectiven Beobachtungs=
gabe doch stets rein persönlich gedichtet. Er folgt seiner Stimmung
und seinem Kunstprincip, keiner praktischen Aufgabe und keinem
Zweckgedanken; die Wirkung auf das Publicum ist ihm völlig gleich=
gültig; auch eine Abhängigkeit von den Ort= und Zeitverhältnissen
erkennt er als Dichter nicht an; er fühlt sich als schaffendes Mit=
glied in einer die Menschheit umfassenden Weltliteratur, und aus dieser
wählt er mit königlicher Freiheit sich Gattung und Form der Poesie,
Darstellungsart und Stil je nach seiner Stimmung und der vor=
herrschenden Richtung seines Interesses; bald altdeutsch bald modern,
bald griechisch bald orientalisch zeigt er sich uns, bald in realistischer
bald in idealistischer Kunstweise, hier als Epiker, dort als Lyriker,
dort als Dramatiker, — aber immer er selbst, immer seine über=
reiche Persönlichkeit uns eröffnend, alle seine Dichtungen Theile
eines großen Selbstbekenntnisses.

Daher ist freilich auch so Vieles bei ihm bloß Entwurf oder
Ansatz geblieben, so Manches als Bruchstück vor der Vollendung
bei Seite geworfen, wenn die Stimmung nicht mehr ausreichte;
Vieles wurde umgearbeitet, wenn des Dichters innere Stellung dazu
sich verändert hatte; darum fiel ihm auch gerade der Abschluß seiner
Werke oft schwer, wenn es sich darum handelte, das objective Facit
des ganzen subjectiven Reichthums, den er hineingelegt, zu ziehen,
während bei Shakespeare jedes Werk als ein nothwendiges Ganzes
für sich erscheint, das unwiderstehlich auf seinen Abschluß hindrängt
und einem durchschlagenden Willensimpuls seines Schöpfers ent=

sprungen scheint; wie uns auch berichtet wird, daß er nichts in dem Geschriebenen zu streichen pflegte, unbekümmert um die kleinen Un= ebenheiten, die daraus wohl entstanden.

Aber eben deshalb haben Goethe's Dichtungen auch jenes allgemeinmenschlich Ansprechende und Verständliche, welches uns sie nicht nur bewundern, sondern mit ihnen innerlich vertraut werden läßt. Wir finden in ihnen, wo wir sie aufschlagen, überall die menschliche Persönlichkeit, die zu uns redet, die unser Freund wird, zu deren Verständniß wir keine Voraussetzungen politischer, kulturhistorischer, bühnentechnischer Art nöthig haben. Um Shakespeare's Historien aus der englischen Geschichte zu genießen, müssen wir uns erst den Standpunkt des treuen Anhängers des Hauses Tudor gegenüber dem frondirenden Adel, den Standpunkt des Engländers gegenüber dem gehaßten Frankreich aneignen; um uns an Goethe's „Egmont" zu freuen, brauchen wir keine Schulung; uns treten Personen ent= gegen, die nichts anderes beanspruchen, als menschliche Sympathien und Antipathien zu erregen. Um die Tragik Shakespeare's zu erfassen, müssen wir uns den strengen Schuld= und Sühnebegriff aneignen, von dem seine Zeit beherrscht war, und den er oft in ausdrücklichen, peremptorischen Sätzen ausspricht; um die Tragik des „Tasso" oder der „Wahlverwandtschaften" zu verstehen, bedarf es nur eines fein entwickelten menschlichen Empfindens. Gar manche episodische Einschiebungen Shakespeare's werden uns nur begreiflich und erträglich, wenn wir uns der Ansprüche entsinnen, welche ein bunt zusammengewürfeltes Publicum an ihn stellte, dessen untere Schichten zwischen dem Ernst auch durch einen derben, bisweilen schmutzigen Spaß unterhalten sein wollten. Goethe hatte nicht nöthig, solchen Rücksichten zu folgen, und in Allem, was er uns giebt, finden wir sein künstlerisches Empfinden, seinen persönlichen Tact und auch in den Schwächen seine eigenen Schwächen.

Daß Shakespeare in Allem direct auf den dramatischen Effect hindrängt und ihn mit Aufwand der auf's Höchste gesteigerten Mittel erzielt, das bewirkt auch einen wesentlichen Unterschied seiner Charakter= darstellung von der Goethe's. In der umfassenden psychologischen

Kenntniß der menschlichen Natur halten sich beide wohl die Wage; aber Shakespeare bewegt sich gerne in den letzten Extremen, Goethe mehr im Gebiet der feinen Nuancen und Uebergänge. So kräftige komische Wirkungen, wie sie in den Lustspielen des Briten sich finden, bringt Goethe niemals hervor, und die erschütternde Leidenschaft, welche in Shakespeare's tragischen Charakteren wüthet, hat er nur ein Mal, nur im „Faust" erreicht. Dafür aber weiß er uns in die complicirten Verschlingungen des Empfindungslebens, in die Geheimnisse unbewußter oder halbbewußter Stimmungen, in die eigenthümlichen Verbindungen von Reflexion und Gefühl mit einer Klarheit und Sicherheit einzuführen, welche ihn zum unerreichten psychologischen Darsteller des Seelenlebens erhoben hat. Und das in einer Zeit, die durch die freie Ausbildung der Persönlichkeit zu einem weit reichhaltigeren und vielgestaltigeren Empfindungsleben gelangt war, als irgend eine frühere. Shakespeare hat als echter Dramatiker überall die Handlung im Auge, und die Charaktere dienen ihm dazu, sie hervorzubringen; Goethe versenkt sich mit selbst= ständigem Interesse in die Charakterzeichnung und führt sie mit besonders liebevoller Sorgfalt, oft über den Rahmen des Ganzen hinausquellend aus.

Aber noch ein anderer und bedeutungsvollerer Gewinn ist Goethe aus der individuellen Freiheit seines Schaffens erwachsen; ihm ist es gelungen, in Einem Werk, einem Lebenswerk, ein Total= bild seiner gesammten persönlichen Welt= und Lebensanschauung uns zu geben. Für einen „Faust" hat die empirische Bühne, welcher sich Shakespeare widmete, nicht Raum; er ist für eine Idealbühne gedacht. Ein heutiges Theater ehrt sich selbst, wenn es pietätvoll den „Faust" zur Aufführung bringt, und kann auch im Einzelnen das Verständniß des Werkes damit fördern. Aber etwas Unbefriedigendes wird jede Faust= aufführung immer behalten. Der Gedankenreichthum, wie der Reichthum der das ganze Menschenleben umspannenden Geschicke läßt sich nicht in den engen Rahmen eines Bühnenstückes fassen. Und zwar nicht nur wegen der Beschränktheit in Raum und Zeit, sondern auch aus dem inneren Grunde, daß die feste Form des Drama's, das Einen

Conflict zur Lösung führt oder zur Katastrophe steigert, nicht fähig ist, den Inhalt eines ganzen Menschenlebens in sich aufzunehmen, und auch nicht die Last des Gedankenbaues zu tragen, welchen der Dichter als Summe seiner Lebensweisheit hier errichten will. Werke von solchem geistigen Reichthum sind nur in der epischen Form, wie sie Dante gewählt hat, oder in der ganz freien dialogischen, in Wahrheit auch epischen Form des „Faust" denkbar. Und wenn wir die tiefsinnige Weltweisheit erwägen, welche durch Shakespeare's Dramen verstreut ist, so mögen wir wohl ahnen, was er uns in einem ähnlichen Lebenswerk hätte schenken können, wenn seine Schaffensweise ihm das erlaubt hätte. Aber er blieb an sein Theater gebunden und an die Forderung des Augenblicks; er opferte sich ihr; während Goethe im Laufe von zwei Menschenaltern langsam sein Lebenswerk Glied für Glied wachsen ließ und es endlich wenige Monate vor seinem Tode abschloß, mit dem Bewußtsein, nun seine Aufgabe erfüllt zu haben und sein ferneres Leben für ein Geschenk ansehen zu dürfen. Er hat damit ein Vermächtniß hinterlassen, welches den Kern seiner ganzen Geistesarbeit in ihren verschiedenen Entwickelungsphasen und den charakteristischen Ausdruck seines persönlichen Wesens enthält. Die unendlich vielseitige und zersplitterte Thätigkeit seines Lebens ist durch die Vollendung dieses Werkes doch schließlich zur Einheit zusammengefaßt.

Und wenn ich den Gesammteindruck, den das Schaffen dieser beiden größten Dichter der Neuzeit hervorruft, mit wenigen Worten zusammenfassen soll, so möchte ich Shakespeare's Werke mit einem mächtig ragenden quadergefügten Gebäude vergleichen, Goethe's mit einem hochaufgeschossenen, aber zugleich weit sich ausbreitenden Baume. Gewaltige Blöcke von gleicher Art, dem Gesammtplan entsprechend zusammengefügt, aber nur im Groben zugehauen, bilden dort eine wuchtige Rustica-Fassade, die sich in imposanter Strenge aufbaut; kaum vermag man zu fassen, welche Macht diese Massen gebrochen und gethürmt hat. Hier bringt die Kraft der Natur einen stolzen, stets neue Ringe ansetzenden Stamm hervor, in welchem die Kraft und das Leben des Baumes waltet, während er Aeste nach allen Seiten aussendet, manche von kärglicherem Wachsthum, oder auch vertrocknend und abfallend; das Ganze aber ein einziges lebensvolles Gebilde. Wohin sich unsere Blicke auch richten, immer wieder kehren sie auf den Stamm zurück, das centrale, aus den Wurzeln des Organismus hervorgewachsene und zum Himmel sich erhebende Lebenswerk.

————————

Victor Hehn's Goethebuch.

Aus Allem, was Victor Hehn schreibt, leuchtet eine starke Individualität hervor, deren Aeußerung aber durch ein hochentwickeltes Formgefühl in Schranken gehalten wird. Ein eigenartiges, fest bestimmtes System der Welt- und Lebensanschauung liegt seinem Urtheil, ja selbst der bloßen Wiedergabe seiner Beobachtungen zu Grunde; aber es tritt nirgends mit aufdringlicher Lehrhaftigkeit zu Tage, sondern will von dem aufmerksamen Leser gesucht, zum Theil errathen sein. So auch in seinem Goethebuch [1]), das nicht etwa eine Anzahl vereinzelter Gedankenblitze äußerlich zusammenfaßt, sondern eine klare Gesammtanschauung von Goethe's Persönlichkeit in einer Reihe einzelner Beobachtungen und Reflexionen zu Tage treten läßt. Unter dem Worte „Gesammtanschauung" verstehen wir hier freilich nicht eine solche, welche den gesammten Goethe nach allen Richtungen seines Strebens und Beziehungen seines Wesens in sich faßte, sondern nur eine solche, welche in sich ein geschlossenes und abgerundetes Bild darbietet. Eine Beurtheilung Goethe's im ersteren Sinne besitzen wir überhaupt noch nicht und werden sie nicht so bald erhalten. Es ist nicht Sache eines Einzelnen, die unerschöpfliche Fülle von Goethe's geistigem Reichthume in sich aufzunehmen und wiederzugeben; erst wenn derselbe in den Besitz der ganzen Nation übergegangen, die bisher ihren größten Dichter nur in einzelnen Bruchstücken kennen gelernt hat, erst dann wird sich

---

[1]) Gedanken über Goethe. Berlin. Gebrüder Bornträger. Erste bis dritte Auflage. 1887 bis 1896.

allmählich eine Vorstellung der einzigartigen Persönlichkeit, welche
die verschiedensten geistigen Sphären in sich zu vereinigen wußte,
herausbilden; erst dann wird auch der Einzelne fähig sein, auf dieses
Gesammtbewußtsein der Nation gegründet, die Formen und Maße
für ein Bild dieses Genius zu finden.

Wie Victor Hehn Goethe beurtheilt, läßt sogleich der grandiose
Eingang seines Buches erkennen. Einen Dichter gleich Homer und
Dante beschließen die alten Götter der Germanen ihrem Volke zu
senden, dem bisher Phantasie und Formsinn versagt war, einen
Dichter, der „als unmittelbare Stimme der Volksseele" einer inne-
wohnenden Naturkraft gemäß, dichte und singe. Diese göttliche
Mission scheint erfüllt in kühnem rücksichtslosen Wagen durch die
Jugendwerke des Götz und Werther, in voller künstlerischer Selbst-
beherrschung, geläutert durch die Antike, in „Hermann und Dorothea".

In Goethe's Lyrik weiß Hehn ebenso den Ton des Volksliedes
wie den der Römischen Elegien zu schätzen. Aber indem er in
Goethe vor Allem die gesunde und heitere Selbstgewißheit, die Einheit
von Geist und Natur bewundert, tritt jene andere Seite des Dichters
völlig zurück, die ihn bekennen ließ, daß sein Leben nur Mühe und
Arbeit gewesen, nur kaum wenige Wochen wirklichen Wohlbefindens
ihm gewährt habe. Damit hängt zusammen, daß das aus der
Erde hinausstrebende, Himmel und Hölle umfassende Werk Goethe's,
welches wir gewohnt sind, als sein größtes zu betrachten, bei Hehn
eine halb mitleidige Betrachtung findet.

Doch wir wollen durch die Grenzen, welche Hehn seiner Schätzung
Goethe's gezogen hat, nicht den Reichthum uns verkümmern lassen,
den er innerhalb jener Grenzen vor uns ausbreitet. Aus Hehn's
Buche über Italien ist es bekannt, wie meisterhaft er es versteht,
jenes antike heitere Gleichgewicht des Wesens, jene unmittelbare und
unbefangene Uebereinstimmung des Menschen mit der ihn umgebenden
Natur zu schildern. Dieselbe Meisterschaft bewährt er hier, wenn
er Goethe's „Frohnatur und Lust zu fabuliren" schildert oder
wenn er aus „Hermann und Dorothea" in den handelnden Personen
und ihren gegenseitigen Beziehungen die „Naturformen des Menschen-

lebens" nachweist. Vielleicht der vollendetste Abschnitt des ganzen
Buches ist der erste „Südwest und Nordost", welcher die untrenn-
bare Zusammengehörigkeit Goethe's mit seiner heiteren und sonnigen,
südlich-rheinländischen Heimath darstellt. Der Contrast zwischen
dieser und dem Nordosten Deutschlands, zwischen dem „Reiche" und
der preußischen Monarchie wird mit äußerster Schärfe und doch
hoher Unparteilichkeit gezeichnet und mit einer Fülle von Einzelbeobachtungen charakterisirt, in denen sich geographischer und historischer
Scharfblick vereinigen.

Gegen den zweiten Abschnitt „Goethe und das Publicum",
„Eine Literaturgeschichte im Kleinen" können wir dagegen einige Bedenken nicht unterdrücken. Den Grundgedanken, Schiller's Wort
„Goethe werde immer nur von Wenigen gewürdigt werden" aus
den Urtheilen des Publicums zu rechtfertigen, hat Hehn in packendster,
geistsprühender Weise, aber für ein Geschichtsbild doch mit zu fessel-
loser Subjectivität ausgeführt. Die Art, wie er die Urtheile der
Zeitgenossen Goethe's zu interpretiren und ihren geheimsten Sinn
ans Tageslicht zu fördern sucht, ist aufs Höchste frappant, aber
nicht immer gerecht. Bei dem Zerwürfniß, in welches Goethe durch
seine häuslichen Verhältnisse mit der Gesellschaft gerieth, die Schuld
so ausschließlich wie Hehn es thut, auf Seite der letzteren zu suchen,
ist unbillig, da die Gesellschaft nicht anders kann als die Grundlagen, auf denen ihre Ordnung ruht, vertheidigen. Abweichend von
seiner sonstigen rein geformten und bei aller Fülle des Ausdrucks
doch streng fortschreitenden Schreibweise hat sich Hehn in diesem
Abschnitte auch manche Abschweifungen gestattet, auf die wir nicht
näher eingehen, weil sie uns von dem Thema abführen würden [1]).
Ihren größten Werth gewinnt diese „Literaturgeschichte im Kleinen"
für uns dadurch, daß sie sich indirect zu einer Geschichte der
Goethe'schen Production selbst gestaltet, d. h. derjenigen Werke, welche

---

[1]) Einige dieser Abschweifungen, welche sich gegen das Judenthum richten,
haben dem wahrhaft hellenischen Buche die besondere Anerkennung hoch-
orthodoxer Kreise eingetragen, ein Beifall, auf welchen der Verfasser selbst am
wenigsten gerechnet haben dürfte.

Hehn vor Allem hochschätzt. Wenn er Götz und Werther, Egmont
und Wilhelm Meister, Iphigenie und Tasso, Reinele Fuchs wie
Hermann und Dorothea bald gegen thörichte und verständnißlose
Angriffe bald gegen die schwerwiegenden Einwände der bedeutend=
sten Zeitgenossen vertheidigt, so erhalten wir dabei zugleich eine nur
leise angedeutete, aber aufs feinste abgetönte Wiedergabe — nicht
des Stoffes, nicht der Form, aber der Seele dieser Dichtungen. —
Anders steht es mit Hehn's Besprechung des „Faust". Wir haben
schon oben auf sie hingedeutet, und wollen hier nur bemerken, daß
einerseits eine absichtliche Gleichgültigkeit gegen die Ergebnisse der
kritischen Goethe-Forschung, andererseits das geflissentliche Bemühen,
in Goethe nur den unbewußt, wie spielend schaffenden Dichter, nicht
den arbeitenden strebenden Mann zu schätzen, den Verfasser zu
überraschenden Aufstellungen geführt hat, die wir nicht für haltbar
erachten können. Daß Hehn den zweiten Theil des Faust nicht ein=
mal erwähnt, kann weniger verwundern, da er überhaupt den
letzten Jahrzehnten Goethe's in seinem Buche kaum Beachtung zu=
wendet. Unzweifelhaft war ja auch in dieser Epoche jene dichterische
Naturkraft in der Abnahme begriffen, während freilich die geistige
Gesammtleistung Goethe's gerade in dieser Zeit erst in ihrer er=
staunlichen Vielseitigkeit und prophetischen Tiefe sich vollendete.

Wir glauben, daß jeder Leser mit einem gewissen Gefühle der
Befreiung von dem polemischen Inhalte des zweiten Abschnitts zu
den folgenden vier Capiteln übergehen wird, die in einem inneren
Zusammenhange mit einander stehen. „Naturformen des Menschen=
lebens", „Stände", „Naturphantasie", „Gleichnisse": unter diesen
Ueberschriften hat Hehn es verstanden, den poetischen Schauplatz
vor uns auszubreiten, den sich Goethe geschaffen hat, das Menschen=
geschlecht uns zu zeichnen, das er darauf sich bewegen läßt. Wie
äußerlich und nichtig die Bezeichnungen „Idealismus" oder „Realis=
mus" gegenüber der Thätigkeit des wahren Künstlers sich verhalten,
kommt aus dieser verständnißvollen Nachbildung lebhaft uns zum
Bewußtsein. Ueberall weist Hehn nach, wie Goethe's Gestalten den
thatsächlichen Lebensformen unserer Umgebung entnommen sind, und

wie sie doch zugleich von jeder störenden Zufälligkeit befreit, als
bleibende Typen die idealisirende Thätigkeit des Dichters zeigen.
„Hermann und Dorothea", „Wilhelm Meister's Lehrjahre", die
Gretchentragödie sind die hauptsächlichsten Fundgruben für diese Abschnitte gewesen. Meisterhaft ist auch, was Hehn über einige kürzere
Gedichte „Alexis und Dora", „Der Wanderer" u. a. äußert. Es
ist schon ein Verdienst an sich, unserer rastlosen, gegen so zarte
Gaben gleichgültig gewordenen Zeit ihren Werth wieder ins Gedächtniß zu rufen; eine ganz seltene Fähigkeit aber ist es, die Hehn
besitzt: aufzuzeigen und nachzuweisen, worin der Werth solcher
Poesien liegt, und zwar nicht auf dem Wege reflectirender Kritik,
sondern auf dem anschaulicher Reproduction. In dem Abschnitte
„Naturphantasie" werden auch die lyrischen Gedichte eingehend verwerthet; möge er den Leser zu weiterer Versenkung in die Lyrik
Goethe's auffordern, die seltsamerweise dem deutschen Volke weniger
bekannt ist als die Uhland's oder Chamisso's, Heine's oder Lenau's!
— Bei der Zusammenstellung der Gleichnisse Goethe's im letzten
Abschnitte mußten wir uns der Sammlung erinnern, in der Goethe
die Gleichnisse Homer's vereinigt hat. Eine tiefe Verwandtschaft
beider Dichter zeigt sich in der gemüthvollen Freude an den Erscheinungen der Außenwelt.

Sollen wir zum Schluß noch ein Gesammturtheil über die
„Gedanken" aussprechen, so möchten wir nochmals an Hehn's Buch
über Italien erinnern. Was er für den Nordländer an befreiender
Wirkung von einem Besuche des Südlandes erhofft, das wird der
deutsche Leser für seine Erkenntniß Goethe's aus dem Buche Hehn's
gewinnen; es giebt eine antike, eine homerische Betrachtungsweise
des Dichters. Aber wie der Germane, so gern er bereit ist, sich im
Süden die Augen öffnen zu lassen, doch im Innersten an seinem
nordischen Wesen festhalten will, so wird er auch seine Schätzung
des größten deutschen Genius im letzten und tiefsten Sinne noch
auf eine andere Weise begründen, als die „Gedanken über Goethe"
es ihn lehren.

Goethe's
Beziehungen zu russischen Schriftstellern.

Unter den Beschäftigungen, welche Goethe's Altersjahre ausfüllen, ist die Theilnahme an dem literarischen Leben fremder Nationen eine der charakteristischsten. Immer weiter dehnt sich der Kreis der Interessen. Von den großen Culturvölkern Italiens, Frankreichs, Englands ausgehend wächst er, bis auch die eben erst in das literarische Leben Europas eintretenden Länder umspannt werden. Die Lieder der eben sich Selbständigkeit erkämpfenden Neugriechen, die Anfänge einer nationalen czechischen Literatur, für welche durch häufige Aufenthalte in Böhmen sein Interesse erweckt ward, die epischen Gesänge der Serben fesseln ihn. Seine Theilnahme an polnischer Literatur ist erst kürzlich in einer eigenen Schrift erörtert worden [1]). Verhältnißmäßig gering ist seine Kenntniß russischer Dichtung geblieben, obgleich dieselbe gerade während der beiden letzten Jahrzehnte seines Lebens die kräftigsten Fortschritte machte und in Puschkin ihren Höhepunkt erreichte. Indeß gleichgültig ist er auch gegen sie nicht geblieben, wie andererseits auch Rußland, damals weit entfernt von dem jetzt seine Geister beherrschenden culturfeindlichen Hasse gegen „den Westen", ihm die lebhaftesten Huldigungen erwiesen hat. Indem ich Einiges über diese Beziehungen hier zusammenstelle, verweise ich zugleich auf zwei Sonderarbeiten: über Goethe und Shukowski im vierten Bande des Goethe-Jahrbuches und über Goethe's Briefwechsel mit Uwarow im 28. Bande der „Russischen Revue".

---

[1]) Karpeles, **Goethe in Polen.**

Uwarow ist wohl der erste Russe gewesen, der sich eingehend mit Goethe beschäftigt hat; schon als junger Mann, im Anfang der Zwanziger, läßt er (1808) einen Aufsatz über „Wilhelm Meister" erscheinen. Von eifrigstem Bildungsstreben erfüllt, läßt er es sich, schon seit 1811 Kurator der Petersburger Universität, sogleich angelegen sein, mit Goethe in brieflichen Gedankenaustausch zu treten; doch war der Inhalt dieses Briefwechsels mehr wissenschaftlichen als ästhetischen oder literargeschichtlichen Inhalts. Eine Untersuchung über die Gedichte des Nonnos von Panopolis widmet Uwarow Goethe.

Zu russischer Dichtung hat Goethe wohl zuerst ein Verhältniß durch seine Bekanntschaft mit Shukowski gewonnen, der 1821 in Weimar war (Goethe-Jahrbuch IV, 177) und auch der einzige russische Dichter blieb, den Goethe persönlich gekannt hat. 1827 war er nochmals in Weimar und hinterließ damals dort das schöne Abschiedsgedicht, welches aus Müller's Unterhaltungen allgemein bekannt ist. Mit anderen Gedichten Shukowski's wurde Goethe durch die 1821 erschienene Uebersetzung russischer Gedichte von Bowring bekannt, über welche später der sechste Band von „Kunst und Alterthum" (S. 325) die Notiz brachte: „Herr Bowring hat uns schon im Jahre 1821 ebenfalls[1]) mit einer russischen Anthologie beschenkt, wodurch wir mit jenen entfernten östlichen Talenten, von denen uns eine weniger verbreitete Sprache scheidet, näher bekannt wurden. Nicht allein erhielten dadurch berühmte Namen eine lebendigere Bedeutung, sondern wir lernten auch daraus einen Mann, der uns schon längst durch Lieb' und Freundschaft verwandt war, Herrn Shukowski, näher kennen, und ihn, der uns bisher in zarten Gedichten freundlich und ehrend verpflichtet hatte, auch in der weiteren Ausdehnung seines poetischen Erzeugens lieben und bewundern."

Von Goethe's Werken fand in Rußland der Faust die begeistertste Aufnahme. Selbstredend kann hierbei gegenüber dem im Allgemeinen

---

[1]) Goethe hat vorher Bowring's Uebersetzung serbischer Volkslieder besprochen.

noch äußerst niedrigen Bildungsniveau des damaligen Rußlands nur
der kleine Kreis literarisch strebsamer Männer verstanden werden, der
sich mit offenen Sinnen und festem Wollen zuerst um Shukowski,
dann um Puschkin scharte und dem Rußland überhaupt die Ausbildung des ästhetischen Sinnes und des feineren Sprachgefühls zu
verdanken hat. Im Jahre 1826 dichtete der junge Alexander Puschkin,
der schon damals als der erste Dichter seiner Nation galt, das
dramatische Fragment „Scene aus Faust", welches nicht etwa einen
Abglanz der alten Faustsage, sondern ausschließlich einen Anhang
zu Goethe's Dichtung darstellt. Es ist ein Gespräch zwischen Faust
und Mephistopheles, welches sich auf das Verhältniß zu Gretchen bezieht [1]). Wie hoch Puschkin den Faust schätzte, beweist folgende
Aeußerung [2]): „Im Manfred hat Byron den Faust nachgeahmt,
und dabei die einfach volksthümlichen Bilder durch andere, nach seiner
Meinung edlere ersetzt. Aber Faust ist die allerhöchste Schöpfung des
poetischen Geistes und muß als Repräsentant der neueren Dichtung
gelten wie die Ilias als Denkmal des klassischen Alterthums."

Hat Goethe sich mit Puschkin beschäftigt? In seinen Werken
findet sich meines Wissens keine Erwähnung; allein Annenkow in
seinen „Materialien zu einer Puschkinbiographie" berichtet: „Es giebt
eine Ueberlieferung, daß Goethe um die von Puschkin geschriebene
Scene (zu Faust) wußte. Man erzählt, daß er Puschkin durch einen
russischen Reisenden einen Gruß schickte und zugleich ihm als Geschenk seine eigene Feder übersandte, welche, wie wir hören, viele
in einem reichen Futterale gesehen haben, das die Aufschrift trug:
„Geschenk Goethe's". Das Werk Annenkow's ist bald nach Puschkin's
Tode erschienen, und sein Zeugniß daher nicht gering zu schätzen.
Indeß ist jene Feder nicht mehr zu Tage gekommen, und die Worte
Annenkow's sind in der neuen Großen Ausgabe der Werke Puschkin's
ohne jeden Zusatz und ohne Erläuterung in einer Note reproducirt
worden. Ich kann mich jedoch nicht enthalten, hier auf ein kleines

---

[1]) Vgl. den später folgenden Aufsatz: Puschkin und Byron.
[2]) Bd. V der großen Ausgabe, S. 50.

Gelegenheitsgedicht Goethe's hinzudeuten, welches 1826, also im selben Jahre wie Puschkin's Faustscene, entstanden und dessen Beziehung noch nicht aufgeklärt ist (Hempel III, 348).

Goethes Feder an ***

Was ich mich auch sonst erkühnt,
Jeder würde froh mich lieben,
Hätt' ich treu und frei geschrieben
All' das Lob, das Du verdient.

Die Vermuthung liegt nahe, daß diese Worte das an Puschkin gesandte Geschenk begleiteten.

Ein Jahr, nachdem der russische Dichter jene Scene verfaßt, begann der zweite Theil des Faust zu erscheinen; die „klassisch-romantische Phantasmagorie" erregte sogleich auf das lebhafteste das Interesse der russischen Verehrer des Dichters. Eine Anzahl Gesinnungsgenossen Puschkin's hatten sich um die Zeitschrift „Moskowskoi Wjestnik" gesammelt und hier wies der junge Literarhistoriker Schewyrew noch im Jahre 1827 den russischen Leser in sorgfältigster Weise auf „Helena" hin. Das einundzwanzigste Heft brachte zunächst ein Bildniß Goethe's und (S. 3 bis 8) eine zwar etwas frei gehaltene, aber durchaus gelungene Uebersetzung der Verse 786 bis 898 (nach Loeper's Zählung). Dann ferner (S. 79 bis 93) unter der Ueberschrift: Helena, klassisch-romantische Phantasmagorie; Zwischenspiel zu Faust — eine sehr eingehende Inhaltsangabe mit folgenden Schlußbemerkungen: „In dieser lichtvollen Phantasmagorie hat der hellsehende Poet viele Geheimnisse der Geschichte und Poesie aufgedeckt. Hier hat er das Räthsel der Entstehung des Romantismus und des Reims gelöst. Zugleich mit der siegreichen Schönheit mußte sich auch die ihr dienende Kunst darstellen — die Poesie. Als der von der Schönheit eingenommene Ritter anfing, dieselbe zu lieben, nicht sinnlich, sondern geistig, flog die Liebe auf aus den engen irdischen Schranken gen Himmel, und dann ertönte auch das Lied und drückte in seinen Tönen das unendliche Streben der Seele aus durch den Wechsel der Versmaße, die Harmonie der Gefühle, durch harmonischen Gleichklang, den Reim. Wie dieses Drama aus den alten Zeiten in das Mittelalter übergeht, so hat auch der Dichter diesen Uebergang in der Form seiner Dichtung absichtlich ausgedrückt. Die erste Hälfte derselben ist ganz in dem Geschmack des Alterthums gehalten, dessen Geheimniß der unsterbliche Goethe vor allen Dichtern erlauscht hat — besonders nach dem Homer. Die zweite Hälfte der Phantasmagorie ist ganz und gar entgegengesetzter Art: sie ist im romantischen Geschmack gehalten. Deshalb hat Goethe diese Phantasmagorie eine klassisch-romantische genannt."

Dieser Artikel wurde in Uebersetzung Goethe zugesandt, und zwar durch N. Borchardt, der zugleich einen Aufsatz verfaßt hatte: „Goethe's Würdigung in Rußland zur Würdigung von Rußland". Der Dichter nahm beides mit großer Freude auf und erwiderte Borchardt (1. Mai 1828) mit einem ausführlichen Briefe. Der Herausgeber der schon mehrfach citirten neuen Ausgabe von Puschkin's Werken erwähnt auch einen Brief Goethe's an Schewyrew; es scheint dies aber auf einer bloßen Verwechselung zu beruhen. An Zelter schrieb Goethe (21. Mai 1828), es sei ihm bekannt geworden, wie man Helena in Edinburg, Paris und Moskau begrüßt habe. „Es ist sehr belehrend, drei verschiedene Denkweisen hierbei kennen zu lernen: Der Schotte sucht das Werk zu durchdringen, der Franzose es zu verstehen, der Russe es sich zuzueignen. Vielleicht fände sich bei deutschen Lesern alles drei." Im zweiten Hefte des sechsten Bandes von „Kunst und Alterthum" (S. 429) wiederholte Goethe dieses Urtheil und fügte hinzu: „Und so hätten die Herren Carlyle, Ampère und Schewireff, ganz ohne Verabredung, die sämmtlichen Kategorieen der möglichen Theilnahme an einem Kunst- und Naturproduct vollständig durchgeführt. Das Weitere hierüber zu verhandeln, sei unseren wohlwollenden Freunden überlassen. Sie werden, das Ineinandergreifen jenes dreifachen nie scharf zu trennenden Strebens bemerkend und bezeichnend, uns über die mannigfaltigsten ästhetischen Einwirkungen aufzuklären, erwünschte Gelegenheit davon hernehmen." Wenn Goethe dem russischen Aufsatze im Gegensatze zu Durchdringung und Verständniß das Bestreben der Aneignung zuschrieb, so scheint dies anzudeuten, daß er eine etwas subjective Färbung an ihm wahrgenommen hatte.

Der Brief Goethe's an Borchardt rief in Rußland große Befriedigung hervor. Borchardt theilte ihn dem Herausgeber des „Moskowskoi Wjestnik", Pogodin, mit und schrieb dazu: „Mit besonderem
Vergnügen übersende ich Ihnen einen Brief des berühmten Goethe
an mich, welchen ich die Ehre hatte bei Gelegenheit der Ankunft
Ihrer Durchlaucht, der Erbprinzessin von Sachsen-Weimar durch
Herrn Treuter zu erhalten und ich hoffe, daß Sie durch seine Aufnahme allen, denen der geistige Fortschritt des Vaterlandes am Herzen
liegt, großes Vergnügen verursachen werden." Borchardt fügte ferner
einige Abschnitte aus seinem früher genannten Aufsatze in russischer
Uebertragung hinzu, aus denen wir — bei der Schwierigkeit, des
Originals noch habhaft zu werden — Folgendes in deutscher Rück-
übersetzung anführen. „Die Gedanken und Empfindungen (Schewyrew's) zeigen, wie sehr man den großen Goethe in der Sprache schätzt,
welche man vom Baltischen Meere bis nach Kamtschatka redet und
in der man mit Ehrfurcht seinen Namen ausspricht: in dieser Sprache
hat unlängst einer der ersten unserer Dichter, mit tiefem Gefühl begabt, Shukowski, gleichsam im Namen Rußlands, sein Urtheil über
denselben Goethe folgendermaßen ausgedrückt:

„Kühne Freiheit nahm er sich zum Gesetz; mit erhabenem Sinn
erhob er sich über die Welt, und Alles in der Welt erreichte er, und
vor Nichts beugte er sich."

Zugleich mit dieser Zuschrift wurde der Brief Goethe's im Original
und russischer Uebersetzung im „Wjestnik" (Jahrgang 1828, 120 ff.)
abgedruckt. Da derselbe bereits in Strehlke's Briefsammlung wiedergegeben worden ist, so verzichte ich hier auf eine Anführung, obgleich
der Strehlke'sche Druck, wie bereits Georg Schmid nachgewiesen hat
(Russische Revue, Goethe und Uwarow, Anm. 29), fehlerhaft ist [1]).

Goethe erkannte in dem Briefe nicht nur die „ebenso zarten als
tiefen Gefühle" an, die ihm persönlich in dem entfernten Osten „hold

---

[1]) Nur an zwei Stellen muß ich Strehlke gegen Schmid's Ausstellungen
in Schutz nehmen. In dem auf der Dorpater Universitätsbibliothek befindlichen
Exemplare des „Moskowskoi Wjestnik" steht thatsächlich: „Steigerungen"
(Schmid: Steigerung) und „Demjenigen" (Schmid: Einigem).

und anmuthig aufgeblüht" seien, als auch die „entschieden einsichtige und herzlich fromme Lösung", welche die Probleme der Helena in jener Besprechung gefunden hätten.

Als Puschkin diesen Brief gelesen, schrieb er an den Herausgeber Pogodin (Werke VII, 202): „Das Journal muß die Erwartungen der wahren Literaturfreunde und die Billigung des großen Goethe rechtfertigen. — Ehre und Ruhm unserem lieben Schewyrew! Sie haben schön gehandelt, daß Sie den Brief unseres Patriarchen in Deutschland abgedruckt haben."

––––––––

Berücksichtigt man, daß eine Aeußerung wie diese heutzutage in Rußland undenkbar wäre, so wird man inne, welcher sittliche und civilisatorische Werth in dem Gedanken der „Weltliteratur" liegt, dem Goethe in jenen Jahren nachlebte und für den er bei den Besten fremder Nationen damals Verständniß fand. Und schmerzlich empfindet man, welchen Rückschritt der Kultur das Wiedererwachen des Rassenfanatismus verschuldet hat.

Bemerkungen über die Normen einer Ausgabe von Goethe's „Maximen und Reflexionen".

Goethe's „Maximen und Reflexionen" gehören zu den werthvollsten Zeugnissen seines Geistes; sie sind das vollständigste und untrüglichste Document für die Erkenntniß seiner Lebensweisheit in ihrer vollendetsten abgeschlossenen Form. Leider ist ihre Ueberlieferung und Zusammenstellung in vieler Hinsicht nicht befriedigend; Goethe selbst hat sie nicht mehr für die Ausgabe letzter Hand gesammelt. Er hatte begonnen, „Sprüche" seit 1821 in den beiden Zeitschriften über „Kunst und Alterthum" und „Zur Naturwissenschaft und Morphologie" zu veröffentlichen, und hatte dann eine größere Anzahl den „Wanderjahren" 1829 zur Raumfüllung beigegeben. Letztere Anordnung war nur provisorisch, und Goethe verständigte sich über die künftige Behandlung mit Eckermann. „Wir wurden einig, daß ich alle auf Kunst bezüglichen Aphorismen in einen Band über Kunstgegenstände, alle auf die Natur bezüglichen in einen Band über Naturwissenschaften im Allgemeinen, sowie alles Ethische und Literarische in einen gleichfalls passenden Band dereinst zu vertheilen habe." Demgemäß sind die Herausgeber von Goethe's Nachlaß 1832 verfahren; 1840 verstärkten sie die Sammlung durch eine beträchtliche Anzahl von Sprüchen [1]. In der Hempel'schen Ausgabe ließ darauf Gustav von Loeper seine bahnbrechende Erklärungsarbeit erscheinen,

---

[1] Inzwischen sind durch B. Suphan, R. Steiner und mich auch eine Anzahl neuer Sprüche herausgegeben worden; doch ist aus dem Goethe-Archiv auch fernerer Zuwachs zu erwarten.

indem er in der Auswahl und Anordnung sich wesentlich an die
Vorgänger anschloß; in einigen Punkten aber auch von ihnen abwich.
Die drei Abtheilungen vereinigte er in einem einzigen, dem neunzehnten Bande der Ausgabe. Ich halte dies für ein glückliches,
dem Studium des Goethe'schen Geistes förderliches Verfahren;
freilich widerspricht es der eigenen Vorschrift des Dichters. Indeß
dieser Frage, die nach allgemeinen Erwägungen zu lösen ist, will ich
heute nicht weiter nachgehen; sondern der speciellen nach Auswahl
und Anordnung im einzelnen. Hier sind wir durchaus auf selbständige
Prüfung angewiesen, ob Eckermann, Riemer, Müller, schließlich
v. Loeper die Directive Goethe's befriedigend und zwecksprechend ausgeführt haben. Wenn ich mich bei dieser Untersuchung zum Theil
auch gegen die Ausgabe v. Loeper's erklären muß, so schicke ich
ausdrücklich voraus, daß meine eigenen Betrachtungen größtentheils
doch auf dieser fußen, und daß überhaupt jeder, der sich mit den
„Sprüchen" beschäftigt, zur höchsten Dankbarkeit gegen sie sich verpflichtet fühlen muß.

Zunächst wäre bei einer neuen Ausgabe der Sprüche von den
bisherigen darin abzuweichen, daß die fünfte Abtheilung des „Ethischen"
Nr. 367 bis 427 ganz wegzulassen wäre. 1832 fehlte sie noch,
erst 1840 wurde sie hinzugefügt; Loeper hat sie leider beibehalten.
Es sind die Blätter aus Ottiliens Tagebuch, welche sie bilden. Mit
den übrigen Sprüchen haben sie gar nichts zu thun. Erstens der
Zeit nach: sie stammen schon aus dem Jahre 1809, wenn nicht aus
früherer Zeit; zweitens dem Willen des Dichters nach, da wir gar
kein Zeugniß haben, daß er daran dachte, sie in diese Sammlung
aufzunehmen; drittens, was das Wichtigste, dem Inhalt nach. Man
hat wohl gesagt: sie seien für ein junges Mädchen wie Ottilie zu
tief und schwer, und ich will dem nicht widersprechen. Sieht man
sie aber neben den anderen „ethischen" Spruchabtheilungen, liest
man sie in einem Zuge mit diesen, so wird man ohne weiteres
empfinden, daß sie für diese nicht tief und schwer genug sind. Es
fehlt ihnen die philosophische Grundlage, auf der sich die übrigen
Abtheilungen aufbauen; es sind Aussprüche über gesellschaftliches

Leben, wie sie ein denkender Mensch in einem lebhaften, von Fremden überdrängten Hause, wie das Charlottens war, sehr wohl niederschreiben konnte; sie halten sich in einer gewissen mittleren Tiefe der Empfindung und Beurtheilung, wie sie dem erfahrenen Gesellschaftsmenschen entspricht; aber sie sind nicht würdig, unter den Resultaten von Goethe's Lebensweisheit aufgeführt zu werden; am wenigsten mitten unter den anderen Abtheilungen als fremder Gast willkürlich eingeschoben. Daß man 1840 sie an diesen Platz bringen konnte, ist ein rechtes Zeichen gedankenloser und äußerlicher Buchmacherei: in den Wahlverwandtschaften standen Sprüche: warum sollte man die nicht auch noch hinzufügen? Loeper hat leider für diese Ueberlieferung, die er vorfand, zu viel Pietät gehabt. Merkwürdigerweise hat er auch für die beiden letzten Sprüche dieser Abtheilung (Nr. 426, 427) dieselbe Pietät gehabt, obgleich sie nicht einmal aus Ottiliens Tagebuch stammen, sondern nach seiner eigenen Angabe einer Logenrede Goethe's von 1821 entnommen sind. Wenn man Goethe's Prosaschriften in dieser Art ausnutzen wollte, so könnte man leicht eine unübersehbare Reihe von Sprüchen zusammenstellen; natürlich haben auch diese beiden in einer künftigen Ausgabe wegzufallen. Von 1055 Sprüchen haben wir auf diese Art 61 ausgeschieden, so daß 994 übrig bleiben. Von diesen sind entnommen aus Kunst und Alterthum 324, aus der naturwissenschaftlichen Zeitschrift 50, aus den Wanderjahren 357, und sind aus dem Nachlaß hinzugefügt 263. Fragt man nach der Vertheilung, so könnte es zunächst selbstverständlich erscheinen, daß die erste Gruppe ausschließlich unter „Kunst" und unter „Ethisches und Literarisches" zu vertheilen, die zweite ganz und gar unter „Natur" einzureihen wäre. Aber bei der unzweifelhaften Freiheit, die sich Goethe in seinem Alter nahm, manches, was er dem Publicum darbringen wollte, auch an unerwarteter Stelle zu geben, können schon diese Normen nicht als sicher gelten, und ganz auf unser Gutdünken sind wir bei der Masse der aus den Wanderjahren und dem Nachlaß stammenden Sprüche angewiesen.

Gehen wir nun von der Sammlung Loeper's als einer dankenswerthen Grundlage aus, so finden wir, daß er aus den in der naturwissenschaftlichen Zeitschrift erschienenen Sprüchen die erste und sechste (letzte) Abtheilung der Gruppe „Natur" gebildet hat. Die Sprüche der ersten Abtheilung erschienen 1823, die der letzteren 1822; in den nachgelassenen Werken sind sie ohne jede Einreihung als zwei Sammlungen „Aelteres" und „Nachträgliches" gedruckt. Die aufmerksame Durchsicht zeigt, daß nur die erstgenannte in die Naturgruppe einzufügen ist, die zweite ganz unzweifelhaft der ethischen und literarischen Gruppe angehört. Diese zweite beginnt (Nr. 1028) mit einigen metaphysischen Sprüchen, die für die Erkenntniß des späteren Goethe geradezu grundlegend sind; sie schließen sich an Leibniz an und stellen die Monas als den Anfang alles Lebens dar. Die verschiedensten Aeußerungen Goethe's an Zelter, Eckermann haben in diesen Sätzen ihre Wurzel, nicht minder der Unsterblichkeitsglaube, wie er im zweiten Theil des Faust hervortritt. An diese Sätze schließen sich dann eine Reihe rein ethischer Maximen (bis zu Nr. 1036); darauf folgen drei Sprüche, die dem naturwissenschaftlichen Kreise angehören; danach wiederum rein ethische, literarische oder allgemein wissenschaftliche Sprüche bis zum Schluß (Nr. 1055). Naturwissenschaftlich scheint allerdings Nr. 1049 zu sein; es dient aber nur dem folgenden, von der Kunst handelnden Spruch als Grundlage. Und so wäre zu wünschen, daß bei einer neuen Ausgabe die sechste Abtheilung „Natur" dem „Ethischen und Literarischen" zugetheilt werde; allenfalls könnte man Nr. 1037 bis 1039, 1049 und 1050 ausscheiden; es empfiehlt sich aber wohl nicht, die von Goethe selbst gegebene Zusammenfügung dieser achtundzwanzig Sprüche zu sprengen.

Wenden wir uns nun zu „Kunst und Alterthum", so finden wir zunächst im dritten Heft des ersten Bandes (1817) neun Sprüche oder kurze Abschnitte mit der gemeinsamen Ueberschrift „Naivetät und Humor". Sie eröffnen die zweite Hälfte des Heftes, die den Specialtitel führt „Bildende Kunst", und sind deshalb wie auch wegen ihres thatsächlichen Inhaltes, der Kunstgruppe der Sprüche zuzutheilen. Loeper hat aus ihnen die vierte Abtheilung dieser Gruppe (695 bis 702) gebildet, ihr aber noch den Spruch Nr. 703

hinzugefügt, der erst 1827 gedruckt wurde. Dies scheint mir nicht
glücklich, da dieser Spruch ganz im Allgemeinen die Schwierigkeit
ausspricht, der Kunst mit Worten gerecht zu werden, aber in keiner
speciellen Beziehung zu den vorhergehenden Sprüchen über Naivetät
und Humor steht. — Eine größere Anzahl von Sprüchen brachte
dann erst der dritte Band (1821) im ersten Stück unter der Ueberschrift „Eigenes und Angeeignetes in Sprüchen". Diese bilden bei
Loeper den größeren Theil der zweiten Abtheilung des „Ethischen"
(Nr. 68 bis 151), wogegen nichts einzuwenden sein dürfte, als das
eine, daß die Abtheilung wohl besser mit Nr. 151 schon zu schließen
wäre. „Eigenes und Angeeignetes" des vierten Bandes (1824) hat
Loeper als Anfang der dritten Abtheilung des „Ethischen" (Nr. 179
bis 239) aufgenommen, und die Bemerkung des vorigen Satzes
findet auch hierauf Anwendung. Wenn nun Loeper die Sprüche
des fünften Bandes (im ersten Heft 1824 und im dritten 1826)
der zweiten und dritten Abtheilung als Nr. 152 bis 178 und
Nr. 240 bis 340 hinzufügt, so wäre es wohl richtiger, aus ihnen
zwei besondere Abtheilungen zu bilden. Aus den Sprüchen des
2. Heftes (1825) bildet Loeper die vierte Abtheilung (Nr. 341 bis
366); doch sind dabei einige recensionsähnliche Abschnitte ausgeschieden,
Nr. 350 in veränderter Form gegeben, Nr. 352 neu hinzugefügt.
Woher Riemer und Eckermann, auf die diese Anordnung schon
zurückgeht, den letztgenannten Spruch genommen haben, ist mir unbekannt; Nr. 350 ist in dieser Form aus den Wanderjahren (1829)
genommen, und es scheint richtiger, die ursprüngliche Form wieder
herzustellen. Auch die Auslassungen scheinen (mit Ausnahme der
fast zwei Seiten umfassenden Besprechung von Raumer's Hohenstaufen)
nicht gerechtfertigt, da Goethe auch sonst in den Sprüchen kurze
Notizen über Bücher giebt. — Der sechste und letzte Band endlich
bringt nur als Mottos die beiden herrlichen Sprüche über die
Wahrheitsliebe, die als Nr. 547 und 548 bei Loeper die siebente
dem Nachlaß entnommene Abtheilung des „Ethischen" eröffnen.

Um den Zusammenhang nicht zu unterbrechen, habe ich
bisher nicht erwähnt, daß vierzehn Nummern aus den angeführten

Spruchsammlungen von „Kunst und Alterthum" durch die Heraus=
geber des Nachlasses ausgeschieden und der Naturabtheilung zugewiesen
sind, eine Anordnung, die auch Loeper beibehalten hat. Diese
vierzehn Sprüche sind geradezu herausgepflückt worden, und die
Berechtigung dieses Verfahrens ist zweifelhaft. Für die fünf Sprüche
Nr. 965, 970, 973, 974, 985, die sich ausdrücklich mit der Natur=
forschung beschäftigen, möchte ich sie zugestehen; für die anderen
(966 bis 969, 971, 972, 975 bis 977) nicht. Denn wenn auch
diese letzteren zum Theil Erfahrungen aussprechen, die Goethe im
Kampf gegen Newton's Anhänger gemacht hatte, so sind die Resultate
doch ganz von den Schlacken dieses Zankes gereinigt und zu einer
nach allen Geistesrichtungen hin strahlenden Klarheit geläutert. Diese
Sprüche sind um so weniger aus ihrem ursprünglichen Zusammenhang
zu lösen, als sie zum Theil inhaltlich diese Trennung gar nicht
gestatten; so besonders Nr. 971 und 972, die eine größere Gruppe
von Aussprüchen über Wahrheit und Irrthum einleiten.

Wir gehen nun zu der großen Spruchsammlung der Wander=
jahre über, und zwar zuerst zu dem Theile, der „Makariens Archiv"
benannt ist. Diese Sprüche bilden bei Loeper die sechste Abtheilung
des „Ethischen", die zweite und einen Theil der sechsten Abtheilung
„Kunst", die dritte Abtheilung und den Anfang der fünften von
„Natur". Zum „Ethischen" und zur zweiten Kunstabtheilung,
welche die Sprüche aus und über Plotin bringt, habe ich nichts zu
bemerken; dagegen sind die Sprüche Nr. 763 bis 770, welche sich
mit dem Theater beschäftigen und der sechsten Kunstabtheilung
zugewiesen sind, hier mit den vorausgehenden Nr. 744 bis 762
unglücklich vereinigt; sie würden besser mit den abschließenden
Nr. 771 bis 774, die sich auf das Drama beziehen, eine eigene
Abtheilung bilden. Was die naturwissenschaftlichen Sprüche betrifft,
so ist kein Grund zu erkennen, weshalb die Nr. 961 bis 964 von
der dritten Abtheilung abgetrennt, und an den Anfang der fünften
gesetzt sind; sie müssen mit jener wieder vereinigt werden.

Die zweite Spruchsammlung der Wanderjahre, „Im Sinne
der Wanderer" betitelt, umfaßt gleichfalls Ethisches, Kunst und

Natur. Sie bildet bei Loeper die erste Abtheilung des Ethischen, die erste Abtheilung der Kunstgruppe, die vierte Abtheilung von „Natur" (mit Ausnahme der drei letzten Sprüche Nr. 958 bis 960). Außerdem ist aber ein Spruch (Nr. 599) in die siebente Abtheilung des „Ethischen" gesetzt, sechzehn in die sechste Abtheilung von „Kunst". Es sei nochmals wiederholt, daß diese Wunderlichkeiten von Loeper nicht verschuldet, sondern schon aus den Cotta'schen Ausgaben übernommen worden sind. Wie geistreiche Erwägungen die Herausgeber geleitet haben, bezeugt Nr. 599 in vorzüglicher Weise. Der Spruch lautet: „Für die vorzüglichste Frau wird diejenige gehalten, welche ihren Kindern den Vater, wenn er abgeht, zu ersetzen im Stande ist." Die jetzige überraschende Stelle haben die Herausgeber diesem Spruch offenbar nur gegeben, weil auch in dem folgenden von einem „Frauenzimmer" die Rede ist. Nr. 600 lautet: „Ein lebhafter Mann, unwillig über das Betragen eines Frauenzimmers, ruft aus: „Ich möchte sie heirathen, nur um sie prügeln zu dürfen!" — Ohne Zweifel ist Nr. 599 mit der ersten Abtheilung des „Ethischen" zu verbinden, und sind Nr. 744 bis 746, 750 bis 762 der ersten Kunstabtheilung einzufügen. Ueber die vierte Natur-abtheilung habe ich nichts zu bemerken, als daß die drei letzten Sprüche (Nr. 958 bis 960) einfach zu streichen sind, da sie von Goethe uns gar nicht als solche hinterlassen wurden, sondern nach Loeper's Mittheilung aus einer „brieflichen Erklärung an Carus und d'Alton" stammen.

Es bleiben uns endlich noch die Sprüche, welche aus dem Nachlaß stammen, 263 an der Zahl. Aus ihnen haben die Herausgeber die siebente Abtheilung des Ethischen, die dritte und fünfte der Kunst, die zweite und einen großen Theil der fünften Natur-abtheilung gebildet, und außerdem sieben Sprüche der sechsten Kunst-abtheilung ihr einverleibt (Nr. 747 bis 749, 771 bis 774). Dies ist im Ganzen sachgemäß; nur daß die fünfte Naturabtheilung aus-schließlich aus dem Nachlaß gebildet werden müßte, da wir die übrigen Nummern schon anderweit vertheilt haben und daß aus der sechsten Kunstabtheilung Nr. 772 bis 774 mit den nächst vorher-

gehenden Sprüchen, wie schon oben gezeigt wurde, ausscheiden
müßten.

Ich komme nun zum Resumé: Während bei Loeper Nr. 1
bis 655 die Gruppe Ethisches bilden, Nr. 656 bis 774 die Kunst-,
und Nr. 775 bis 1055 die Naturgruppe, so wäre nach dem, was
ich eben aus einander gesetzt, dem „Ethischen" zuzuweisen Nr. 1 bis
366, 428 bis 655, 966 bis 969, 971, 972, 975 bis 977, 1028
bis 1055; die hier hinzugekommenen Sprüche wären aus der Naturgruppe zu streichen, und Nr. 367 bis 427, 958 bis 960 wären
überhaupt fortzulassen.

In der Anordnung wäre nun natürlich innerhalb der Abtheilungen die von Goethe in „Kunst und Alterthum" oder sonst
gegebene Zusammenstellung einzuhalten; in der Reihenfolge der
einzelnen Abtheilungen sind wir jedoch ganz auf eigene Erwägungen
angewiesen. Ich würde das Ethische mit den Sprüchen aus der
Morphologie (Nr. 1028 bis 1055) einleiten; die allgemeinen, halb
metaphysischen, halb ethischen Sätze, mit denen diese Abtheilung
beginnt, bilden eine unvergleichliche principielle Grundlage. Dem
würde ich als zweite Abtheilung die Sprüche aus dem zweiten
Bande der „Wanderjahre" folgen lassen (1 bis 67), die mit der
grundsätzlichen Darlegung des Pflichtbegriffes jetzt die ganze Sammlung
einleiten, und würde die des dritten Bandes (Nr. 428 bis 546)
folgen lassen. Dann wären die Sprüche aus „Kunst und Alterthum"
anzureihen, am besten in der Folge ihres Erscheinens: als vierte
Abtheilung Nr. 68 bis 151, vervollständigt durch die oben be-
zeichneten, willkürlich ausgeschiedenen Sprüche, als fünfte Nr. 179
bis 239, als sechste Nr. 152 bis 178, als siebente Nr. 341 bis 366,
denen einige literarisch-kritische Aufzeichnungen wieder einzufügen
wären, als achte Nr. 240 bis 355, und als neunte Nr. 547 bis 655;
die letzte Abtheilung, die den Nachlaß umfaßt, wäre natürlich
nach den Ergebnissen der Weimarer Archivforschung zu erweitern.

Die Sprüche über Kunst würden, da das Allgemeine wohl dem
Besonderen vorauszugehen hat, am besten mit der geschickt aus dem
Nachlaß zusammengestellten fünften Abtheilung der Loeper'schen

Ausgabe Nr. 704 bis 743 zu beginnen sein, welche von den allgemeinen Bedingungen theoretischer und praktischer Beschäftigung
mit der Kunst ihren Ausgang nimmt. Der isolirte Spruch Nr. 703
(Kunst und Alterthum 1827) wäre am besten hier einzureihen, und
ebenso die fünf Sprüche Nr. 690 bis 694, welche dem Nachlaß
entnommen sind und Loeper's dritte Abtheilung bilden.

Als zweite Abtheilung würden sich am besten die Sprüche aus
den Wanderjahren anschließen, welche die Kunsttheorie Plotin's
reproduciren (Nr. 678 bis 689, auch bei Loeper, zweite Abtheilung),
dann als dritte Abtheilung die übrigen Sprüche aus den „Wanderjahren", welche sich mit den einzelnen Künsten beschäftigen, und bei
Loeper die erste und sechste Abtheilung bilden. Aus der sechsten
wären die dem Theater gewidmeten Sprüche Nr. 763 bis 774
auszuscheiden und, vielleicht durch Nr. 676 (über Shakespeare)
vermehrt, als besondere vierte Abtheilung hinzustellen; als fünfte
würden endlich die unter dem Titel „Naivetät und Humor" in
„Kunst und Alterthum" veröffentlichten Sprüche (Nr. 695 bis 703,
Loeper's vierte Abtheilung) hinzukommen.

Nach allem Vorhergegangenen ergeben sich die Folgerungen für
die naturwissenschaftlichen Sprüche nun leicht. Die sechste Abtheilung
derselben hätte fortzufallen; aus der fünften wäre manches oben
Genannte auszuscheiden. Die erste Abtheilung, welche schon 1823
in der naturwissenschaftlichen Zeitschrift erschien, hätte den Anfang
zu machen, ihr würden die dritte und vierte Abtheilung folgen, die
aus den „Wanderjahren" stammen; und die dritte nebst der
Hauptmasse der fünften Abtheilung, die erst im Nachlaß bekannt
gemacht wurden, hätten den Schluß zu bilden.

Bei diesen Vorschlägen, welche ich der Prüfung der Fachgenossen
empfehle, habe ich die werthvollen Beobachtungen in Hinsicht der
Entstehungszeit einzelner Sprüche, welche Loeper im Goethe-Jahrbuch
mitgetheilt hat, und die sich gewiß aus den Manuscripten des
Goethe-Archivs noch vermehren ließen, nicht als Grundlage einer
chronologischen Anordnung annehmen wollen, weil mir vor Allem
wünschenswerth scheint, diejenige Anordnung, welche Goethe zum

Theil gewünscht, zum Theil schon selbst getroffen hat, beizubehalten und auszubilden.

Zum Schluß möchte ich noch darauf hinweisen, daß, wenn es wünschenswerth erscheint, irgend eine Abtheilung der Sprüche auch in Goethe's Werken in dem Zusammenhang abzudrucken, in welchem sie in „Kunst und Alterthum" oder der naturwissenschaftlichen Zeitschrift zuerst gestanden haben, — dies doch nicht hindern möge, dieselben Sprüche nochmals in einheitlicher Anordnung erscheinen zu lassen, damit es möglich sei, diese Summe Goethe'scher Geistesarbeit nach ihren drei Hauptrichtungen gesondert und doch einheitlich zu überschauen.

———

Ueber neue Goethe'sche Sprüche.

Goethe nicht nur als Dichter, sondern als universellen Geist
zu betrachten, hat die Nachwelt längst gelernt. Wir können aus
weiterer Entfernung den Gesammteindruck der Persönlichkeit und
ihres Werkes vollständiger erfassen, als selbst ein Schiller aus dem
nahen Standpunkt des Freundes und Mitarbeiters. Wir klagen
nicht mehr, wie Schiller in den dramatisch fruchtbaren letzten Jahren
seines Lebens es that, daß Goethe nicht schneller und häufiger
dichterisch producire, sondern wir wissen, daß die umfassende Welt-
und Menschenkunde, die jede noch so abliegende Schrift Goethe's
aufweist, nicht ohne jene scheinbar zersplitternde Welterforschung zu
Stande kommen konnte, welche dem poetischen Schaffen meist nur
einen bescheidenen Raum übrig ließ. Wir haben uns längst gewöhnt,
in der Lebensweisheit, die in den Sprüchen in Prosa und Reimen,
in den zahmen Xenien, wie in Parabeln und Epigrammen zum
Ausdruck gekommen ist, einen Hauptertrag von Goethe's Lebensarbeit
zu sehen. Aber freilich nur als Einzelheiten sind diese didaktischen
Aeußerungen bekannt und geschätzt; als Ganzes, um aus ihnen
Goethe's Art und Wesen zu schöpfen, sind sie nur wenig gewerthet
worden. Dafür müssen immer von Neuem Aussprüche des Jünglings-
und frühen Mannesalters ausreichen, und aus ihnen wird immer
von Neuem die dürftige Erkenntniß gewonnen, Goethe sei „Spinozist"
gewesen [1]), als sei die große deutsche philosophische Bewegung, die

---

[1]) Die werthvollen Untersuchungen über Goethe's Verhältniß zu Spinoza,
wie sie besonders Danzel und Suphan geliefert haben, sind hiervon durchaus
zu trennen. Es ist nur zu wünschen, daß über Goethe's Verhältniß zu anderen
Philosophen ebenso gründliche und gedankenreiche Arbeiten entständen.

mit Kant anhub und von Goethe bis zum Tode Hegel's miterlebt wurde, an ihm spurlos vorüber gegangen.

Vor einigen Jahren habe ich in meinem Buche „Goethe in der Epoche seiner Vollendung" die Anschauungen des Greises, insbesondere nach Kantischen Gesichtspunkten darzustellen gesucht, und nachgewiesen, wie sehr in jeder Hinsicht die Betrachtungsweise Goethe's durch die drei „Kritiken" bestimmt worden ist. Allein so freundlicher Aufnahme sich dies Buch auch erfreut hat, so wenig sind doch die zahlreichen Besprechungen, die es erfuhr, auf jene Grundgedanken eingegangen; ja dieselben sind vielleicht, da ich ihnen mehr thatsächlich folgte, als sie ausdrücklich betonte, kaum genügend bemerkt worden. Ich möchte hier nochmals gleichsam programmatisch nur zwei entscheidende Aeußerungen Goethe's hervorheben, die eine in der Schrift über Winckelmann, „daß kein Gelehrter ungestraft jene große philosophische Bewegung, die durch Kant begonnen, von sich abgewiesen, sich ihr widersetzt, sie verachtet habe", — die andere aus dem Gespräch mit Eckermann vom 11. April 1827, als Goethe auf die Frage nach dem vorzüglichsten der neueren Philosophen entschieden antwortete: „Kant ist der vorzüglichste, ohne jeden Zweifel. Er ist auch derjenige, dessen Lehre sich fortwirkend erwiesen hat und die in unsere deutsche Cultur am tiefsten eingedrungen ist [1]."

Der Anlaß, dieses Thema wieder zu berühren, ist durch das Hervortreten einer Anzahl bisher unbekannter Goethe'scher „Sprüche in Prosa" gegeben, die im elften Bande der naturwissenschaftlichen Schriften der Weimarer Ausgabe veröffentlicht und schon im Februarheft dieser Blätter kurz erwähnt worden sind. Wie überhaupt Goethe's wissenschaftliches Denken sich an die Voraussetzungen, Wege und Ziele seiner Naturforschung anschloß, und von diesen speciellen Erfahrungen und Ergebnissen zu allgemeinen Erkenntnissen sich erhob, so sind auch diese Sprüche meist aus dem Sinnen des Naturforschers hervorgegangen, erheben aber zugleich den Anspruch auf allgemeinere

---

[1] Seitdem dies geschrieben wurde, hat Vorländer in den „Kantstudien", Bd. I und II, mit großer Ausführlichkeit und Sorgfalt Goethe's eingehende Beschäftigung mit Kant erörtert.

Geltung. Sie sind daher mit Recht den naturwissenschaftlichen Sprüchen als siebente Abtheilung angereiht worden; aber mit dem gleichen Recht dürfen wir hoffen, daß sie außerdem auch in der Hauptabtheilung der Werke Platz finden werden. Völlig neue Gedankenrichtungen werden uns in ihnen nicht eröffnet; aber desto besser ergänzen sie die schon bekannten Sprüche; gegenseitig erklärt Altes und Neues sich aufs Trefflichste, und die besondere Eigenthümlichkeit Goethe's leuchtet aus jedem Satze unverkennbar. Freilich liegt darin auch ihre Schranke; wenige aus ihnen könnte man für Sprüchwörter halten; dazu sind sie zu wenig abgeklärt; es sind flüchtige, aber in eifriger Arbeit hingeworfene Stizzen, Handzeichnungen eines großen, aber noch immer strebenden Meisters. In dem Folgenden soll versucht werden, sie einzeln zu beleuchten und zu erklären, wobei ich, um ihre Stellung in Goethe's Gesammtanschauung zu bestimmen, auf die Darstellung in meinem oben erwähnten Buch, sowie auf die trefflichen Commentare Loeper's im dritten[1]) und neunzehnten Theile der Hempel'schen Ausgabe verweise.

1. Alle Individuen und, wenn sie tüchtig sind und auf andere wirken, ihre Schulen sehen das Problematische in den Wissenschaften als etwas an, wofür oder wogegen man streiten soll, eben als wenn es eine andere Lebenspartei wäre, anstatt, daß das Wissenschaftliche eine Auflösung, Ausgleichung oder eine Aufstellung unausgleichbarer Antinomien fordert. In diesem Falle ist Aguilonius.

Der Spruch stellt zwei mögliche Wege des Forschens in Gegensatz zu einem Irrweg. Ueber das „Problematische" zu streiten, es nach dem Gesichtspunkte der Richtigkeit oder Unrichtigkeit zu betrachten, und durch ein Verdict im Sinne einer Partei darüber zu entscheiden, ist unmöglich. Zur Erläuterung des Begriffes, den Goethe mit jenem Wort verbindet, dient ein schon bekannter Spruch (Hempel XIX,

---

[1]) Dieser Theil nach der zweiten Auflage, von der nur drei Bände erschienen sind. In der ersten hat Strehlke den dritten Theil commentirt.

957): „Man sagt, zwischen zwei entgegengesetzten Meinungen liege die Wahrheit mitten inne. Keineswegs! Das Problem liegt dazwischen, das Unschaubare, das ewig thätige Leben in Ruhe gedacht." Es leuchtet ein, daß hier das Wort „Problem" in engerem Sinne genommen ist als oben. Denn oben ist von zwei möglichen Behand= lungen desselben, der Auflösung und der Aufstellung der unausgleich= baren Antinomie die Rede, hier dagegen nur von der letzteren: Das Problem ist „unschaubar", es ist das Geheimniß des Lebens selbst. In meinem Buche (S. 6 und 7) habe ich nachgewiesen, welche ent= scheidende Bedeutung für Goethe's Anschauungsweise der ursprüng= lich von Kant entnommene Gedanke der „Antinomieen" gewonnen hat, wie er den Verstand ihnen gegenüber als machtlos erkannte, aber in der praktischen Lebensbethätigung die Lösung fand; das Problem sei in ein Postulat zu verwandeln, schrieb er an Zelter. (Ueber Aguilonius vergleiche „Der Farbenlehre historischen Theil" Weimarer Ausgabe, III, 266.)

2. Wenn Jemand mich widerlegt, so bedenkt er nicht, daß er nur eine Ansicht der meinigen entgegen auf= stellt; dadurch ist ja noch nichts ausgemacht. Ein Dritter hat eben das Recht und so ins Unendliche fort.

Der Spruch bestätigt das schon durch viele Zeugnisse bekannte Axiom Goethe's von der Subjectivität aller Ueberzeugungen. „Jeder Mensch", heißt es (XIX, 8), „muß nach seiner Weise denken; denn er findet auf seinem Wege immer ein Wahres oder eine Art von Wahrem, die ihm durchs Leben hilft." Was aber bei dieser Gesin= nung unter „Wahrheit" zu verstehen ist, zeigt der Vers: „Was fruchtbar ist, allein ist wahr."

3. Wenn wir ein Phänomen vorzeigen, so sieht der Andere wohl was wir sehen; wenn wir ein Phänomen aussprechen, beschreiben, besprechen, so übersetzen wir es schon in unsere Menschensprache. Was hier schon für Schwierigkeiten sind, was für Mängel uns be= drohen, ist offenbar. Echte Terminologie paßt auf

ein beschränktes isolirtes Phänomen; wird auch an-
gewendet auf ein weiteres. Zuletzt wird das nicht
mehr Passende doch noch fortgebraucht.

Das „Phänomen" spielt bei Goethe's „gegenständlichem" Denken
für alle Erkenntniß eine entscheidende Rolle. Nicht einem logischen
Proceß, sondern dem „Gewahrwerden" der thatsächlichen Vorgänge
schreibt er den Gewinn voller Erkenntniß zu. „Phänomene" bietet
sowohl die Natur ihrem Erforscher dar, wie das menschliche Seelen=
leben dem Psychologen. Ihr gemeinsames Gewahrwerden nach
unserem Spruch ist die Grundlage allgemeingültigen Wissens; sobald
das Reden über die Sache an Stelle der Sache tritt, beginnt das
Persönliche sich einzumischen, beginnt die Klarheit der Erkenntniß
sich zu trüben. Schon deßhalb, weil die Sprache generalisirt, das
Phänomen aber ein einzelnes, immer Neues ist. Freilich strebte auch
Goethe nach der Erkenntniß des Allgemeinen, das der Einzelerscheinung zu Grunde liegt; aber auf dem Wege fortgesetzter Beobach=
tung; durch immer wiederholte und modificirte Reihen von Versuchen
und Erfahrungen sollte schließlich das unter allen wechselnden Bedingungen sich gleichbleibende Urphänomen gefunden werden. Man
vergleiche dazu den Spruch (XIX, 910): „Das Besondere ist das
Allgemeine, unter verschiedenen Bedingungen erscheinend."

4. Der Fehler schwacher Geister ist, daß sie im Reflec-
    tiren sogleich vom Einzelnen ins Allgemeine gehen;
    anstatt daß man nur in der Gesammtheit das All-
    gemeine suchen kann.

Dieser Spruch kann nach dem Vorhergehenden auffallen, weil
er zwischen dem Einzelnen und Allgemeinen wieder eine Kluft zu
befestigen scheint. Um ihn richtig in Goethe's Sinn zu verstehen,
dürfte man wohl statt vom „Einzelnen" vom „Vereinzelten"
reden; ein vereinzelt betrachteter Fall ist natürlich nicht geeignet, auf
das Allgemeine schließen zu lassen, wohl aber ist es die Gesammt=
heit der gemeinsam betrachteten einzelnen Fälle. Der von Goethe

gerügte Fehler: die Vorschnellheit in allgemeinen Schlußfolgerungen ist nur allzu häufig und bedarf keiner genaueren Charakteristik.

5. Urphänomen: Ideal — real — symbolisch — identisch.

Ideal, als das letzte Erkennbare;
real, als erkannt;
symbolisch, weil es alle Fälle begreift;
identisch, mit allen Fällen.

Hier wird das oben genannte „Urphänomen" durch vier Bezeichnungen bestimmt, welche den Gesammtzweck haben, die Einheit des Allgemeinen und Besonderen im Urphänomen nachzuweisen. Es ist real und ideal zugleich; es begreift alle Fälle in sich, weil es das ihnen Gemeinsame enthält, und es ist insofern identisch mit ihnen allen, so verschieden sie auch unter sich sind. Es ist darum auch der Urgrund, aus welchem die Möglichkeit des künstlerischen Schaffens hervorgeht; denn die Eigenthümlichkeit jedes vollendeten Kunstwerkes, zugleich ideal und real zu sein, ist dadurch bedingt, daß ein „Urphänomen" des Natur- oder Menschenlebens in dem dargestellten Einzelfall zur Erscheinung kommt. Ausführlich habe ich mich über diese, für Goethe's Weltbild grundlegende Vorstellung in meinem Buche (S. 64 bis 78) geäußert.

6. Empirie: Unbegrenzte Vermehrung derselben. Verzweiflung an Vollständigkeit.

Die bloße Häufung vereinzelter Fälle aus der Erfahrung könnte nur zur Erkenntniß führen, wenn eine Vollständigkeit der Sammlung zu erreichen wäre. Da diese undenkbar ist, so muß an Stelle der unbegrenzten Vermehrung der Einzelbeobachtung eine geregelte Auswahl treten, oder wie Goethe gern sagt, eine stetige Folge von Beobachtungen, die nach einem bestimmten Princip aufgestellt ist und zur Erkenntniß des Urphänomens hinführt.

7. Das Wissen beruht auf der Kenntniß des zu Unterscheidenden, die Wissenschaft auf der Anerkennung des nicht zu Unterscheidenden.

Auch hier derselbe Grundgedanke wie in den vorhergehenden Sprüchen. Das bloße Wissen beschränkt sich auf die Empirie, auf die Kenntniß der einzelnen, unter sich verschiedenen Fälle; die Wissenschaft dagegen besteht in der Erkenntniß des Gemeinsamen, des Gesetzlichen, das den einzelnen Fällen ohne Unterschied zu Grunde liegt.

> 8. Das Wissen wird durch das Gewahrwerden seiner Lücken, durch das Gefühl seiner Mängel zur Wissenschaft geführt, welche vor, mit und nach allem Wissen besteht.

Der Gegensatz ist hier derselbe wie im vorigen Spruch. Zur Erläuterung kann die schon bekannte Definition der Metaphysik (XIX, 887) dienen: als dasjenige, „was vor, mit und nach der Physik war, ist und sein wird". Daß es eine Wissenschaft auch schon vor dem Wissen geben könne, steht freilich mit Goethe's sonst so scharf hervorgehobenem Erfahrungsprincip im Widerspruch; allein es ist hier unter Wissenschaft nicht eine Summe von Kenntnissen, sondern es sind die apriorischen Anschauungs= und Denkformen verstanden, an denen Kant festgehalten und die er Goethe überliefert hatte.

> 9. Im Wissen und Nachsinnen ist Falsches und Wahres.
> Wie das sich nun das Ansehen der Wissenschaft giebt, so wirds ein wahr-lügenhaftes Wesen.

Vereinzelte Kenntnisse, welche als Grundlage zu Reflexionen dienen, erwecken leicht den Eindruck der Wissenschaftlichkeit, ohne doch den oben bestimmten Charakter der Wissenschaft zu besitzen. Es ist der Fehler, der schon im vierten Spruch getadelt wurde. Er ist doppelt gefährlich, weil er mit dem Schein der Wahrheit täuschend zum Irrthum führt.

> 10. Bei wissenschaftlichen Streitigkeiten nehme man sich in Acht, die Probleme nicht zu vermehren.

Der Satz, der keine specielle Erklärung fordert, frappirt durch die Schärfe, mit welcher er einen der häufigsten Fehler in

dem wissenschaftlichen Getriebe kennzeichnet. Jedem, der mit dem
Gang historischer oder literarischer Forschung vertraut ist, werden
eine ganze Reihe von Fragen in den Sinn kommen, die durch die
fortgesetzte wissenschaftliche Behandlung statt geklärt, immer nur
mehr verwickelt werden, weil der einfache Wahrheitssinn fehlt, der
in der Einfachheit der Lösung nicht Armuth, sondern Klarheit des
Geistes erkennt. Ein höchst charakteristisches Beispiel ist in neuester
Zeit an Goethe selber offenbar geworden; die Entstehung seines
„Faust" konnte nicht besser aufgeklärt werden, als durch den Fund
der „Göchhausen'schen Abschrift"; statt dessen wurde dieser Fund
öfters in der Art verwerthet, daß die Lösung der Frage immer weiter
in die Ferne gerückt wurde.

11. **Zum Ergreifen der Wahrheit braucht es eines
höheren Organs als zur Vertheidigung des Irrthums.**

Ein echt Goethe'scher Satz, der auf seiner Ueberzeugung von
dem höheren Werth des Positiven gegenüber dem Negativen beruht.
Es ist nicht dieselbe Denkkraft, welche in der geschickten sophistischen
Vertretung des Falschen und in der Erkenntniß des Wahren sich
bezeugt; vielmehr gehört zu der letzteren stets eine „Anschauung",
Intuition, die auf ein höheres Organ des Geistes zurückschließen
läßt, als das bloße logische Verfahren des Verstandes.

12. **Etwas Theoretisches populär zu machen, muß man
es absurd darstellen. Man muß es erst selbst ins
Praktische einführen; dann gilts für alle Welt.**

Der Spruch, der offenbar sorglos und rasch hingeworfen ist,
enthält zwei verschiedene Gedanken. Das Theoretische gewinnt „für
alle Welt" erst Werth, wenn es ins Praktische übersetzt worden ist;
will man es aber trotzdem als Theoretisches schon populär
machen, so muß es „absurd", d. h. übertrieben, verzerrt dargestellt
werden. Ein Ausspruch, der sich tagtäglich bewahrheitet! Jede
Ansicht zieht nur dadurch die Aufmerksamkeit auf sich, daß sie extrem,
gewaltsam, in frappanter Uebertreibung auftritt. Gewiß muß sie

einen „berechtigten Kern" enthalten; wer sich aber begnügt, nur diesen Kern als Speise aufzutischen, der wird immer nur wenig Gäste an seiner Tafel sehen.

> 13. Indem wir der Einbildungskraft zumuthen, das Entstehen statt des Entstandenen, der Vernunft, die Ursache statt der Wirkung zu reproduciren und auszusprechen, so haben wir zwar beinahe nichts gethan, weil es nur ein Umsetzen der Anschauung (oder Vorstellung) ist. Aber genug für den Menschen, der vielleicht im Verhältniß zur (oder gegen die) Außenwelt nicht mehr leisten kann.

Daß durch die Aufzeigung der Ursache thatsächlich nichts erklärt werde, weil keine neue Anschauung gewonnen, sondern die Anschauung bloß in anderer Form ausgesprochen werde, darüber war Goethe sich immer klar. Man vergleiche den Spruch Nr. 801, wo das Zurückführen der Wirkung auf die Ursache als ein bloß „historisches Verfahren" bezeichnet wird, und noch mehr Nr. 641, wo es ausdrücklich heißt: „Beide zusammen machen erst das eine untheilbare Phänomen." Für gewinnbringend aber erachtete Goethe in erster Linie die Anschauung eines neuen Phänomens, das näher zu dem Urphänomen heranführt.

> 14.[1]) Poesie deutet auf die Geheimnisse der Natur und sucht sie durchs Bild zu lösen. Philosophie deutet auf die Geheimnisse der Vernunft und sucht sie durchs Wort zu lösen. Mystik deutet auf die Geheimnisse der Natur und Vernunft und sucht sie durch Wort und Bild zu lösen.

Die Sätze sind charakteristisch für Goethe's Alter, in dem das Interesse für Philosophie ihm immer lebendiger geworden war.

---

[1]) Es folgt im Text ein Spruch, der nur in sehr fragmentarischer Form (in zwei unvollendeten Fassungen) überliefert ist, und auf dessen Erklärung wir hier verzichten.

Sie zeigen aber trotzdem noch den Kantischen Standpunkt, indem der Philosophie ausdrücklich nur die Erklärung des der Vernunftthätigkeit, nicht der Natur zugewiesen wird. Aecht goethisch und für alle Perioden seines Lebens geltend ist der Satz, daß Poesie die Geheimnisse der Natur löse und daß sie dabei durch das Bild wirke. Goethe's Poesie war stets bildlich anschaulich. Wenn Wilhelm von Humboldt zwei Arten von Dichtern unterschied, deren eine durch das Bild wirke und die Sprache nur als untergeordnetes Mittel gebrauche, während die andere direct in der Verwerthung der Sprache ihre Kunstthätigkeit beweise, so gehört Goethe unzweifelhaft zur ersteren; Schiller, den Rhetoriker[1], darf man der zweiten zuweisen; er wirkt durchs Wort, — was Goethe der Philosophie überläßt, — und war thatsächlich Philosoph und Dichter zugleich. Ein Gedicht, wie „Das Ideal und das Leben", in dem diese Verschmelzung so vollendet sich vollzieht, dürfte man daher nach Goethe's obigem Ausspruche „mystisch" nennen. Er selbst mag bei dieser letzten Bestimmung an den Abschluß des „Faust" gedacht haben, über den er an anderer Stelle geäußert hat: „Im Greisenalter werden wir Mystiker."

15. Wer die Natur als göttliches Organ leugnen will, der leugne nur gleich alle Offenbarung.

Die „Offenbarung" spielt in Goethe's Anschauungen wie in seiner Terminologie eine große Rolle. Einer seiner Lieblingsgedanken ist: daß wir das höchste Wesen nur in seinen Offenbarungen oder „Manifestationen" zu erkennen vermögen. Als solche aber erscheint ihm alles Große, Erhabene in der Natur wie im menschlichen Geistesleben; allbekannt ist die wundervolle Aeußerung gegen Eckermann, welche Jesus Christus und die Sonne als zwei Offenbarungen des Höchsten mit einander in Vergleich setzt. Aber die erste Stufe und die nothwendige Vorstufe aller übrigen ist für Goethe die göttliche Bewährung in der Natur.

---

[1] Diesen meinen Ausdruck hat de Wyzewa in der „Revue des deux mondes" 1895 als unberechtigten Tadel aufgefaßt; der Zusammenhang schließt ein solches Mißverständniß wohl aus.

16. Sprünge der Natur und Kunſt. Eintretender Genius
zur rechten Zeit. Element genugſam vorbereitet.
Nicht roh und ſtarr. Auch nicht ſchon verbraucht.
Ebenſo mit der Organiſation. Hier ſpringt die
Natur auch nur, inſofern Alles vorbereitet iſt, als
ein Höheres, in die Wirklichkeit Tretendes, zur emi-
nenten Erſcheinung gelangen kann.

Hier blicken wir in Goethe's geiſtige Werkſtatt. Nur der letzte
Gedanke iſt zum Satze ausgemeißelt, die vorhergehenden liegen wie
Marmorblöcke da, in denen der Künſtler ſeine Abſichten erſt in den
allgemeinſten Zügen angedeutet hat. Der Grundgedanke iſt jeden=
falls, daß in der Natur wie in der Kunſt Sprünge nur ſcheinbar
ſtattfinden, thatſächlich aber organiſche Entwickelung herrſcht. Wo
der Genius in der Kunſtentwickelung herantritt, da kommt er „zur
rechten Zeit“, wenn der Umkreis genugſam „vorbereitet“ iſt, und
nicht anders zeigt uns auch die organiſche Natur das Hervortreten
einer neuen Erſcheinung (der Blüthe, der Frucht) nur, wenn die
Vorbereitung bis zur äußerſten Spannung gediehen iſt, und mit
Nothwendigkeit zur Löſung hindrängt. — Anders urtheilte Schiller,
dem es in ſeiner ſpäteren Zeit fern lag, Natur und Geiſt zu
paralleliſiren:

Aber das Glückliche ſieheſt Du nicht, das Schöne nicht werden;
Fertig von Ewigkeit her ſteht es vollendet vor Dir.

17. Die Frage über die Inſtinkte der Thiere läßt ſich
nur durch den Begriff von Monaden und Entelechien
auflöſen. Jede Monas iſt eine Entelechie, die unter
gewiſſen Bedingungen zur Erſcheinung kommt.

Goethe's Lehre von der Perſönlichkeit, die auf dem Leibnizſchen
Begriff der Monade und dem Ariſtoteliſchen der Entelechie fußt, iſt
von ihm öfters ausgeſprochen worden[1]). Der hier vorliegende
Spruch weicht aber in merkwürdiger Art von dieſer Lehre ab oder

---

[1]) Vgl. den folgenden Aufſatz „Ueber Goethe's Monadenlehre“.

ergänzt sie doch bedeutsam. Denn während sonst Goethe gern beide Begriffe derart in Beziehung setzt, daß er die Monade, das empirische Einzelwesen, verpflichtet, sich zur Entelechie, das heißt zur dauernden, unverwüstlich ausgeprägten Individualität zu erheben, und er in dieser Erhebung auch die Bürgschaft der ewigen Dauer findet, wird hier die Entelechie in platonischer Art als das ursprünglich Gegebene aufgefaßt, welches in der Monade nur beschränkt und bedingt zu einem vergänglichen Ausdruck kommt und, um wieder Entelechie zu werden, sich auf sein ewiges Wesen nur wieder zu besinnen, nach ihm zurückzustreben hätte. Der seltsam klingende Ausspruch über den Instinkt der Thiere kann in diesem Zusammenhange nur bedeuten, daß auch in dem Thiere ein höheres Wesen gebannt und gebunden sich findet, das durch den Instinkt auch innerhalb dieser niedrigen Existenzform sich kund giebt. —

Hiermit enden die Sprüche, welche der Herausgeber, Rudolf Steiner, den naturwissenschaftlichen „Maximen und Reflexionen" angereiht hat. Noch manches andere Neue bringt der Band, was auf der Grenze zwischen Spruch und Abhandlung steht, wo zwar ein einheitliches Thema („Induction", „Erfindung") behandelt wird, aber nicht in systematischer Art, sondern in geistreich wechselnder Beleuchtung, bald diese, bald jene Seite durch den Blitz eines treffenden Satzes erhellend. Und die Paralipomena lassen zugleich uns in den Proceß hineinschauen, durch welchen solche Sprüche sich in Goethe's Geist bildeten; wir lesen sie dort in Andeutungen oder Rudimenten; dazwischen aber auch manches Abgeklärte und Geformte, was wohl verdiente, in den Text aufgenommen zu werden; z. B. noch aus der Zeit der Spinozastudien stammend: „Wir würden unser Wissen nicht für Stückwerk erklären, wenn wir nicht einen Begriff von einem Ganzen hätten."

Allein von dem größten Interesse sind die Nachweisungen, welche uns diese „Paralipomena" über die eifrigen Kantstudien Goethe's in den neunziger Jahren geben. Wie das seine Art war, suchte er sich auch hier durch Auszüge, Schemata volle Klarheit zu verschaffen. Am merkwürdigsten aber für den „Pantheisten" und

„Spinozisten" Goethe ist die lakonische Bemerkung, die er zu Kant's Darlegung des Gottesbegriffes (Kritik der Urtheilskraft, §. 86) hinzugefügt hat: Optime. Es stimmt dies mit den vielfachen, aber oft übersehenen Aussagen späterer Zeit, welche die Persönlichkeit Gottes voraussetzen, überein, und beweist nochmals, daß Goethe, als Naturforscher Pantheist, dennoch nach seinem eigenen Ausdruck als „sittlicher Mensch" einen anderen Glauben nöthig hatte.

Ein Goetheproblem.

Goethe's Religion und Goethe's Faust. Von G. Keuchel. Riga 1899.
Goethe's Charakter. Eine Seelenschilderung von R. Saitschick. Stuttgart 1898.

„Wer meine Schriften und mein Wesen überhaupt verstehen gelernt, wird doch bekennen müssen, daß er eine gewisse innere Freiheit gewonnen." Diese Worte aus Goethe's letztem Lebensjahre bewähren ihre Wahrheit immer von Neuem. Wer im Banne bestimmter Parteianschauungen, wer unter dem Zwange lastender Traditionen oder wechselnder Moden steht, gewinnt kein klares Verhältniß zu der geistigen Macht, die in den Werken unseres großen Dichters waltet. Weder ein freundliches noch ein feindliches Verhältniß; diese Macht ist ihm überhaupt nicht faßbar; sie erscheint ihm als inconsequent, zusammenhanglos, der festen logischen Structur und des Lebenshauches entschiedener Ueberzeugungen entbehrend. Goethe, der Dichter wie der Weise, hat nicht für die Menge gelebt und geschaffen; ein Hirzel, der Jahrzehnte lang ohne viel Aufmunterung für tiefere und weitere Goethekenntniß gewirkt, hatte wohl Recht, von der „stillen Gemeinde" zu reden. Und wenn seitdem die Goethe-Verehrung und auch die Goethe-Forschung mehr ans Tageslicht getreten ist und in öffentlichen Veranstaltungen verschiedener Art gepflegt wird, im Wesentlichen hat sich doch nicht viel geändert. Auch unter denen, die an jenen Veranstaltungen irgendwie betheiligt sind, scheidet sich der Kreis der innerlich Theilnehmenden von denen, welche nur mitmachen, der Kreis der Eingeweihten von den „Proselyten des Thores", — und auch Mancher, der äußerlich gar nicht mitmacht, gehört doch zur „stillen Gemeinde“. „Innere Freiheit gewonnen“ haben, die Welt mit eigenen Augen ruhig auffassend betrachten und gemäß der Art des eigenen Wesens seinen Platz in ihr bestimmen und einnehmen, — wer so gesinnt und gerichtet ist, der darf in Goethe seinen Führer anerkennen und verehren.

Die beiden Autoren, deren Bücher wir am Eingange dieser Betrachtung angeführt haben, gehören zu diesem Kreise. Beide sind durch einen ganz persönlichen Zug zur Vertiefung in Goethe's Werke geführt worden, und Beide haben ihre Bücher geschrieben, um einem persönlichen Bedürfniß zur Aeußerung dessen, was sie in Goethe gefunden und mit ihm durchlebt haben, genug zu thun. Den weiteren Ausblick und Ueberblick, den höheren Standpunkt wird man bei Keuchel finden; Saitschick, so feinsinnig und verständnißvoll auch seine Beobachtungen sind, bleibt doch im Nachempfinden der Goethe'schen Resignation, der wachsenden ablehnenden Starrheit gegenüber der „Tageswelt“ gebannt und befangen; Keuchel hat den freien Blick für die siegende positive Kraft der lebendigen Persönlichkeit gewonnen und bewahrt. Geringer ist der Unterschied, der aus den Aufgaben, die sich Beide gestellt, und aus den Titeln, die sie gewählt, sich ergiebt. Denn das Thema „Goethe's Religion und Goethe's Faust“ konnte nicht behandelt werden, ohne auf Goethe's Persönlichkeit einzugehen, und ebenso wenig das Thema „Goethe's Charakter“, ohne seine Welt- und Lebensanschauung zu untersuchen. Der innigen Verbindung, in der jede Erkenntniß, jedes Urtheil Goethe's mit seinem persönlichen Wesen und Leben steht, sind beide Autoren sich vollkommen bewußt, und darum unterliegen sie nicht der Gefahr, in seine Anschauungen eine Systematik hineinzutragen zu wollen, die ihnen fehlt, oder seinen Charakter bloß aus seinem „Leben“, nicht vor Allem aus seinem Denken und Dichten erschließen zu wollen. Ein eigenartiger und fruchtbarer Gedanke Keuchel's war es, Goethe's religiöse und überhaupt seine Weltanschauung am Faden der Entwickelung des „Faust“ verfolgen zu wollen. Nicht so, daß er gezwungenermaßen die „Idee“ aus der Gesammtdichtung hervorhob und aus ihr dann den weltumspannenden Umkreis Goethe'scher

Anschauung künstlich entwickelte; sondern so, daß er in den einzelnen Phasen, die Fauſt durchlebt, Seelenzuſtände erkannte, die auch dem Dichter nicht fremd waren, und in ihm ſelbſt eine ähnliche Löſung und Verſöhnung finden mußten, wie ſie ſeinem Helden beſchieden iſt. Von der ja auch ſchon verſuchten künſtlichen Paralleliſirung von Fauſt's und Goethe's äußeren Lebensumſtänden hat er ſich natürlich fern gehalten. Sein Buch zerfällt in zwölf Capitel (urſprünglich Vorträge), deren Ueberſchriften keinen ſtreng logiſchen Gedankengang erkennen laſſen, die aber doch einem inneren Geſetze folgen. Das erſte Capitel „der Menſch als Künſtler" giebt den Standpunkt; den Menſchen zur Entfaltung ſeiner Individualität zu führen, iſt das Ziel, das dem Verfaſſer vorſchwebt; die Kunſt iſt ihm der Weg dazu, Goethe der Führer auf dieſem Wege. Ueberraſchend iſt nun, daß er trotzdem Goethe's Religion vor Allem uns vorführen will, daß er Goethe als Vertreter eines geläuterten, das Göttliche erfaſſenden Glaubens darſtellt. Gewiß ſind in Goethe dieſe beiden Richtungen, die Erfüllung des Menſchlichen und die Ahnung des Uebermenſchlichen, verbunden; aber die Art, wie ſie verbunden ſind, iſt das tiefſte, zu immer neuer Betrachtung auffordernde Problem in Goethe's Weſen. Das Bewußtſein der individuell berechtigten, freien Eigenart und das Bewußtſein der Abhängigkeit von Mächten, die auf den Einzelnen wirken, ſchließt ſich eher aus als daß es ſich vereinigen will. Dem Verfaſſer ſcheint dieſer Widerſpruch nicht zu vollem Bewußtſein gekommen zu ſein; er eilt leicht von der Kunſt zur Religion hinüber. Darum fällt ihm auch die Vermittelung zwiſchen Ausſprüchen, in denen Goethe als „Heide" und in denen er als „Chriſt" auftritt, leichter, als es die Sache zuläßt. Doch wollen wir hiermit keinen ſchweren Vorwurf ausſprechen; vielmehr iſt, was uns geboten wird, durchaus des Dankes werth, aus reicher Kenntniß Goethe's und wahrem Verſtändniß geſchöpft. Das zweite Capitel „Jugendſtreben" zeigt das wechſelnde, im Ganzen ſkeptiſche Verhalten des Knaben und Jünglings zu den überlieferten religiöſen Vorſtellungen; das dritte Capitel „Magie" betrachtet in intereſſanter wechſelſeitiger Beleuchtung den

Versuch des enttäuscht von der Leipziger Universität zurückgekehrten Studenten, in mystischem und kabbalistischem Aberglauben Befriedigung zu finden, und Faust's verzweifelten Entschluß, sich zur Magie zu wenden. Weiter wird die rein persönliche Form von Religiosität anschaulich charakterisirt, die der geniale Sturm- und Drangdichter in sich entwickelt und energisch gegen alle Angriffe dogmatisch gerichteter Geister wie Lavater vertheidigt; aus den bedeutsamen Ansätzen zu umfassenderen religiösen Dichtungen, besonders dem „Ewigen Juden" und den „Geheimnissen" wird diese sowohl kritisch als positiv sich äußernde Sinnesart nachgewiesen. Das folgende Capitel (Offenbarung. Im Unbewußten. Bei den Müttern) erscheint uns als das wenigst gelungene; es werden hier Gedanken aus der Jugendzeit des Dichters mit solchen aus seinem höchsten Alter zu einem nicht recht klaren Gesammtbilde vereinigt. Um so lebendiger und anschaulicher ist die sich anschließende Betrachtung von Goethe's Verhältniß zur Natur. Das Streben, Goethe's religiöse Gesinnung aufzuzeigen, hat den Verfasser nicht gehindert, auch die pantheistische Richtung seines Wesens sicher zu erfassen und zu kennzeichnen. Die Goethische Anschauung, in allen Naturerscheinungen „Manifestationen" des ewigen göttlichen Wesens zu sehen, schildert er mit begeisterten, schwungvollen Worten. Gegenüber dieser positiven, „am Sein beglückten" Wesensrichtung Goethe's wird dann die negative, im Verneinen aller Daseinswerthe sich gefallende Anschauungsweise des Mephistopheles treffend in Gegensatz gebracht. Die „Wette" zwischen dem Herrn und dem Teufel, wie die zwischen Faust und ihm, wird im Lichte dieses Gegensatzes angeschaut und damit zugleich der Abschluß des Faustgedichtes betrachtet und erläutert. Daß daneben auch eine Seite in Goethe's Wesen der mephistophelischen Negation entsprach, daß manches bittere Wort eigener enttäuschender Lebenserfahrungen von ihm dem Mephistopheles in den Mund gelegt worden ist, entgeht dem Verfasser nicht. Aber im Ganzen entwickelt er Goethe's Anschauungen doch aus der emporstrebenden und emporweisenden Schlußscene des zweiten Theiles und läßt die Lobpreisung der allumfassenden Liebe aus Goethe's eigener Seele hervordringen.

Das Schlußcapitel „Goethe's Christenthum" faßt nochmals die Hauptgedanken des Buches zusammen.

Wenn wir die Kenntniß und das Verständniß von Goethe's Wesen und Werken, die sich in dem Buche erweisen, voll anerkennen müssen, so können wir doch nicht verschweigen, daß es uns nicht glücklich scheint, daß der Verfasser die Literatur über Goethe gänzlich außer Acht gelassen hat. Er nennt aus dieser so umfangreichen Literatur keinen Schriftsteller; er setzt sich mit keiner anderen Ansicht aus einander. Wir wollen ihm deshalb nicht vorwerfen, daß er „die Literatur nicht kenne"; aber wir glauben, daß es dem Buche nur zum Vortheil gereicht haben würde, wenn er diese Kenntniß auch verwerthet hätte. Die eigenen Ansichten klären sich und schärfen sich, wenn man sie an denen Anderer mißt; und gewiß würde Manches in dem schönen Buche an Bestimmtheit und Faßbarkeit gewonnen haben, wenn das Verhältniß zu früher ausgesprochenen Meinungen und Urtheilen festgestellt worden wäre. Eben dasselbe müssen wir auch zu der Studie von Saitschick bemerken. Die große Selb-ständigkeit und Entschiedenheit seines Urtheils brauchte nicht zu leiden, wenn er auch von anderen Forschern Notiz nähme. Wer sich mit Goethe beschäftigt, ist nicht in der Lage eines Pfadfinders durch unberührte Wälder; er ist auf einer großen Straße, die viele Andere mit ihm wandern; und wenn er die Miene annimmt, sie alle nicht zu sehen, so ist das eine werthlose Selbsttäuschung. Saitschick's Schrift (der leider eine Inhaltsübersicht fehlt), zerfällt in drei Abschnitte: Lebenskämpfe, Eigenart, Welt und Seele; eine scharfe Trennung des Inhaltes findet nicht statt, wie sich überhaupt der Gedankengang des Verfassers sehr zwanglos hin und her bewegt. Originell ist hauptsächlich der erste Abschnitt, der gegenüber der hergebrachten Meinung von Goethe's „Glück" die gewaltige Summe von innerem Kampf und Selbstüberwindung uns vorhält, die ein stürmisch-leidenschaftliches Naturell von dem Dichter forderte. Gewiß hat der Verfasser ein Recht zu sagen: „Seine olympische Ruhe war hartnäckig erkämpft und mit Mühe im Gleichgewichte erhalten". Wenn er dabei die Gegenseite, die in Goethe's Seele zugleich wirksame Richtung auf Ausgleich der Gegensätze und Harmonie nicht ausreichend betont, so wollen wir das in diesem Zusammenhange nicht tadeln, wo es darauf ankam, gerade die „Lebenskämpfe" zu schildern. Aber eine ähnliche Einseitigkeit zeigt sich auch in dem zweiten Abschnitte, wo eine ganze Reihe sehr verschiedenartiger Züge von Goethe's Wesen zusammengetragen werden, alle in derselben schroffen Ausprägung aufgefaßt und dadurch nicht selten unrichtig und ungerecht. So ist es zwar eine richtige Bemerkung, daß Goethe „das Leben sehr schwer nahm, nicht vermochte, sich über das Leben hinwegzusetzen, nur das Leben in sich verarbeiten konnte"; aber ganz unrichtig ist, daß er „eine tragische Natur" gewesen sei, was der Verfasser für gleichbedeutend zu halten scheint. Abgesehen davon, daß Goethe ausdrücklich das Tragische für eine ihm fremde Sphäre erklärt hat, — so ist auch gerade die Art, wie er „das Leben in sich verarbeitet hat", das Gegentheil von tragischer Empfindung und Auffassung; es ist die allmählich fortschreitende Ueberwindung der Probleme. — Der dritte Abschnitt geht von der treffenden Beob= achtung aus, daß Goethe an alle Lebenserscheinungen mit der Forderung herantrat, „sie sollten seine Lebensenergie steigern"; danach in der That bemaß er seine Schätzung der Menschen und Dinge. Aber wiederum ist es irrig, wenn nun behauptet wird, er sei „nach den langen intensiven Kämpfen seines früheren Lebens zu der Ansicht gelangt, daß ihm die Außenwelt nichts mehr bieten könne"; Goethe hat zu keiner Zeit seines Lebens aufgehört, die Außenwelt mit höchstem Interesse zu erforschen; und wenn der Ver= fasser fortfährt: „für ihn waren ja die ideale und die gemeine Wirklichkeit zwei streng von einander getrennte Erscheinungen", so glauben wir eher eine Charakteristik Schiller's als Goethe's zu lesen. Dagegen dringt die Betrachtung in Goethe's Wesenstiefe ein, wo die Bedeutung des Symbolbegriffes erörtert wird; denn dieser Begriff war es, der dem Dichter Idee und Wirklichkeit verband; jedes Ein= zelne war ihm ein Symbol des Allgemeinen, und in der Vorstellung des Symbolischen fand er schließlich auch die Brücke zwischen den sinnfälligen Erscheinungen und der Idee des Göttlichen geschlagen.

Auch diese große Frage hat Saitschick untersucht; die Betrachtung von Goethe's Charakter drängte ihn nothwendig dazu, auch jene Aussprüche zu erwägen, in denen Goethe sich bald als „Heiden", bald als „Christen" kennzeichnet. Allein trotz mancher treffender Bemerkungen, die zur Ueberbrückung dieses Gegensatzes hinführen, wird dies Ziel doch nicht voll erreicht; was wir dem Verfasser aber nicht zum Vorwurf machen wollen, dessen Aufgabe ja eine Charakter= schilderung war, und der sie in gedankenreicher und geistvoller Weise auszuführen gewußt hat. Wir selbst aber wollen bei diesem Probleme etwas länger verweilen.

Was heißt überhaupt in Goethe's Sinne Christ oder Heide; religiös oder irreligiös? Wo wir bei ihm Aussprüche treffen, die sich mit christlich=religiösen Vorstellungen berühren, da sind sie fast immer durch den Gedanken der Ergebung in die göttliche Leitung, in eine über unser Begreifen hinausgehende ewige Weisheit bedingt. „Zuversicht und Ergebung sind die Grundlagen jeder echten Religion", so hat er bestimmt genug seine Meinung geäußert[1]. Ein Gefühl der Unterordnung unter die unerforschliche Macht, ein demüthiges Verstummen vor ihr ist damit unzertrennlich verbunden; in der Schlußscene des „Faust" hat es den tiefsten Ausdruck gefunden. Und unmittelbar vorher in der Todesscene ist die absolut entgegen= gesetzte Stimmung mit derselben Ueberzeugungskraft ihres Rechtes und Wortes ausgedrückt worden, wenn Faust jeden Blick nach oben hin abweist, wenn er nur auf eigene Kraft vertrauend sich ganz in den Erdenkreis einschließen will. Dies ist die „heidnische" oder schärfer bezeichnet, die rein irdische irreligiöse Seelenstimmung. Dem= selben Gegensatz hat der Dichter schon in seiner Jugend in den beiden Oden „Prometheus" und „Grenzen der Menschheit" Ausdruck verliehen. Die schrankenlose Selbstherrlichkeit des Individuums und die unbedingte Beugung vor einer ewigen, übermenschlichen Macht, — wie konnten diese beiden Vorstellungen in demselben Geiste, diese beiden Empfindungen in einer Seele vereinigt sein?

---

[1] Eine große Anzahl ähnlicher Aussprüche habe ich in meinem Buche „Goethe in der Epoche seiner Vollendung", S. 22 bis 35, zusammengestellt.

Fragen wir weiter, wie Goethe überhaupt die Gottheit zu erkennen, zu erfassen glaubte? Nach zahlreichen Aussprüchen, die keinen Zweifel zulassen: nicht durch logische Schlüsse des Verstandes, nicht durch Speculationen halb dichtender Phantasie, sondern bloß durch Anschauung ihrer Manifestationen.

> „So weit das Ohr, so weit das Auge reicht;
> Du findest nur Bekanntes, das Ihm gleicht.
> Und Deines Geistes höchster Feuerflug
> Hat schon am Gleichniß, hat am Bild genug."

Manifestation, Erweisung der Gottheit fand er überall. Schon in der anorganischen Natur, noch mehr in allen Gebilden der organischen. Freilich zunächst nur der Anlage nach; erreicht wird das Ziel, das einer Organisation vorgesteckt ist, nur selten, weil hemmende Einwirkungen von außen oder innen sich entgegenstellen. Aber das tiefer dringende Auge sieht die von der „Gott-Natur" Jedem mitgegebene göttliche Anlage überall. So kann auch der Thürmer im Schlußacte des Faust, auf sein Leben zurückblickend, ausrufen

> Ihr glücklichen Augen, —
> Was je ihr gesehn, —
> Es sei wie es wolle,
> Es war doch so schön!

Ist dies so, dann tritt auch die Verehrung der einzelnen menschlichen Persönlichkeit nicht mehr in Gegensatz zur Verehrung der Gottheit. Goethe sah in jeder Individualität eine Manifestation des Göttlichen. Zwar erreichen die Meisten — ebenso wie die niederen organischen Individuen — nicht das Ziel vollkommener Verwirklichung ihrer individuellen Bestimmung; die Wenigen aber, denen es gelingt, erheben sich zur „Entelechie" (nach Aristotelischem Ausdruck), zur unvergänglichen Dauer ihres Einzelwesens. Und schon um dieser Möglichkeit willen ist jeder Mensch zu dem Anspruche berechtigt, daß die in ihn gelegte göttliche Kraft geachtet und verehrt werde. Deshalb kann auch Goethe in der Erziehung zur „Ehrfurcht", die in den „Wanderjahren" so ernst gefordert wird, alle drei „Ehrfurchten" (vor dem, was über uns, neben uns und unter uns ist) schließlich sich vereinigen lassen in der „Ehrfurcht vor sich selbst", „so daß der Mensch zum Höchsten gelangt, was er zu erreichen fähig ist, daß er sich selbst für das Beste halten darf, was Gott und die Natur hervorgebracht haben". Diese „Ehr= furchten", die der betrachtende Weise hier als eine Einheit anschaut, können in der leidenschaftlichen Empfindung des Dichters augenblicklich aus einander treten, indem die eine von ihnen so scharf betont wird, daß für die anderen kein Raum mehr bleibt und so jene schroff sich widersprechenden Aeußerungen entstehen. Aber diese Aeußerungen wollen dann eben nur als Stimmungen des Moments aufgefaßt sein, als Ergüsse einer Dichterseele, deren Lebenselement das tiefe Gefühl und sein voller Ausklang war, und die sich darum lange Zeit hindurch gar nicht anders als einseitig und widerspruchsvoll erweisen konnte. Aber die Versöhnung zur Einheit liegt — mehr als in einzelnen Sätzen und Versen ruhig betrachtender Reflexion — in der thatsächlichen Lebensführung des Dichters; — wie Saitschick am Schlusse seiner Schrift es ausspricht: „Das größte Kunstwerk Goethe's bleibt doch sein Leben" . . . „Der zum Abschluß gelangende innere Mensch, die große Stille und Weisheit sind ja die wirksamste Er= scheinung des in die Höhe steigenden Lebens." Goethe trug in sich das Bewußtsein, mit der vollen Entfaltung und Auslebung seines Wesens auch den göttlichen Willen, den er über sich verehrte, zu erfüllen; darum das rastlose und unermüdliche Streben seines Alters, darum endlich nach Vollendung des Faust die Befriedigung voll= brachter Leistung, das Gefühl, „sein ferneres Leben als reines Geschenk ansehen zu dürfen"; daher die vollkommene Ruhe, mit der er der körperlichen Auflösung, der „Wandlung zu höheren Wandlungen" entgegensah.

Klassiker und Romantiker.

„Die Gebrüder Schlegel waren und sind, bei so viel schönen Gaben, unglückliche Menschen ihr Leben lang: sie wollten mehr vorstellen, als ihnen von Natur gegönnt war, und mehr wirken als sie vermochten; daher haben sie in Kunst und Literatur viel Unheil angerichtet. Von ihren falschen Lehren in der bildenden Kunst, welche den Egoismus, mit Schwäche verbunden, präconisirten, lehrten und ausbreiteten, haben sich die deutschen Künstler und Liebhaber noch nicht erholt ... Um zu jenen Dioskuren zurückzukehren, so erstickte doch Friedrich Schlegel am Wiederkäuen sittlicher und religiöser Absurditäten, die er auf seinem unbehaglichen Lebensgange gern mitgetheilt und ausgebreitet hätte; deshalb er sich in den Katholicismus flüchtete und bei seinem Untergang ein recht hübsches, aber falsch gesteigertes Talent, Adam Müller, nach sich zog. Genau besehen, war die Richtung nach dem Indischen auch nur ein pis-aller. Sie waren klug genug, zu sehen, daß weder im deutschen noch lateinischen und griechischen Felde etwas Brillantes für sie zu thun sei; nun warfen sie sich in den ferneren Osten, und hier manifestirt sich das Talent von August Wilhelm auf eine ehrenvolle Weise ... Schiller liebte sie nicht, ja er haßte sie, und ich weiß nicht, ob aus dem Briefwechsel hervorgeht, daß ich in unserem Kreise wenigstens sociale Verhältnisse zu vermitteln suchte. Sie ließen mich bei der großen Umwälzung, die sie wirklich durchsetzten, nothdürftig stehen, zum Verdrusse Hardenberg's, welcher mich auch wollte belirt haben. Ich hatte mit mir selbst genug zu thun; was kümmerten mich Andere?

Schiller war mit Recht auf sie erbost . . . er sagte mir einmal:
„Kotzebue ist mir respectabler in seiner Fruchtbarkeit, als jenes
unfruchtbare, im Grunde immer nachhinkende, und den rasch Fortschreitenden zurückrufende und hindernde Geschlecht."

Fünf Monate vor seinem Tode, am 26. October 1831, schrieb
Goethe so an Zelter, den Freund seines Alters, nicht als ein geheimes
Bekenntniß persönlicher Gehässigkeit, sondern in dem Bewußtsein, daß
der Brief, wie alle die an Zelter gerichteten, unmittelbar nach seinem
Tode veröffentlicht werden würde. Und schon sechszehn Jahre früher
berichtet Boisserée, der doch am ehesten unter Goethe's Freunden
einige Rücksicht in Bezug auf Verurtheilung der Romantiker erwarten
durfte, über ein Gespräch vom 3. August 1815: „Goethe klagte
über Unredlichkeit der Schlegel und Tieck's. In den höchsten Dingen
versiren und daneben Absichten haben und gemein sein, das ist
schändlich. Ach, und wenn Ihr nur wüßtet, wie es zugegangen.
Wenn ich mit der italienischen Reise fertig bin, werde ich es Ihnen
einmal recht klar und grell aufdecken. Komme ich dann ja schon
in die letzten achtziger Jahre und in den Anfang der neunziger, wo
das ganze Treiben schon begann. Schiller war ein ganz anderer,
er war der letzte Edelmann, möchte man sagen, unter den deutschen
Schriftstellern: sans tâche et sans reproche. Im Spinoza
können wir es gleich nachschlagen, was es ist bei diesen Herren: es
ist der Neid." Auch vom 9. Mai 1811 liegt ein Bericht Boisserée's
über sehr heftige Aeußerungen tiefgewurzelten Unwillens vor, und
schon 1807 sprach Goethe bei Johanna Schopenhauer sehr scharf
gegen die Schlegel und Tieck, was gut bezeugt ist, auch wenn man
die ausführliche Erzählung Falk's für unzuverlässig hält.

Ungefähr nach Maßgabe dieser Zeugnisse habe ich in Einleitung
und Schluß meines Buches „die klassische Aesthetik der Deutschen"
den tiefen Zwiespalt zwischen Goethe und Schiller einerseits und
den Romantikern andererseits gezeichnet, und die für unsere Literatur-
entwickelung verhängnißvolle Folge, die aus dem Obsiegen der
Romantiker entsprang, kurz charakterisirt. Neben mancherlei Zustimmung ist mir daraus von Seiten Jacob Minor's der Vorwurf

erwachſen, ich hätte die ebenbürtigſten Mitarbeiter unſerer Klaſſiker als ſolche ignorirt und ſie ſtatt deſſen als die ſchlimmen Buben dargeſtellt, welche jenen die Arbeit verpfuſcht hätten. In dieſem Streite hat Herr Oskar Walzel bei verſchiedenen Anläſſen die Partei Minor's genommen, wobei er wenig Selbſtändiges zu deſſen Auf= ſtellungen hinzufügte und in der Polemik einen höchſt auffälligen Mangel an hiſtoriſch=kritiſchem Sinn an den Tag legte. An dem= ſelben Gebrechen leidet die umfangreiche Einleitung, welche er dem von Karl Schüddekopf ſorgſam herausgegebenen dreizehnten Bande der Schriften der Goethe=Geſellſchaft vorausgeſchickt hat. Wenn man ſogleich auf der erſten Seite lieſt, daß Goethe's Beziehungen zu den Romantikern zu ſeinem Freundſchaftsbunde mit Schiller ein Gegenbild bieten und Goethe's obige Aeußerungen über Beide damit vergleicht, ſo möchte man glauben, daß Walzel ſeine Einleitung mit einem ſchlechten Scherz habe beginnen wollen; ebenſo, wenn er ſich den Anſchein giebt, neben Schiller und den Romantikern nur unbedeutende Perſönlichkeiten in Goethe's Verkehrskreis zu erblicken und Männer wie Wilhelm oder Alexander von Humboldt oder F. A. Wolf ignorirt. Aber es iſt dem Verfaſſer mit all den Schiefheiten, die er auf dieſer einen Seite zuſammengebracht hat, offenbar ernſt, wie die folgenden 90 Seiten beweiſen, in denen ein höchſt einſeitig aus= gewähltes Material zum Erweiſe ſeiner Behauptungen vorgeführt wird.

Da ich der Meinung bin, daß die Verwiſchung des Gegenſatzes zwiſchen unſeren Klaſſikern und der romantiſchen Schule ein durchaus falſches Bild von der Entwickelung unſerer Literatur und Kunſt erzeugen muß, ſo ſeien hier einige weitere Ausführungen über dieſen Gegenſtand angefügt. Unangreifbar feſt ſteht, daß Goethe in der älteren Generation der Romantiker keine „ebenbürtigen Mitarbeiter" ſah, überhaupt gar keine Mitarbeiter, ſondern ſachliche Gegner — Gegner, welche ſein Werk umſtürzten, ein anderes an die Stelle ſetzten, ihm perſönlich aber noch eine gewiſſe ſchuldige, wenn auch nur erheuchelte Achtung zollten. Dies Urtheil Goethe's iſt um ſo beachtenswerther, als er bekanntlich Anfangs den Schlegel's mit günſtiger Geſinnung

wohlwollend entgegen gekommen war. Wie Schiller, der weniger
gutmüthig war als Goethe, von Anfang an über die Romantiker
als ein sein Werk hemmendes, verderbliches Geschlecht geurtheilt hat,
wie er, der „letzte Edelmann", nachdem er die Doppelzüngigkeit der
Schlegel's erkannt hatte, sie verächtlich von sich stieß, das sind all=
bekannte und von Niemand angezweifelte Thatsachen. Auch die
heutigen Advokaten der Romantiker unternehmen es nicht, das Ver=
hältniß zwischen diesen und Schiller zu entstellen, aber sie gehen
scheu daran vorbei, als ob auf Seiten der Klassiker nur Goethe in
Betracht käme. Das aber ist eine Verschiebung des Sachverhaltes.
In unserer klassischen Periode sind, sowohl für das Bewußtsein der
Nation als auch für die wissenschaftliche Betrachtung, Goethe und
Schiller so untrennbar verbunden, wie sie sich selbst unzertrennlich
fühlten. Was das gemeinsame Werk, das Goethe und Schiller in
gemeinsamer Arbeit mit Freunden wie Humboldt, Meyer, Körner
erstrebten, die neue Kunst und die neue Kunsttheorie bedeutete —
das habe ich in meinem oben erwähnten Buche zu zeigen gesucht.
An diesem Werke haben die Romantiker niemals Antheil genommen.
Zu dem intimen Kreise der „Horen", der „Musen=Almanache", der
„Propyläen" haben sie trotz einzelner Beiträge nie gehört. Dagegen
wirkten die Brüder Schlegel allerdings in den neunziger Jahren
für das Verständniß Goethe's in einigen Recensionen und es war
Wilhelm besonders warm für „Hermann und Dorothea" —
Friedrich für „Wilhelm Meister" eingetreten. Gegenüber dem Stumpf=
sinn des Publicums, das durch die „Xenien" nicht aufgeklärt, sondern
verstockt worden war, hatten diese Bemühungen zweifellos eine
verdienstvolle Wirkung. Daß Goethe seine Dankbarkeit für sie
aussprach, war selbstverständlich; nirgends aber finden wir, daß er
aus den Urtheilen dieser Kritiker für sich etwas Wesentliches zu ent=
nehmen mußte, während er das doch Schiller, Meyer, Humboldt
so oft bekannt, ja sogar dem ihm recht fern stehenden Körner zu=
gestanden hat. Wenn er gegen Schiller seinen Dank aussprach,
daß er durch ihn auf der letzten Strecke seines Lebensweges auch
mit der Kritik in Uebereinstimmung gekommen, so hatte er nicht

die Kritik der Schlegel's, sondern die Humboldt's und Körner's im Sinne.

Was an Friedrich's Auffassung des Wilhelm Meister Goethe verfehlt und irreführend erscheinen mußte, hat Haym in seinem meisterhaften Buche über die romantische Schule vorzüglich hervorgehoben. Es ist die echt romantische, kunstverderbende Art, nicht die Dinge selbst sehen zu wollen, sondern Verborgenes, bloß Gedachtes, das durch die Dinge nur allegorisch (nicht etwa typisch) ausgedrückt wird. Es braucht für jeden Kenner Goethe's keiner Auseinandersetzung, wie sehr dies gerade seiner Auffassung der klassischen Kunst, die ihm damals unbedingt gesetzgebend war, widerspricht; die „Einleitung zu den Propyläen" redet davon ebenso sehr, wie Alles, was er ihm in Anlaß von „Hermann und Dorothea" über epische Kunst sagt. Wilhelm Schlegel's Besprechung dieses letzten Werkes ist freilich weit einfacher und überzeugender, als die eben charakterisirte; aber auch sie schlägt in ihren Lobsprüchen einen goethefremden Ton an. Die berühmten Worte, „ein vollendetes Kunstwerk im großen Stil und zugleich faßlich, herzlich, vaterländisch, volksmäßig, ein Buch voll goldener Lehren der Weisheit und der Tugend", sind gewiß sehr schön; aber man halte gegen sie, was Goethe über dasselbe Werk an Heinrich Meyer schrieb: „Es kommt hauptsächlich noch darauf an, ob es auch vor Ihnen (als Maler) die Probe aushält; denn die höchste Instanz, vor der es gerichtet werden kann, ist die, vor welche der Menschenmaler seine Compositionen bringt, und es wird die Frage sein, ob Sie unter dem modernen Costüm die wahre, echte Menschenproportion und Gliederformen anerkennen werden?" Auf der einen Seite die ganze Vielseitigkeit der romantischen Welt= und Poesiebetrachtung; auf der anderen Seite das enge, aber bewundernswerth consequente und sichere Streben nach einem bestimmten, menschlich wahren, künstlerischen Darstellungsprincip. Wenn Goethe Schlegel's Besprechung las, mochte er sich wohl sagen, daß ihm nichts daran gelegen habe, sich herzlich, vaterländisch u. s. w. zu zeigen und goldene Lehren der Weisheit und Tugend auszusprechen; für Schlegel wiederum war

Goethe's Ringen nach dem, was Scherer so treffend den „stilvollen Realismus" genannt hat, ohne Bedeutung.

Diese Beispiele haben nur zeigen wollen, daß, als zwischen Goethe und den Schlegel's noch ein im Ganzen gutes Verhältniß bestand, doch ein tieferes Verständniß in wichtigen Beziehungen fehlte. Mit Tieck und Novalis hatte Goethe damals nur flüchtige Berührungen. Daß aber Tieck schon damals Goethe nicht in seiner hohen dichterischen Bedeutung gelten lassen wollte, bezeugt Caroline Schlegel. Als dann, im Jahr 1798, Goethe das für ihn hoch-wichtige Unternehmen der „Propyläen" begann, in dem er von einem zehnjährigen Streben Rechenschaft ablegen und als Erzieher Deutschlands zu höherer Kunsteinsicht wirksam sein wollte, da wurde der Gegensatz der Parteien völlig offenbar. An dieser Zeitschrift war Goethe's eifrigster Mitarbeiter Heinrich Meyer — auch Schiller und Humboldt haben Beiträge geliefert. Für die Romantiker war hier kein Raum. Friedrich Schlegel erklärte denn auch, nicht allerlei unbedeutende Erscheinungen, sondern die „Propyläen" schadeten der Kunst, „und so durchs Ganze". Gegen Schiller bewies zur selben Zeit der romantische Kreis eine so grobe und gehässige Verständniß-losigkeit, daß selbst das Erscheinen des „Wallenstein" ihnen kein Wort der Bewunderung oder Begeisterung abrang. Hier war es besonders Caroline Schlegel, die unermüdlich ihren Mann aufhetzte, wo sie noch irgend eine Spur von Anerkennung Schiller's in ihm antraf; bei ihrem Schwager hatte sie das nicht nöthig. Sie fand, daß der Schlußact des „Wallenstein" keine Wirkung thue; ihr albernes Urtheil über das „Lied von der Glocke" ist allbekannt. Friedrich Schlegel sah in Schiller den „vornehmsten Repräsentanten des bösen Princips in der deutschen Literatur", er nannte ihn einen „Dichter und Kunstrichter, der getrocknet aufgegangen ist".

Als darauf Goethe im neuen Jahrhundert an die Stelle der „Propyläen" die regelmäßige Beurtheilung der künstlerischen Preis-aufgaben treten ließ, verfiel auch er in dieser Thätigkeit dem Hohne Carolinen's, die ihm doch sonst so viel Bewunderung zollte. Und als er endlich in seinem „Winckelmann", unterstützt von Friedrich August

Wolf und Heinrich Meyer, den großartigen Höhepunkt seiner Kunst=
betrachtung erstieg — da wußte Wilhelm Schlegel darüber nichts
anderes zu sagen, als: das neue Buch sei auch so eine Art von
Propyläen, die das Publicum irgendwie herunterwürgen solle.

Wenn sich aus dieser Uebersicht ergeben hat, daß hauptsächlich
Goethe's Arbeiten über bildende Kunst die Angriffe der Romantiker
gegen ihn hervorriefen, so hatte auch er schon seine entschiedene
Abneigung gegen ihre Bestrebungen auf diesem Gebiete an den
Tag gelegt. Es hatte ihn dies zunächst gegen Tieck aufgebracht,
der in „Franz Sternbald's Wanderungen" die Kunsttheorie der
Schule niedergelegt hatte. Goethe fand darin¹) Sentimentalität,
falsche Tendenz, falsches Preisen der Natur, im Gegensatz mit
dem Idealen; Sternbald's Auseinandersetzungen fand er leer,
zwar sehr artig, aber nicht kunstgemäß. Oeffentlich äußerte er sich
zunächst noch nicht darüber, aber wenige Jahre später brandmarkt
er offen die neukatholische Sentimentalität, das „klosterbruderisirende,
sternbaldisirende Unwesen, von welchem der bildenden Kunst mehr
Gefahr bevorsteht, als von allen wirklichkeitfordernden Calibanen"
So scharf hatte er sich bisher gegen die Schlegel's noch nicht geäußert,
ja er hatte sogar 1802 ihre beiden verfehlten Dramen zur Aufführung
gebracht, freilich nicht so sehr, um ihnen einen Gefallen zu thun,
als um die Schauspieler an dem schwierigen und überkünstelten
Stil dieser Werke zu üben. Um dieselbe Zeit aber begann er,
wenn auch erst spät, über die Doppelzüngigkeit und Unaufrichtigkeit
des Betragens der Gebrüder sich klar zu werden, und sein späterer
Grimm erklärt sich zum Theil wohl aus dem Bewußtsein, sich
längere Zeit haben täuschen zu lassen. Schon 1803 wird es
Wilhelm (von Friedrich nicht zu reden) sehr schwer, durch zahlreiche
Zuschriften Goethe auch nur eine briefliche Aeußerung zu entlocken.
Wie berechtigt diplomatische Vorsicht in diesem Verhältniß war,
zeigte dann 1805 in vollem Maße Schlegel's „Sendschreiben aus

¹) Das Schema zu einer Besprechung des „Sternbald's" in den „Propyläen" habe ich im 47. Bande der Weimarer Ausgabe, S. 362, veröffentlicht.
In den Noten zum 13. Bande der Schriften der Gesellschaft ist es nicht angeführt.

Rom" an Goethe, in dem scheinbare Verehrung und Uebereinstimmung mit dreistem Hohn gemischt sind[1]). Der Schreiber wagt es, Goethe zu versichern, daß das Zeitalter für die Poesie „seiner Natur nach nicht schöpferisch sei", daß daher „die Wiederbelebung alter Dichtungen, die Umkleidung derselben mit allem Schmuck gebildeter Sprache und Versifikation" jetzt wohl die beste Bereicherung sei, die man dem poetischen Besitze der Nation bieten könne. Die groteske Ueberschätzung der eigenen lahmen Productivität führte hier zu stumpfer Verblendung gegen Goethe's poetische Urkraft. Seit diesem Zeitpunkte äußerten die Romantiker nun auch offener ihre Urtheile über Goethe, die sehr anders lauteten als zehn Jahre vorher, indem sie ihn jetzt nur noch „nothdürftig stehen" ließen. Ich will die bekannten Aussprüche hier nicht wiederholen; in Victor Hehn's „Gedanken über Goethe" findet man verschiedene zusammengestellt (Goethe und das Publicum); einiges auch schon bei Haym, obgleich seine Darstellung nicht ganz bis zu diesem Zeitpunkte reicht. In der That führten die Romantiker, besonders begünstigt durch den frühen Tod Schiller's, ihre Absichten, „ihre Revolution", wie Goethe sie nannte, durch; die öffentlichen Bestrebungen der Weimarer Freunde mißlangen, theils durch die directe Opposition, theils durch die Theilnahmlosigkeit des Publicums; Goethe zog sich vornehm-gleichgültig von der Außenwelt zurück und Wilhelm Humboldt schrieb resignirt: „Jetzt da er (Schiller) todt ist, haben die Anderen die Oberhand."

Die Verdienste der Romantiker in einzelnen Richtungen, besonders in der Aufnahme der Herder'schen[2]), von Goethe und Schiller vernachläßigten historischen Betrachtungsweise, stehen außer Zweifel. Trotz alledem war ihr Auftreten für die Entwickelung der Kunst und Poesie verhängnißvoll, weil sie ein Unternehmen ins Werk setzen wollten, das an sich unmöglich scheint, dem jedenfalls sie selbst

---

[1]) Vgl. hierüber mein „Deutsches Kunstleben in Rom" S. 176 bis 179, sowie Sulger-Gebing, Die Brüder A. W. und F. Schlegel S. 152 bis 156.

[2]) Charakteristisch für das ganze Gebahren der romantischen Schule ist freilich auch, daß sie auf Herder, dem sie das Beste verdankte, was sie hatte, mit angenommener Geringschätzung herabsah.

in ihrer mehr receptiven und anempfindenden, als productiven Begabung nicht annähernd gewachsen waren. In taumeliger Selbst-überhebung vermaßen sie sich des Ungeheuersten. Eine neue Welt-anschauung sollte heraufziehen; die Poesie sollte einerseits ihr Ausdrucks-mittel, andererseits aber auch der Mutterschooß sein, aus dem sie ent-springen sollte. Philosophie und Religion, Politik und Kunst sollten ihre Stelle in dieser phantastisch geträumten Zauberschöpfung finden. Schon das ganze Athenäum (1798 bis 1800), dieses einzigartige, von Schiller gehaßte, von Goethe mit der Miene des Mephisto gegenüber dem Baccalaureus aufgenommene Erzeugniß jugendlich übersprudelnder Laune und mystischer abstruser Weisheit, ist von dem Gedanken dieser gewaltigen Schöpfung getragen. Für die Entwickelung unserer Poesie war dieser Gedanke ein Unheil; denn er setzte sie in Abhängigkeit von Tendenzen, die, wie sie auch beschaffen waren, die künstlerische Freiheit der Dichtung verkümmern lassen mußten. Es war aber auch für die Gesammtthätigkeit des jugendlichen Bundes ein Unheil. Auch dies hat Goethe mit seiner unübertrefflichen Prägnanz richtig bezeichnet, wenn er, zunächst über den Hauptführer dieser Bewegung, Friedrich Schlegel, gegen Boisserée äußert: „Wer zuviel unternimmt, muß am Ende ein Schelm werden." Ganz abgesehen von der allgemeinen Ausführbarkeit der großen Conception fehlte den Schlegel und Tieck die Fähigkeit straffen und consequenten Denkens, die allein zu einer einheitlichen Weltanschauung führen kann. Wohl standen sie mit philosophischen Köpfen, einem Schelling[1]) und Schleiermacher, in nächster Berührung; aber ihre Eitelkeit und Halt-losigkeit erlaubte ihnen auch nicht, von der geistigen Arbeit dieser ihrer nächsten Freunde zu lernen und sich zu ihren Ergebnissen zu bekennen.

So steuerte denn der heftigste und entschiedenste Vorkämpfer

---

[1]) Schelling ist der Einzige aus diesem Kreise, mit dem Goethe in intimen Beziehungen gestanden hat, und dem er Positives verdankte. Aber diese Beziehungen bewegten sich durchaus nicht auf dem Gebiete der Poesie oder Kunst, sondern auf dem der Naturphilosophie. Eine interessante Spur der Einwirkung Schelling's, die Herrn Walzel entgangen ist, weise ich in dem folgenden Aufsatze: „Ueber Goethe's Monadenlehre" nach.

der Schule, Friedrich Schlegel, von unwiderstehlicher Anziehungskraft getrieben, allmählich dem Hafen der katholischen Kirche zu, welche das weltumfassende mystische System besaß, das er zu schaffen außer Stande war. Die Sätze der katholischen Dogmatik waren für seine molluskenhaften Gedanken die Felsklippen, an denen sie sich festsetzen und ansaugen konnten. Aber freilich auch die Klippen, an denen seine individuelle geistige Kraft und seine menschliche Persönlichkeit mit allem, was sie Werthvolles hätte leisten können, zerschellte und, nach Goethe's kurzgefaßtem Verdict, „unterging".

Diejenigen romantischen Dichter aber, die nicht resolut in die katholische Ideensphäre hineintauchten, vor Allem Wilhelm Schlegel und Tieck, haben sich aus einem schillernden, kaleidoskopartigen Gedankenspiel nicht befreit. Wir besitzen seit Kurzem höchst interessante Aussagen eines Hauptbetheiligten selbst, die das mit aller wünschenswerthen Selbsterkenntniß aussprechen. Der alte Tieck erklärte 1852 seinem Neffen Bernhardi mit hoher Befriedigung, er habe sein Heil von jeher in Mysticismus und Halbdunkel gesucht, Goethe dagegen sei an dem Streben, sich von der Bedeutung der Dinge Rechenschaft zu geben, zu Grunde gegangen[1])! Nun steht es ja heute gewiß Jedermann frei, sich dieser Betrachtungsweise anzuschließen. Aber Niemandem steht es frei, die Geschichte zu entstellen, die charakteristischen Züge zu verschmieren, die tiefen Spalten zu verkleistern, und die Aussagen der Betheiligten zu vergewaltigen.

Wie man die Gesammtthätigkeit der Romantiker beurtheilt, das wird wesentlich davon abhängen, wie man überhaupt die Grundbedingungen der Kunstentwickelung abschätzt. Wer der Meinung ist, daß das schrankenlose Walten genialer Individualitäten das Wesentliche sei, der kann freudig dem zustimmen, daß die romantische Theorie und Kritik diesen freie Bahn gemacht hat, und wird nur mit Verwunderung bedauern müssen, daß sie nicht gekommen sind.

---

[1]) Hr. Walzel meint freilich zu diesen, von mir zuerst im Deutschen Wochenblatt besprochenen Aeußerungen, „man solle sich durch sie nicht irre machen lassen". Eine seltsame Zumuthung — um vorgefaßter Meinungen willen die authentischen Zeugnisse zu ignoriren!

Mir aber scheint die Geschichte großer Kunstepochen ein ganz anderes
Ergebniß der Betrachtung zu liefern, und zwar nicht nur die Geschichte
der bildenden Künste, sondern auch die der epischen und der dramatischen Dichtkunst. Ich meine, daß die Kunst eine Thätigkeit ist,
die sich in natürlicher Folge der Ueberlieferung vom Aelteren zum
Jüngeren, vom Meister zum Schüler immer höher steigert, daß ihr
Gang zur Vollendung in einem immer neuen Aufgreifen, Umbilden
und Steigern der gegebenen, allmählich wachsenden und sich erweiternden Motive sich vollzieht. Auf diesen Weg hatten Goethe
und Schiller durch ihr grenzenlos gewissenhaftes, jeden Schritt sorgfältig prüfendes und durchaus der jungen Künstler- und Dichter-
generation gewidmetes Streben die deutsche Kunst führen wollen.
Sie sind in diesem Bemühen gescheitert; sie haben keine Schule
gemacht. Eine Hauptursache dieses Mißerfolgs hat man in der
Gegenwirkung des romantischen Bundes zu suchen, der in geistreicher
Kritik stark, im positiven künstlerischen Schaffen ebenso anspruchsvoll
wie unfähig war.

Ueber Goethe's Monadenlehre.

Indem ich diese Ueberschrift niederschreibe, ergeht es mir wie Faust: „schon warnt mich was, daß ich dabei nicht bleibe." Von einer „Lehre" darf man bei Goethe, wo es sich um metaphysische Sätze oder Vorstellungen handelt, nicht im vollen Wortsinne reden. Der Unerforschlichkeit der letzten Probleme sich bewußt, hat er sich stets begnügt, durch innere Anschauung, nicht durch logisches Denken sie sich faßbar zu machen, und hat nicht durch begrifflichen Ausdruck, sondern durch bildliche Vorstellung seine Betrachtungsweise verständlich zu machen gesucht.

Unter diesen Vorstellungen nimmt in seiner letzten Lebensperiode die der Monas, oder Monade, die sich zur Entelechie [1]) fortbilden kann, die erste Stelle ein, wo es sich ihm darum handelt, das Wesen der Individualität, der Persönlichkeit, auszudrücken. Ich stelle hier die Aussprüche, die mir bekannt geworden sind, zusammen.

„Das Höchste, was wir von Gott und der Natur erhalten haben, ist das Leben, die rotirende Bewegung der Monas um sich selbst, welche weder Rast noch Ruhe kennt; der Trieb, das Leben zu hegen und zu pflegen, ist einem jeden unverwüstlich eingeboren; die Eigenthümlichkeit desselben jedoch bleibt uns und anderen ein Geheimniß."

Die zweite Gunst der von oben wirkenden Wesen ist das Erlebte, das Gewahrwerden, das Eingreifen der lebendig-beweglichen

---

[1]) Goethe braucht gerne nach Aristoteles den Ausdruck Entelechie für die Seele in der vollen Aeußerung der ihr innewohnenden Kräfte.

Monas in die Umgebungen der Außenwelt, wodurch sie sich selbst
erst als innerlich Grenzenloses, als äußerlich Begrenztes gewahr wird.
Ueber dieses Erlebte können wir, obgleich Anlage, Aufmerksamkeit
und Glück dazu gehört, in uns selbst klar werden; anderen bleibt
aber auch dies immer ein Geheimniß.

Als Drittes entwickelt sich nun dasjenige, was wir als Hand=
lung und That, als Wort und Schrift gegen die Außenwelt richten;
dieses gehört derselben mehr an als uns selbst . . . . [1]).

Wirken wir fort, bis wir . . . . vom Weltgeist berufen in den
Aether zurückkehren! . . . . Die entelechische Monade muß sich nur
in rastloser Thätigkeit erhalten; wird ihr diese zur anderen Natur,
so kann es ihr in Ewigkeit nicht an Beschäftigung fehlen [2]).

(Ueber Stiedenroth's Psychologie.) Alle Wirkung des Aeußeren
aufs Innere trägt er unvergleichlich vor, und wir sehen die Welt nochmals
nach und nach in uns entstehen. Aber mit der Gegenwirkung des Inneren
nach Außen gelingt es ihm nicht ebenso. Der Entelechie, die nichts
aufnimmt, ohne sich's durch eigene Zuthat anzueignen, läßt er nicht
Gerechtigkeit widerfahren, und mit dem Genie will es auf diesem
Wege gar nicht fort [3]).

Die Frage über die Instincte der Thiere läßt sich nur durch
den Begriff von Monaden und Entelechien auflösen. Jede Monas
ist eine Entelechie, die unter gewissen Bedingungen zur Erscheinung
kommt [4]).

---

[1]) Werke. Weimarer Ausgabe. II. Abtheilung, Band VI, S. 216.
[2]) An Zelter, 23. März 1827.
[3]) Sprüche in Prosa. Hempel'sche Ausgabe. Nr. 357.
[4]) Werke. Weimarer Ausgabe. II. Abtheilung, Band XI, S. 163.
Ueber den hier von Goethe's sonstigem Sprachgebrauche abweichenden Aus=
druck vgl. diese Aufsätze Seite 258.

Die Hartnäckigkeit des Individuums und daß der Mensch ab=
schüttelt, was ihm nicht gemäß ist, ist mir ein Beweis, daß so etwas
(wie die Entelechie) existire. Leibniz hat ähnliche Gedanken über
solche selbständige Wesen gehabt, und zwar was wir mit dem Aus=
drucke Entelechie bezeichnen, nannte er Monaden.

Ich zweifle nicht an unserer Fortdauer, denn die Natur kann
die Entelechie nicht entbehren; aber wir sind nicht auf gleiche Weise
unsterblich, und um sich künftig als große Entelechie zu manifestiren,
muß man auch eine sein [1]).

Es wären diesen Aussprüchen noch zwei umfangreichere
Aeußerungen anzureihen, die ihrem Kern nach zweifellos echt, doch
in der Form der Ueberlieferung nicht für zuverlässig gelten können.
Im dritten, erst aus später Erinnerung nachträglich niedergeschriebenen
Bande seiner „Gespräche" berichtet Eckermann von einer Darlegung
der „Entelechie", die nur für kurze Zeit auf ihrem unendlichen Wege
mit einem irdischen Körper verbunden sei, und von ihm mehr oder
weniger gehemmt werde, die aber auch diesem Körper gegenüber ihre
unerschöpfliche Kraft in immer neuem Aufschwunge („wiederholter
Pubertät") beweisen könne. Und Falk erzählt in seiner breiten,
zweifellos ausschmückenden und erweiternden Manier von einem Ge=
spräch an Wieland's Todestage, daß Goethe über Wieland's „Monade"
und ihren jetzigen Zustand sich begeistert aussprach und zugleich ein
phantasievolles System der Monadenlehre entwarf, wonach jeder
Organismus aus zahlreichen Monaden bestehe, die für die Dauer
ihre Zusammenfügung der Hauptmonas, die das Individuum re=
präsentirt, unterthänig und dienstbar sein müssen, — eine Vorstellung,

---

[1]) Zu Eckermann 1. September 1829, 3. März 1830. Vgl. hierzu die
poetische Ausführung im Helena=Acte des „Faust", wo nur Helena und Pantha=
lis der persönlichen Fortexistenz gewürdigt werden, die anderen Frauen zu den
„Elementen" zurückkehren.

die in ihrer Grundlage lebhaft an die Zellenlehre der heutigen Naturwissenschaft erinnert, dann freilich zu ganz andersartigen Consequenzen fortschreitet.

Alle diese Aeußerungen, die vom Jahre 1813 bis in die letzten Lebensjahre des Dichters reichen, nöthigen uns, die Monaden= vorstellung als einen festen Bestandtheil seiner Weltbetrachtung auf= zufassen, und es ist deshalb seit Langem anerkannt worden, daß unter den Philosophen, die auf Goethe Einfluß geübt, auch Leibniz, der Vater der Monadenlehre, zu nennen sei. Dabei war es aber durchaus nicht möglich, eine nähere Beschäftigung Goethe's mit Leibniz nachzuweisen. Als ich mich zu einer Zeit, da die Tagebücher und Briefe noch nicht in der Weimarer Ausgabe veröffentlicht waren, an den hochverdienten Commentator der Goethe'schen „Sprüche", an Gustav von Loeper, mit der Bitte um Nachweis der Beschäftigung Goethe's mit Leibniz wandte, vermochte auch er mir nur die bekannten Stellen über die Monadenlehre, aber durchaus keine thatsächlichen Angaben mitzutheilen. Seitdem habe ich in dem umfangreichen, veröffent= lichten Material vergebens geforscht. Selbst als Goethe im Jahre 1807 sich wegen des „Historischen Theils der Farbenlehre" eingehend mit der Philosophie des 17. und 18. Jahrhunderts beschäftigte, hat er in seinen Tagebüchern gerade Leibniz niemals erwähnt. Ich glaube aussprechen zu dürfen, daß er überhaupt niemals Leibniz besondere Auf= merksamkeit zugewandt hat. Eine solche Beschäftigung würde er sicherlich irgendwo selbst geschildert haben, wie er es mit seiner Vertiefung in Spinoza und Kant gethan hat. Die bloße Erwähnung des Namens Leib= niz beim Gebrauch des Wortes „Monade" beweist natürlich kein be= sonderes Studium, sondern ist etwas durchaus Selbstverständliches. Wo= durch ist nun wohl Goethe zu eingehender Beschäftigung mit der Monaden= lehre geführt worden, wenn es nicht durch ihren Urheber geschehen ist?

Zu meiner großen Ueberraschung traf ich jüngst den Gebrauch des nun schon so oft genannten Wortes in einem Brief an, der einer weit früheren Zeit angehört als die übrigen einschlägigen

Aeußerungen. Goethe schreibt am 27. September 1800: „Seitdem ich mich von der hergebrachten Art der Naturforschung losreißen, und wie eine Monade auf mich selbst zurückgewiesen, in den geistigen Regionen der Wissenschaften umherschweben mußte, habe ich selten hier oder dorthin einen Zug verspürt; zu Ihrer Lehre ist er ent= schieden." Dieser Brief ist an Schelling gerichtet, der einige Monate zuvor Goethe sein „System des transscendentalen Idealismus" über= reicht hatte. In diesem Werk, das ja ganz und gar der Betrachtung des „Ich" gewidmet ist, wird zwar der Ausdruck Monade nicht als terminus technicus angewandt; er kommt aber trotzdem einmal vor [1]) in dem Satze: „Das Ich ist eine ganz in sich beschlossene Welt, eine Monade." Außerdem wird in einer Anmerkung ver= gleichend auf die Leibniz'sche Monadenlehre Bezug genommen. Ich behaupte demnach, daß Goethe durch Schelling zuerst auf die Monaden= vorstellung hingewiesen worden ist.

Ist aber wirklich der einmalige Gebrauch des Wortes in Schelling's Werk und das einmalige Vorkommen desselben Wortes in Goethe's Brief ein genügender Anhaltspunkt, um Goethe's spätere reiche Monadenvorstellung hier ihren Ursprung nehmen zu lassen? — Diese Frage muß wohl noch aufgeworfen werden. Da ergiebt sich nun aber, daß gerade die grundlegenden Sätze Goethe's über die „Monas", die wir an den Anfang unserer Uebersicht gestellt haben, ganz direct auf Schelling's Worte zurückweisen, obgleich sie erst zu Anfang der zwanziger Jahre niedergeschrieben sein mögen. Besonders ist es der Satz: „Die zweite Gunst der von oben wirkenden Wesen ist das Erleben, das Gewahrwerden, das Eingreifen der lebendig=beweglichen Monas in die Umgebungen der Außenwelt, wodurch sie sich selbst erst als innerlich Grenzenloses, als äußerlich Begrenztes gewahr wird." Mit diesem Probleme der Unbegrenztheit oder Be= grenztheit des „Ich" beschäftigt sich ein großer Theil von Schelling's Werke. Es heißt dort beispielsweise: „Das Selbstbewußtsein ist ein Streit absolut entgegengesetzter Thätigkeiten. Die eine ursprünglich

ins Unendliche gehende werden wir die reelle objective, be=
grenzbare nennen, die andere, die Tendenz, sich in jener Unendlich=
keit anzuschauen, heißt die ideelle, subjective, unbegrenzbare[1])."
Die Beziehung ist hier unverkennbar.

Hierbei braucht uns nicht irre zu machen, daß Goethe aus dem,
was er Schelling entnahm, thatsächlich etwas anderes gemacht hat, als
er in seiner Quelle fand. Dies war stets seine Art; er war selbst eine
„Entelechie, die nichts aufnimmt, ohne sich durch eigene Zuthat anzu=
eignen". Und wie ihm Kantianer ein „Analogon" kantischer Vor=
stellungsart, aber nicht diese selber zusprechen, so handelt es sich hier
auch nur um ein „Analogon" zu Schelling's Lehre. Goethe theilte
nicht den „transscendentalen Idealismus" Schelling's, der das „Ich"
überhaupt erst im Selbstbewußtsein seine Existenz äußern und damit
zugleich sich begrenzen läßt; er stellt das „Leben" der Monas als
Urthatsache unabhängig von ihrer Anschauung im Selbstbewußtsein
hin. Aber die Anregung, überhaupt in dieser Form das Individuelle
zum Ausdruck zu bringen, ist ihm zuerst durch Schelling geworden.

So lange Goethe sich intensiv mit Spinoza beschäftigt hatte
(etwa bis zur „Italienischen Reise"), war ihm die Betrachtung des
Individuellen überhaupt von geringerem Werth; er hatte die Persön=
lichkeit hauptsächlich in ihrer Beziehung zum Weltganzen betrachtet.
Dann lenkte Kant das Interesse auf die unergründliche Bedeutung
des autonomen Individuums hin. Kant wird als Denker von
Goethe auf's Höchste gewürdigt; aber er gab dem Dichter keine
faßbare Vorstellung. Eine solche, die sowohl der Phantasie zugäng=
lich war, als auch sich mit der realen Naturbetrachtung verbinden
ließ, fand Goethe bei Schelling. Er ergriff sie rasch, um sie dann
nach seinen Erfordernissen umzudichten.

---

[1]) a. a. O., S. 398.

Zu „Don Carlos".

So viel Bewunderung und Begeisterung die Gestalt des Marquis
Posa stets bei empfänglichen Zuschauern und Lesern erweckt hat, so
scharfe Kritik ist von kühlen Beurtheilern an ihr geübt worden. Das
Schwanken zwischen Carlos und Philipp, die bald übereilte, bald
hinterhaltige Handlungsweise hat man wenig vereinbar gefunden
mit dem kühnen Idealismus des Mannes und der Hoheit seines
Wesens, an die uns Schiller doch glauben machen will. Besonders
ein Punkt aber ist es gewesen, an dem auch die Rettungsversuche
wohlwollender Kritiker gescheitert sind: das Bündniß gegen die
Krone Spanien mit auswärtigen Mächten, und speciell mit der
Türkei, das der Marquis auf seinen Reisen abgeschlossen haben soll,
und das einen förmlichen, demnächst auszuführenden Kriegsplan in
sich schloß. Man begreift in der That nicht, wie Posa, nachdem er
schon solche Schritte gethan, noch eine langsame, hoffnungsvoll er-
zieherische Arbeit an der Seele des Kronprinzen beginnen kann, und
noch weniger, wie er, eine plötzlich sich bietende Chance ausnützend,
sich zum Minister Philipp's II. hergeben kann, während schon die
Flotte Soliman's jenem Plane gemäß gegen die spanischen Küsten
ausläuft. Selbst ein so entgegenkommender Beurtheiler wie Bellermann bemerkt zu der Scene des fünften Actes, die uns von jenem
Bündniß berichtet: „Ich gestehe, daß es mir an dieser Stelle immer
schwer ankommt, mir nun nachträglich denken zu müssen, daß Posa
mit einem so hochverrätherischen Plane in der Tasche Spanien betreten habe." Und er kommt zum Schluß: „Schiller kann sich,

als er die ersten Acte schrieb, unmöglich vorgestellt haben, daß Posa
solch einen Plan, so weit ausgeführt und so weit schon gediehen, mit
nach Spanien gebracht habe." Allein diese Erklärung Bellermann's,
die ja bei der bekannten Entstehungsgeschichte des „Don Carlos" an
sich vollkommen zulässig wäre, reicht nicht aus, da nicht nur der
Posa der ersten Acte, sondern auch der des vierten und fünften
Actes seine Handlungsweise durchaus nicht nach den Voraussetzungen
jenes Bündnisses und Kriegsplanes richtet.

Man erinnert sich, daß schon im vierten Acte der Marquis den
Entschluß der Selbstaufopferung faßt, und daß er zwei Personen
als Träger seiner Mission mit seinem Vermächtniß betraut, die
Königin und Don Carlos. Man sollte nun doch denken, daß er
eine von beiden wenigstens in jene großen Konzeptionen der inter-
nationalen Politik einweihen würde, um so mehr, als er ja wünscht,
daß Don Carlos selbst in die Niederlande gehe und thätig in die
allgemeine Politik eingreife. Aber er hat der Königin nur allgemeine
Ermahnungen für den Prinzen zu übermitteln, obgleich er fürchtet,
diesen selbst gar nicht mehr sprechen zu können. Und als er im
Gefängniß doch noch mit ihm zusammentrifft, da setzt er ihm ausführlich das Doppelspiel, das er mit ihm und dem König getrieben,
aus einander, ohne irgendwie auf die Zukunft sich einzulassen. Als
er endlich den tödtlichen Schuß erhält, da macht er allerdings eine
Andeutung, daß er Carlos noch etwas habe sagen wollen; aber es
liegt nicht der mindeste Grund vor, daß er darunter etwas anderes
meine als den mit der Königin verabredeten Plan, den Prinzen
nach den Niederlanden zu schicken.

Und von wem erfahren wir denn jene merkwürdigen, inter-
nationalen Verhandlungen und Erfolge des Marquis? Nur von
dem Herzog Alba im achten Auftritte des fünften Actes! Er betritt
das königliche Vorzimmer mit dem festen Entschluß, den Eintritt
zum Monarchen zu erzwingen und einen entscheidenden Schlag zu
thun. Indem er wartet, theilt er dem Herzog von Feria die eben
entdeckten hochverrätherischen Machenschaften des Marquis mit. Nach
dem Vorhergegangenen wird es nicht überraschen, wenn ich ausspreche,

daß nach meiner Meinung diese Mittheilungen eine Fälschung sind,
deren Haupturheber Alba selber ist. Er behauptet sie erhalten zu
haben, von einem „Karthäusermönch", der in des Prinzen Zimmer
heimlich sich gestohlen und mit verdächt'ger Wißbegier den Tod des
Marquis Posa sich erzählen lassen". Er sei dadurch den Wachen
aufgefallen, man habe ihn arretirt und die Todesangst habe ihm
ein Geständniß ausgepreßt, „daß er Papiere von großem Werthe bei
sich trage, die ihm der Verstorbene anbefohlen in des Prinzen Hand
zu übergeben". Nun ist es doch in der That höchst auffallend, daß
Posa weder der Königin noch Carlos irgend etwas von diesem so
wichtigen Karthäusermönch gesagt haben soll! Dieser Mönch ist
offenbar ein Agent, dem man seine Rolle für die beabsichtigte
Fälschung einstudirt hat und der auch ein höchst unnatürliches Be=
nehmen gezeigt hat. Man könnte nun die Frage aufwerfen: „Wußte
denn Alba, daß Carlos und Posa ihre Zusammenkünfte im Kart=
häuserkloster hatten und daß die Maske des Mönches daher die
Glaubwürdigkeit des Fundes besonders erhärten würde?" Die
Antwort ist leicht: Alba gesteht selbst im nächsten Auftritte, daß er
das Kloster durch Späher habe beobachten lassen; es war schon be=
kannt, daß es der Ort der geheimen Zusammenkünfte sei, daß Carlos
von dort aus abfahren sollte.

Zweifellos steht die Sache so, daß der achte Auftritt des fünften
Actes nicht nur zu den drei ersten Acten, sondern auch zu dem
vierten und fünften Acte in einem klaffenden Widerspruch steht. Es
bleiben nur die Annahmen, daß Schiller diesen Auftritt völlig ge=
dankenlos in das fertige Stück eingeschoben habe, oder daß der
Inhalt dieses Auftrittes uns keine Thatsachen, sondern eine erfin=
derische Fälschung vorführen soll. Vielleicht möchte sich mancher
doch für die erste Alternative entscheiden, ich glaube aber die zweite
zur Gewißheit erheben zu können durch eine jetzt nicht mehr in den
Ausgaben befindliche, aber erst im Jahr 1801, als Schiller un=
barmherzig den „Don Carlos" kürzte, gestrichene Stelle. Im fünf=
zehnten Auftritte des vierten Actes (in den Ausgaben von 1787
und 1799) äußern sich Alba und Domingo entsetzt über den gewaltigen

Einfluß, den Poſa ſich beim König errungen hat; Alba fühlt ſich
beſonders dadurch gedrückt, daß er ſelber den König auf den Marquis
aufmerkſam gemacht hat; er faßt den Gedanken, ſich wieder Carlos
zuzuwenden, der weniger gefährlich als Poſa ſei, und er erklärt, er
wolle ſein eigenes Werk vernichten und es lieber zu ſeiner Zeit
zum zweiten Male gebären (das heißt, wenn der Marquis beſeitigt
ſei, Carlos zum zweiten Male mit ſeinem Vater entzweien). In
dieſem Augenblick faßt er den Plan jener Fälſchung, und entſchloſſen
geht er mit jener Erklärung ab.

Sein Entſchluß kann ſich thatſächlich auf nichts anderes als
jene Fälſchung beziehen; denn er thut ſchlechterdings nichts anderes,
was irgendwie als die Folge jenes Entſchluſſes erſcheinen könnte.
Vielleicht wird jemand den Beſuch bei der Königin hier nennen
wollen; denn nach der älteren Scenenfolge bildete dieſer nicht den
vierzehnten Auftritt, ſondern erſt den dreiundzwanzigſten, folgte alſo
erſt nach dem Geſpräche Alba's mit Domingo. Allein dieſer Gedanke
iſt nichts weniger als ſtichhaltig; denn das Geſpräch mit der Königin
konnte Alba nie für ein Mittel halten, um Poſa aus der Gunſt
des Philipp zu vertreiben, der in dieſem Falle ſicherlich auf die
Meinung der Königin am allerwenigſten hörte. Vielleicht wird
auch jemand einwenden, jene Fälſchung konnte nicht ſo ſchnell bewerk-
ſtelligt werden, da man doch berechnet hat, daß der ganze dritte,
vierte und fünfte Act an einem einzigen Tage ſpielen. Aber Schiller
ſelbſt hat ſicher nicht dieſe Vorſtellung gehabt; denn er läßt am
Ende des vierten Actes den Prinzen von Parma und einige Granden
aus Saragoſſa eintreffen, während ſie im dritten Acte bei der
Audienz zugegen geweſen ſind; es müſſen alſo zweifellos mehrere
Tage verfloſſen ſein, was auch aus anderen Gründen, um der
Geſchichte des Marquis Poſa willen, nothwendig erſcheint. An
Zeit für die Fälſchung, zu welcher jedenfalls der ganze Apparat
der geheimnißvollen Kenntniſſe der „Inquiſition" mit aufgeboten
wurde, fehlte es alſo nicht. Mancher wird auch vielleicht auffällig
finden, daß Alba ſelber im Geſpräche mit Feria ſich über das
Project ſehr erſtaunt zeigt und es höchlich bewundert; allein dies

entspricht ganz der Intriguantenrolle, die Schiller ihn sonst im „Don Carlos" spielen läßt.

Zum Schluß sei noch auf eines hingewiesen: in seinen „Briefen über Don Carlos" hat Schiller ausführlich den Charakter und die Handlungsweise Posa's beleuchtet; der angeblichen Bündnisse und Kriegspläne hat er dabei aber nirgends erwähnt.

Es ist sehr zu beklagen, daß Schiller in der Ausgabe von 1801 jenes Gespräch zwischen Alba und Domingo gestrichen und dadurch die einzige Hindeutung auf die Intrigue Alba's beseitigt hat. Er hat dadurch die Auffassung Posa's geradezu irre geleitet. Doch all= zu sehr überraschen kann das nicht, da er bei der gewaltsamen Kürzung noch manche andere Unklarheit und Unebenheit, offenbar nicht wissent= lich, herbeigeführt hat.

Zwei literarische Aufsätze Napoleon's I.

Es ist bekannt, daß Napoleon in seiner Jugend sich auch litera=
rischen Interessen zugewandt hatte; nicht nur hatte er Goethe's
Werther „durch und durch studirt", sondern sich auch selbst in
Romanschriftstellerei versucht. Auch in seiner berühmten Unterhaltung
mit Goethe klingt der Anspruch auf Kompetenz in ästhetischen
Fragen deutlich hervor, und schließlich enthalten noch die Werke
von St. Helena zwei ästhetisch=kritische Aufsätze [1]). Interessant ist
nun, daß der Inhalt des einen dieser Aufsätze über Voltaire's
„Mahomet" den Kaiser schon seit Langem beschäftigt haben muß,
da der Grundgedanke desselben schon in der Unterredung mit Goethe
von ihm ausgesprochen wird.

Als Daru in Goethe's Gegenwart erwähnte, dieser habe den
Mahomet übersetzt, erwiderte der Kaiser (nach Goethe's Bericht):
„Es ist kein gutes Stück", und legte sehr umständlich auseinander,
wie unschicklich es sei, daß der Weltüberwinder von sich selbst eine
so günstige Schilderung mache. Das Motiv dieses Einwandes ist
leicht zu erkennen. Der Kaiser vergleicht sich selbst mit Mahomet,
und empfindet die ungünstige Schilderung des letzteren wie einen
Angriff auf seine eigene Würde. Der „Weltüberwinder" soll in der
Glorie eines makellosen Helden dastehen. Noch klarer zu Tage liegt
dieser Gedankengang, wenn der Kaiser (nach Müller's Zeugniß) auf=
fordert, Voltaire's „La mort de César" durch ein besseres Stück
zu ersetzen. „Il faudrait montrer au monde, comment César

---

[1]) Abgedruckt im einunddreißigsten Band der „Correspondance".

aurait pu faire le bonheur de l'humanité, si on lui avait
laissé le temps d'exécuter ses vastes plans."

Bei der Verurtheilung des „Mahomet" spielte jedoch auch ein
ästhetischer Beweggrund mit. Napoleon, dessen klare und kalte Ver-
ständigkeit alles nur wie eine Rechenaufgabe äußerlich und mechanisch zu betrachten und zu behandeln wußte, hatte nicht die Fähigkeit, sich in complicirte psychologische Probleme zu vertiefen. Wenn
er zu Goethe sagte: „Je suis étonné, qu'un grand esprit comme
vous n'aime pas les genres tranchés", so sprach sich darin
zunächst zwar die Abneigung gegen die Vermischung tragischer und
komischer Motive aus; folgerecht aber geht aus dem Ausspruche
auch das Unvermögen hervor, sich in demselben Charakter großartige
und niedrige Züge vereinigt zu denken; die Darstellung des Helden
und die des Bösewichtes sollen jede für sich ein „genre tranché"
bilden. Die deutsche Kritik ist freilich meist der Ansicht gewesen, daß
in Voltaire's Mahomet diese Forderung nur allzu vollständig erfüllt
sei, indem der Dichter die welthistorische Gestalt des Helden zum
gemeinen Betrüger und Verbrecher umgebildet hat. Jedoch von
diesem Urtheile war Napoleon weit entfernt. Viel zu hoch schätzte
er die Rechte einer herrschgewaltigen und „weltüberwindenden"
Persönlichkeit, um nicht die Verbrechen Mahomet's von einem anderen
Standpunkte als dem der gewöhnlichen Moral zu beurtheilen. Auch
in der Darstellung Voltaire's ist ihm Mahomet ein weltbeglückender
Heros, nur durch einzelne bedauerliche Flecken ungeschickter Weise
entstellt. Von dieser Grundanschauung gehen aus die „Observa-
tions sur La Tragédie de Mahomet par Voltaire" (Correspondance, Tome XXXI, p. 487 — 490). Napoleon giebt sich
hier die Mühe, das Stück von jenen angeblichen „Flecken" zu
reinigen, unbekümmert darum, daß durch diese Aenderungen thatsächlich
ein ganz neues Stück entstehen würde. Die Hinrichtung, welche er
hier vollzieht, erinnert an Goethe's Ausspruch, der Kaiser habe in
seinen, übrigens „sehr bedeutenden" Bemerkungen die französische
tragische Bühne gleich einem Criminalrichter betrachtet.

Der erste „Flecken", der verschwinden soll, ist die Liebe Maho-

met's zu Palmire; Voltaire hat diese Leidenschaft als so gewaltig
geschildert, daß sie in der Seele des Eroberers sogar mit der Herrsch-
sucht und dem Ehrgeize um den Vorrang streitet und so in der That
einen kleinlichen Zug in sein Handeln hineinträgt, Napoleon giebt
kurz und bündig die Verse an, welche zu streichen sind, um dieses
ganze Motiv zu beseitigen; bei dieser Operation trifft er übrigens
an einer Stelle mit Goethe zusammen; die lange pathetische Rede
Mahomet's, welche das Stück schließt und durchaus nicht dazu beiträgt, Charakter und Handlungsweise des Helden klarer darzulegen,
ist auch von Goethe in seiner Uebersetzung bei Seite gelassen worden.

Der zweite „Flecken" ist die Vergiftung Hercidens und Seldens,
die auf Befehl Mahomet's geschieht. Die Vorschläge, die Napoleon
zur Hebung dieser Anstöße vorbringt, verrathen eine geradezu naive
Auffassung der Erfordernisse einer dramatischen Handlung. Hercide,
obgleich von Voltaire nicht auf die Scene gebracht, sondern nur in
den Reden der handelnden Personen erwähnt, ist trotzdem eine der
wichtigsten Personen des Stückes. Sein Geständniß bringt Seïde
und Palmire erst den schrecklichen Conflict, in den sie sich gestellt
finden, zum Bewußtsein, führt die Peripetie des Stückes herbei. Aus
diesem Grunde hat Schiller seinerzeit Goethe vorgeschlagen, den Text
Voltaire's dahin zu verändern, daß er Hercide (bei Goethe Hammon)
auch thatsächlich auftreten lasse, und zwar in mehreren Scenen, um
eine so wichtige Figur dem Zuschauer auch sichtbar vorzuführen.
Nach Napoleon's Vorschlage nun würde der Tod Hercidens augen-
scheinlich durch Zufall erfolgen und das Drama an einem der wichtigsten Punkte des Causalzusammenhanges beraubt werden; wir müssen
annehmen, daß er von einer Krankheit befallen, beim Herannahen
seines Endes von seinem Gewissen sich getrieben fühlen sollte, die
Herkunft von Seïde und Palmire einzugestehen.

Was Seïde betrifft, so liegt auf der Hand, daß seine Ermordung durch Mahomet ihre Begründung verloren hat, sobald Mahomet's Liebe zu Palmire und damit das Motiv der Eifersucht hinweg-
gefallen ist. Trotzdem erfordert diese Gestalt aber, nachdem die Schuld
des Vatermordes auf sie gefallen, nothwendig ein tragisches Ende,

und Napoleon wünscht ihn entweder durch die Freunde des ermor=
deten Sopir, oder aus Verzweiflung durch eigene Hand sterben zu
lassen. Da diese Ereignisse noch in den vierten Act fallen würden,
so wäre der fünfte ganz und gar der Verherrlichung des siegreichen
Mahomet zu widmen, der Seide als ein Opfer des heiligen Kampfes
glücklich preisen und die ganze Partei Sopir's durch den Tod ihres
Führers entmuthigt zu seinen Füßen sehen würde.

Offenbar würde auf diese Weise das Stück zu einem Panegyri=
cus auf Mahomet, den weltbeglückenden Despoten und Propheten
umgebildet werden. Interessant aber ist, was alles der Kaiser mit
dieser Rolle noch für vereinbar hielt, welches Vorgehen und Handeln
er trotz seiner Vorliebe für die „genres tranchés“ glaubte der flecken=
losen Heldengestalt noch unbekümmert überlassen zu dürfen. Die in
der Tragödie durchgängig vorausgesetzte Verwerthung des religiösen
Elementes zu rein politischen Zwecken, die das ganze Prophetenthum
Mahomet's als Maske erscheinen läßt, störte Napoleon nicht; er mochte
wohl an sein eigenes Auftreten in Aegypten als „Sultan El Kebir“
und als der Verheißene des Koran sich wohlgefällig erinnern. Aber
noch mehr, auch die befohlene meuchlerische Ermordung Sopir's und
zwar durch den Jüngling, den Mahomet als den vermißten Sohn
Sopir's kannte, schien ihm keinen „Flecken“ auf die Heldengestalt zu
werfen. Das entsetzliche Schicksal, welches auf diese Weise dem
unglücklichen Mörder bereitet wird, war durch die Politik Mahomet's
gefordert; „die Politik ist das Schicksal“, hatte Napoleon schon zu
Goethe gesagt. Die Reden Mahomet's, in denen er gestützt auf das
Bewußtsein seiner Herrscherkraft unbedingten Gehorsam und schranken=
lose Herrschaft fordert, waren dem Kaiser offenbar aus der Seele
gesprochen. Und wir glauben, daß er trotz der Einseitigkeit seiner
Auffassung damit nach einer Seite hin doch die Gedanken des Dichters
richtiger traf, als die Kritik es meist gethan hat. Voltaire wollte
allerdings einen religiösen Heuchler darstellen; aber doch nicht, wie
man nach der ersten Aufführung in Weimar schrieb, einen „platten
Betrüger, Mörder und Wollüstling“, auch nicht wie Hettner sich
ausdrückt, „nichts als einen kalten Betrüger“, sondern eine zwar

Abscheu erregende, aber doch imposante Herrschergestalt, die sich der religiösen Mittel um ihrer politischen Zwecke willen, aber nicht um kleinlicher Vortheile willen bedient [1]). In der letzten Scene, wo Mahomet die Entscheidung des Himmels wider Seïde anruft, wird der äußere Effect freilich durch das Gift herbeigeführt, welches auf Seïde zu wirken beginnt; zugleich aber muß auch das Auftreten Mahomet's von so gewaltiger Größe sein, daß Keiner der Anwesenden trotz Palmire's Zeugniß den leisesten Zweifel zu äußern wagt, sondern alles sich unbedingt dem Propheten beugt.

Die „Oeuvres de Napoléon à St. Hélène" enthalten noch einen zweiten kritischen Aufsatz: „Note sur le deuxième livre de l'Énéide de Virgile" (XXXI, 491 — 493). Hierin wird dies Werk des römischen Dichters sehr ungünstig beurtheilt und ihm die Ilias als Muster gegenüber gestellt. Dies Urtheil erscheint uns heute selbstverständlich; indeß hat es im Munde Napoleon's insofern eine gewisse Bedeutung, als es ihm gewiß nicht durch seinen Jugendunterricht in der Kriegsschule, auch wohl kaum durch spätere ästhetischkritische Lectüre zugeführt ist, sondern auf eigener Beobachtung beruht. Und um so sicherer läßt sich dies annehmen, als die Begründung seiner Kritik eine völlig eigenthümliche ist; der Kaiser beurtheilt beide Epen vom Standpunkt des militärischen Fachmannes. Das zweite Buch der Aeneis, das bekanntlich die Einnahme Trojas schildert, liefert hierzu den ausreichendsten Anlaß. Napoleon spottet über die „lächerliche" Erfindung des „hölzernen Pferdes", die in der Ilias keinerlei Seitenstück finde; länger aber verweilt er bei den poetischen Licenzen, die sich Virgil in Bezug auf Zeit und Raum gestattet hat.

Er stellt fest, daß die gesammte Eroberung und Zerstörung bei Virgil nur wenige Nachtstunden in Anspruch nimmt und überschaut die Masse der Ereignisse, welche in diesem kurzen Zeitraum sich

---

[1]) In seinem Verhältniß zu Palmire wirkt die Maske des Propheten für die Erfüllung seiner Wünsche eher ungünstig als günstig.

zusammen drängen sollen. Er ermißt die Ausdehnung Trojas und weist nach, daß die schrittweise Erstürmung, Plünderung, Einäscherung einer solchen Stadt, die Vernichtung ihrer Vertheidiger nicht eine Sache von Stunden, sondern von Tagen ist. Eine derartige Kritik eines Dichterwerkes könnte ein Lächeln erregen, wenn sie nicht eine ernstere Bedeutung durch die entgegengesetzte Beurtheilung der Ilias erhielte. Höchst merkwürdig sind die Aeußerungen, in denen der Kaiser seine Bewunderung für dieselbe ausspricht:

„Tout est conforme à la vérité et aux pratiques de la guerre.". „Le journal d'Agamemnon ne serait pas plus exact pour les distances et le temps et pour la vraisemblance des opérations militaires que ne l'est ce chef d'oeuvre." Diese Beobachtung führt ihn selbst zu einem Urtheil über den Dichter: „Lorsqu'on lit l'Iliade, on sent à chaque instant, qu'Homère à fait la guerre, et n'a pas comme le disent les commentateurs, passé sa vie dans les écoles de Chio; quand on lit l'Énéide, on sent que cet ouvrage est fait par un régent de collège, qui n'a jamais rien fait."

Man wird dem Kaiser die Sachkenntniß nicht abstreiten wollen, welche diese Unterscheidung der beiden Gedichte bedingt; allein auch abgesehen von dem technisch-militärischen Gesichtspunkte liegt seinem Urtheil eine richtige Einsicht zu Grunde, ein richtiges Verständniß der epischen Gesetze. Wenn Napoleon, nachdem er die unmögliche Zusammendrängung der verschiedensten Ereignisse in den kürzesten Zeitraum dargelegt hat, endlich das abschließende Urtheil fällt: „Ce n'est pas ainsi, que doit marcher l'épopée", so hat er vollständig Recht. Durch eine so freie Behandlung der Bedingungen, welche Raum und Zeit den Ereignissen setzen, verliert der Inhalt des Epos die sinnliche Vorstellbarkeit, welche für die epische Wirkung unumgänglich nöthig ist. Die Gewaltsamkeiten, welche das pseudoklassische Drama sich erlaubte, um die Einheit von Ort und Zeit zu erzwingen, sind weit weniger verletzend, weil das Drama seiner ganzen Anlage nach überhaupt mehr an die Selbstthätigkeit des Lesers oder Zuschauers sich wendet, ihn mitempfinden und gleichsam mitdichten

läßt, alſo auch der Phantaſie mehr zumuthen darf als das Epos, welches
ſich nur mit äußeren ſinnlichen Dingen beſchäftigt und darum in
jedem einzelnen Punkte auch ſinnlich faßbar ſein muß. Wilhelm
Humboldt redet in ſeinen „Aeſthetiſchen Verſuchen" ſowohl von dem
epiſchen Geſetz „höchſter Sinnlichkeit" als auch von dem „durch-
gängiger Stetigkeit". Gegen beide Geſetze verſtößt die von Napoleon
gerügte Darſtellungsweiſe Virgil's, und noch klarer wird dieſer Sach-
verhalt, wenn der Kaiſer eine Schlußbemerkung über das vierte
Buch (Aeneas und Dido) hinzufügt und ſich folgendermaßen äußert:
„Le récit n'est pas dans le genre de celui d'Homère, où tous
les jours sont marqués, où toutes les actions ont leur
commencement, leur milieu et leur fin, et ne sont pas
agglomérées dans un récit général." Das Wort „récit général"
kennzeichnet ſehr richtig die unepiſche Erzählungsweiſe Virgil's, die
nicht plaſtiſche Geſtalten, nicht feſt beſtimmte Handlungen („Anfang,
Mitte, Ende") zeigt und eben deshalb niemals die tief ſich einprägende
Wirkung Homer's erreichen kann.

Die Art, wie Napoleon hier geurtheilt, läßt uns erkennen, wie
er etwa Goethe gegenüber ſich geäußert haben mag — in einem
Theile des Geſprächs, deſſen Inhalt dieſer uns nur angedeutet hat:
„Er machte ſehr bedeutende Bemerkungen, wie Einer . . :, der das
Abweichen des franzöſiſchen Theaters von Natur und Wahrheit ſehr
tief empfunden hatte." Aus den Bemerkungen über „Mahomet"
läßt ſich eine Kritik nach dieſer Richtung nicht entnehmen; aus der
Art und Weiſe aber, wie der Kaiſer die Aeneis betrachtet, wird uns
wahrſcheinlich, daß er auch an dem franzöſiſchen Drama die Behandlung des Ortes und der Zeit als „Abweichung von Natur und Wahrheit" empfunden hat.

Die Aeußerungen Napoleon's laſſen im Ganzen ein entſchiedenes
natürliches Verſtändniß und Intereſſe für Probleme der Dichtkunſt
erkennen, — ſo ſeltſam, ja naiv ſie auch im Einzelnen ausgeſprochen
ſind, einzig und allein der Selbſtgewißheit ihres Urhebers entſpringend,
ohne Zuſammenhang mit einer umfaſſenderen hiſtoriſchen oder ſyſte-
matiſchen Anſchauung.

Zola's Kriegsroman.

Zur Darstellung des jähen Zusammenbruches hat Zola endlich die große Serie von Romanen geführt, in denen er das sinkende Frankreich des zweiten Kaiserthums geschildert hat. „Les Rougon-Macquart", die ihrem Schöpfer ebenso viel Bewunderer als Feinde, jedenfalls aber eine grenzenlose Schaar von Lesern zugeführt haben, stellen sich von hier aus, alle Einzelheiten überragend, als Ganzes dar. Und sicherlich hat dieser Roman gar Manchem Respect eingeflößt, der vorher Zola aus dem Kreise der Unsterblichen ebenso sicher ausgeschlossen hätte, als die französische Akademie es gethan. Freilich hat auch „La Débâcle" lebhafte Angriffe erfahren — seltsamer Weise auch durch einen deutschen Officier — weil er die französische Armee zu ungünstig schildere; im Ganzen aber hat unstreitig, selbst in Frankreich, die Achtung vor dem, was hier geleistet ist, die nationale Empfindlichkeit verstummen lassen. Und es ist ein Zeichen fortschreitender Gesundung, daß ein die eigene Armee so wenig idealisirendes Bild in Frankreich mit Ruhe aufgenommen und betrachtet worden ist; es wäre nur zu wünschen, daß alle deutschen Darstellungen des großen Krieges ebenso frei von Schönfärberei wären. Allerdings ist Zola diese Unparteilichkeit dadurch erleichtert worden, daß es die kaiserliche Armee war, deren Untergang er hauptsächlich schildert, die Armee des Kaiserthums, das sein ganzer Romancyklus ja als den Verderb Frankreichs erweisen will. Aber dagegen muß erwogen werden, daß Zola der so naheliegenden Versuchung gänzlich widerstanden hat, ein phantastisch aufgeputztes Bild der Levée

en masse der kaiserlichen Armee gegenüberzustellen; in der Einsam=
keit einer Krankenstube läßt er die Kämpfe der Republik nur unsicher
und flüchtig zu unserer Kenntniß kommen und schließt mit der Dar=
stellung des erbitterten Streites der Versailler Regierung gegen die
Pariser Commune in einer für die Republik gewiß nicht günstigen
Weise ab. Aus dem ganzen Werke bricht ein entschiedenes Empfinden
für die Eigenthümlichkeit und Größe des Krieges hervor; aber
nirgends wird in schillerndem oder schimmerndem Glanz der Aus=
druck für dies Empfinden gesucht. Von der Weise mancher populärer
militärischer Schriftsteller, dem Laien den Soldaten im Felde als
ein beständig hurrahrufendes, in Begeisterung schwelgendes Wesen
zu zeigen, ist Zola's Darstellung himmelweit entfernt; um so mehr
stimmt sie überein mit dem, was aus Memoiren von Reserveofficieren,
Freiwilligen und ähnlichen Aufzeichnungen bekannt geworden ist.

Man kennt die Schilderungs= und Erzählungsart Emile Zola's,
dieses sorgfältige Eindringen und genaue Reproduciren jeder Cultur=
erscheinung, die er darstellen will; dieses Aneinanderreihen zahlloser
Einzelheiten, die er mit Mühe zusammen gesucht hat; wie oft ist
nicht jeder Leser davon ermüdet, gelangweilt worden, und hat aus=
gerufen, daß er ein Werk der Phantasie, nicht eine technische Aus=
einandersetzung über Bank= oder Eisenbahnwesen, Fabrik= oder
Agrarzustände lesen wollte! Diesmal ist die Wirkung anders! Aus
all den Einzelheiten hebt sich doch eine einheitliche, Alles beherrschende
Stimmung hervor. Sie wird auch durch die häufige, offenbar beab=
sichtigte Wiederholung der Situationen nicht abgeschwächt, sondern
lebendig erhalten. Erfreulich ist diese Stimmung freilich nicht; wie
in einem düstern Nebel tappt man weiter, immer in gleicher Ein=
förmigkeit, weil der graue Schleier Farben und Formen verhüllt.
Aber für die „Débâcle", die geschildert werden soll, ist gerade diese
schwere trübe Atmosphäre bezeichnend; wir fühlen es, hier ist nicht
eine plötzliche, verschuldete oder unverschuldete Katastrophe Ursache
des Unheils; hier ist ein Weg, der langsam aber unabwendlich zum
Sumpfe hinabführt und Alle, die auf ihm hinziehen, der Erstickung
im Schmutz überliefert. Und doch nicht Alle! Einen rettet Zola

aus dem Pfuhl von Verdorbenheit oder Schwäche; einen als Vertreter aller Derer, die, nachdem der Petroleumbrand der Commune gelöscht ist, an der Wiederaufrichtung Frankreichs arbeiten müssen.

Die Mittel, um dieses Gesammtbild zu schaffen, hat sich Zola wiederum durch ein äußerst fleißiges Detailstudium verschafft. Gewiß wird der militärische Fachmann an den Ergebnissen dieser Studien vieles auszusetzen haben; aber deſſen Maßstab anzulegen, wäre unbillig. Für einen Dichter, der die Summe der Lebenserscheinungen umspannen will, hat Zola mit bewundernswürdigem Eifer sich dieser einen Specialität diesmal gewidmet. Zunächst in historischer Beziehung. Er führt uns genau die Schicksale einer Division des siebenten Armeecorps vor Augen; welche Division es sei, ist nicht ausdrücklich gesagt; die Ereignisse zeigen, daß es die Division Liébert ist. Wir verfolgen die Schicksale eines Regiments derselben — die Nummer ist fingirt — von dem Vormarsch an, den sie am 6. August gegen den Rhein hin unternahm, und der mit einer Panik und der schimpflichen Rückkehr nach Belfort endete. Sonderbarerweise hat wegen dieses Berichtes der schon erwähnte deutsche Officier im „Figaro" Zola grundlose Beschimpfung der französischen Armee zum Vorwurf gemacht, ohne mit einem Wort zu erwähnen, daß sich dieser Vorgang im Wesentlichen übereinstimmend auch im deutschen Generalstabswerke auf Grund einer französischen Quelle erzählt findet. Wir verfolgen dann weiter die Thatenlosigkeit dieser Division, ihren Transport nach Chalons, den planlosen, ermüdenden, auflösenden Marsch bis Sedan, endlich die gewaltige Schlacht. Hier tritt nun neben die historische auch die geographische Einzelkenntniß. Sowohl die einzelnen Dörfer, in denen sich die erbitterten Kämpfe abspielen, als die Configuration der Gegend, die Maasufer, das umgebende Hügelland, den großen Wald von Garenne, schildert Zola auf Grund genauer persönlicher Kenntniß. Dann bietet aber die Schlacht auch die beste Gelegenheit, nach allen Seiten die technischen Einzelstudien, die der Erzähler gemacht, zur Geltung zu bringen. Haben wir uns bisher nur unter der Infanterie bewegt, so treffen wir in der Schlacht einen Bekannten bei der Reiterei und sehen ihn an der berühmten,

auch im Generalstabswerk so sehr hervorgehobenen Attacke zweier
Divisionen Theil nehmen; einen anderen treffen wir bei einer Batterie,
die auffährt, abprotzt, schießt, ihre Stellung verändert, schließlich selbst
zusammengeschossen wird. Die Schicksale Verwundeter führen uns
zu den Sanitätsabtheilungen; auch der endlose Train wird uns
vorgeführt, und kaum ein Zweig der Armee bleibt auf diese Art
außerhalb der Beleuchtung und Charakterisirung des Dichters.

Wie sehr aber Zola im Stande ist, in die genaue Detailschilde=
rung eine einheitliche Stimmung zu legen, das kann am besten
seine Darstellung der Reiterattacke zeigen, bei der übrigens der Name
des Generals Gallifet nicht genannt wird.

Eigenthümlich ist die Art und Weise der Personendarstellung.
Die Aufgabe brachte es mit sich, daß frei erfundene neben
historischen Personen stehen mußten. Mit großer Selbstbeschränkung
hat Zola indeß darauf verzichtet, die historischen Gestalten zu Roman=
figuren zu machen und etwa wie Gregor Samarow unseligen An=
denkens lammerdienerhaft aufzufassen. Der Kaiser, Mac Mahon,
der Corpscommandeur Felix Douay sind in die Romanhandlung
durchaus nicht verwoben, sondern bilden nur den historischen Hinter=
grund; der Divisionscommandeur fällt vollkommen aus, er wird nie
genannt, und durch dieses Vacuum gelangen wir zu den erdichteten
Figuren, die mit dem Brigadegeneral Bourgain=Desfeuilles beginnen
und weiter abwärts die Armee in allen Chargen, und daneben zwei
Hauptgruppen von Civilpersonen uns zeigen. Ich sprach eben von
der Romanhandlung; genau genommen aber hat man Mühe, sie
überhaupt zu finden, und es ist dieser Punkt von größtem Interesse
für die Bestimmung des gesammten künstlerischen Charakters des
Romans. Derselbe schildert im Wesentlichen die Schicksale zweier
Personen während des Krieges, des Corporals Jean Macquart und
des Freiwilligen Maurice Levasseur und damit zugleich einen guten
Theil des Krieges selbst. Von dem, was die landläufige Meinung
unter der Handlung, der Verwickelung eines Romans versteht, ist
hier nicht die Rede; um so mehr aber von wirklich epischer Hand=
lung; „La Débâcle" ist ein wirkliches Epos in Prosa. Eben darum

werden es auch viele langweilig finden, alle die, welche sich gewöhnt
haben, an den Roman den Maßstab des Dramas zu legen und
von ihm die gleiche Spannung zu verlangen, wie von dem
erschütternden Conflict einer Tragödie, all die vielen, welche im
Trubel der modernen Hast es verlernt haben, einer einfachen epischen
Erzählung zu folgen. Diejenigen aber, denen die Spannung nicht
unumgängliche Nothwendigkeit ist, die sich mit dem Interesse
begnügen, werden dem Roman mit Befriedigung folgen; denn
Interesse empfinden wir für die beiden Hauptpersonen durchaus;
das traurige Ende des mißleiteten, schließlich zum Communarden
gewordenen Maurice ergreift uns tief, und die rüstige Tüchtigkeit
des alle Unbill überwindenden Jean Macquart erfreut uns und
richtet uns auf. Die anderen Soldatenfiguren sind freilich wenig
geeignet, uns zu interessiren, aber sie prätendiren es auch nicht; sie
sind als Staffage mit derselben naturhistorischen Objectivität
beschrieben, mit der Zola die Massenbewegungen schildert. Der eine
gewaltthätig und roh, der zweite nur auf Essen und Trinken gerichtet,
der dritte stumpf und bigott, geradezu mit dem Fetischglauben eines
Negers ausgestattet. Sie alle lassen sich fluchend oder jammernd
planlos von Belfort nach Chalons, von Chalons nach Sedan
schleppen; sie alle zeigen im einzelnen eine unglaubliche Disciplin=
losigkeit, und sie bleiben doch alle bei der Fahne und schlagen sich,
als endlich die Reihe an sie kommt, ganz genügend. Auch diese
Schilderung hat man Zola zum Vorwurf gemacht. Als ob nicht
die Geschichte nicht nur des deutsch=französischen, sondern auch anderer
Kriege sie vollauf bestätigte! Die Auflösung auf dem Marsche, die
Zügellosigkeit im Rauben und Plündern hindern nicht, daß der
Berufssoldat bei seinem eigentlichen Handwerk in der Schlacht doch
Energie beweist. Freilich von Begeisterung ist bei Zola's Soldaten,
die wochenlang geschimpft haben, auch in der Schlacht nichts zu
bemerken! Aber woher sollte diese den napoleonischen Soldaten von
1870 auch kommen! Wofür sollten sie sich begeistern?

Anders steht es natürlich mit den Officieren, denen ihr Bil=
dungsstandpunkt eine größere Klarheit in Bezug auf die Gebote der

Ehre und Pflicht geben muß. Hier läßt Zola's Schilderung deutlich zwei Gruppen unterscheiden; die einen — ehrenhaft, innerlich
ganz mit dem Gedanken an den Ruhm der französischen Armee verwachsen, aber ohne eigentlich bynastische Empfindung, die anderen —
Salonhelden, Geschöpfe der Protection, mit einer größeren oder
geringeren Dosis künstlich anerzogener soldatischer Denkweise. Auf
niederer Stufe stellt die erste Gruppe der Lieutenant Roches dar,
ganz erfüllt von den Erinnerungen französischer Gloire, unzugänglich
für den Gedanken einer möglichen Niederlage, daher völlig rathlos
und außer Fassung, als das Unheil hereinbricht; aber stets pflichttreu,
aufopfernd bis zum Tode. Auf höherer Stufe zeigt diesen Typus
der Oberst Vineuil, ein Officier, der seine Truppen in der Schlacht
zusammenzuhalten, selbst zum Sturm zu führen weiß und überall
persönlich eingreift. Schwer verwundet hat er ein langes Kranken-
lager zu erdulden, auf dem endlich die Nachrichten von dem fortgesetzten Unheil des Vaterlandes ihm den Todesstoß geben. Die
andere Gruppe sehen wir in dem Hauptmann Beaudoin und dem
Brigadegeneral Bourgain Desfeuilles verkörpert. Der Hauptmann
ist ein Lebemann und Streber, der sein Avancement von dem Einfluß einiger vornehmer Damen, die einen „Salon" haben, erwartet;
er ist während des Feldzuges stets um seine Koffer besorgt, verzweifelt,
wenn er nicht tadellos gekleidet sein kann; noch unmittelbar vor der
Schlacht hat er in Sedan ein galantes Abenteuer. Sehr fein ist
geschildert, wie dieser ganz haltlose und schwächliche Mensch, durch
das Standesgefühl getrieben, sich doch zwingt, in der Schlacht einen
gewissen Muth zu beweisen, ohne aber damit auf die Soldaten
wirken zu können. Noch schlimmer ist der Brigadegeneral, ein Mann
ohne jede Bildung, ohne die Fähigkeit, sich auch nur auf Karten
orientiren zu können, ohne jede Spur von Pflichtgefühl, das traurigste
Geschöpf der Protectionswirthschaft.

Dies ist die militärische Welt, in die wir geführt werden; die
bürgerliche, die Zola schildert, ist jener darin ähnlich, daß auch hier
ein hohes fortreißendes Gefühl des Patriotismus fehlt; gute und
schlimme Menschen sehen wir; aber alle sind sie in ihre Privat-

interessen beschränkt. Indeß — konnte dies 1870 auch anders sein? Freilich, in Paris brüllte die Menge: „A Berlin"; aber sollte wirklich in einem Landhause oder in einem Städtchen wie Sedan Begeisterung für den Krieg um die spanische Throncandidatur geherrscht haben? Auch hier — glaube ich — hat Zola sich durchaus an die Wahrheit gehalten.

Zunächst der starr egoistische, mißtrauische Bauer, „Vater Fouchard", der zuerst sein Haus und seine Vorräthe den hungernden französischen Truppen rücksichtslos verschließt, nur mit Mühe seinem Sohne und Neffen Einlaß gewährt, und später, während der deutschen Occupation, unter den Deutschen durch Lieferung des Fleisches erkrankter Thiere Krankheiten verbreitet; während ihm Andere seine Unterstützung des Feindes zum Vorwurf machen, behauptet er, gerade darin seinen Patriotismus zu bewähren. Dann der Kleinbürger von Sedan, Weiß, der vor Allem um sein Landhaus in Bazeilles besorgt ist, und unsinniger Weise am Morgen des 1. September hinläuft, um es irgendwie zu beschützen; der, als er es brennen sieht, in thörichter Wuth zu einem Gewehr greift und natürlich von den eindringenden Siegern ohne Weiteres füsilirt wird; neben ihm seine tüchtige und ehrenhafte Frau, Henriette, die ihr Leben aufs Spiel setzt, um den Gatten zu suchen, und später sich ganz der Verwundetenpflege widmet. Endlich das reiche Fabrikantenpaar Delaherche: Gilberte, die eitle, oberflächliche junge Frau von zweifelhafter Vergangenheit, die Freundin des Hauptmanns Beaudoin, und der Mann, ein vorzügliches Gemisch von Egoismus und gönnerhafter Leutseligkeit; er ist Bonapartist und hat vor wenig Monaten bei dem Plebiscit für den Kaiser votirt, jetzt spricht er mit überlegener Miene das große Wort, daß immerhin Fehler von der kaiserlichen Regierung gemacht worden seien; einige Zeit später erklärt er, daß der Kaiser sämmtliche Franzosen grausam getäuscht, habe und daß es ein dringendes Gebot sei, sich von ihm loszusagen.

Der Kaiser. — Es ist Zola als ein besonderes Verdienst anzurechnen, daß er, der doch den tiefen Fall Frankreichs vor Allem dem Kaiserthum zuschreibt, dadurch sich doch nicht hat verleiten lassen, das Bild des Kaisers durch Groll oder Rachsucht zu entstellen. Ueberall, wo Napoleon auftritt, liegt vielmehr ein Hauch des Mitleids über der Schilderung. Der todtkranke, halb willenlose, fast machtlose Mann ist es, den Zola uns zeigt. Und doch weiß er ihm daneben noch einen gewissen tragischen Muth zu leihen, wobei freilich das Erhabene und das Lächerliche nahe an einander grenzen. So schildert er den Ritt des Kaisers auf das Schlachtfeld von Sedan und sein Ausharren im Feuer, wesentlich übereinstimmend mit den Berichten von Augenzeugen, in folgender Art: „Ja, es war wirklich Napoleon III., der zu Pferde jetzt größer erschien, den Schnurrbart so stark gewichst, die Wangen so stark gefärbt, daß er auf einmal verjüngt erschien, aufgeputzt wie ein Schauspieler. Sicherlich, er hatte sich schminken lassen, um nicht unter den Soldaten sein entsetzlich verfallenes, von Leiden zerstörtes Gesicht zu zeigen.... Eine Ziegelei in der Nähe bot einen Zufluchtsort. Von der anderen Seite schlug ein Regen von Kugeln gegen die Mauern, und Granaten platzten jeden Augenblick auf der Straße. Die ganze Eskorte hielt an. „Sire", murmelte eine Stimme, „es ist hier in der That gefährlich." Aber der Kaiser wandte sich und befahl mit einer Geste seinem Stabe, sich auf dem engen Wege aufzustellen, der längs der Ziegelei hinlief.... Und ganz allein ritt er vorwärts, ohne Hast, mitten unter den Kugeln und Granaten, in derselben kühlen und gleichgültigen Haltung, seinem Schicksale entgegen. Gewiß — er hörte hinter sich die unerbittliche Stimme, die ihn vorwärts trieb, die Stimme aus Paris, die ihm zurief: Vorwärts! stirb als Held unter den gehäuften Leichnamen Deines Volkes, zwinge die ganze Welt zu staunender Bewunderung, damit Dein Sohn noch regieren könne! Und er ritt vorwärts; er ließ das Pferd langsam gehen. Etwa hundert Meter ritt er so. Dann hielt er an, um das Ende zu erwarten, das er hier suchte. Die Kugeln pfiffen um ihn, wie ein tropischer Sturm; eine Granate platzte und beschüttete ihn mit Erde. Er wartete. Die Haare seines Pferdes sträubten sich, sein Körper zitterte in instinktmäßiger Furcht vor dem Tode, der jede Secunde vorüberflog, aber Roß und Reiter verschmähte. Dann nach diesem endlosen Warten begriff der Kaiser in seiner fatalistischen Resignation, daß sein Schicksal sich hier nicht erfüllen sollte, und ruhig kehrte er zurück, als hätte er nur die Stellung der deutschen Batterien genau erkunden wollen."

Das Gegenbild zu zeichnen, hat Zola sich versagt. Nur ganz aus der Ferne erblicken wir König Wilhelm, wie er das ungeheure Schlachtfeld überschaut, und so klein, wie ihm die französischen Schaaren in der Ferne erschienen, so klein hebt sich seine Gestalt und seine Umgebung vom fernen Rande des Horizontes ab. Auch die preußischen Soldaten sehen wir während des Kampfes nur von ferne; wie Bleisoldaten nehmen sie sich aus. In diesem sonderbaren Vergleich offenbart sich eine Beschränkung Zola's. Von den landläufigen Schmähungen der deutschen Truppen hält er sich ziemlich frei; aber ihr wahres Wesen kann er nicht erfassen. Sie erscheinen ihm wie mechanisch bewegte Theile einer ungeheuren Maschine, obgleich doch wahrlich die deutschen Soldaten 1870 mehr Selbstthätigkeit und freie Beweglichkeit gezeigt haben, als den Franzosen lieb sein konnte. Auch der einzige preußische Officier, den er schildert, der Gardeofficier Günther, kühl, höflich, unerbittlich, hat etwas bleisoldatenhaftes. Daneben hat Zola sich nicht versagen können, noch einen anderen Typus der Deutschen seinen Lesern vorzuführen, den Spion, der übrigens nicht Soldat ist. Ueber das Märchen vom „Verrath" hat sich Zola grausam lustig gemacht; aber die Spionage konnte er nicht entbehren. Goliath hat die Deutschen bei Beaumont gelehrt, die Franzosen zu überraschen; ohne Goliath wäre die ganze ungeheure Katastrophe gar nicht möglich gewesen. Als der Spion dann endlich von den Franzosen entlarvt wird, beschließt man seinen Tod; aber ohne Pulver und Blei; er wird „geschlachtet wie ein Schwein". Eine Scene, die sich nur aus der Neigung zum Ekelhaften erklärt.

Es fehlt also dem Romane auch an solchen Widerlichkeiten nicht. Und trotzdem ist der Gesammteindruck bei Weitem nicht ein so peinlicher, als bei den meisten Werken Zola's. Zunächst stehen den abstoßenden Figuren hier doch auch eine Reihe sympathischer gegenüber, und in Jean Macquart und Maurice Levasseur hat sich Zola wirklich die beiden Besten der ganzen Soldatesta zu Helden gewählt. Für den ästhetischen Eindruck des Ganzen ist es ferner von höchster Bedeutung, daß den ausgesponnenen Einzelheiten, die sich so oft wiederholen, hier ein ganz anderes episches Interesse innewohnt, als es sonst bei Zustandsschilderungen der Fall zu sein pflegt. Denn das große Ganze, das uns hier beschrieben wird, die Armee, ist ja in beständiger Bewegung und Handlung; es wird uns nicht ein im Wesentlichen unverändert bleibender Complex socialer Erscheinungen gezeigt, wie etwa die Darstellung des Friedenszustandes einer Armee ihn böte, sondern alle Einzelheiten fördern und treiben, so unbedeutend sie sind, doch eine gewaltige welthistorische Handlung vorwärts. Und endlich — das Werk hat neben aller Detaillirung des Widerwärtigen doch im Ganzen einen optimistischen Grundzug. Der Gedanke: Aus tiefstem Falle zum Aufschwung!, klingt darin durch. Und es ist ein gesunder und lebenskräftiger Ton, der in den letzten Worten ange= schlagen wird, wenn Jean Macquart, der beschränkte, aber tüchtige Corporal, der alle seine Freunde im Kampfe und Bürgerkriege ver= loren hat, nun sich zur Arbeit auf der heimischen Ackerkrume zurück= wendet: er ging der Zukunft entgegen, entgegen der großen und harten Arbeit, ganz Frankreich von Neuem aufzubauen! Ob freilich diese Riesenaufgabe seitdem gelungen ist, das wird wohl Zola selber heute zweifelhaft sein, nach den Erfahrungen, die er selber an der französischen Armee gemacht.

Torquato Tasso und Giosuè Carducci.

(Alla Città di Ferrara nel 25 Aprile del 1895. Ode di Giosuè Carducci.) Bologna, N. Zanichelli. 4°. 11 S.

Am 25. April 1895 erscholl durch ganz Italien der Ruf be=
geisterter Verehrung für Torquato Tasso, gedämpft durch die fort=
wirkende Erinnerung an das traurige Endschicksal des einst ver=
kannten, jetzt als klassisches Vorbild gepriesenen Dichters. Ueberall
wurden Gedenkfeiern abgehalten; als der beherrschende Mittelpunkt
all dieser Feste aber erschien das Kloster San Onofrio auf dem
Janiculus bei Rom, wo der unglückliche Dichter seine letzte Lebenszeit
zubrachte und nach Enttäuschungen aller Art, nach Verfolgungen und
Erniedrigungen eine kümmerliche Ruhe für den schon dem Grabe
zuwankenden Körper fand. Hier, wo von jeher das Sterbezimmer
des Dichters mit manchen pietätvoll bewahrten Reliquien gezeigt
wurde, wo die Erinnerung an Tasso am meisten festgewurzelt und am
meisten natürlich lebendiges Gewächs schien, hier wurde eine Aus=
stellung der Manuscripte und ältesten Drucke veranstaltet, die aus
den verschiedensten Bibliotheken zusammengebracht war und aufs
Anschaulichste zeigte, wie unermüdlich der von innerer Unruhe ver=
zehrte Dichter arbeitete, prüfte, verwarf, erneuerte und unter dem
verwirrenden Einfluß verständnißloser „Freunde" auch verschlechterte.
Hier fand zuerst in der Morgenfrühe eine kirchliche Feier statt, und
dann Mittags der officielle, staatliche Festact, welchem das Königspaar
beiwohnte.

Und nachdem so Rom, wo Tasso vergeblich die Dichterkrönung

auf dem Kapitol erhofft hatte, jetzt die Augen ganz Italiens auf sich gezogen, indem es den Todten würdig ehrte, erhebt nun der größte lebende Dichter Italiens, Giosuè Carducci, seine Stimme, die in so mächtigen, erschütternden Tönen zu reden weiß, und ruft mit heftigen, beschämenden Worten seine Landsleute zurück von dem Cultus dieser klösterlichen Stätte des Hinsiechens und Todes: seine Dichtung „Ferrara" weist die, welche den Dichter feiern wollen, nach der Dichtung-berühmten Hauptstadt der Este hin. Kaum lassen sich innerhalb des italienischen Geisteslebens zwei verschiedenere Dichterpersönlichkeiten denken als Tasso und Carducci. Beide mit voller poetischer Kraft und Empfindung ausgestattet; aber der Dichter des Heldenepos geneigt, Alles ins Zarte und Rührende hinüber= zuspielen, der moderne Lyriker dahin gerichtet, Alles ins Gewaltige und Heroische zu erheben. Der Renaissance=Dichter — der höchste Meister der fließenden, gefälligen, romantischen Stanze, der Dichter der Neuzeit — der Erwecker der antiken Versmaße, für die man bisher die italienische Sprache kaum geeignet hielt. Und endlich: der Sänger des „befreiten Jerusalem" nicht nur von religiöser Begeisterung geschwellt, sondern auch der katholischen Hierarchie und Disciplin streng unterworfen, der Tyrtäus des neuen Italien und seiner revolutionären Kämpfe — ein geschworener Gegner des Papst= thums und seiner die Geister beugenden Macht. Dieser Gegensatz hat Carducci nicht etwa zum Feinde Tasso's gemacht, nichts liegt ihm ferner, als sich von der allgemeinen Verehrung auszuschließen, die Italien dem jüngsten seiner klassischen Dichter zollt, aber er will nicht den durch Krankheit und Enttäuschung gebrochenen, den sein eigenes Werk verstümmelnden, von der Kirche in ihre Banden ge= schlagenen Dichter gefeiert sehen, sondern den lebendig schaffenden, den selbstbewußt stolzen, die höfische Welt weit übersehenden, den Mann in der Kraft seines Daseins. Darum weist er nach Ferrara, und es kümmert ihn nicht, daß dieser Ort zugleich die schlimmsten qualvollen Erlebnisse Tasso's gesehen hat, die Jahre der ungerechten Gefangenschaft, nicht, daß ein Goethe uns den tiefen Sturz, ein Byron das jammervolle Leiden Tasso's gerade in Ferrara ergreifend

dargestellt haben. Dieser Sturz, dieses Leiden sind die nothwendige
Kehrseite von Taffo's glänzender und wirkungskräftiger Existenz; sie
können von ihr nicht getrennt werden und bedürfen keiner Verhüllung.
Anders dagegen sein Ende im römischen San Onofrio; hier sehen
wir nicht mehr den leidenden, sondern den gebrochenen Menschen,
von dessen Bilde sich der Freund und Verehrer schmerzlich schonend
abwendet.

Carducci's „Ferrara", das er selbst bescheiden nur eine Ode
nennt, das aber in Wirklichkeit eine in drei Theile gegliederte
größere Dichtung ist, zeigt die glänzendste Beherrschung der italienischen
Sprache, verbunden mit einer dichtgedrängten Fülle lapidar ge-
fügter Gedanken. Der erste Theil ist in Distichen verfaßt, einer
Form, welche eigentlich erst Carducci der italienischen Sprache gelehrt
hat. Sie wirkt dadurch eigenthümlich, daß wegen der Abneigung
der Italiener gegen männliche Endungen (mit betonter Silbe) auch
der Pentameter in seinen beiden Hälften mit einer zugefügten
unbetonten Silbe abschließt.

Der Dichter giebt zuerst mit wenigen stimmungsvollen Versen
ein Bild Ferraras und läßt darauf wie eine Vision, wie einen Geist
aus anderer Welt Taffo selber erscheinen. „Er flieht die Hügel, da
mönchische Verdrossenheit ihn verzehrte, und sucht die Stätten, da
die Jugend ihm lächelte. Schloß der Este! senke Deine Brücken,
laß Deinen weißen Adler sich heben." Der zweite, umfassendste
Theil der Dichtung ist in sapphischen Strophen geschrieben. Er
giebt mit wunderbarer Kürze und Plastik eine Schilderung der
Natur des Pothales, seiner Sage (soll doch Phaethon hier gestürzt
sein!) und seiner Geschichte bis zu den glänzenden Zeiten Ariost's
und Taffo's. „Das war die Zeit des Ruhmes und gleich Deinem
Flusse, o Ferrara des Phaethon, strömte weit und hell, ewig tönend
der italische Gesang." Aber in Taffo's Schicksal wiederholte sich das
des unglücklichen Sonnenlenkers. Der dritte Abschnitt, wiederum in
Distichen, ist dieser Wendung gewidmet. Es scheint fast, als habe
Carducci die Vorwürfe von sich abschütteln wollen, welche revolutionäre Gesinnungsgenossen gegen ihn erhoben hatten, weil er sich

entſchieden zum Gottesglauben bekannte, als wollte er jeden Gedanken, er habe ſich damit der Papſtkirche wieder zuwenden wollen,
von ſich abwehren. Kaum jemals hat er ſich ſo ingrimmig gegen
den römiſchen Stuhl ausgeſprochen, als in dieſem dritten Theile
ſeines Gedichtes. Tyranniſche Engherzigkeit des in der Gegen-
reformation ſiegenden Katholicismus war es bekanntlich, welche Taſſo
bewog, die menſchlich ſchönſten Theile ſeines großen Gedichtes zu
verdammen und eine dogmatiſch tadelloſe, poetiſch unendlich ſchwache
Umdichtung zu liefern, mit einem Worte — ſich ſelbſt zu verleugnen.
„O Stunde des Abſcheus!“ dichtet Carducci, „Beute ſuchend ſchleicht
ſich vom Tiber die vatikaniſche Wölfin heran an den Po.“ Taſſo's
Phantaſiegeſtalten fliehen entſetzt vor dem Unthier, und während
ſie verſchwinden, wird zugleich der weiße Adler der Eſte's zwiſchen
den Zähnen des Raubthieres zermalmt; Ferrara fällt unter die
Herrſchaft der Kurie. Mit einem furchtbaren Fluche gegen die
„vatikaniſche Wölfin“ wendet ſich der Dichter dann der Gegenwart
zu. „Du haſt ihn getödtet; du haſt das kranke Italien mit ſeinem
Dichter in den tückiſchen Schatten der Klöſter gezogen . . . . . O
Garibaldi, erſcheine! und führe die Kraft Italiens auf dieſen Hügel,
um Italien zu entſühnen!“ Mit dieſen Worten erinnert der
Dichter daran, daß hier 1849 Garibaldi die römiſche Republik
gegen die franzöſiſchen Beſchützer des Papſtthums vertheidigte. Er
deutet zugleich darauf hin, daß binnen wenigen Monaten dort auf
der Höhe des Janiculus das Standbild Garibaldi's enthüllt werden
ſolle. „Von hier ſende ich Dir, Ferrara, zweite Mutter [1]) der
italieniſchen Muſen, dieſen Sang der Rache hinüber nach unſerem
Po.“

Während ſonſt die Oden Carducci's, ſobald ſie erſcheinen, von
leidenſchaftlicher Bewunderung umbrauſt werden, wurde diesmal
„Ferrara“ meiſt mit wenigen achtungsvollen Worten abgethan,
obgleich die Taſſofeier nichts annähernd Gleichbedeutendes zu Tage
gefördert hatte. Der Grund iſt leicht erſichtlich. Die augenblickliche

---

[1]) Jeder Italiener weiß, daß als erſte Mutter die Stadt Dantes,
Florenz, gedacht iſt.

Strömung ging auf gutes Einvernehmen mit der Kurie; Crispi
hatte ſogar bei ihr, wenn auch ohne directen Erfolg, eine Stütze
geſucht. Die Taſſo-Feier wurde vom Staate und Kirche nach gegen-
ſeitiger Vereinbarung begangen. Da war die „vatikaniſche Wölfin"
nicht zeitgemäß. Carducci's Dichtung aber wird über dieſe Strömungen
des Tages hinaus ihren Werth behaupten als eines der intereſſanteſten
Zeugniſſe und Urtheile eines Dichters über den anderen, als eine
der originellſten hiſtoriſch-pſychologiſchen Charakteriſtiken, welche die
Geſchichte der Poeſie aufzuweiſen hat.

Puschkin und Byron.

Daß der große englische Dichter der Neuzeit, den Goethe „allein neben sich gelten ließ", auf die Entwickelung der slavischen Literaturen mächtig eingewirkt hat, ist allgemein bekannt. Die nachfolgende Abhandlung soll nicht etwa diesen Thatbestand noch weiter erhärten, sondern vielmehr ihn in einem bestimmten Punkte einschränken, und zwar in Bezug auf den bedeutendsten Dichter Rußlands. Es ist üblich, in den Literaturgeschichten, welche in deutscher Sprache erscheinen, auch ihn als bloßen Nachfolger Byron's zu behandeln; man könnte vielleicht sagen: es ist Mode; denn ein Jeder weiß, wie sehr derartige Bücher, eines vom andern, abzuhängen pflegen, und wie die Rubricirung irgend einer literarischen Erscheinung unter dem schwer zu lösenden Banne der Gewohnheit zu leiden hat. Thatsächlich wird Jeder, der auch nur die hauptsächlichsten Werke Puschkin's kennt, davon überzeugt sein, daß nur eine gewisse Anzahl von ihnen den Einfluß Byron's aufweist, Jeder, der auch nur die wichtigsten Momente seines Lebensganges überschaut, erkennen, daß derselbe viel mehr innere Uebereinstimmung mit den positiven Grundlagen des russischen Staats- und Volkslebens aufweist als byronische Kritik und Zerrissenheit.

Als Puschkin nach einem leichtfertigen Jugendleben, nach oberflächlicher, formgewandter Reimerei, die ihm schon Anerkennung genug eingetragen hatte, zuerst zur Selbstbesinnung kam und nach einem ernsteren Inhalt für sein inneres Leben suchte, da war es freilich Byron, der ihm zunächst auffiel, der für eine gewisse Epoche sein Meister im Leben und Dichten ward. Ein schweres Geschick hatte den jungen Dichter betroffen; aus dem Taumel des Petersburger Lebens, aus einer verziehenden und bethörenden Luft, die ihm mit der sicheren Aussicht einer glänzenden Zukunft schmeichelte, war er durch eine unmittelbare Anordnung der Regierung wegen der mißliebigen Tendenz einiger Gedichte und der politischen Verdächtigkeit seines Umgangskreises in den äußersten Süden des Reiches verwiesen, zum Schein mit einer amtlichen Thätigkeit betraut, in Wahrheit verbannt worden. Welche Empfänglichkeit für Byron's Dichtung, die bisher im Childe Harold, den Epyllien, dem Manfred vorlag, die sich immer gewaltiger entfaltete, mußte nicht jenes Schicksal in der Seele des Dichters bewirken! Der Rückblick auf ein leeres, verspieltes Leben erzeugte einen Mißmuth, der in den düsteren Klagen Manfred's Verwandtschaft fand; die Empörung über politische Verhältnisse, deren Willkür er erfahren, begrüßte freudig die revolutionäre Kühnheit Byron'scher Gedanken; aber die Gegenwart bot auch poetischen Stoff, wie den, an welchem Byron sich erfreute und stärkte. Fern von der Heimat weilte Puschkin wie Childe Harold einsam auf einem Boden, der, jetzt öde, einst den Glanz der Antike geschaut hatte; griechische Kolonien hatten die taurischen Küsten bedeckt, und nicht allzu fern lag der Verbannungsort Ovid's, mit dessen Schicksal Puschkin gern das seinige verglich. Zugleich aber stand er auch an der Schwelle des Orients: noch vor wenig Jahrzehnten hatte der tatarische Chan in der Krim geherrscht. Und endlich: auch vor dem russischen Dichter breitete sich das Meer aus, dessen Wellen in den Rhythmen der Byron'schen Epen zu spielen scheinen, das er eben so herrlich besungen hat wie der Brite, den er in den Versen feierte:

> Ein Bild des Meers, das Du besungen,
> Von seinem Geist gezeugt warst Du,
> Gleich ihm von keiner Macht bezwungen,
> Gleich ihm so stürmisch, sonder Ruh!

Fügen wir hinzu, daß Erinnerung und Nachwirkung schon früher leidenschaftlicher Verhältnisse auch Puschkin eine besondere

Fähigkeit zur Zeichnung weiblicher Charaktere und weiblicher Empfindung verliehen, so haben wir die Hauptbestandtheile einer Dichtung nach Art des Childe Harold oder der „Braut von Abydos" aufgezählt. In den poetischen Erzählungen „Der Gefangene im Kaukasus", „der Springquell von Bachtschisarai", die „Zigeuner" schuf Puschkin Werke, in denen die scharfe Darstellung gewaltsamer Ereignisse mit der seelenvollsten Naturschilderung, ein Ideal weiblicher hingebungsvoller Zartheit mit dem Bilde rücksichtslosester, freiheitsdürstender Männlichkeit durchaus nach dem Vorbilde des englischen Dichters verbunden und verschmolzen wird. Die kürzere Erzählung „Die Räuberbrüder" läßt Anklänge aus dem „Gefangenen von Chillon" erkennen, zeugt aber in dem Verzicht auf irgend eine fremdländische Färbung des nationalrussischen Stoffes schon von größerer Selbständigkeit des Dichters. Umfassender jedoch und bedeutender war der damals freilich erst begonnene Roman in Versen „Eugen Onägin". Da dieser den Dichter am längsten von allen seinen Werken — neun Jahre hindurch — beschäftigt hat, so ist er mit einem gewissen Recht oftmals das Haupt= und Lebenswerk Puschkin's genannt worden. Allein eine tiefere Betrachtung wird dieses Urtheil zurückweisen. Weder in künstlerischer Beziehung, noch in philosophischer (die vielfach eingestreuten Reflexionen beanspruchen auch eine Schätzung letzterer Art) ist der Roman ein einheitliches Werk. Und dennoch zeigt er auch nicht jene absichtliche Opposition gegen jede Forderung der Einheit und Consequenz wie etwa Byron's Don Juan; an letzteres Werk wird Niemand die Forderung einer abgerundeten Handlung stellen; es will nichts anderes sein, als eine Kette einzelner Handlungen, die an jedem beliebigen Punkte abgeschnitten werden kann. Anders Onägin: Der Roman verfolgt die gegenseitigen Beziehungen weniger bestimmter Personen; diese bis zu einem endgültigen Abschluß geführt zu sehen, ist das berechtigte Verlangen jedes Lesers: es geschieht nicht, ohne daß doch der Dichter das, was er uns giebt, geradezu als Fragment hinstellen möchte. Er könnte vielleicht mit Recht erwidern, daß weitere hervorragende Ereignisse in dem Lebensgange der Personen, wie er sie sich gestaltet

hatte, nicht mehr zu erwarten waren; allein damit war die Ver=
pflichtung, den pſychologiſchen Proceß in dem Helden und der Heldin
(Tatjana) zum Abſchluß zu bringen, nicht erloſchen. Wir ſehen die
letztere, ſo ehrlich ſie auch ihre glühende Empfindungsfähigkeit unter
das Joch einer gehaßten Ehe zwingt, doch noch nicht zu innerer
Harmonie geführt und darum auch nicht zum Endpunkte innerer
Kämpfe gelangt; wir ſehen vollends den Helden noch immer ebenſo
zwieſpältig, überreif und doch unfertig, wie zu Anfang des Romanes,
in einem Zuſtande, der ſchlechterdings kein ewig dauernder ſein kann.
Puſchkin hatte die Wahl, ihn entweder in allmählicher Verflachung
ein verächtliches langſames Ende finden zu laſſen, was dem modernen
Realismus entſprechen würde, — oder ihn nach dem glänzenden
Vorbilde Lord Byron's rühmlicher ſterben zu laſſen, — in der
zum letzten Male auflodernden Gluth einer durch Hochherzigkeit und
Lebensüberdruß gleichermaßen entzündeten, gewaltſamen That.
Keines von beiden wagte er, wohl deshalb, weil er in ſich ſelbſt
nicht die dazu erforderliche Sicherheit und Klarheit des Weſens
ſpürte. Eben dieſer Mangel macht ſich nun auch in dem Gedanken=
inhalte des Werkes fühlbar. Puſchkin will Kritik üben wie Byron;
er behauptet von der Hohlheit alles deſſen überzeugt zu ſein, was
man Freundſchaft, Liebe, eheliches Glück nenne, was man als
künſtleriſchen und literariſchen Ruhm preiſe; und doch bricht un=
mittelbar daneben ſtets wieder die Schätzung all dieſer Dinge hindurch.
Wir ſehen hier nicht einen Dichter, der von innerem tiefen Gefühl
beſeelt, doch immer wie von dämoniſcher Macht gezwungen wird,
dies Gefühl zu ironiſiren; ſondern umgekehrt einen, der ironiſch
ſein will, aber gegen ſeinen Willen immer wieder gefühlvoll wird.
Daher auch keine peſſimiſtiſche negirende Reflexion hier mit der
erſchütternden, verdüſternden Kraft ſich meſſen kann, die von Byron's
elementargewaltigem Anſtürmen gegen jede angeblich empiriſche Ver=
wirklichung von Idealen unwiderſtehlich ausſtrömt. Auch Byron
beſaß ſelbſtredend die volle Empfindung für das Ideale, und
vielleicht tiefer als Puſchkin; aber die Kritik überwog ſo ſtark, daß
dennoch das Schlußreſultat der völligen, verzweifelten Negation im

„Don Juan" zu Stande kam; in Puſchkin waren beide Elemente ſo
gemiſcht, daß ſie wechſelnd die Oberhand hatten, keines aber zu einem
ſicheren Siege gelangte. In „Eugen Onägin" wirkt dies am ſtörendſten,
weil er grade in die Jahre einer inneren Umwandlung des
Dichters fällt, deren Verlauf wir nunmehr verfolgen wollen.

Puſchkin hatte drei Geſänge des Romanes (von den geplanten
neun) vollendet, als er im Jahre 1824 den Befehl erhielt, ſich auf
ſein Landgut in der Nähe von Pleskau zurückzuziehen und daſſelbe
nicht zu verlaſſen. Obgleich dieſer Befehl eine Beſchränkung ſeines
bisherigen freieren Lebens in ſich ſchloß, führte er doch andererſeits
den Dichter wieder in die Nähe ſeiner Freunde, in die Nähe der
Petersburger Kreiſe, überhaupt unter die Einflüſſe des eigentlich
ruſſiſchen Lebens zurück. Die phantaſtiſchen Eindrücke des Südens,
die Bilder des Meeres, des Orients verſchwanden, und machten
den Einflüſſen des ruſſiſchen Volkslebens, der ruſſiſchen Naturformen
Platz. So ungern der Dichter auch ſein Gut betreten hatte, ſo
erwies ſich der Aufenthalt doch nicht ungünſtig für ſein poetiſches
Schaffen. Weniger die literariſchen Freunde, die ihn aufſuchten,
als die beſtändige Berührung mit dem Volke wirkte auf ihn er-
friſchend. Indem er auf Volkslieder und Volksmärchen hörte,
wurden ſeine poetiſchen Urtheile und Ziele innerlich verändert. Der
Einfluß Byron's war damit abgethan, nicht im Sinne abſichtlicher
Entfremdung, aber thatſächlicher Befreiung. Mit dem Intereſſe für
die Volksdichtung erwachte zugleich das für die vaterländiſche
Geſchichte; aus dem erſteren entwickelten ſich mit der Zeit die rein
epiſchen Nachdichtungen der Volksmärchen, aus dem letzteren die
dramatiſche Hiſtorie „Boris Godunow", das romantiſche Epos
„Poltawa", der Roman „Die Kapitänstochter".

Im Jahre 1825 dichtete er noch die komiſche Erzählung „Graf
Nuljin" nach dem Muſter von Byron's „Beppo"; aber im ſelben
Jahre begann er auch ſchon den „Boris Godunow".

Eine wichtige Entſcheidung brachte das Jahr 1826; der neue
Kaiſer Nikolaus, auf Puſchkin's Thätigkeit und Lebenslage aufmerkſam gemacht, ließ ſich den Dichter vorſtellen, und gewann im

Verlaufe eines längeren Geſpräches Vertrauen zu der Offenheit,
mit welcher der junge Mann ſowohl ſeine früheren oppoſitionellen,
wie auch ſeine jetzt veränderten Geſinnungen äußerte. Puſchkin
ſoll dem Kaiſer erklärt haben, daß, wenn er in ſeinem Petersburger
Kreiſe verblieben wäre, er ſich vermuthlich auch an der Verſchwörung
der „Dekabriſten" betheiligt haben würde. Der Kaiſer gab ihm die
volle Freiheit zurück, und ſtellte ſeine literariſche Thätigkeit ſtatt
unter die allgemeine Cenſur, unter ſeine eigene perſönliche Aufſicht.
So wurde Puſchkin aus einem halben Revolutionär zu einem ſpe-
ciellen Günſtling und Verehrer des Kaiſers. Man hat ihm dies
zum Vorwurf gemacht, als Beweis mangelnder Ueberzeugungstreue,
ja ſogar directer Heuchelei, — jedoch mit Unrecht. Puſchkin war
durchaus nicht wie Byron eine innerlich mit politiſchen Problemen
erfüllte, von dem Gedanken politiſcher Freiheit begeiſterte Perſönlichkeit; was etwa ſo geſchehen hatte, war nur Erzeugniß mo-
mentaner Einflüſſe und ſpeciell bedingter Stimmungen geweſen.
Goethe ſagt von Byron's Gedichten, viele unter ihnen ſeien ver-
haltene Parlamentsreden; Puſchkin's Gedichte richten ſich immer
nur an einen Kreis, der perſönlich mit ihm gleich empfindet und
fühlt. Puſchkin war durchaus Künſtler; die Freiheit, ſeiner Kunſt
nachzugehen, die einzige, die er verlangte. Ausdrücklich hat er dies
in einem Gedichte ausgeſprochen. Dieſe Freiheit erhielt er durch die
kaiſerliche Gnade; das Cenſoramt des Kaiſers bedeutete immerhin
eine Erleichterung gegenüber den Bedrückungen der allgemeinen
Cenſur. Puſchkin gewann jetzt die Möglichkeit, ſeinen Beruf zu
erfüllen, der erſte Dichter in ſeinem Vaterlande und für ſein Vater-
land zu werden; in der Verbitterung des Verwieſenen oder Ver-
bannten hätte er dies nie werden können; Byron iſt den Engländern
bis auf den heutigen Tag ein Fremder geblieben. Um jenen Beruf
zu erfüllen, mußte freilich Puſchkin um einen Grad aus der Höhe
ſeines individuellen Lebens in die conventionelle Sphäre hinab-
ſteigen; daß er dies konnte, was Byron ſtets unmöglich blieb, iſt
einerſeits ein Zeichen ſittlicher Willensenergie, andererſeits aber auch
Beweis, daß die Tiefe ſeiner Empfindung und die Schärfe ſeiner

Kritik ſich nicht mit der Byron's meſſen konnte. Ein wichtiger
Schritt in das geregelte, bürgerliche Leben war ſeine Eheſchließung,
die im Jahre 1831 erfolgte. Puſchkin's Ehe war nicht eine flüchtige
Epiſode des Lebens, wie die Byron's, ſondern mit vollem Bewußtſein
von ihm erſtrebt als definitiver Abſchluß der vorausgegangenen
ſtürmiſchen Periode und als Beginn einer neuen ruhigen häuslichen
Exiſtenz. Trotzdem fand er in ihr nicht völlige Befriedigung; das
Element der Unzufriedenheit, des Zwieſpaltes mit ſich ſelbſt und der
Welt war doch immerhin ſtark genug, um niemals ganz unterdrückt
werden zu können, wenn es auch nicht die Oberhand erhielt. Eifer-
ſucht, die durch manche Eigenſchaften ſeiner Frau zwar nicht völlig
gerechtfertigt, aber doch erklärlich wird, quälte ihn; die Sorge um
die materielle Exiſtenz der Familie ekelte ihn an. Zugleich war
auch ſein Verhältniß zu der „Geſellſchaft", deren Urtheile und Vorurtheile er jetzt zu achten ſuchte, innerlich kein harmoniſches; aus
ſeinem letzten Lebensjahre ſtammt der Ausruf: der Teufel hat mir
gerathen, mit Herz und Talent in Rußland geboren zu werden!
Genau ſo dachte Byron über England; aber wenn er deshalb die
Heimath verlaſſen hatte, ſo war Puſchkin ihr treu geblieben.

In dieſem Zwieſpalte bot ſich dem Dichter der Halt, der ſo
oft der letzte Hort für Naturen wird, die nicht ſtark genug ſind,
auf ſich ſelbſt zu ſtehen, der Autoritätsglaube. Er klammerte ſich
einerſeits an die griechiſch-orthodoxe Kirche, andererſeits an eine
gewiſſe Auffaſſung der Geſchichte und des Berufes Rußlands mit
einer Gewaltſamkeit an, welche die innere Freiheit ſeiner Perſönlichkeit ſchwer beeinträchtigte. Man wird an die geiſtreichen, aber
innerlich haltloſen Dichtergeſtalten aus der Bildungsſphäre des
deutſchen Proteſtantismus erinnert, die ſchließlich ihr Heil in der
römiſchen Kirche ſuchten. Puſchkin's Dichtung nimmt daher in den
allerletzten Jahren einen unnatürlichen, düſteren Ton an, zum Theil
in mönchiſch-religiöſer Färbung, zum Theil als Ausdruck einer
myſtiſchen, dunkeln Verehrung des Vaterlandes und des Zarenthums.
Die Blüthe der Poeſie mußte in dieſer künſtlichen Treibhausluft
verkümmern; in der That hat er in den letzten Jahren wenig mehr

gedichtet, mehr als Hiſtoriker und Kritiker gearbeitet. So iſt es
kaum anzunehmen, daß der frühe gewaltſame Tod (im Duell) für
den Siebenunddreißigjährigen ein Unglück war; er bewahrte ihn
vielleicht vor dem Schickſal langſamen Verkümmerns und Hinſterbens,
das Gogol traf. Und indem dieſer Tod eine Folge gewaltſamer
Selbſtbehauptung im Kampfe wider Anfeindungen der Geſellſchaft
war, zeigte er am Schluſſe den Dichter nochmals in der Kraft und
Selbſtändigkeit ſeiner Natur.

Kehren wir nun zur Betrachtung ſeiner Werke ſeit dem Jahre
1825 zurück. Die Tragödie Boris Godunow iſt ein Werk im
freieſten dramatiſchen Stile der Shakeſpeare'ſchen Königsdramen oder
des Göz von Berlichingen. Beide Vorbilder mögen eingewirkt
haben, da Puſchkin die Werke Shakeſpeare's und Goethe's damals
eifrig ſtudirte; ſeit jener Zeit pflegt er dieſe beiden Namen oft
vereinigt zu nennen, wenn er den Gipfel poetiſcher Kunſt bezeichnen
will. In den Tönen des gemeſſenen Stiles oder des Pathos meint
man mehr Shakeſpeare zu hören; Heinrich IV. und ſein Sohn
tauchen vor uns auf, wenn wir den Zaren Boris im Familienkreiſe
ſehen oder ihn dem Sohne das letzte Vermächtniß übertragen hören;
die Volksſcenen dagegen erinnern mehr an Goethe; hier herrſcht
nicht der pointen- und wortſpielreiche Humor Shakeſpeare's, der oft
über das Niveau des Volkes hinausgeht, ſondern der naive, liebevoll
die Beſonderheiten jedes Standes belauſchende Sinn, den wir im
Göz und den Volksſcenen des Egmont wahrnehmen. Von Byron's
Dramatik hat keinerlei Einfluß ſtattgefunden; bekanntlich zog dieſer
dem Drama ſehr enge Grenzen und war ſelbſt nicht abgeneigt, es
wieder auf den franzöſiſchen Leiſten zu ſchlagen; dem widerſpricht
Puſchkin's Tragödie direct. In einer gewiſſen ſchwermüthigen
Stimmung, die über das Stück gebreitet, könnte man einen Einfluß
Byron's im weiteſten Sinne erkennen; allein dieſe Färbung war
hier durch den Charakter des Stoffes geboten; die Gewiſſensqual,
welche auf dem Zaren Boris um der Ermordung des Prinzen Dimitri
willen laſtet, iſt die Grundurſache ſeines Unterganges und der Haupt-
hebel des Stückes. Man könnte fragen, warum Puſchkin nicht

Harnack, Eſſais.
21

lieber gleich Schiller die eigentlich handelnde Figur, den falſchen
Demetrius, zum Haupthelden gewählt hat; doch hier trat wohl
Rückſicht auf die nationale und kirchliche Ueberlieferung in den Weg,
mit der eine Glorificirung des als Betrüger verdammten Uſurpators
ſich nicht vertragen hätte. Allein durch dieſe Verſchiebung iſt das
Drama nicht zu einer beſtimmten, einheitlichen Handlung gelangt,
und dies im Verein mit dem bis ins Extrem geführten Wechſel in
Bezug auf Raum und Zeit läßt das Ganze mehr als eine Reihe
dialogiſcher Scenen, denn als geſchloſſenes Kunſtwerk erſcheinen.
Einzelne dieſer Scenen ſind für alle Zeit der höchſten Bewunderung
ſicher; das Ganze wird ſchwerlich einen Leſer voll befriedigen, auch
wenn er von jeder ſchul= oder bühnenmäßigen Forderung abſieht.

Ein kurzes dramatiſches Bruchſtück ließ darauf das Jahr 1826
entſtehen, — „Scene aus Fauſt" betitelt. Es iſt Goethe's Fauſt,
um den es ſich handelt; nichts kann tiefer das Intereſſe Puſchkin's
an Goethe's Dichtung darthun, als dieſes Eingehen und gleichſam
Mitarbeiten an dem fremden Werke. Mephiſtopheles verhöhnt
Fauſt's Sehnſucht nach Gretchen mit der Erinnerung, wie er auch
im höchſten Augenblick der Leidenſchaft doch Ueberdruß und Miß-
behagen in ſich gefühlt habe. Wir reihen hier noch andere kurze
„dramatiſche" Dichtungen an: Der geizige Ritter, Mozart und
Salieri, Don Juan. Auch in dieſen, wie in der Fauſtſcene war
es nur die Abſicht des Dichters, ein beſtimmtes Problem der Charakteriſtik zu löſen; die dramatiſche Form iſt Nebenſache; es ſind
poetiſche Charakterbilder. In dem „geizigen Ritter" iſt das Weſentliche und Werthvolle der fein ausgearbeitete Monolog des Geizhalſes,
um den ſich einige unbedeutende Dialoge mit einer nur ſkizzenhaft
angedeuteten Handlung herumſchlingen; in „Mozart und Salieri"
iſt die Darſtellung des Künſtlerneides, der bis zum Verbrechen
führt, gleichfalls in zwei Monologen charakteriſtiſch ausgeprägt,
während der Dialog nebenſächlich iſt. In dieſer Dichtungsform iſt
Puſchkin durchaus ſelbſtändig; nur der „Don Juan" zeigt ſich von
fremden Anregungen abhängig; es iſt jedoch nicht der Don Juan
Byron's, ſondern der Mozart's.

Die bedeutendsten Erfolge aber waren Puschkin stets auf dem epischen Gebiet angewiesen. Im Jahre 1828 entstand das Epos „Poltawa", welches wir für seine reifste und künstlerisch werthvollste Schöpfung halten. Auch hier bediente er sich des Versmaßes seiner früheren erzählenden Gedichte, des vierfüßigen gereimten Jambus, der durch Byron populär geworden war, — und auch in der Verschmelzung des epischen historischen Stoffes mit dem novellistischen wird man den Einfluß Byron's erkennen können („Die Belagerung Korinths"); allein der epische Stil läutert sich hier zu einer Reinheit und Klarheit, der Dichter erhebt sich zu einer sicheren Objectivität, wie sie Byron nie erreicht hat. Einerseits in künstlerischer Beziehung: die lyrischen und satirischen Abschweifungen fehlen, der Ton ist einheitlich, die Handlung rasch vorwärts schreitend, — sodann aber auch in Hinsicht des Stoffes. Derselbe ist hier wirklich in seiner historischen Würde empfunden und geschätzt. Byron war es nie möglich, geschichtliche Ereignisse fest und folgerecht anzuschauen und anzufassen; ihr Bild verändert sich ihm fortwährend unter dem Eindruck seiner Stimmungen; Puschkin aber hat den Gegensatz: Peter der Große — Karl der Zwölfte, und den entscheidenden Umschwung des Tages von Poltawa einfach und groß in monumentaler Weise hingestellt.

Zwei Jahre später ließ die kurze komische Erzählung in Octaven „Das Häuschen in Kolomna" noch einmal das Vorbild des „Beppo" erkennen; sodann aber wandte sich der Dichter mit Entschiedenheit einer rein volksthümlichen, streng objectiven Epik zu in seinen versificirten Volksmärchen, die ihren Ursprung den Erzählungen einer alten Wärterin verdankten. Von 1831 — 1833 schuf er fünf solcher, in klassischer Einfachheit erzählter Märchen, welche von der Kritik sogleich als Beginn einer neuen nationalen Dichtungsepoche begrüßt wurden. Zugleich aber stellte er volksthümliche Stoffe auch in kürzerer Balladenform dar: der Bräutigam, der Husar u. a. Schon früher hatte er der historischen Sage den Stoff seiner gelungensten Ballade „Vom weisen Oleg" entnommen. Daß diese Thätigkeit Puschkin's bei Byron gar keine Parallele findet, liegt auf der Hand.

Mehr Verwandtschaft zeigt das 1833 entstandene erzählende Gedicht „Der eherne Reiter", welches eine Episode aus der Ueberschwemmung Petersburgs vom Jahre 1824 schildert. Eine unheimliche, schaudererregende Luft lagert über den düsteren Bildern, welche das Naturereigniß und all seine Schrecken mit grandioser Kraft darstellen. Künstlerisch vollendet, zeigt die Dichtung doch inhaltlich den inneren Zwiespalt, den Puschkin nicht überwinden konnte. Es beginnt mit einem lebhaften Preise Petersburgs und seines kaiserlichen Gründers; das Standbild Peter's des Großen (eben der „eherne Reiter") steht im Mittelpunkt des Ganzen; aber unvermerkt erhält der gepriesene Monarch schreckenerregende Züge; er erscheint als Tyrann des russischen Volkes, und noch mehr: wir wissen aus guter Quelle, daß eine längere Apostrophe an das Kaiserbild nicht gedruckt werden konnte, und bis heute noch unbekannt ist, weil sich in ihr „zu energisch der Haß gegen die europäische Civilisation", d. h. gegen ihren Vorkämpfer in Rußland ausdrückte. Wir sehen hier den Dichter in einem beklagenswerthen Abfall von seinem künstlerischen und menschlichen Berufe, als Prediger des nationalen Fanatismus und der Uncultur. Es ist dies die verhängnißvolle Bahn, auf die wir schon früher bei Betrachtung seiner inneren Entwickelung hinwiesen. Erfreulicher wirkt die im selben Jahre entstandene, in Alexandrinern geschriebene Erzählung „Angelo", welche den Stoff des Shakespeare'schen Lustspieles „Maß für Maß" behandelt.

In den drei letzten Jahren seines Lebens hat Puschkin nicht mehr größere poetische Schöpfungen hervorgebracht, sondern nur noch der Prosaform sich bedient. Unter seinen Werken dieser Art nimmt der historische Roman „Die Kapitänstochter" die erste Stelle ein, der in der Zeit des Pugatschew'schen Aufstandes gegen die Regierung Katharina's II. spielt. Offenbar hat das Vorbild Walter Scott's hier eingewirkt; nicht eine bloße Tünche von mühsam gesammelten historischen und kulturhistorischen Kenntnissen ist über die romanhafte Handlung gestrichen worden, sondern das Ganze in der That aus dem Geiste und Wesen der geschilderten Epoche hervorgegangen. Dieselbe Objectivität, die wir in dem Epos „Poltawa" anerkannten, verleiht auch dem Roman einen künstlerischen Werth ganz anderer Art, als er Byron's Werken eigen ist.

Es dürfte dieser Ueberblick gezeigt haben, daß von einem ausschließenden, ja auch nur überwiegenden Einfluß Byron's in Puschkin's Werken nicht die Rede sein kann. Die Eigenthümlichkeit und die Bedeutung des russischen Dichters lag gerade in der ungewöhnlichen Empfänglichkeit und Beweglichkeit seines poetischen Vermögens, kraft deren er, ohne zum Nachahmer herabzusinken, die verschiedensten Dichtarten und Stilgattungen zu behandeln wußte und sich beständig in neuer und überraschender Productionsweise der Welt darstellte. Der russischen Literatur wurden durch ihn völlig neue Stoffgebiete und Kunstformen erschlossen, die russische poetische Sprache durch ihn zu einer bisher völlig unbekannten Leichtigkeit und Biegsamkeit gebildet: Ein Dichter von solchen Vorzügen, deren Kehrseite in dem Mangel einer fest und consequent ausgeprägten Eigenart liegt, mußte vielerlei Einflüsse erfahren; die Herrschaft eines Einzigen konnte der Natur der Sache nach nicht stattfinden. Etwas anders jedoch wird sich das Urtheil gestalten, wenn wir die Lyrik Puschkin's ins Auge fassen.

Man kann im Allgemeinen zwei Arten der lyrischen Poesie unterscheiden; die eine möchten wir die symbolische (im weitesten Sinne des Wortes) nennen. Der Dichter spricht seine Empfindung nicht direct aus, sondern läßt sie nur hindurchschimmern durch ein Naturbild, das er zeichnet, durch eine Begebenheit, die er knapp skizzirt, vielleicht auch durch einen Dialog, den er uns hören läßt. Man denke an Goethe's „Trost in Thränen", „Schäfers Klagelied", oder das an Suleika gerichtete Divanslied: „An grünen Büschelzweigen". Dagegen ein Gedicht wie die „Elegie" aus Marienbad giebt die Gedanken und Empfindungen des Dichters unmittelbar, ohne irgend ein Hülfsmittel wieder; es ist der Ausdruck des realen augenblicklichen Zustandes. Die erstere Form verlangt eine reichere Phantasie und ist in den meisten Fällen der weiter greifenden Wirkung sicher; denn das Gedicht ist weniger mit dem individuellen

Zustande verschmolzen, und kann leichter auch das Verständniß des ferner Stehenden gewinnen. Dagegen läßt sich behaupten, daß, wenn solche allgemeine Wirkung auch den Gedichten der zweiten Form gelingt, dies ein Zeichen höchster poetischer Kraft ist, sowohl in der künstlerischen Auffassung des Gefühlsinhaltes als in der Beherrschung der technischen Mittel. Von dieser zweiten Art ist die Lyrik Byron's immer gewesen. Sie ist darum nie populär geworden, — mit einigen gewaltigen Ausnahmen. Das „Lebe wohl" an seine Gattin enthält kaum irgend ein Bild, kaum einen sogenannten „poetischen Gedanken"; was dasteht, könnte scheinbar ebenso in Prosa gesagt werden, und doch gilt und wirkt das Ganze als eine der ergreifendsten und hinreißendsten poetischen Thaten aller Zeiten.

Und hier ist die innere Verwandtschaft Puschkin's mit Byron unverkennbar. Auch in seiner Lyrik findet man nur wenige singbare Lieder, die geeignet wären, in Herz und Gedächtniß eines Volkes einzudringen und dort bewahrt zu werden; auch seine Lyrik ist der unumwundene, ausführlich sich ergehende Ausdruck der persönlichen, momentanen Stimmungen und Gedanken. Sehr lieb war ihm die Form der Epistel an einen wirklichen oder supponirten Freund, bei welcher die Ungezwungenheit des Briefstils einen zugleich elegant und behaglich dahinströmenden Fluß der Verse gestattete. Wo diese Form nicht angewandt ist, da erscheint oft das Gedicht gleichsam als Bruchstück eines Tagebuches, worin der Ausdruck nur wie zufällig und halb unbewußt Rhythmus und Reim angenommen hat. So beginnt eine im Jahre 1820 während der Seefahrt auf dem Schwarzen Meere gedichtete Elegie:

> Erloschen ist des Tages Leuchte,
> Der Abendnebel sank aufs blaue Meer;
> Ja woge, walle, dunkle Feuchte!
> Gehorsam Segel, rausche trüb und schwer!
> Ich sehe die entfernte Küste,
> Der Mittagslande zauberisches Reich;
> Bewegt und traurig nahe ich mich Euch,
> O wenn ich nichts mehr vom Vergang'nen wüßte!
> Ich fühl's: im Auge quillt die Thräne neu;
> Die Seele glüht und bebt in Leiden,

Und will sich an vergang'nen Qualen weiden:
Wie einst ich liebte, allzu thöricht treu,
Und wie ich litt und wie mir nah schon däuchte
Ersehnter Wünsche zaub'rische Gewähr!
Ja woge, walle, dunkle Feuchte!
Gehorsam Segel, rausche trüb und schwer! u. s. w.

Daß aber der Dichter auch fähig war, seine Empfindung zu concentriren, und auf diese Weise, gleichfalls ohne viele Zuthaten der Phantasie, lyrische Kunstwerke zu schaffen, mögen folgende Verse beweisen:

In ihr ist alles Harmonie
Und alles wundersam erhaben:
In zarter Reinheit heget sie
Der Schönheit feiervolle Gaben.
Sie sieht im Kreise rings sich um,
Sie findet keine, die ihr gleichet:
Gepries'ner Schönen Glanz erbleichet,
Und ihre Lober werden stumm.
Wohin Du auch nur eilen magst,
Vielleicht zur heimlichen Geliebten, —
Ob Du in tiefem Sinnen lagst,
Ob Glück Dich hob, Dich Schmerzen trübten, —
Begegnest Ihr Du, wie gefeit
Bleibst stehen Du verwirrt und schweigend;
Im Geist Dich andachtvoll verneigend
Vor reinster Schöne Heiligkeit.

In wie weit Puschkin's Lyrik direct und im Einzelnen von Byron abhängig war, würde eine umfassende und detaillirte Untersuchung erfordern; jedenfalls könnte davon nur etwa bis zum Jahre 1824 die Rede sein, da Puschkin sich später nicht mehr in hervorragendem Maße mit Byron beschäftigt hat. Der Inhalt seiner Lyrik muß naturgemäß nach der Charakterschilderung, die wir oben gegeben, sich mehrfach mit den Gedichten Byron's berühren. Die innere Unzufriedenheit tritt auch bei ihm bald in der Form melancholischer Lebens- und Selbstbetrachtung, bald in der Form des Spottes und der Ironie zu Tage; nur daß die Melancholie nicht so tief, der Spott nicht so sarkastisch und unerbittlich ist wie in Byron. Die Erhebung an dem Schönen in Kunst und Natur

iſt für den ruſſiſchen wie den engliſchen Dichter die Kraft, welche
ſie den Lebensüberdruß ſtets wieder beſiegen läßt; aber es tritt bei
Puſchkin noch ein religiöſes Element hinzu, das ihm zeitweilig
Ruhe und Frieden gewährt, welches Byron vollſtändig fremd war
Ueberhaupt findet ſich bei Puſchkin auch eine gewiſſe Anzahl von
Liedern, die ihn in innerem Gleichgewichte, auch im Gefühle einer
befriedigenden Häuslichkeit zeigen. Und ganz aus der Sphäre der
Negation erheben ſich jene Gedichte, in denen er das politiſche Leben
ſeines Volkes feiert[1]), wie „Dem Schatten des Feldherrn“, „Der
Heerführer“, in denen die Thaten Kutuſow's und Barclay de Tolly's
gefeiert werden, oder „Das Feſt Peter's des Großen“ Freilich
zeichnet ſich die ungeſunde und unnatürliche Form, welche ſein
Nationalgefühl in den letzten Jahren annahm, auch in ſeiner lyriſchen
Dichtung ab. Das Gedicht „An die Verläumder Rußlands“ läßt
einen Haß gegen das übrige Europa, ein übertriebenes ruſſiſches
Selbſtbewußtſein, das ſchon zur Forderung einer Herrſchaft Rußlands
über alle Slaven aufſteigt, zum Ausdruck kommen, ohne auch durch
die kräftigſte und leidenſchaftlichſte Sprache nur den Eindruck innerer
Wahrheit und aufrichtiger Ueberzeugung hervorzurufen; es iſt pathetiſche
Declamation und wurde ſchon durch Puſchkin's Zeitgenoſſen, den Fürſten
Wjaſemſki, als Kaſernenpoeſie bezeichnet. Ebenſo führte auch die
kirchliche Richtung, der ſich Puſchkin in den letzten Jahren hingab,
ſeiner Dichtung unerfreulichen Inhalt zu. In Verbindung mit
ſeiner doch nie zu innerer Zufriedenheit gelangten Natur erzeugte ſie
eine Art von Kirchhofspoeſie, die ſich in Todesgedanken gefiel, oder
auch eine aſketiſche Dichtweiſe, wie ſie in dem durch Bunyan's
Pilgerreiſe angeregten myſtiſchen Gedichte „Der Einſame“ hervortritt.
Aus dieſen und ähnlichen Gedichten erhellt deutlich, wie der Lebens=
überdruß Puſchkin's, wenn er auch an ſeiner Quelle dem Byron's
ähnlich war, dennoch eine ganz andere Entwickelung als jener ge=
nommen hatte.

Aus unſerer geſammten Ueberſicht ergiebt ſich das unzweifelhafte

---

[1]) Es ſei hier ausgeſprochen, daß Puſchkin niemals zum Hofdichter
geworden iſt.

Gesammturtheil, daß der Einfluß Byron's auf Puschkin wesentlich in die erste Epoche des russischen Dichters fiel, nicht aber in jene Periode, während deren er seine vorzüglichsten Werke schuf, indem er den Idealen Shakespeare's und Goethe's nachstrebte. Wenn er in seinen letzten Jahren sich von diesen Idealen wieder mehr abwandte, so lag darin doch keineswegs eine Rückkehr zu Byron. Alles in Allem war Puschkin ein Geist von größerer Eindrucksfähigkeit, aber geringerer Tiefe als Byron; ein Charakter von weniger Selbständigkeit und Sicherheit, aber von mehr Gewissenhaftigkeit und Fähigkeit der Selbsterziehung als Jener. Er machte den ehrlichen Versuch des Compromisses zwischen seiner Dichternatur und der umgebenden realen Welt. Daß er diese Aufgabe nicht vollständig zu lösen im Stande war, kann nicht in Betracht kommen gegenüber der Thatsache, daß er sie sich überhaupt gestellt und bis an sein Ende an ihr gearbeitet hat.

Tolstoi als Modeschriftsteller.

Iwan Turgeniew schrieb Ende Juni 1883 von seinem Sterbe=
lager einige mühsam mit Bleistift gekritzelte Zeilen, seinen letzten
Brief — an den Grafen Leo Tolstoi:

„Lieber und theurer Lew Nikolajewitsch! Ich habe Ihnen lange
nicht geschrieben; denn ich lag und liege, kurzweg gesagt, auf dem
Sterbebette. Genesen kann ich nicht, und es ist gar nicht daran zu
denken. Ich schreibe Ihnen aber in der Absicht, um Ihnen zu sagen,
wie sehr ich mich freue, Ihr Zeitgenosse zu sein, und um Ihnen meine
letzte und aufrichtige Bitte vorzutragen. Mein Freund, kehren Sie
zu der literarischen Thätigkeit zurück! Es stammt ja dieses Ihr
Talent dort her, woher alles andere kommt. Ach wie glücklich wäre
ich, könnte ich glauben, daß meine Bitte bei Ihnen Erfolg hat!
Ich aber bin ein Mensch, mit welchem es zu Ende geht. . . . Mein
Freund, großer Schriftsteller des russischen Landes — geben Sie
Acht auf meine Bitte! Benachrichtigen Sie mich, wenn Sie dieses
Blättchen erhalten und erlauben Sie mir noch einmal, Sie, ihre
Frau, alle die Ihrigen fest, fest zu umarmen. . . Ich kann nicht
mehr . . . Ich bin müde!“

Die ergreifende Bitte des Sterbenden hatte das Schicksal vieler
menschlicher Bitten; sie wurde erfüllt, aber in ganz anderem Sinne
als der Bittende es gewünscht; Tolstoi kehrte zur literarischen
Thätigkeit zurück, aber nicht aus Motiven, welche Turgeniew's
Wünschen entsprachen, sondern aus denselben, die ihn vorher getrieben
hatten, der Production zu entsagen; er kehrte zurück, nicht um wieder
Künstler, sondern um Prediger zu werden.

Er hat damit in höherem Alter noch eine neue Schaffensperiode begonnen, die ihm in Rußland neben aller schuldigen Hochachtung doch den Ruf des nicht völlig ernst zu nehmenden Sonderlings eingetragen, in Deutschland aber eine plötzliche Popularität verschafft hat, welche an sich ein höchst beachtenswerthes Symptom der herrschenden Tagesmode ist. Wenn an den Cassen mancher Schaustätten „die neuesten Schriften des Grafen Tolstoi" umsonst oder für einen Spottpreis dem Besucher verabreicht werden, so ist dies für einen bedeutenden Schriftsteller schon eine bedenkliche Popularität; und ob der Prediger mit diesem Effect, den er erzielt, mehr einverstanden sein wird als der Schriftsteller, scheint uns auch zweifelhaft.

Graf Tolstoi ist ein Dichter, der hauptsächlich durch seine beiden Romane „Anna Karénina" und „Krieg und Frieden" Anspruch auf hohe Würdigung der Mit- und Nachwelt hat. Aber diese haben bei weitem nicht das Glück gehabt, in dem Maße Tagesgespräch und Modeartikel zu werden wie seine letzterschienenen Werke. Was hat den Erfolg dieser verursacht?

Man könnte zunächst an die ungemein scharfe Realistik seiner Darstellung denken, und gewiß ist sie nicht ohne Einfluß gewesen; aber sie besitzt in gleichem Maße Dostojewski, der nicht dieses Aufsehen erregt hat, sondern mehr nur in dem Kreise der Techniker der Erzählungskunst geschätzt wird. Man könnte auf das Grausige des Stoffes in der „Macht der Finsterniß", auf das Ekelhafte der „Kreutzersonate" hinweisen; aber die Zahl derer, welche diesen Hautgout vor Allem suchen, ist trotz der Bemühungen mancher Kreise doch noch nicht so groß. In Hinsicht künstlerischer Composition und Durchbildung aber übertreffen seine neuesten Werke die früheren durchaus nicht, und so wird man schließlich zugestehen müssen, daß es die Tendenz gewesen, welche diesen Schriften den Weg gebahnt, daß man nicht den Dichter, sondern den Prediger gesucht und angehört hat. Und so hätte also dieser seinen Zweck erreicht? Er hat predigen dürfen von der „Freien Bühne" herab, predigen an den Eingangsthüren der Vergnügungslocale; man hat ihn angehört, man hat ihm Beifall gezollt; ist das nicht genug?

Für einen Mann von dem Ernst des Grafen Tolstoi ist es
sicher nicht genug. Er will nicht Beifall hören, er will die Frucht
seiner Rede sehen. Und kann er, der Asket, der die Gesellschaft
bald auf den Standpunkt des russischen Bauern, bald auf den des
orientalischen Eremiten zurückschrauben will, hoffen, solche Frucht
inmitten des überreichen und übergewaltigen Lebens der maßgebenden
Kulturvölker aufkommen zu sehen? Das leidenschaftliche Interesse,
das man ihm entgegenbringt, hat ihn in eine Reihe mit den
Standinaviern und Franzosen gesetzt, welche als der Ausdruck der
modernsten Lebens- und Menschenbetrachtung gefeiert werden; —
nichts kann dem, was Tolstoi verlangt und bedeutet, mehr entgegengesetzt sein. So ist es vielleicht nur die gemeinsame Opposition,
die Opposition gegen die herrschenden Gesellschaftsnormen, welche
die Anhänger ganz anderer Bestrebungen zu scheinbaren Partei-
freunden für eine kurze Weile gemacht hat? Wir glauben es nicht;
zu sehr klingen manche Forderungen in den Schriften Tolstoi's an
solche an, die in der westeuropäischen Literatur erhoben werden, als
daß nicht viele, die nicht den Ursprung dieser Erscheinungen kennen,
durch diesen Gleichklang getäuscht worden wären. Die merkwürdige
Thatsache ist nicht abzuleugnen: die Rede dieses Mannes, der im
Kleide von Kameelshaaren, von Heuschrecken und wildem Honig ge-
nährt inmitten des unendliche Wünsche erzeugenden und befriedigenden
Lebens der Gegenwart aufgetreten, hat Zustimmung gefunden, und
um so bereitwilligere Zustimmung, je mehr sie durch die Unmöglichkeit
ihrer Forderungen den thatsächlichen Gehorsam ausschloß.
Erreichbare Ideale zu haben ist schwer, unerreichbare so viel schöner.
Aber Tolstoi wird sich jedenfalls nur Hörer wünschen, welche das
Unerreichbare für erreichbar halten; solche hat er nicht gefunden.

Tolstoi ist Prediger, nicht mehr Künstler — sagten wir oben.
Den Erweis dieser Thatsache liefert am besten die reflectirende
Schrift „Ueber das Leben". Für den Künstler ist vor allen Dingen
ein starkes Lebensgefühl erforderlich, ein Interesse der Sinne, eine
Theilnahme des Empfindens für das Einzelne wie für die Summe
der Erscheinungen, die wir als Leben zusammenfassen. Keine darf

ihm unwichtig, keine leer oder schal dünken. Gegenüber dem Einfachsten und Gewöhnlichsten, was jeder Tag bringt, muß er sich die Frische und den Antheil dessen, der es zum ersten Mal wahrnimmt, erhalten. In der Nachbildung dieser Vorgänge und Zustände gemäß den eigenthümlichen Bedingungen jeder Kunstgattung muß er eine Aufgabe von wesentlichem Werthe zu schätzen wissen. Tolstoi dagegen ist zu der pessimistischen Weisheit gelangt, daß alle Erscheinungen des Lebens, die wir wahrnehmen, werthlos und nichtig seien, ja daß sie überhaupt nicht das Leben seien, welches nur in dem Uebersinnlichen, Ewigen bestehe. So wenig diese Philosophie an sich neu ist, so überraschend ist sie aus dem Munde eines Mannes, der ein großer und erfolgreicher Künstler gewesen ist und das Leben um des Lebens willen dargestellt hat. „Wenn das taedium vitae den Menschen ergreift", sagt Goethe, „so ist er zu beklagen, nicht zu schelten"; und in der That, in die erschütternde Klage Turgeniew's um den seiner eigenen Kunst feindgewordenen Dichter können wir nur einstimmen. Welch schmerzliches Entsagen muß dieser Mann selbst durchlebt haben, ehe der Fanatismus des Asketen ihm wieder neue Kraft verlieh! Um diesen seelischen Proceß zu erklären, wäre es verfehlt, auf die Gleichförmigkeit gewisser Erscheinungen in Westeuropa hinzuweisen und nach Parallelen zu suchen, die hier nicht zu finden sind. Dagegen ist die Entwickelung Tolstoi's aus der Literaturgeschichte seines eigenen Volkes in vollem Maße begreiflich.

Die griechische Kirche ist noch mehr als die römische eine Mönchskirche; das asketische Ideal beherrscht sie noch unbedingter als diese. Zugleich ist ihre Macht über die Geister thatsächlich eine größere, weil in ihrem weiten Ländergebiet die Gegenströmung einer freien humanistischen Kultur noch keine nennenswerthe Stärke erreicht hat. Wer nicht bis zur unbedingten Negation alles Uebersinnlichen vorgeschritten ist, empfindet sie immer als eine geheimnißvolle, über ihm stehende Macht, von der er sich wohl in augenblicklichem Leichtsinn lösen kann, zu der er sich aber den Rückweg stets offen halten muß. Es ist daher nicht schwer, in den Werken russischer Dichter neben aller Lebensfreude, ja mitten unter der Frivolität, den Ausdruck mystisch-religiöser Stimmungen aufzufinden. In Puschkin's und Lermontow's Gedichten ist er oft genug zu hören. Bei Dichtern, deren Schaffen sich durch einen längeren Zeitraum erstreckt, ist dann auch öfters eine entschiedene Schlußwendung zum Weltfeindlichen, Asketischen wahrzunehmen. Puschkin macht schon mit fünfunddreißig Jahren, als er in dem buntesten Treiben der Petersburger Gesellschaft sich bewegte, in seinen Gedichten einen greisenhaften Eindruck, seine poetische Kraft begann zu versiegen; größere poetische Werke entstanden nicht mehr; statt dessen übersetzte er Stücke aus Bunyan's Reise zur himmlischen Heimath in russische Verse. Gogol, der unübertreffliche Humorist und Satiriker, vernichtete in seinen letzten Jahren werthvolle Erzeugnisse seiner Feder, weil er die Schätzung dieser Dinge verloren hatte, und starb an Entkräftung, nachdem er sich tagelang ohne Nahrung vor Heiligenbildern knieend eingeschlossen hatte.

Was die weltfeindliche Richtung des Grafen Tolstoi lange verhindert hat, in diese Consequenzen auszulaufen, ist eine Eigenschaft, die ihm persönlich eignet, die werkthätige christliche Nächstenliebe. Nicht das Opfer um seiner selbst willen, sondern das Opfer zu Gunsten des Nächsten schien ursprünglich sein Ideal zu sein. In dieser Hinsicht enthalten die „Volkserzählungen" einige Geschichten von ergreifendem sittlichen Ernst und einfach wahrer Empfindung. Der gebildete Leser darf bei diesen anspruchslosen Erzählungen nicht vergessen, daß sie nicht für ihn, sondern wirklich für die Masse des „Volks" geschrieben sind; wenn er dies berücksichtigt, so wird er nach ihnen die sittlich-religiösen Anschauungen Tolstoi's, ehe sie durch das Asketenthum verdunkelt wurden, sich lebhafter und erfreulicher vorstellen können, als es der grübelnde Schriftsteller selbst in seinen reflectirenden Abhandlungen gethan hat. Indeß in einigen dieser Erzählungen tritt auch schon die krankhafte Neigung Tolstoi's zu Tage, die Bewährung der von ihm verkündigten Nächstenliebe innerhalb der gegebenen Formen des Lebens für unmöglich zu halten und den Raum für sie nur außerhalb jener Formen zu suchen. Wie dem Eremiten oder dem indischen Fakir nicht der Mißbrauch des Irdischen, sondern das Irdische selbst widrig und unwürdig scheint, so Tolstoi nicht die

Entartung der geſellſchaftlichen Verhältniſſe jeder Art, ſondern dieſe
an ſich. Ihm erſcheint es nicht genügend, über den Capitalismus
Klage zu erheben und Mißſtänden, die aus ihm hervorgehen, zu
ſteuern, — ſondern das Geld ſelbſt wird ſeiner Betrachtung zu einer
dämoniſchen Macht, die die Menſchengemeinſchaft vergiftet hat und
aus ihr zu verbannen iſt. Er gelangt ſo weit, die Darreichung von
Geld an den Bedürftigen zu verdammen; nur in perſönlicher Dienſt=
leiſtung, in Beſchränkung auf die einfachſten natürlichſten Lebens=
bedingungen, ſoll ſich die Nächſtenliebe äußern.

So führt die ſittliche Betrachtungsweiſe Tolſtoi's ſchließlich zu
demſelben weltverneinenden Ziele wie die aſketiſche; zwar auf einem
Umwege, einem ſolchen, der auch noch erquickende, fruchtbare Land=
ſchaften durchzieht, endlich aber doch in die öde Wüſte mündet. Um
auf dieſem Wege den Leſer ſich nachzuziehen, wählt Tolſtoi das
Mittel, welches ſeiner Kraft am meiſten angemeſſen, das dichteriſche
Schaffen. Er würde vermuthlich eine Kritik, welche dieſes nach
äſthetiſchen Geſichtspunkten als Selbſtzweck beurtheilt, zurückweiſen;
allein in dieſer ſcheinbaren Selbſtbeſcheidung dürfen wir ihm nicht
folgen. Der Roman, das Drama ſind äſthetiſche Gebilde, ſind
Formen, die das äſthetiſche Bewußtſein geſchaffen; wer ſich ihrer
bedient, begiebt ſich, wollend oder nicht, in dieſes Reich.

Es kann nicht Wunder nehmen, daß die poetiſche Bedeutung
der Werke Tolſtoi's mit der zunehmenden Tendenzioſität geſunken iſt.
Als die vorzüglichſte der den Lehrzweck verfolgenden Schriften erſcheint
uns eine ältere, die ſchon eben hervorgehobene Sammlung der „Volks=
erzählungen". Unter dieſen ſind neben manchen flüchtig hin=
geworfenen Studien einzelne von wahrhaft klaſſiſcher Vollendung.
Hier drängt ſich die Tendenz noch nicht auf, ſondern läßt ſich finden;
oder wo ſie ſich ſelbſt ausſpricht, geſchieht es nicht durch den Mund
des Erzählers, ſondern durch eine handelnde Perſon, aus deren
Charakter dieſe Ausſprache hervorgeht. Als die Perle unter dieſen
Erzählungen erſcheint mir die Geſchichte der beiden alten Bauern,
die nach Jeruſalem wallfahrten wollen; der eine vollbringt die Reiſe,
der andere läßt ſich auf dem Wege durch das Elend einer ver=

hungernden Familie bewegen, nicht nur ihr sein Reisegeld zu opfern, sondern auch ihre Verhältnisse zu ordnen und so den Zeitpunkt der Seefahrt zu versäumen. Sein Opfer gefällt Gott mehr als die Pilgerschaft seines Genossen. Diese Geschichte, welche den gesundesten Kern von Tolstoi's Anschauungen in früherer Zeit enthält, ist zugleich meisterhaft künstlerisch erzählt, mit jener Einfachheit, welche die Vollendung ist, und mit einer Naturwahrheit, die nirgends Selbstzweck bleibt, sondern im Dienst einer einheitlichen künstlerischen Auffassung steht. Andere Geschichten, in denen das Mystische vor- herrscht und den Eindruck voller innerer Gesundheit stört, sind auch in der künstlerischen Durchführung nicht so gelungen und überzeugend, weil die Nothwendigkeit der Handlung nicht einleuchtet, und weil die realistisch angelegten Bilder zu plötzlich durch Phantasien des Ueber- natürlichen durchbrochen werden.

Von ganz anderer Art ist die Predigt der Sittlichkeit oder der Askese, die Tolstoi in seinen späteren Werken versucht hat. Hier ist nicht mehr von innerer Reinheit die Rede, welche das Beispiel für die gepredigte Lehre schon im menschlichen Handeln selbst zu Tage bringt, hier ist auch nicht die Rede von dem Wunderbaren, welches in das alltägliche Leben hineintreten und es verklären kann, — hier ist nur Finsterniß und Verworfenheit. Dennoch zeigt auch bei den beiden Werken, welche hier vorzüglich in Betracht kommen, sich ein gewaltiger Abstand in Hinsicht der Entwickelungsstufen Tolstoi's, welche sie bezeichnen. Als Dichtung wie als Predigt steht die „Macht der Finsterniß" hoch über der Kreutzersonate. Das Drama, mit welchem Tolstoi die Versunkenheit des russischen Bauernstandes ab- schreckend darstellen wollte, ist viel lebensvoller, psychologisch wahrer ausgefallen als der Roman, in dem er die Unsittlichkeit der höheren Stände zu brandmarken unternahm. Es scheint fast, als habe das Interesse, welches Tolstoi mehr und mehr dem Schicksal des einfachen Mannes zuwandte, auch sein künstlerisches Auffassungsvermögen beeinflußt, so daß es nur noch für diese volksmäßigen Stoffe scharf functionirte, andere Bilder aber nicht mehr rein und sicher aufnehmen konnte. Richtiger aber vielleicht wird man sagen, daß das zunehmende Aufwuchern der Tendenz die künstlerische Schaffenskraft erstickte.

In der „Macht der Finsterniß" ist diese Kraft noch zu voller Verfügung des Dichters, aber der Leser spürt schon, daß nicht mehr der Wille da ist, sie frei zu gebrauchen. An einem Stoffe von düsterer Tragik ist überall noch das Düsterste hervorgehoben worden, um durch breite Ausmalung den stärksten Effect zu erzielen. Aber mit sicherer Berechnung, die keinen Augenblick täuscht, hat der Dichter diese Effecte zu erzielen gewußt. Ja man kann sagen, daß er mit der greuelvollsten und gewagtesten Scene des Stückes uns am sichersten und gewaltigsten zu packen gewußt hat. Tolstoi darf mehr wagen und es wird ihm mehr gelingen als irgend einem der naturalistischen Schriftsteller Deutschlands, die ihm in Darstellung der Verworfenheit nacheifern. Es ist hier einer der Punkte, an denen die Gesinnung, die Ueber= zeugung des Dichters indirect auf die ästhetische Leistung einwirken, mit der sie unmittelbar freilich nichts zu thun haben. Tolstoi beweist, wenigstens in der „Macht der Finsterniß", noch einen starken Glauben an eine ideale Bestimmung des Menschen und an eine Kraft, ihr nachzuleben. Der bis zum Aeußersten Herabgesunkene kann umkehren, sich erheben, sich in eine ganz neue Sphäre versetzen. Deshalb fehlen auch dem abstoßendsten Bilde einerseits nicht von Anfang an Gegenbilder, andererseits wird das Abstoßende durchaus motivirt, als ein aus begreiflichen Gründen geschehener, vor allem durch maßlose Leidenschaften herbeigeführter Abfall von der mensch= lichen Natur. Was uns so dargestellt wird, das können wir ertragen. Man kann in dieser Richtung kaum weiter gehen als die specifisch „klassischen" Dichter, die griechischen Tragiker, mit sicheren Schritten schon gegangen sind. Kaum dürfte die naturalistische Literatur Gräßlicheres aufzuweisen haben als die Scene, wo Elektra auf der Bühne dem Morde ihrer Mutter durch Orestes gespannt aufhorchend folgt, wo das Jammergeschrei der Sterbenden aus dem Nebengemache hervordringt und die Schwester dem Muttermörder zuruft: „Triff noch einmal!" — Aber weit weniger Entsetzliches wirkt doch widerwärtig und ekelhaft, wenn es sich auf dem Grunde einer der neuesten Dichter=

schule Deutschlands leider eigenthümlichen, rein naturalistischen Psychologie aufbaut, die eigentlich nur noch Physiologie ist, nicht mehr
Handlungen kennt, sondern bloß Phänomene, — und wenn es uns ohne
specielle Motivirung als das Selbstverständliche, keiner Erklärung
Bedürftige dargeboten wird. Nicht die Orgien eines mißleiteten Willens,
sondern die Alltäglichkeit eines rein thierisch gewordenen Menschen-
daseins sind der Poesie unwürdig. Wer aber den Glauben an
menschliche Willensfreiheit bewahrt hat, der wird in keiner menschlichen
Existenz bloß Thierisches wahrnehmen, sondern den Funken der Individualität, welcher die menschliche Theilnahme erregt, zu finden wissen.

Aus diesen Gründen kann ich nicht leugnen, daß mir die drei
ersten Acte des Tolstoi'schen Dramas, obgleich sie weniger öffentlichen
Anstoß erregt haben, doch widerwärtiger und peinlicher sind als der
vierte. In ihnen leben wir im bloßen Schmuße einer aufs äußerste
herabgekommenen Bauernfamilie, und selbst das Verbrechen, das sich
vollzieht, die Vergiftung des Grundbesitzers durch seine Frau und
deren Liebhaber, ist ein so langsames, schleichendes, daß es eine
dramatische Spannung nicht aufkommen läßt, ja daß es gleichsam
als ein schauerliches gewohnheitsmäßiges Zubehör dieses bäuerlichen
Familienlebens erscheint. Die Charakterzeichnung freilich ist auch in
diesen Acten schon vorzüglich durchgeführt; aber das Interesse des
Lesers zu erregen, vermögen die Personen noch nicht in genügendem Maße.

Mit dem vierten Acte hebt nun Tolstoi die Handlung zur tragischen Größe empor; daß er mit den jammervollen Gestalten, die er
zeichnet, das zu Wege bringt, ist ein Zeichen höchster dichterischer
Kraft; sehr wenige werden ihm auf diesem Wege folgen können.
Die beiden Personen, welchen er, ohne sie ihrer Cultursphäre zu
entrücken, diese tragische Größe verleiht, sind der Bauer Nikita und
seine Mutter Matrona. Letztere hat schon die Vergiftung des Alten
gerathen und vorbereitet, durch welche ihr Sohn sich in den Besitz
des Bauernhofes hat hineinheirathen können; sie ist es auch jetzt, welche
als der böse Genius erscheint, der den Sohn bewegt, ein neugeborenes
Kind, die Frucht eines verbotenen Verhältnisses zu seiner Stieftochter,
zu ermorden. Auch die Wuth und Rachsucht seines Weibes wirkt

freilich mit, um ihn zu dieser That zu treiben; aber neben der dämonischen Gestalt Matrona's verblaßt jene doch in ihrer momentanen oberflächlichen Leidenschaft. Matrona ist ein Weib der Art, wie es das Volk sich etwa unter seinen Hexen vorstellt, die Jeden verderben, der in ihren Bannkreis tritt. Das Verbrechen ist ihr etwas Vertrautes geworden, und mit schauerlichen Zügen weiß Tolstoi diese sanfte, kampflose, aber unfehlbar treffende Mörderin auszustatten. Man fühlt sich an die welthistorisch berüchtigten Processe der gewerbsmäßigen Giftmischerinnen erinnert. Dabei ist diese Furie ernstlich bemüht, ihre kirchliche Religiosität zu beweisen. Das unglückliche Kind muß vor dem Morde noch erst getauft werden, nicht weil Jemand das sonst vermissen könnte, sondern bloß der Ordnung halber. Ihren Sohn tröstet sie in seiner unnatürlichen That mit den Worten: „O wie ungern sündigt man! aber was soll man thun?" Diesen Sohn hat Tolstoi mit dem vollen Maße von Charakterschwäche begabt, welches die russischen Dichter ihren Helden, seien sie nun edel oder niedrig angelegt, beizumessen gewohnt sind, und mit welchem tragische Verwickelungen fast unvermeidlich verbunden sind. Der echt slawisch eindrucksfähige, bald gutmüthige, bald großsprahlerische, bald niedergeschlagene, bald ausgelassene Despot der Mädchen und Frauen ist willenlos seiner Mutter gegenüber. Wie ein Wild in den Krallen des Raubthieres, so krümmt sich seine Seele bezwungen und gemartert in den Fängen der unerbittlich consequenten Dialektik des Verbrechens, mit der die Mutter ihn tiefer und tiefer herabzieht. Aber auch zu trösten weiß diese Mutter. Als der Mord des Kleinen vollbracht ist und der Thäter von Hallucinationen der Verzweiflung umhergetrieben noch sein Wimmern zu hören glaubt, da besänftigt ihn die besorgte Mutter, er solle sich beruhigen, solle ein Glas Branntwein trinken, er habe ja seine Sache vorzüglich gemacht, es sei wirklich ganz todt und er habe gar keinen Grund mehr zur Aufregung [1]). Ihre Worte bleiben wirkungslos.

---

[1]) Die krassesten Scenen des vierten Actes sind von Tolstoi für die Aufführung durch eine Variante ersetzt worden, die ein wahres Cabinetstück von seiner Charakterisirung ist, aber doch an der dramatisch wichtigsten Stelle nicht ausreichend jene erste Form ersetzen kann.

Nun der fünfte Act! Die Lösung, die er giebt, ist dem un=
geheuren vorausgehenden Aufwande an Spannung gewachsen, und
damit ist das Stück gerettet und gerechtfertigt. Daß die Umkehr und
das Geständniß des Mörders durch das Geschwätz eines betrunkenen
alten Knechtes herbeigeführt wird, ist stark barock, aber so undogmatisch
wie möglich, und darum dramatisch. Das Schuldbekenntniß selbst
vor der versammelten Festgesellschaft ist von erschütternder Wirkung.
Einige willkürliche Züge freilich verrathen hier schon Tolstoi's eigen=
thümliche Beschränkung. Die geordnete Rechtspflege hat sich nicht
einzumischen, von „Crotopoll" darf man nicht sprechen, — stammelt
Nikita's alter Vater, wo „ein Mensch Buße thut"; aber auch nicht
etwa Kirchenbuße, sondern Buße „vor der gläubigen Gemeinde", die
allerdings durch die Hochzeitsgesellschaft etwas ungenügend reprä=
sentirt wird. Die Verachtung der bestehenden Formen des öffentlichen
Lebens, die sich bei Tolstoi immer schärfer ausgebildet, ist hierin
deutlich zu erkennen. Eine störende Absichtlichkeit liegt auch in der
Figur des Mannes, welchen Tolstoi die sittliche Reinheit und den
Gewissensernst in seinem Stücke repräsentiren läßt. Offenbar soll
er ein Beispiel zu dem Bibelworte liefern: „Was unedel und verachtet
ist vor der Welt, das hat Gott erwählet." Er ist daher unansehnlich,
stammelt, hüstelt, und verrichtet mit Vorliebe die niedrigste und
schmutzigste Arbeit, so daß er in seinem eigenen Hause zum Ekel
wird. Hierin liegt eine willkürliche Künstelei, welche den Dogmatismus
Tolstoi's verräth.

Doch wollen solche Einwände gegenüber dem tragischen Gesammt=
eindrucke des vierten und fünften Actes nichts besagen. Tolstoi hat in
diesem Werke seine poetische Kraft imponirend bewährt; sie hat sich
noch stark genug erwiesen, das unbarmherzig aufgepackte Gewicht der
Tendenz zu tragen; bei der „Kreutzersonate" ist sie erschöpft darunter
zusammengebrochen.

In der „Kreutzersonate" hat den „Dichter" vor Allem die
Selbstbeherrschung verlassen, die jedes künstlerische Schaffen voraussetzt.
Er eifert gegen die verschiedensten Dinge, gegen die Anwendung der
Medicin, gegen die zu große Fürsorge für die Kinder, gegen die

Findelhäuser, gegen die zu reichliche Ernährung der höheren Stände, kurz gegen Dinge, die nur einen logischen Zusammenhang, aber durchaus keine künstlerische Verbindung mit dem Hauptgegenstande seines Werkes haben. Jener logische Zusammenhang aber liegt in dem umfassenden Angriff auf alles, was zur Verlängerung und Erneuerung des Lebens dienen kann, dieses Lebens, das kein Gut ist, das keinen Werth hat, das eigentlich eine des für das Ewige geschaffenen Menschen unwürdige Daseinsform ist. Wenn in der „Macht der Finsterniß“ die Tendenz noch wesentlich eine sittliche war, so ist sie hier die asketische in schärfster Form, die Negation des Lebens, entsprungen aus dem, was Goethe das „taedium vitae“ nannte. Der Hauptangriff richtet sich folgerecht gegen die Institution, welche die Fortdauer der Gesellschaft verbürgt, gegen die Ehe. Sie ist für Tolstoi ein unwürdiger und niedriger Zustand, gegen den er rücksichtslos eifert, nicht etwa um die Freiheit der Geschlechter zu proclamiren, sondern um die ausnahmslose Keuschheit zu predigen. Und um über den vollen Rigorismus seiner Ansichten keinen Zweifel zu lassen, hat er an einer Stelle ausdrücklich ausgesprochen, — wenn in Folge des Aufhörens der Ehe das Menschengeschlecht endlich ausstürbe, so werde dies das Zeichen sein, daß die Menschheit zur Vollkommenheit gelangt sei und ihre Bestimmung erfüllt habe.

Romane erleben und schreiben gehört nach dieser Auffassung jedenfalls nicht zur Bestimmung der Menschheit, und das ist auch der Geringschätzung, mit der Tolstoi diesen Roman — wenn man das Wort hier brauchen darf — geschrieben, nur zu deutlich anzumerken. Das Meiste darin ist lehrhafte Auseinandersetzung, zusammenfassendes Referat; eine erlebte Erzählung, eine psychologische Detaillirung zu geben, hat sich der Verfasser — ausgenommen die Schlußkatastrophe — völlig erspart. Wie anders, wie viel einbringlicher und überzeugender würde ein wahres Dichterwerk die Entfremdung der Ehegatten als ein langsam sich vollziehendes, bald zurückgehaltenes, endlich hereinbrechendes selbstverschuldetes Verhängniß uns vorgeführt haben! Wie würden wir mit erleben, fürchten, hoffen, endlich dem Dichter glauben, auch das Widrige, Abstoßende

doch glauben, was uns jetzt, wo es uns bloß referirt wird, nur
sonderbar und verschroben vorkommt! — Aber es ist nicht Zufall,
daß dem Dichter hier die Kraft erlahmte; — aus der Verneinung
des Lebens kann das Kunstwerk, welches der Preis, das Hohelied
des Lebens ist, nicht hervorgehen.

Jahrzehnte früher hat Tolstoi die Geschichte einer Ehe in der
Erzählung „Familienglück" mit einer Feinheit der Zeichnung geschildert,
gegen welche die „Kreutzersonate" schlimm absticht. Auch in jener
Erzählung übrigens kündigt sich an einigen scheinbar harmlosen
Stellen die spätere Anschauungsweise Tolstoi's schon an. Die Art,
wie das Verhältniß der Ehegatten erschüttert wird und sich dann
wieder herstellt, aber herstellt mit dem klaren Bewußtsein, daß die
Periode der gegenseitigen leidenschaftlichen Zuneigung völlig abgethan,
ja völlig unverständlich geworden sei, — die Art, wie Tolstoi diese
Entwickelung als die nothwendige und selbstverständliche hinstellt, ist
schon eine Hindeutung auf manche apodiktische Sätze der „Kreutzersonate". Aber so anziehend der Gesammtton in jener Erzählung ist,
so abstoßend ist er in dieser. Kaum jemals ist so viel Scharfsinn
aufgeboten worden, um jede menschliche Empfindung und Handlung
auf ausschließlich egoistische Genußsucht zurückzuführen, wohl niemals
ist eine so völlige Stumpfheit gegen allen Sonnenglanz, der aus
dem menschlichen Gemüthe strahlen kann, so erkältend zu Tage getreten.

Einen merkwürdigen Contrast zu der Hauptmasse der Erzählung
bildet die Darstellung der Schlußkatastrophe des Mordes der un-
treuen Gattin. Obgleich diese Scene bloß als Abschluß einer langen
Entwickelungsreihe zu gelten hat, obgleich die Aufgabe gerade gewesen
wäre, uns auf sie genügend vorzubereiten, so ist im Gegentheil sie das
einzige in der ganzen Erzählung, was plastisch und detaillirt dargestellt
ist, mit der Kunst, die Tolstoi besonders in kriegerischen Scenen früher
glänzend bewährt hat. Der Realismus ist dabei aufs Aeußerste getrieben, und wohl scheint das Schreckliche um des Schreklichen willen
gemalt, — aber nach den schattenhaften und willkürlichen Bildern,
die vorhergegangen, empfindet man die Wahrheit dieser Scenen doch
mit einem Gefühle der Erleichterung und Zustimmung. Wie auch

der Held, Posdnyschew, es ausspricht, die Geschichte selbst sei schrecklicher als das Ende. Denn diese Geschichte ist nichts anderes als die angebliche Enthüllung, daß, was für sittlich gehalten werde, unsittlich sei, und diese Enthüllung muß bedrückender wirken als der Ausbruch des offenen Verbrechens. Was aber ist der Gesammteindruck eines Buches, wo die roheste Mordscene noch als eine Erlösung empfunden wird!

Doch damit nach den Tragödien das Satyrspiel nicht fehle, ließ Tolstoi ein verhältnißmäßig harmloses Erzeugniß den Schreckensgemälden folgen, das Lustspiel: „Die Früchte der Bildung". Seine Tendenz verleugnet freilich auch dieses anspruchslose Bild nicht; „Die Früchte der Bildung" sind spiritistische Albernheiten, bei denen gelehrte Professoren, bildungssüchtige Herren und Damen der Gesellschaft von einem gescheuten Bauernmädchen an der Nase geführt werden. Die zahlreichen Personen aus der höheren Gesellschaft, die der Dichter vorführt, sind vorzüglich charakterisirt, jede einzelne bei aller Eigenthümlichkeit doch typisch für Erscheinungen, die wiederzukehren pflegen; aber eins haben sie alle gemeinsam: seien sie stolz oder leichtsinnig, vorschnell oder vorsichtig, dumm sind diese Personen, die vermuthlich selbst „Früchte der Bildung" sein sollen, ausnahmslos. Die sentimentale Sehnsucht deutscher Dorfgeschichten nach der Reinheit und Unverdorbenheit der heiteren Landleute findet hier ihr Gegenstück in dem bescheidenen Verlangen nach der geistigen Entwickelungsstufe russischer Bauern. Doch wäre es pedantisch, ein Lustspiel nach diesem Maßstabe messen und daraus eine Lebensbetrachtung abstrahiren zu wollen. Andererseits aber ist das Stück nicht komisch genug, um dadurch allein zu fesseln; die Handlung ist zu naiv, um lebhaft zu interessiren; am meisten Geschmack wird ihm abgewinnen, wer es als eine Sammlung gesellschaftlicher Typen betrachtet.

Dieselbe Wirkung, wie die „Macht der Finsterniß" und die „Kreutzersonate" konnte diese einfache Dichtung nicht hervorbringen. Und im Ganzen kann man gewiß nicht sagen, daß vorzugsweise der ästhetische Werth der letzten Werke Tolstoi's das Interesse für sie hervorgerufen hat. Der Werth der „Kreutzersonate" ist überhaupt gering; der des Dramas zwar hoch anzuschlagen, aber von einer Art, die einem weiteren Leserkreise schwer zugänglich ist. Unzweifelhaft gründet sich der größte Theil der anerkennenden oder verwerfenden Urtheile, die über die „Macht der Finsterniß" gefällt worden, auf die stoffliche und nicht auf die ästhetische Wirkung, und von der „Kreutzersonate" wird man dasselbe fast mit Ausnahmslosigkeit behaupten dürfen. Woher nun diese stoffliche Wirkung? In einer Anzahl von Fällen mag Tolstoi das Unrecht geschehen sein, daß man nicht das Ganze des Stoffes, sondern die pikanten Einzelheiten goutirte. Leute, die an Hartleben's „Angele" oder Tovote's „Wurmstichigen Geschichten" Gefallen finden, denen mag auch durch einige Stellen der Tolstoi'schen Werke so kannibalisch wohl geworden sein, als wären sie ... in „Auerbach's Keller". Aber wie schon zu Anfang gesagt, die Zahl derer, die danach geurtheilt, halten wir doch für gering. Wir meinen, daß die Mehrzahl derer, die sich von diesen Werken Tolstoi's angezogen fühlten, durch jene krankhafte Uebersättigung bestimmt worden ist, die sich unter Völkern hoher Cultur zeitweise zu zeigen pflegt. Die Unmöglichkeit, aus dem ehern geschmiedeten Kreise der thatsächlichen Verhältnisse irgendwie hinauszutreten, verbunden mit dem Bewußtsein von der Unzulänglichkeit derselben, führt dazu, sich utopisch an extremen Ideen zu berauschen, deren praktische Durchführung, weil unmöglich, keine Sorgen zu erregen braucht. So wenig die Tausende von Gebildeten, welche Bellamy's Zukunftsbuch verschlungen haben, daran denken, ihr Privateigenthum dem socialen Staate zu opfern, ebenso wenig denken diejenigen, die von der „Kreutzersonate" hingerissen werden, an das Cölibatsgelübde, oder beabsichtigen die, welche Tolstoi's Evangelium von dem Unwerth dieses Daseins begeistert aufnehmen, ihren egoistischen Kampf um's Dasein einstellen oder auch nur mildern zu wollen. Mancher Beobachter der Gesellschaft mag vielleicht etwas Erfreuliches darin finden, daß in einer Zeit, wo die Uebervölkerung und Beengtheit des Lebens rücksichtsloser als je das verzweifelte Streberthum des Einzelnen sich äußern läßt, doch derartige entgegengesetzte Ideen so viel Antheil erregen, und daß derjenige, der seinen Nebenmann ohne Zaudern in den Abgrund stürzt, sich dennoch platonisch über die egoistischen Principien des modernen Gesellschaftsbaues grämt. Allein wir glauben im Gegentheil, daß diese Neigung zu Utopien ein ungünstiges Symptom, weil ein Sympton der Schwäche und Haltlosigkeit ist. Eine unermeßliche Summe von innerer Unwahrheit und Selbsttäuschung wird durch sie erzeugt, und dagegen der Blick für das Mögliche, was geschehen kann und geschehen soll, getrübt, die Thatkraft, dies durchzuführen, gelähmt.

Nicht minder vom Standpunkte der Volkswirthschaft als im Namen der Poesie ist es zu wünschen, daß die unerquickliche Verbindung, welche beide geschlossen, sich wieder löse. Dem Grafen Tolstoi aber wird die Welt am besten gerecht werden, wenn sie um seiner echt poetischen Werke willen die lehrhaften Erzeugnisse seines Alters vergißt.

Ueber Ibsen's
sociale Dramen, vornehmlich „die Gespenster".

„Ich glaub', wir haben eine Leich' an Bord", mit diesen Worten schließt die merkwürdige „Poetische Epistel", in der Ibsen erklären will, was die Ursache des Trübsinnes, der Unzufriedenheit in unseren Tagen sei. Das Schiff „Europa" sieht er nach fernen Küsten eilen; froh und muthig könnte ein Jeder nach dem Lande der Zukunft, nach einem werthvolleren und größeren Dasein aus= schauen; aber der Sinn ist getrübt und ein Druck liegt auf aller Herzen; denn . . . . eine Leiche ist an Bord. Mit diesem Räthselwort als Erklärung muß sich der Frager begnügen. Aber Ibsen's sociale Dramen, Bilder des Lebens der Gegenwart, sind allesammt ein Commentar desselben. Worauf Ibsen auch den Blick richtet, mag es noch so heiter und ermuthigend scheinen, — überall sieht er die Leiche mit; er kann von ihr nicht loskommen, wie man auf Rosmersholm in allem Getriebe des Lebens doch nicht der Todten vergessen kann.

Als mühsam zu schleppende Last, als Hemmniß einer freien und freudigen Lebensführung hat des Dichters kritischer Sinn einen immer größeren Theil dessen zu betrachten gelernt, worin er die Meisten den Halt und Werth ihres Lebens schätzen sah. Mit dieser fortschreitenden Kritik veränderte sich für ihn auch Gestalt und Aus= sehen des Uebels, das zu bekämpfen er für seine Aufgabe hält. In den „Stützen der Gesellschaft" war es die Herrschaft der schwach= müthigen Heuchelei, welche das scheinbar gesittete Gesellschaftsleben vergiften kann, in „Nora" und den „Gespenstern" ist es schon die unbedingte Unverbrüchlichkeit der gesellschaftlichen Institutionen selbst, die er angreift; in dem „Volksfeind" betrachtet er alle Bande, welche den Einzelnen mit der Gesammtheit verbinden, als hemmende und beengende Fesseln; in „Rosmersholm" und der „Wildente" sind es nicht mehr Institutionen und Formen, sondern der in ihnen sich ausprägende Inhalt, die „Ideale" selbst, welche er bekämpft. Ideale sind Lügen, freilich für den Durchschnittsmenschen nothwendige Lügen; wer aber ohne Ideale zu leben vermag, besitzt die Summe der Kraft und Weisheit [1]).

Hierin brauchte an sich noch nichts zu liegen, was Ibsen in einen unheilbaren Widerspruch zu der Gesellschaft, wie sie sich gestaltet hat, brächte. Nach den Idealen Jemandes zu fragen, liegt außerhalb der Grenzen des guten Tones, und wenn Jemand erklärte, er wolle ohne Ideale leben oder auch gewisse Ideale bekämpfen, so würde auch dies noch kein sonderliches Interesse erregen. Eine umfassende historische und ethnographische Kenntniß, wie sie noch kein Zeitalter vor uns besessen, hat uns die relative Schätzungsweise für Glauben und Meinungen der Menschen gelehrt. Allein es giebt einen Punkt, in dem wir empfindlicher sind, — und das eminent Revolutionäre in Ibsen liegt darin, daß er gerade gegen diesen Punkt seine Angriffe richtet. Wenn Ibsen nur die Herrschaft des orthodoxen Lutherthums in Norwegen oder die hergebrachte Suprematie altconservativer Geschlechter oder endlich den Terrorismus der „liberalen Majorität" angegriffen hätte, so würde das weniger Aufsehen erregt haben. Indeß er wandte immer mehr seinen Angriff gegen die herrschenden sittlichen Ideale. Diese gelten für unantastbar; nicht etwa weil sie Jeden erfüllen oder von Jedem erstrebt werden, aber weil sie Jedem unentbehrlich scheinen. Und mit Recht. Denn in ihnen ruht die Kraft, welche das unendliche Getriebe der modernen Culturwelt zusammenhält. Im Mittelalter waren es religiöse Ideale, die diesen Dienst thaten; sie haben heutzutage nicht mehr

---

[1]) In seinem letzten Drama, John Gabriel Borkman, hat Ibsen das neueste „Ideal", das Uebermenschenthum Nietzsche's, ebenso schonungslos ad absurdum geführt wie früher die humanen und christlichen Ideale.

jene Bedeutung; die Religion ist eine Sache des Individuums ge=
worden. Um so wesentlicher ist die Gemeinsamkeit der sittlichen
Grundbegriffe. In zwar äußerlicher und mechanischer Auffassung,
aber gestärkt durch Beziehungen zu dem Rechtsbewußtsein wie zu
dem Ehrgefühl bilden sie einen Besitz Europas und aller Nationen,
welche ihre Cultur Europa verdanken. Wir wissen wohl, daß andere
Culturvölker auch andere sittliche Ideale gehabt haben; aber in
dieser Hinsicht sind wir nicht so tolerant wie in anderen; wir ver=
langen von einem Jeden, der zu unserem Kreise gehören will, daß
er wenigstens äußerlich sich der herrschenden Sitte unterordne.

Anders Ibsen. Gegen dieses gewaltige Gebäude wendet er alle
Kraft seiner genialen Individualität. Und vor Allem die Funda=
mente greift er an; das Familienleben hat er am schärfsten beobachtet
und am angreifbarsten gefunden. Das Verhältniß zwischen Mann
und Weib, zwischen Eltern und Kindern in der Ausgestaltung unseres
socialen Lebens ist ihm nicht von sittlichem Werth, sondern nur ein
Hemmniß für die Entwickelung wahrer Lebenskraft und Lebensfreude.
Und nicht minder die Beziehungen des Einzelnen zur Gesellschaft in
jedem Sinne des Wortes: auch diese durch das Sittengesetz oder die
Gewohnheit geregelten Beziehungen ersticken nur Muth und Stärke
des Einzelnen. Die Entwickelung der einzelnen Persönlichkeit aber
ist es allein, die Ibsen interessirt. In dieser Hinsicht ist er von
dem gegenwärtigen socialistischen Zeitalter durch eine unüberbrückbare
Kluft geschieden; die Gemeinschaft ist für ihn gar kein selbständiger
Begriff, sondern nur das thatsächliche Ergebniß der Charakterlosigkeit
und Schwachheit der Individuen. Mit dieser Schätzung der Einzel=
person eng verbunden war das sittliche Ideal, welches Ibsen lange
Zeit hindurch noch auf seinen Schild hob: die Wahrheit. Wahrheit
verlangt er schon in seinen philosophisch=phantastischen Dramen
„Brand" und „Peer Gynt"; Wahrheit verlangt er in den „Stützen
der Gesellschaft", in „Nora", im „Volksfeind", in den „Gespenstern"
Der Einzelne ist ihm nur wahr, wenn er seine Individualität nach
ihrem inneren Gesetze, ohne jede Rücksicht auf seine Umgebung ent=
wickelt. Aber auch in den gesellschaftlichen Beziehungen soll aus=

schließlich die Wahrheit gelten. Als unbedingtes Heilmittel aller Gebrechen wird sie erkannt, und darum rücksichtslos, schonungslos, lieblos aufgerichtet. An sich freilich lag kein Grund vor, von dem ganzen überlieferten System sittlicher Vorstellungen gerade dieses Eine Stück beizubehalten. Ibsen's Wahrheitscultus war noch ein Rest von nicht überwundenem Dogmatismus. Der Dichter hat dies selbst auch erkannt und in dem späteren Drama „Die Wildente" eine Art Persiflage seines früheren Standpunktes geliefert. In Gregor Werle sehen wir einen Schwärmer, der es für seine Aufgabe hält, seinen Freunden die Wahrheit über ihre eigenen Verhältnisse mit= zutheilen, um dadurch ihr Glück zu begründen, — der aber that= sächlich das Gegentheil erreicht. In der tragischen Consequenz, zu welcher Ibsen dies an sich eher komische Motiv führen läßt, drückt sich der Ernst aus, mit dem er die neue Erkenntniß erfaßt hat. Der Werth der Wahrheit ist auch nur ein eingebildeter, der Durch= schnittsmensch bedarf der Lebenslüge. Und mit dieser Erkenntniß hat für den bisherigen Wahrheitsverehrer das Leben überhaupt seinen Werth verloren; es bleibt ihm nur das Geschick der Kassandra, überall hin das Unglück zu tragen, der „Dreizehnte bei Tische zu sein [1)]".

Was aber soll nach dieser radicalen Zerstörung an die Stelle gesetzt werden? In der „Wildente" wie in „Rosmersholm" finden sich Andeutungen einer positiven Antwort: Wollen und Handeln nach dem Maße der eigenen Kraft; nicht mehr wollen, als man kann; aber auch alles vollbringen, was man will und kann. Die „ideale Forderung" soll verbannt werden; denn eben die unerfüll= baren Forderungen sind es, die den Menschen schwächen und ihn daran gewöhnen, schließlich auch das Erfüllbare nicht mehr zu leisten. Ein Bekenntniß, dem zwar der positive sittliche Inhalt fehlt, das aber ein Ausdruck echtester und gewaltigster männlicher Kraft ist. In der „Frau vom Meere" hat Ibsen nun neuerdings diesem

---

[1)] In dem späteren Drama „Hedda Gabler" hat Ibsen der Parodie auf die Wahrheit die auf die Freiheit angefügt. Hedda Gabler ist ein Wesen, das frei sein möchte, aber in seiner Blasirtheit weder Kraft noch Schwung besitzt, die erforderlich sind, um Freiheit zu erkämpfen und zu bewahren.

Bekenntniß auch eine Richtung auf das Sittliche zu geben verſucht[1]), indem er der Freiheit die „Verantwortung" hinzufügte; freilich nur als ein Wort, das wie ein geheimnißvoller Orakelſpruch aus dunkler Ferne herüberklingt, in ſeiner Bedeutung nicht aufgehellt wird. Aber auch dieſe Verantwortung läßt er erſt gültiges Recht gewinnen, nachdem die geſetzlich pflichtmäßige Forderung beſeitigt iſt; dieſer Forderung gegenüber hat der Einzelne keine andere Pflicht als die, ſeine Freiheit ſich zu erkämpfen und zu bewahren.

Vergegenwärtige man ſich Umfang und Tragweite dieſer revolu=tionären Action! Nicht den Anſtrich des Gebäudes oder ſein Ornament will Ibſen verändern, nicht den oder jenen Flügel niederreißen oder anbauen, ſondern alle Klammern, welche die Balken zuſammenhalten, will er wegwerfen; zwiſchen allen einzelnen Steinen den Mörtel ausbrechen, und andere Bindemittel an die Stelle ſetzen. Ein Unter=nehmen, das den Bau unfehlbar ſtürzen läßt und deſſen Ver=antwortung ein Jeder nur mit zitternder Scheu auf ſich nehmen möchte. Daß Ibſen dieſe Scheu nicht empfindet, das erweiſt ihn als eine groß angelegte Perſönlichkeit.

Es iſt nicht unſere Aufgabe, die eben entwickelten Anſchauungen Ibſen's nach Maßgabe irgend eines ethiſchen Syſtems zu beurtheilen, die Werke, in denen er ſie niederlegt, ſind Kunſtwerke, und es handelt ſich nur darum, ob die Ausprägung, welche ſie dort gefunden, eine folgerechte, einheitliche und daher künſtleriſch befriedigende ge=weſen iſt. Von dieſem Standpunkte aus müſſen wir in den „Ge=ſpenſtern", den „Stützen der Geſellſchaft", ferner in „Nora" wie in dem „Volksfeind" vollbefriedigende Schöpfungen erkennen, während gegen „Die Wildente", „Die Frau vom Meere", und ſelbſt gegen „Rosmersholm" trotz ſeiner tragiſchen Gewalt ſchwere Einwürfe zu erheben ſind. In der „Wildente" iſt es das Schwanken zwiſchen tragiſchen und komiſchen Elementen, eine immerhin noch unſichere Beurtheilung des Wahrheitsfanatismus, die es nicht zu einem be=

[1]) In „Klein Eyolf" ſtellen ſich die beiden Hauptperſonen am Schluſſe zwar eine ſittliche Aufgabe, aber nicht als ein Ideal, ſondern als Frucht ge=meinſamer Reſignation.

friedigenden Gesammteindruck kommen läßt. Im ersten Acte scheint
es, als wollte der Dichter den Conflict zwischen Gregor Werle und
seinem Vater zum Mittelpunkte des Stückes gestalten und in Gregor
einen kräftigen und thätigen Mann der verkommenen Gesellschaft
gegenüber stellen; in den folgenden Acten aber erscheint das Vorgehen
Gregor's lächerlich und wird ihm in dem Pessimisten Relling eine
überlegene Persönlichkeit entgegen gesetzt. Ja schließlich ist die abstoßende Vermählung zwischen dem Vater Werle und Frau Sörby,
die freilich nichts mehr vor einander zu verbergen haben, ausdrücklich
dazu bestimmt, Gregor's Forderung der auf gegenseitige Offenheit
gegründeten Musterehe in schneidendster Art zu parodiren. In
diese Komik schlägt der tragische Schluß, der Untergang der un-
schuldigen Hedwig, in peinlichster Weise hinein; wir können nicht
über dieselbe Verkehrtheit in einem Augenblicke lachen, um uns im
nächsten über sie als Quelle unstillbaren Unheils zu entsetzen.

In „Rosmersholm" ist der weltenweite Gegensatz zwischen dem
conservativen, streng sittlichen, aber auch bedrückend selbstbewußten
Geiste, der auf dem alten Familiensitze herrscht, und dem zügellosen,
alle sittlichen Schranken niederreißenden Freiheitsstreben, welches die
Heldin des Stückes erfüllt, in schauerlicher Schroffheit, aber mit
voller künstlerischer Objectivität dargestellt. In beiden Extremen
wird die Lebensunfähigkeit aufgezeigt. Die Lebensanschauung der
Rosmer's „adelt, aber sie tödtet das Glück"; die Lebensanschauung
Rebekka's gewährt die Lebensfreude, aber sie führt zum Verbrechen.
Beiden gegenüber hat der Dichter eine dritte aufgestellt; jene oben
gezeichnete, die eine volle Harmonie von Fähigkeit, Willen und That
verlangt. Als ihren Vertreter hätte er einen eisenfesten, seiner Kraft
wie seiner Schranken bewußten Mann hinstellen sollen. Statt dessen
läßt er dies Ideal vor uns durch einen verlotterten, genialen Char-
latan entwickeln und will gar als Verkörperung desselben einen
skandalsüchtigen und verlogenen Zeitungsschreiber uns glaublich
machen. Das ist nicht mehr künstlerische Objectivität; hierin offenbart sich ein pathologischer Zug: der Zweifel an dem eigenen Gedanken, schon im Augenblicke, da er erst dargestellt werden soll. —

während das Kunstwerk nur aus voller Einheit des Wollens und Könnens entspringen kann.

Die „Frau vom Meere" endlich kann den Vergleich mit den vorhergehenden Stücken Ibsen's kaum in einer Hinsicht ertragen. Wir wollen in diesem Zusammenhange nur bemerken, daß die Voraussetzung, welche den Verlauf und den Abschluß der Handlung ausreichend begründen könnte, gänzlich fehlt: die Lösung der Verlobung mit dem geheimnißvollen Fremden, die Ehe mit Wangel sind keineswegs erzwungene Acte gewesen, die später erst durch freiwillige Zustimmung ihren wesentlichen Werth erhalten könnten; sie sind vielmehr frei gewesen, und die spätere seltsame Neigung Ellida's zu dem Fremden stellt sich nicht als unwiderstehlicher Drang einer gefesselten freiheitsdürstenden Seele dar, sondern als Schwachheit des von einem Abenteurer bethörten Weibes, welches in seinem Gatten mehr den festen Hort, als den selbstlos Verzichtenden zu finden nöthig hätte.

Haben wir diese Einwände gegen einige der Ibsen'schen Dramen geltend machen müssen, so können wir der Durchführung des Hauptgedankens in den vier anderen, die wir oben genannt, um so rückhaltloser unsere Bewunderung zollen. In dem „Volksfeind" sehen wir eine Persönlichkeit voll Wahrheits= und Rechtsbewußtsein sich gegen die entnervende und zerstörende Einwirkung der „Gesellschaft" mit unerschütterlicher Kraft wehren und dadurch trotz äußeren Mißerfolges doch den moralischen Sieg erfechten; Nora und Consul Bernick in den „Stützen der Gesellschaft" zeigen uns die plötzliche Empörung gegen den vergiftenden Einfluß, welchen ihre gesellschaftliche Stellung und Lebenslage auf sie geübt, die eine durch mächtig erwachendes Selbstbewußtsein, der andere durch die Unterstützung, die er bei freien und selbstgewiß entwickelten Menschen findet; in den „Gespenstern" endlich enthüllt sich uns die letzte tragische Consequenz, welche gegenüber der zu spät errungenen Selbst= und Weltkenntniß ihre nicht mehr zu bannende trostlose Wirklichkeit behauptet.

Eine weit gleichmäßigere Vollendung zeigen uns die besprochenen Dramen, wenn wir nur die Kunstmittel, die specielle dramatiſche Technik ins Auge faſſen. Es iſt merkwürdig, wie Ibſen, der vorher in „Brand" und „Peer Gynt" ſeine Phantaſie ſouverän und ſchrankenlos hatte walten laſſen und nur im weiteſten Umkreiſe poetiſcher Gebilde die volle Ausgeſtaltung ſeiner Ideen möglich ge- glaubt hatte, — wie eben derſelbe Mann ſich in dieſen neueren Werken realiſtiſcher Kunſtweiſe die ſtrengſte künſtleriſche Beſchränkung auferlegt. Es iſt nicht nur die Verringerung der Perſonenzahl, nicht nur die möglichſte Beobachtung der Einheit von Zeit und Ort; es iſt die Concentration des Stoffes in einen Punkt; es iſt die höchſte Prägnanz, die möglichſt geſteigerte Bedeutſamkeit jeder Handlung und Rede. Und dabei ſind die Probleme, die Ibſen behandelt, doch faſt immer ſolche, die ihre Löſung nur in einem längeren Zeit- raume finden können, die in langſamer Entwickelung bis zu dem entſcheidenden Zeitpunkte heranreifen. Um dies ſcheinbar Unverein- bare zu vereinigen, bedient ſich Ibſen einer Compoſitionsweiſe, welche an die antiken Dramatiker erinnert. Seine Dramen ſtellen meiſt nicht die Handlung in ihrem ganzen Umfange dar; ein weſentlicher Theil wird zur Vorgeſchichte gerechnet und theils in der Expoſition als etwas längſt Vergangenes dem Hörer mitgetheilt, theils im Laufe des Stückes allmählich unter immer größerer Spannung als lang- bewahrtes Geheimniß enthüllt. Das Drama ſelbſt hebt entweder im Momente der Peripetie an, zeigt den Knoten ſchon im äußerſten Grade der Verwickelung wie in „Nora", in den „Stützen der Ge- ſellſchaft", in der „Wildente", oder es enthält gar nur die tragiſche Löſung, die Kataſtrophe, wie „die Geſpenſter" und „Rosmersholm". In dieſen beiden beſteht der Inhalt ähnlich dem „König Oedipus" weſentlich in der Enthüllung früherer verhängnißvoller Ereigniſſe und in dem Eintritt ihrer tragiſchen Folgen. Die volle Gewalt der Spannung und Erſchütterung, die Sophokles in jener Tragödie erreicht, hat Ibſen freilich nicht erzielen können, weil jene Ereigniſſe nicht durch eine Verkettung der Umſtände für alle überraſchend und bedeutend ans Licht treten, ſondern durch die Betheiligten ſelbſt be- richtet werden. Von größerer dramatiſcher Kraft ſind die Ent- hüllungen in den „Geſpenſtern"; denn während in „Rosmersholm"

Rebekka erst redet, nachdem sie ihren Muth verloren, ihren Willen geopfert hat und das traurige Ende vor sich sieht, hören wir hier Frau Alving ihres Jugendfreundes, ihres Sohnes Irrthümer, ihre eigenen unseligen Schicksale beklagen, verfluchen, nur von der ahnungs= vollen Furcht getrieben, die schlimmste Folge könne und müsse noch sich ereignen. Ohne schon zu erkennen, was für Unheil noch hervor= treten werde, folgen wir der unglücklichen Mutter von Wort zu Wort mit dem immer drückenderen Bewußtsein, daß aus so ver= gifteten Wurzeln eines scheinbaren Glücks nur die Frucht des bittersten Elends erwachsen könne. Derartige Geständnisse gehören übrigens zu den häufigen Kunstmitteln Ibsen's, um entscheidende Wendungen zu erzielen. In „Nora" und der „Frau vom Meere" hören wir die Gattin dem Gatten ihr Innenleben, von dem er Nichts geahnt, darlegen; in den „Stützen der Gesellschaft" und im „Volksfeind" den Bürger vor den Mitbürgern sich anklagen und vertheidigen. Nur in der „Wildente" fehlt dieser charakteristische Bestandtheil; denn hier sind die Enthüllungen dem seltsamen Wahrheitsfanatismus des „Freundes" überlassen worden. Trotz aller psychologischen Kunst Ibsen's möchte man in diesen oft wiederholten freiwilligen Geständ= nissen eine bedenkliche Seite seiner Technik sehen, und die Angriffe, welche man gegen den Abschluß mancher Stücke oftmals gerichtet hat, gegen die schrille Dissonanz, mit welcher Nora endigt, wie gegen die etwas künstliche Harmonie, in welcher die „Stützen der Gesell= schaft" ausklingen, — diese Angriffe sind zugleich Angriffe gegen jenes eigenthümliche Kunstmittel. Indeß können diese Angriffe nur gegen die specielle dramatische Verwerthbarkeit gerichtet werden; an der charakteristischen Wahrheit und inneren Nothwendigkeit gerade dieser Scenen ist kein Zweifel gerechtfertigt. Und Ibsen beweist an so vielen Stellen das höchste Geschick der Motivirung, daß man ihm das vereinzelt Auffallende nicht als Schwäche, sondern als Absicht aus= zulegen hat. Man erinnere sich der wunderbar zusammengreifenden Motive, welche den Consul Bernick fast zum Verbrechen treiben, bis die Todesangst um den Sohn ihn gewaltsam von dieser Bahn zurückschreckt; man beobachte, wie Nora Zug um Zug jeder Hülfe, jedes Ausweges beraubt wird, welche die Entdeckung verzögern könnten; man vergegenwärtige sich, wie die wechselnden Situationen dem „Volksfeinde" Stockmann den beständigen Wechsel der jämmerlichen öffentlichen Meinung bis zur Erkenntniß ihrer völligen Niedertracht offenbaren! Und ein äußeres Ereigniß wie der Brand des Asyls in den „Gespenstern", mit welcher Feinheit ist es aus dem sinnlosen Vertrauen des Pastors in den Wüstling Engstrand abgeleitet und dadurch zum prägnantesten Ausbruck der tragischen Verblendung, welche in der geschilderten „Gesellschaft" herrscht, gestaltet worden! Selbst eine verletzende, in ihrer inneren Berechtigung zweifelhafte Gewaltsamkeit, wie der Selbstmord Hedwig's in der „Wildente", ist theils durch die krankhafte Gefühlserregung des Mädchens, theils durch die eigenthümliche, verwirrende Wirkung, die von dem Schwärmer Werle ausgeht, endlich durch die egoistische Härte ihres angeblichen Vaters, die ihr unbegreiflich, allen anderen Betheiligten nur allzu begreiflich ist, aufs vollkommenste motivirt.

Im engsten Zusammenhange mit dieser Motivirungskunst steht die Kunst der Charakteristik. Nichts ist bei Ibsen dem Kritiker leichter gemacht als Einzelheiten für unwahrscheinlich, unnatürlich zu erklären. Aber ein tieferes Eindringen findet gerade durch jenes Zusammengreifen der Charaktere und Handlungen den Dichter meist gerechtfertigt. Man hat es als unmöglich bezeichnet, daß Doctor Stockmann glauben könne, seiner Vaterstadt einen dankbar angenommenen Dienst zu leisten, wenn er ihre Haupteinnahmequelle, das Seebad, für eine Pesthöhle erkläre. Aber betrachtet man diesen ganzen Mann in seiner unglaublichen Naivetät, mit seinem bis ans Kindische streifenden Humor, so entwickelt sich jener entscheidende Zug ganz natürlich aus allem Uebrigen.

Von besonders treffender dramatischer Gewalt ist die Charakteristik, wo sie durch den Widerspruch zwischen Rede und Handlung oder auch zwischen Rede und Rede selbst gegeben wird und die Selbsttäuschung der Personen auf diese Art kennzeichnet. Nach Ibsen's Anschauung sind die Menschen der modernen Gesellschaft zumeist in Selbsttäuschung befangen. Hjalmar Ekdal erklärt mit

köstlicher Zuversicht, daß sein Vater durch Feigheit verhindert
worden sei, sich den Tod zu geben, daß er selbst dagegen den Muth
besessen habe, das Leben zu wählen: Robert Helmer hat eben seine
Frau mit den rohesten Schmähungen überschüttet, weil er seine geschäftliche Ehre durch ihre Unerfahrenheit für gefährdet hält, und
erklärt gleich darauf, als diese Gefahr ohne sein Zuthun beseitigt ist,
daß er „das rath- und hülflose Wesen" vor allem Ungemach „wie
eine verfolgte Taube vor dem Habicht" schützen wird. Pastor
Manders ist empört über die „wilden Ehen" junger Künstler, von
denen Oswald berichtet, und sieht in dem sittenlosen Leben des
Hauptmanns Alving nur „Unregelmäßigkeiten", über welche seine
Frau sich hätte hinwegsetzen müssen. Consul Bernick ist überzeugt,
seine Schwester aufs Beste versorgt zu haben, da sie sich ja interessiren
könne „für mich und Betty und Olaf und mich". Alle diese
Menschen sind durch den verderblichen Einfluß der Gesellschaft, in
der sie aufwuchsen, zur egoistischen Selbsttäuschung erzogen worden.

Auf der anderen Seite sehen wir Charaktere, die ihre Selbständigkeit bewahrt haben und dadurch zu einer rauhen, rücksichtslos
offenen Rede- und Handlungsweise gelangt sind. Diese Personen
haben bei Ibsen nicht ganz die gleiche Lebenswahrheit wie jene
ersteren; man fühlt ihnen ab, daß sie nicht so sehr aus dem Leben
gegriffen, als vom Dichter erfunden sind. Für die schwächste Seite
Ibsen'scher Charakteristik halten wir die Zeichnung der rein komischen
Nebenfiguren. Die beständige Wiederholung derselben Lächerlichkeiten
wirkt ermüdend und erscheint auch unnatürlich, so bei Hillmar
Tönnesen, bei dem Tausendkünstler Ballested, und bei manchen un-
bedeutenderen Figuren aus dem Kleinleben, die jede nur mit einer
einzigen, wieder und wieder betonten Eigenschaft sich begnügen
müssen. Die interessanteste Leistung Ibsen's dagegen bieten die Gestalten, welche er vor unseren Augen aus dem Druck, unter dem sie
gestanden, sich losringen läßt, welche zur Freiheit erwachen und in
einem halb traumhaften Zustande sich zuerst instinktiv nur auf dem
Wege weiterfinden, der sie aus der Knechtschaft zur Freiheit führen
soll. Ein Mittel, dessen sich Ibsen mit größtem Erfolge hierbei be-

dient, ist die Knappheit, Gedrängtheit, ja Armuth der Sprache,
welche er in so entscheidenden Augenblicken seine Personen reden läßt:
Frau Alving, Nora, Rebekka West, Ellida Wangel geben die er-
schütterndsten Mittheilungen über ihre Vergangenheit oder ihren Seelen-
zustand in einer eisigen, wortkargen Sprache, nicht nur mit Ruhe,
sondern mit schneidender Kälte. Wie auf Rosmersholm die Kinder
seit Menschengedenken nicht geschrieen haben sollen, so sind diese
Menschen unfähig geworden, ihren tiefsten Empfindungen vollen,
erwärmenden, ergreifenden, hinreißenden Ausdruck zu geben; sie sind
der freien Rede entwöhnt, ihre Sprache in der Enge des Lebens,
unter dem Druck der Vorurtheile, die um sie und in ihnen herrschten,
wie in Banden gelegt, aus denen nur vereinzelt ein erschütternder Auf-
schrei hervorbricht. Auf Helmer's Selbstbeschönigung: „Niemand
opfert derjenigen, die er liebt, seine Ehre!" antwortet Nora bloß:
„Das haben Millionen Frauen gethan!" Frau Alving hat auf alle
Lobsprüche des Pastors wegen ihrer Treue gegen den verworfenen
Mann nur den stets wiederholten Ausruf: „Wie feig bin ich gewesen!" „Die Wahrheit ist es doch, daß du dort hinauskamst und
mich tauftest", sagt Frau Wangel zu ihrem Gatten; und Rebekka
West macht das nackte Geständniß: „Ich wollte Beate weghaben;
so oder so!" Mit mehr Worten konnte nur weniger gesagt werden.

In anderen Situationen freilich, bei anderen Personen möchte
man wohl eine größere Fülle, reichere Farbe der Sprache wünschen.
Es ist seltsam, daß Jbsen, gerade in Italien lebend, unter dem
Volke, das mehr wie irgend ein anderes sich am Genuß der Rede
erfreut, wo nicht nur dem Dichter, sondern Jedermann die göttliche
Gabe freier Sprachgewalt gegeben ist, — es über sich gewann, sich
selbst in diese enge Beschränkung zu bannen! Wie anders hatte er
früher in „Brand" und „Peer Gynt" seine Sprache dahinstürmen
lassen! Indeß hat er auch jetzt weder den Monolog noch das
Selbstgespräch im Dialog etwa einer falschen Wirklichkeitsforderung
zu Liebe völlig ausgeschlossen, und bisweilen erhebt sich die Sprache
auch zu höherem Schwunge, zu erhabenem Tone; so in Rebekka's
zweitem Geständniß, als sie mit Johannes Rosmer allein ist; in

den Seebildern, welche in der „Frau vom Meere" entrollt werden. Uebrigens dürfte auch der realistische Charakter der knappen und nüchternen Redewendungen öfters bezweifelt werden; Ibsen bedient sich auch an solchen Stellen nicht selten einer ebenso kunstmäßigen Sprache wie Lessing in „Emilia Galotti" oder „Minna von Barnhelm". Die wirkliche Sprache ist breiter, ordnungsloser, charakterloser. Auch die Fülle lebenswahrer Züge, welche das Benehmen der Personen zeigt, ist nicht eigentlich wirklichkeitsgemäß. Denn diese Züge erscheinen nicht so zufällig, werthlos, inhaltlos, wie sie sich im Leben meist beobachten lassen, sondern sie sind stets in eine kunstmäßige Beziehung zu den Charakteren gesetzt, sind nicht angehefteter Flitter, der irgendwo gefunden nun irgendwo verbraucht werden sollte, sondern stimmen harmonisch mit dem Naturell der Personen und der augenblicklichen Situation zusammen. Auch hier sind es die egoistischen Charaktere, die Ibsen mit besonderer Ausführlichkeit zeichnet; Hjalmar Ekdal, Robert Helmer sind reich mit solchen Einzelzügen ausgestattet.

Weit von den Forderungen des Naturalismus entfernt sich endlich die Verwerthung des Mystischen, Wunderbaren, das auch inmitten des wirklichkeitsgemäßen modernen Lebens, das er schildert, doch einen bestimmten Platz behauptet. Nora vertraut, in äußerster Verzweiflung auf den Eintritt des „Wunderbaren", Frau Alving in ihrer schreckensvollen Erregung glaubt „Gespenster" zu sehen und zu hören; auf Rosmersholm erwartet man still, aber voll Scheu das Erscheinen des „weißen Pferdes". In der „Frau vom Meere" ist dieses höchst wirkungsvolle, ja für das Drama höheren Stils unentbehrliche Element leider in einer Art und in einem Maße verwerthet, welche die Wirkung des Stückes geradezu aufheben. Denn hier besteht das Wunderbare nicht nur in der dämonischen Anziehung, welche das Meer, mit allem, was es umschließt und trägt, auf die „Frau vom Meere" ausübt, sondern es wird dieses Wunderbare uns auch in einer Person verkörpert, die wir für lebendig halten sollen, obgleich sie nur ein blutloser Schemen, ja man möchte fast sagen, ein Bild ohne Umriß und ohne Inhalt ist. Die künstlerische Gewissenhaftigkeit fehlt.

In die Reihe der mystischen Motive gehört auch das von
Ibsen so sehr bevorzugte Motiv der Vererbung, trotz seines an=
geblichen exact naturwissenschaftlichen Ursprungs. Die Vererbung hat
eine ganz verschiedenartige künstlerische Bedeutung, je nachdem der
Dichter uns die vererbende oder die durch Vererbung beein=
flußte Natur darstellt. Im letzteren Falle gehört die Vererbung in
die Reihe der Schicksalsmotive, die ausschließlich angewandt uns
moderne Menschen kalt lassen, jedoch mit den Motiven des freien
Willens vereinigt die wahrhaft tragische Handlung bedingen. Freilich:
Das antike Schicksalsdrama zeigt uns im Hintergrunde die Stätten
göttlicher Prophetie, das moderne dagegen die Stätten der Unsittlich=
keit; aber trotzdem ist der dramatische Werth der gleiche. In dem
Leiden, welches von Geburt an den Menschen belastet, ist ihm ein
von persönlichem Verschulden unabhängiges Verhängniß zugetheilt,
dem gegenüber sich sein Wille nur kämpfend behaupten oder muthlos
gefangen geben kann. Freilich interessirt uns in diesem Zusammen=
hange speciell die Thatsache der Vererbung durchaus nicht; für
uns handelt es sich nur darum, ob beispielsweise Dr. Rank durch
eigene Schuld sich sein tödtliches Leiden zugezogen, oder ob es als
über ihm stehende Macht von Jugend auf ihn besessen hat; ob es
aber im letzteren Falle sich von den „lustigen Leutnantstagen" eines
Vaters herschreibt, der längst todt und für uns von gar keinem In=
teresse ist, das verlangen wir nicht zu wissen. Wer möchte die
Frage aufwerfen, ob Richard III. oder Franz Moor die abstoßende
Häßlichkeit, um derentwillen sie mit dem Schicksal hadern und
„Bösewichter werden", durch eine Laune der Natur empfangen oder
von einem Vorfahren ererbt haben! Diese Frage ist vielmehr Er=
zeugniß gelehrter Pedanterie; der Schulsack moderner angeblicher
Wissenschaft, welchen manche Dichter jetzt über dem Rücken tragen,
ist der Poesie nicht weniger verderblich als der alterthümliche Zopf.

Von ganz anderer Art ist die Bedeutung des Vererbungs=
motives, wenn das vererbende Geschlecht selbst uns gezeigt wird.
Hier enthüllt es uns eine Verschuldung — bewußt oder unbewußt —,
die von erschütterndster tragischer Wirkung ist. Der gewaltige

Eindruck der „Gespenster" beruht darauf, daß nicht der Sohn, dessen Hinfälligkeit nur Mitleid erregen kann, sondern die Mutter die Hauptperson ist, — das Weib, welches aus Pflichtgefühl sich von ihrem verworfenen Manne hat mißbrauchen lassen und dadurch einen hinsiechenden, in ihren Armen dem Wahnsinn verfallenden Sohn zur Welt gebracht hat; — wahrlich ein tragischer Conflict und ein tragisches Schicksal, wie noch kein großer Dichter sie tiefer und schwerer ersonnen hat! Und zugleich die eindrucksvollste Verkündigung der Anklagen, welche Ibsen gegen die gesellschaftlichen Institutionen, die zu solchen Consequenzen führen, wieder und wiederum schleudert.

Das Gesammtbild dieses gesellschaftlichen Lebens, welches seine Dramen entwerfen, ist vielleicht noch schärfer, haftet noch tiefer im Gedächtniß des Beschauers als die Charakteristik einzelner Personen. Freilich müßte man, um seine Lebenstreue zu prüfen, aus eigener Erfahrung die Verhältnisse jener einsamen, norwegischen Städtchen kennen lernen, die durch ein rauhes Gebirge von dem übrigen Lande abgeschnitten nur den Seeverkehr kennen, der im Winter lange Unterbrechungen erleidet; allein von einzelnen Zügen abgesehen hat das Bild eine überzeugende Wahrheit, die für sich selbst spricht, und zeigt genugsame Verwandtschaft mit dem Philisterthum anderer Länder. Erfreuliche Eindrücke darf man hier nicht suchen. Männer, welche Phrasen vom Gemeinwohl im Munde führen und dabei für ihre Taschen sorgen oder eine beherrschende Stellung in dieser liliputanischen Welt erstreben und erlangen; andere Männer, welche die Brocken ihrer Rede und die Brosamen ihres Mahles zu erhaschen suchen; Frauen von undurchdringlicher Beschränktheit, welche die Welt in ihren Männern und deren Freunden sehen; Geistliche, welche diesen Sumpf in wohltönenden Redensarten als die Stätte der Heiligen inmitten der verderbten Welt verherrlichen; — eine Gesellschaft, auf die Schiller's Wort wunderbar paßt: „Was kann denn dieser Misere Großes begegnen?" Dazwischen dann jene einzelnen Charaktere, die wir schon schilderten, die wie die zehn Gerechten in Sodom allein dieses ganze „mittelschlechte" Gezücht unserer Beachtung werth machen; oft gedrückt und selbst nur dumpf ihren Zwiespalt mit der

Umgebung empfindend, selten frei und geachtet dastehend; meist endlich zur Klarheit gelangend, um dann zu siegen oder unterzugehen. Der Ausblick auf ihr Schicksal ist bald düster, bald heiter. Die „Gespenster" umhüllen uns am Schlusse mit Finsterniß, in die trotz des leuchtenden Sonnenaufgangs kein Lichtstrahl dringen kann; „Rosmersholm" schließt mit dem gemeinsamen Selbstmorde der beiden Hauptpersonen; in „Nora" und dem „Volksfeinde" bleiben wir im Zweifel, ob die einsame Frau und der weltkundige Mann im Stande sein werden, ihr Leben der neuen Erkenntniß würdig zu gestalten; in der „Wildente" verdeckt auch nach dem unnöthigen tragischen Opfer die Sumpfluft dick und trübe jeden Ausblick in die Zukunft; in der „Frau vom Meere" dürfen wir ein bescheidenes auf Resignation gebautes Glück, nur in den „Stützen der Gesellschaft" eine wahrhaft gesunde, fortschreitende Entwickelung voraussetzen.

Gegenüber den so sicher und scharf gezeichneten Bildern des Gesellschafts- und Einzellebens erscheinen bei Ibsen die Bilder des Naturlebens unbestimmt und verschwommen. In manchen seiner Stücke läßt er uns sogar kaum einen Blick in die Naturumgebung werfen; wir sind — symbolisch bedeutsam für das gedrückte Dasein, das er schildert — ganz in die dumpfe Stube eingeschlossen, und hören nur, daß es draußen schneit oder regnet, jedenfalls nicht erfreulicher ist als drinnen. „Ich kann mich nicht erinnern, hier in der Heimath jemals Sonnenschein gesehen zu haben... Dieses ununterbrochene Regenwetter... Woche auf Woche kann es anhalten; ganze Monate." So schildert Oswald in den „Gespenstern" seinen Geburtsort und auch in „Rosmersholm" liegt auf der Gebirgsgegend, die den alten Familiensitz beherbergt, auf seinem Wildbach mit der durch den Selbstmord unheimlich gewordenen Brücke weder heitere Schönheit noch erhabener Ernst, sondern eine bleierne, belastende, erstickende Luftschicht. Nur wo Ibsen die Sehnsucht nach einer freieren und größeren Natur schildert, weiß er diese reizvoll auszustatten; so das Meer in Ellida's Phantasie, das Sonnenlicht in des kranken Oswald's Verlangen nach Lebensfreude. Und hier tritt **am** Schlusse die ersehnte Sonne wirklich **hervor**;

Gletscher und Berggipfel liegen in strahlendem Lichte; aber der, den sie erfreuen soll, verfällt im selben Augenblicke rettungslos dem Wahnsinn; das Naturbild ist hier nicht zur stimmungsvollen De= coration, sondern zur schneidendsten Verhöhnung des menschlichen Schicksals geschaffen. Diese Sonne vertreibt die Gespenster nicht; sie läßt die Skelette nur um so schärfer erkennen. —

Unstreitig sind die „Gespenster" das vollendetste der modernen Dramen Ibsen's. Eine Analyse ihrer dramatischen Composition möge daher unsere Würdigung dieser Werke beschließen! Wie schon oben gesagt, bilden die drei Acte dieses Trauerspiels eigentlich nur einen fünften Act; sie enthalten nur die Katastrophe. Bei der sehr schwierigen Aufgabe, die ein derartiger Plan dem Dichter stellt, ist zum Gelingen zweierlei erforderlich: einerseits, daß der gesammte Stoff, dessen letzter Abschnitt nur ausgeführt wird, doch auch als Ganzes alle erforderlichen dramatischen Eigenschaften habe, anderer= seits, daß der Dichter es verstehe, uns zurückgreifend mit diesem Gesammtinhalte derart bekannt zu machen, daß wir mit demselben Interesse von ihm hören, als ob wir ihn vor unseren Augen in zeitlicher Aufeinanderfolge sich erst entwickeln sähen. Betrachten wir demgemäß alle Ereignisse, von denen wir in den „Gespenstern" erfahren, als Theile eines gewaltigen Dramas, so stellt sich als Höhepunkt und Peripetie desselben der Entschluß der Gattin dar, zu ihrem Manne zurückzukehren, dessen Unwürdigkeit sie gezwungen hatte, sich in den Schutz ihres Freundes zu stellen. Diese Handlung enthält in sich einen tragischen Conflict echtester Art. Die Stimme der Natur wie der Vernunft mahnen von der Rückkehr ab, die Hoffnung spricht mit, ein wahres Glück in einer anderen Gemeinschaft zu finden; aber das Gebot der sittlichen Pflicht treibt die Entflohene wieder zu dem Gatten zurück. Sie fügt sich dem Gebot und meint das allein Rechte zu thun, und gerade dadurch erschafft sie das Unheil. Nicht eine Schuld im gemein=platten Sinne des Wortes waltet hier, sondern ein wahrhaft tragisches Verhältniß — nach Goethe's Wort —, „aus dem kein Ausgang war, keine Composition denkbar ist". Ihrem Manne fern zu bleiben, hätte Frau Alving in

Conflict mit der ganzen Gesellschaft, in der sie lebte, gebracht, hätte
sie mit ihrem eigenen Gewissen in Zwiespalt gesetzt; so nahm sie
die Bürde der Pflichterfüllung auf sich, um ihr Leben lang zu
leiden und schließlich doch der bittersten Gewissensqual zu verfallen.

Blicken wir nun von jenem Höhepunkte der Handlung, der in
den dritten Act fallen würde, rückwärts und vorwärts! Der zweite
Act würde uns zeigen, wie unter dem rohen und sittenlosen Leben
des Hauptmanns Alving seine Frau so lange leidet, bis sie sich
entschließt, sein Haus zu verlassen und zu dem ihr nahestehenden
Pastor Manders zu flüchten. Der erste Act würde die Verlobung
und Vermählung des Paares enthalten, und Ibsen hat dafür gesorgt,
hier an dieser Stelle die Ursache des unheilbaren späteren Conflictes
aufzuzeigen. Nicht als ob hier eine „Schuld" unsühnbarer Schwere
vorläge; das Gewöhnlichste, was sich beständig wiederholt, ist geschehen; aber der innere Widerspruch der gültigen Durchschnitts-
moral tritt darin zu Tage. Aus Geldrücksichten hat Frau Alving
auf den Wunsch ihrer Familie diese Verbindung eingehen müssen;
und nun soll ein ohne jedes Bewußtsein des Ernstes der Sache,
ohne klare Selbstbestimmung geschlossener Bund den Charakter un-
verbrüchlicher Heiligkeit und unbedingt zwingender Verpflichtung an
sich tragen! Nichts ist natürlicher, als daß dieser Widersinn im Laufe
der Ereignisse offenkundig wird. Nachdem ein unnatürlich gewaltsamer
Sieg des Pflichtgefühles am Schlusse des dritten Actes uns gezeigt
worden wäre, würde uns der vierte Act auf den langdauernden
Zustand der geistigen und physischen Versumpfung des Mannes, der
übermenschlichen Selbstüberwindung und Aufopferung des Weibes
einen Blick werfen lassen. Frau Alving thut das Möglichste, um
zuerst das Leben ihres Gatten, später sein Siechthum und seine
Verblödung der Kenntniß der Menschen zu entziehen; sie lebt nur
für diese Sorge. Ein Sohn ist aus ihrer Ehe hervorgegangen, der
— freilich noch unbemerkbar — die Keime der Krankheit des Vaters
schon in sich trägt. Um ihn jedem Einflusse des Vaters zu entziehen,
bringt sie das Opfer, sich von ihm zu trennen, ihn aus dem Hause
zu entfernen.

Eine Reihe von Jahren würde zwischen diesem Acte und dem fünften liegen, dem Drama, das uns Ibsen gedichtet hat. Eine doppelte Aufgabe hat dieses zu erfüllen; die Handlung zu Ende zu führen und uns über die Handlung aller vier vorhergehenden Acte zu orientiren. Und daneben hat Ibsen noch Gelegenheit gefunden, uns mit einer eng verwobenen Nebenhandlung, der Geschichte Regine's und Engstrand's, bekannt zu machen, die nicht weniger ausgesponnen ist als die Haupthandlung und in ihren Anfängen weit zurückreicht.

In dem ersten Gespräche zwischen Frau Alving und Pastor Manders erfahren wir, daß die Gesinnungen der Wittwe — denn der Hauptmann ist inzwischen gestorben — sich wesentlich verändert haben; sie würde jetzt nicht mehr geneigt sein, den Forderungen der gesellschaftlichen Sitte sich so unbedingt zu fügen wie ehemals. Das traurige Dasein, das sie geführt, das nothwendige Scheinwesen, das sie gegen die Welt angenommen, die Trennung von dem Sohne haben sie dahin gebracht, an der inneren Berechtigung der Pflicht- forderung, welcher sie folgte, zu zweifeln. Sie eröffnet das dem Geistlichen, der hierüber nicht weniger entsetzt ist als über die Dar- stellung ihrer Ehe, welche sie entwirft; er hatte geglaubt, durch ihre Rückkehr sei das Verhältniß zu ihrem Manne vollkommen hergestellt und ein glückliches Familienleben begründet worden. Es ist von höchster Wirkung, daß Ibsen uns die Schicksale seiner Heldin auf diese Art erfahren läßt; den sich steigernden Schrecken des Geistlichen empfinden wir von Stufe zu Stufe mit, zugleich wird der Gegensatz der Anschauungen Ibsen's und der traditionellen Vorstellungen in dramatischem Leben vorgeführt und dabei der Eindruck der völligen Unzulänglichkeit der letzteren erweckt. Indeß — der Schreck mildert sich; denn die schwere Zeit ist endlich überwunden. Oswald — der Sohn — ist eben von langer Abwesenheit als Maler aus- gebildet zurückgekehrt; die Mutter erhofft ein glückliches, ihr Herz befriedigendes Leben. Zum letzten Male heuchelt sie vor der Welt um des Gatten willen, indem sie zu seinem Andenken eine Wohl- thätigkeitsanstalt eröffnen läßt; für sie selbst bedeutet dies aber eine

Lossagung von diesem Andenken; denn das gesammte Vermögen, um dessentwillen sie an ihn „verkauft" wurde, hat sie zu dieser Stiftung aufgewandt. Mit der dunkeln Vergangenheit glaubt sie abgeschlossen zu haben, und endlich in eine heitere Zukunft zu sehen. Auch dies ist von höchster Wirkung. So nahe am Ziele der tragischen Handlung wird durch diese Retardation die Stimmung unserer Gefühle doch noch zwiespältig aufgeregt; wir glauben noch mit der Mutter hoffen zu dürfen und durcheilen in den nur wenigen Stunden, die die Handlung ausfüllt, doch noch den ganzen Kreis tragischer Empfindungen.

In die hoffnungsfreudige Stimmung tritt plötzlich erkältend die Erinnerung an den Vater, welche Oswald's Benehmen „gespensterhaft" hervorruft. Zugleich enthüllt sich eine Gefahr, welche die Mutter zwingt, Oswald über die traurige Geschichte des Hauses aufzuklären und das Ideal des Vaters, an das er noch glaubt, zu zerstören. Aber diesen Enthüllungen kommen andere zuvor, welche sie selbst empfängt. Mit Entsetzen muß sie von ihrem Sohne, dessen Benehmen schon auffällig gewesen, das Geständniß hören, er sei geistig gebrochen, keiner Arbeit mehr fähig; der Arzt habe zuerst sein Leiden als ererbt bezeichnet; aber da er ihm versichert, seine Eltern seien gesund gewesen, ihn selbst beschuldigt, durch unkluges Leben seine Gesundheit zerstört zu haben. Doppelt ist die Mutter jetzt gezwungen, den Sohn mit der Wahrheit bekannt zu machen; aber ehe sie es noch kann, tritt ein elementares Ereigniß dazwischen. Jenes Asyl geht in Flammen auf, und diese Flammen verzehren die letzte Lebenskraft des Unglücklichen. Von vergeblichen Löschversuchen ermattet, erleidet er einen Anfall von Irrsinn und kehrt dann todesmüde zur Mutter zurück. Noch einmal hofft sie; denn sie glaubt seinen Zustand hauptsächlich durch quälende Selbstvorwürfe herbeigeführt und meint diese durch ihre Erzählung zum Schweigen bringen zu können. Aber das Gegentheil muß sie erfahren. Noch eine Steigerung ihres Elends ist möglich; nicht nur arbeitsunfähig ist der Sohn, sondern er bekennt selbst, daß der unheilbare Wahnsinn heranziehe; er bittet sie um den Tod; das Gift trägt er bei sich.

Und während sie ringt und sich windet unter der Erkenntniß, tritt das Aeußerste ein: die Sinne verlassen den Kranken; mechanisch nur wiederholen seine Lippen: „die Sonne! die Sonne!"; die Mutter erkennt er nicht mehr. Sie wird ihm das Gift reichen. —

Die dramatische Kunst dieses Werkes steht auf gleicher Höhe mit der Klarheit des Gedankens, welche hier die Grundüberzeugungen des Dichters zum Ausdruck bringt. Ein großer Künstler und ein tiefer Denker redet hier. Nicht als ob die Fragen, die er aufwirft, durch seine Antwort allgemein befriedigend gelöst würden; nur der einzelne Fall erhält seine naturgemäße und nothwendige Entscheidung. Niemand braucht den Meinungskampf zwischen Frau Alving und Pastor Manders als endgültig zu des letzteren Ungunsten entschieden zu betrachten; aber jeder Unbefangene wird zugeben, daß die Tragödie dieser Geschicke weit über die Gesichtspunkte des Pastors erhaben ist, und daß in ihrem Verlaufe sich innere Wahrheit, Noth= wendigkeit offenbart. Und ein anderes Verlangen ist an den Dichter nicht zu stellen. Wer von ihm theoretische Antworten von all= gemeiner Gültigkeit erwartet, erhebt und erniedrigt ihn widerrechtlich, indem er mehr von ihm verlangt als er gewähren kann, und zugleich ihn vor einen Richterstuhl zieht, dem er sich nicht zu stellen braucht. Es ist nicht nur das Vorrecht, sondern die Pflicht des Dichters, unlösbare Räthsel so zu behandeln als ob sie lösbar wären; denn nur auf diese Weise wird das Kunstwerk möglich. Kunstwerke aber sind es, die auch Ibsen trotz seiner kritischen, zweifel= süchtigen Geistesrichtung vor Allem zu erschaffen strebt. Das beweist die hohe Sorgfalt, welche der dramatischen Form gewidmet ist und zwar nicht überall zum gleichen vollen Gelingen geführt, aber doch einige meisterhafte Werke hervorgebracht hat. Es sind die un= veränderlichen Gesetze dramatischer Kunst, welchen Ibsen folgt; Revolutionär auf anderen Gebieten, ist er es auf dem künstlerischen durchaus nicht. Wer daran zweifelt, möge die Composition der „Gespenster", die wir eben entwickelt, mit der des „König Oedipus" vergleichen, und dadurch sich in der Ueberzeugung festigen, daß, wenn auch das Außenwerk nach wechselnden Zeitströmungen sich ändert,

doch das innere Gesetz der Kunst im Laufe der Jahrtausende un=
verändert besteht. Stoffe und Decorationen wechseln; aber die Mittel,
das Gemüth des Zuschauers zu rühren und zu erschüttern, sind
dieselben geblieben. Und zu jeder Zeit wird die Dichtung, welche
sich nicht in der Schilderung von Aeußerlichkeiten des Zeitalters
erschöpft, das Zeugniß dieser weltgeschichtlichen Continuität an sich
tragen.

Neue Dramen.
1890.

Gerhart Hauptmann, Vor Sonnenaufgang. Sociales
Drama. Berlin, C. F. Conrad's Buchhandlung, 1889.
Arno Holz und Johannes Schlaf, Die Familie Selicke.
Drama in drei Aufzügen. Berlin 1890. W. Issleib.

Wir stellen diese beiden Dramen zusammen, deren Verfasser
sich selbst einer gemeinsamen Gruppe zurechnen. Hauptmann hat
sein Werk den Verfassern des zweiten Stückes als den „consequentesten
Realisten" gewidmet und anerkannt, durch ein früheres Werk derselben
„die entscheidende Anregung" empfangen zu haben. Holz und Schlaf
bekennen sich als Feinde des „Idealismus" und der „Convention",
als Vorkämpfer des „Realismus" und des „Naturwollens". Aus
der Zusammenstellung dieser Ausdrücke schon wird die einseitige Be=
trachtung, unter der die Verfasser zu ihrem eigenen Schaden leiden,
ersichtlich. Wer „Idealismus" mit „Convention" gleichsetzt, beweist,
daß er von seinem Wesen nie etwas gespürt hat; wer an sein Schaffen
mit dem Gedanken herantritt, bloß ein „Naturwollen" zu vollziehen,
der verbaut sich selbst den Weg, um ein Kunstwerk zu schaffen. Es
scheint auch die Absicht, dies zu leisten, nicht vorgelegen zu haben.
Anders freilich bei Hauptmann; dieser bezeichnet selbst sein Stück
als „Kunstwerk"; aber er täuscht sich. Was seinem Drama über=
haupt einen Werth giebt, sind die Einzelbeobachtungen aus dem
äußeren Leben, die er mit Schärfe aufgefaßt und mit Sorgfalt
verwerthet hat; aber solche Beobachtungen sind nicht einmal das

wesentlichste Material für ein Kunstwerk, geschweige denn in ihrer Summe das Kunstwerk selbst. Je zahlreicher sie sind, desto mehr erschweren sie sogar dem Dichter die Aufgabe, sie zu beherrschen, und überall nur zum nothwendigen Ausdruck der Charaktere, zum wohlgefügten Gliede der Handlung zu verwerthen; um so größer freilich sein Verdienst, wenn ihm die Erfüllung dieser Aufgabe gelingt! Hier ist es nur bei einzelnen Charakteren, in der Führung der Handlung nicht der Fall. Der egoistische und phrasenhafte Lebemann Hofmann, seine halbgebildete, zugleich zartfühlende und derbentschlossene Schwägerin sind Menschen, die wir für lebendig halten könnten; mit ihnen auch manche Nebenpersonen; aber der Agitator Loth wie der Dr. Schimmelpfennig sind nicht glaubliche Gestalten und Wilhelm Kahl wie Frau Krause fast Caricaturen zu nennen. Die Handlung hat einen äußerst langsamen Fortschritt, und wird sowohl durch den oft schleppenden Dialog, als auch durch die Masse gleichgültiger Vorgänge äußerst verzögert. Alle diese Einzelheiten vom Cigarrenanzünden bis zum Stiefelanziehen sind weder interessant noch etwa humoristisch; sie sind einfach langweilig, und zwar auf der Bühne noch weit mehr als beim Lesen, wo sie schnell überflogen werden. Wie endlich die Verwickelung zu dem Punkte geführt ist, wo ein lebhaftes Interesse den Zuschauer ergreift, bricht sie ab, indem der Held ohne jeden heftigen Kampf, ja ohne jedes Schwanken seine Liebe dem selbstgegebenen Gesetze, sich nicht mit der Tochter eines Trinkers zu verbinden, aufopfert und damit die Braut dem Elende, dem Selbstmorde preisgiebt. Diese durchaus einer vorgefaßten Meinung des Dichters entspringende Wendung würde, selbst wenn sie sich aus den Prämissen des Stückes ergäbe, dasselbe immerhin um die dramatische Wirkung bringen, welche unauflöslich mit dem Ernste eines Conflicts verbunden ist; aber auch die einfache Wirkung der Naturwahrheit ist nicht erreicht; denn selbst einem so langweiligen und lehrhaften Sittenprediger und Alkoholfeinde wie Loth, glauben wir nach der vorausgegangenen, von wahrhafter Empfindung erfüllten Liebesscene diese unnatürliche Handlungsweise nicht. Das Stück ist ein Tendenzstück im schlimmsten Sinne des Wortes; auch Ibsen, auch

Tolstoi sind tendenziös, aber sie verstehen uns Personen vorzuführen, deren Handlungen uns in jedem Augenblick begreiflich, ja nothwendig erscheinen, auch wo wir die Uebereinstimmung mit den Tendenzen des Dichters deutlich wahrnehmen; Gerhard Hauptmann hat es nöthig, uns eine wissenschaftliche Autorität zu citiren, um die Tendenzen seines Helden als wohlbegründet zu erweisen. Die verstandesmäßige Nüchternheit, die das Ganze beherrscht, wirkt am abstoßendsten in der Behandlung des Sinnlichen. Was das Stück in dieser Hinsicht in der That auf eine niedrige Stufe herabsetzt, sind nicht einzelne Vorgänge und Ausdrücke, die man mit Prüderie getadelt hat, sondern der Umstand, daß die Unsittlichkeit hier nicht in irgend welchem Zusammenhang mit einem leidenschaftlichen Empfindungsleben auftritt, sondern nur als Folge des rein physischen Triebes erscheint; dieser aber ist nicht ein Gegenstand für künstlerische Darstellung.

Von tieferem psychologischem Studium zeugt „die Familie Seelicke"; aber dieses Sittengemälde ist mit Unrecht ein Drama genannt worden. Das Ehepaar, welches, ohne eigentlich Uebles zu wollen, doch unter der Last des Lebens vergrämt, sich gegenseitig das Leben noch mehr zur Last macht, die beiden Söhne, von denen der ältere diesen Verhältnissen schon mit kühler Ueberlegenheit gegenübersteht, während der jüngere noch nicht das Elend ermessen kann; die Tochter, welche mit sittlicher Kraft und Aufopferungsfähigkeit noch ein wenig Sonnenschein in diese nebelgraue Atmosphäre zu leiten sucht, aber die Fähigkeit der Lebensfreude selbst dabei verloren hat, sind Menschen, deren Wesen mit feinem Verständniß erfaßt ist. Weniger der Candidat der Theologie und Aspirant auf das geistliche Amt, welcher sich mit dem Verlust des Glaubens an seine Berufsaufgabe um der Nothwendigkeit einer festen Lebensstellung willen gar zu leicht abfindet, um uns noch so sympathisch bleiben zu können, als die Verfasser es vorauszusetzen scheinen. Wenn schließlich seine Werbung bei der Tochter des Hauses trotz der Erwiderung seiner Liebe nicht erhört wird, weil sie die Verpflichtung fühlt, das elterliche Haus nicht zu verlassen, so vollzieht sich eine Entscheidung von psychologischem Interesse, welche richtig vorbereitet und in den Punkt

unserer gesammelten Aufmerksamkeit gerückt, dem Stücke zu einer ge=
wissen dramatischen Spannung hätte verhelfen können. Aber hier=
von ist nichts geschehen. Unter endlosen Wiederholungen abgebrochener
Redewendungen von völlig naturalistischer Zusammenhangslosigkeit,
unter einer Fülle noch massenhafterer Detailanhäufung als in dem
Hauptmann'schen Stücke ist von der Führung einer dramatischen
Handlung nichts wahrzunehmen, und ein breiter Raum wird der
denkbar passivsten Rolle, der eines achtjährigen Kindes zugetheilt,
welches zwei Acte hindurch unsichtbar hinter seinem Schirm auf der
Bühne krank liegt, um schließlich auf ihr zu sterben. Selbst die
roheste Phantasie hat kaum je etwas so peinlich Marterndes ersonnen
als hier die Sentimentalität, welche uns durch das mühsame, halb
ersterbende Lallen des schwindsüchtigen Stimmchens stundenlang rühren
will. Daß es unter diesen Umständen viel Willensenergie verlangt,
um die Lectüre dieses „Dramas" zu Ende zu führen, bedarf keiner
weiteren Darlegung.

Wir würden auf diese beiden Erzeugnisse nicht so ausführlich
eingegangen sein, wenn sie nicht geflissentlich von manchen Seiten
als Wahrzeichen einer neuen Richtung der deutschen Kunst gepriesen
würden. Hierbei wird übersehen, daß wir von Dramen des realistischen
Typus Tüchtiges schon längst in Deutschland gehabt haben, — wie
Hebbel's „Maria und Magdalena", und Manches von Anzengruber.
In der „Familie Seelike" tritt allerdings ein Neues auf, das augen=
scheinlich absichtliche Ignoriren des Begriffes der dramatischen
Handlung; dieses Stück will nur ein Bild aus dem Leben liefern.
Hierin liegt unzweifelhaft ein schwerer Rückschritt der dramatischen
Kunst, der aber durch die Langeweile, die er unumgänglich mit sich
führt, nicht allzuviel Nachahmung befürchten läßt. Auf diesem Wege
könnte man dazu gelangen, etwa die Folge von Ereignissen, die sich
in einem mäßig besuchten Restaurant im Laufe von zwei bis drei
Stunden abzuspielen pflegen, als passenden Gegenstand für eine natur=
getreue Reproduction auf der Bühne zu verwerthen. Goethe sagt
(Sprüche 774): „Ein dramatisches Werk zu verfassen, dazu gehört
Genie. Am Ende soll die Empfindung, in der Mitte die Ver=

24*

nunft, am Anfang der Verstand vorwalten," — und so mag es
wohl Manchem bequem scheinen, Dramen ohne Anfang, Mitte und
Ende zu verfassen, weil er hofft, sich dann auch der entsprechenden
Eigenschaften entschlagen zu dürfen.

Nichts wäre falscher, als sich bei solchem Beginnen auf die
„Realisten des Auslandes", auf Ibsen oder Tolstoi, zu berufen. Ibsen
beherrscht die dramatische Kunst mit höchster Vollendung. Das Drama
Tolstoi's, welches hier in Betracht kommt, „Die Macht der
Finsterniß", bietet eine Entwickelung von strenger Geschlossenheit
und eine „Versöhnung" völlig in der Weise, wie dieser Begriff, seitdem es eine tragische Kunst giebt, aufgefaßt worden ist.

Ist es demnach unrichtig, in der realistischen Stoffmasse, welche
Ibsen und Tolstoi allerdings in glänzender Weise handhaben, deren
specifische Bedeutung und das für die Nachahmung Wesentlichste zu
erblicken, so würden wir andererseits auch nicht für glücklich halten,
wenn die richtig aufgefaßte Eigenart dieser Männer die deutsche
dramatische Dichtung entscheidend beeinflussen würde. Die Regionen,
in welche uns beide Dichter in ihrer letzten Periode geführt haben,
sind solche, welche das Genie ausnahmsweise für die Poesie wohnlich
machen kann; es sind nicht die, in welchen sie von Natur heimisch
ist und ihre Lebensluft findet. In Erscheinungen wie Ibsen und
Tolstoi erklärt sich der weitgehende Realismus großentheils daraus,
daß sie in der eigenen Nationalliteratur keine Vorbilder eines zur
Klassicität durchgebildeten Kunststiles vorfanden und sich gedrungen
fühlten, gegen eine haltlose und weltferne Gefühlsdichtung zu
opponiren. Anders in Deutschland, wo in Lessing, Goethe, Schiller
die Vorbilder vor uns stehen, an welchen wir noch lange nicht aus-
gelernt haben, die noch nicht weit entrückt sind wie den Franzosen
die einheimischen Klassiker, sondern deren Geist, vor Allem Goethe's,
unserem modernen Denken und Fühlen seinen Stempel aufgeprägt
hat, die endlich eine Reichhaltigkeit der Kunstweisen geübt haben,
die mit dem Schlagworte des „Idealismus" durchaus nicht zu
erschöpfen ist. Welche Kraft sie noch heutzutage über unser Volk
üben, das bezeugt der Erfolg der Faust-Abende des deutschen Theaters,

der Tell-Aufführungen des Schauspielhauses und anderer mehr mit
voller Zweifellosigkeit.

Den schärfsten Gegensatz zu der oben besprochenen Richtung
bildet das neueste Drama von

Ernst von Wildenbruch, Der Generalfeldoberst.
(Berlin. Verlag von Freund und Jeckel, 1889.)

Hier waltet ein phantastischer Idealismus, vor dem nicht nur die
historische Wirklichkeit, sondern auch die psychologische Wahrheit wie
Schaum zerstiebt. Man hat viel danach gefragt, weshalb wohl dieses,
das Hohenzollern-Geschlecht so laut preisende Schauspiel nicht die
Genehmigung zur Aufführung in Berlin erhalten habe; vielleicht
weil man an maßgebender Stelle urtheilte, daß ein so zusammen-
gekünstelter unhistorischer Stoff wie der dieses Dramas nicht im
Stande sein könnte, das patriotische und monarchische Empfinden
der Hörer zu entzünden. Es läßt sich nun einmal für die Zeit des
dreißigjährigen Krieges eine nationale Bedeutung Brandenburgs
weder constatiren noch construiren, und der Dichter, der von dieser
Tendenz getrieben wurde, hat sich daher veranlaßt gesehen, einen
Mann zum Helden des Stückes zu machen, welcher Brandenburg
eine solche Bedeutung gerne verleihen möchte, aber nichts dazu thun
kann, um diesen Wunsch zu verwirklichen. Der Kurfürst, der nur
über 1300 Mann verfügt, weist seine Pläne mit richtiger Einsicht
zurück. Es ist völlig undenkbar, daß ein Mann von so viel Feld-
herrnerfahrung, von so hervorragenden Eigenschaften, wie sie dem
Generalfeldoberst nachgerühmt werden, so phantastischen Gedanken
nachjagt, und ebenso undenkbar, daß, nachdem er sie hat aufgeben
müssen, er von einer Somnambule veranlaßt, seine Hoffnungen auf
den bisher verachteten Schwächling Friedrich von der Pfalz setzt.
Wie in Hauptmann's Stück der Realismus, so wird hier der Idealismus durch das Vorherrschen der Tendenz, dieser Todfeindin aller
Kunst, um die poetische Wahrheit gebracht. Selbst der Vers, den
Wildenbruch den „deutschen" nennt, und der sich an den Hans-

Sächsischen anlehnt, hat durch diese Herrschaft einer gewaltsamen tendenziösen Stimmung seine natürliche Frische und Kraft verloren und ein ermüdendes gefühlvolles Pathos angenommen. Hinter vielen der früheren Arbeiten Wildenbruch's steht der „Generalfeldoberst" beträchtlich zurück; hoffen wir, daß der Dichter uns bald wiederum mit einem Erzeugniß wie „Christoph Marlow" oder „Das neue Gebot" erfreuen wird.

Sind die bisher genannten Stücke noch selten oder gar nicht auf der Bühne erschienen, so mögen zum Schlusse noch zwei angereiht werden, die hauptsächlich durch den entscheidenden Bühnenerfolg, den sie errungen, das Interesse auf sich ziehen; beides Repertoirestücke des Lessing=Theaters.

Die Ehre, Schauspiel von Hermann Sudermann. Das Bild des Signorelli, Schauspiel von Richard Jaffé.

Beide Stücke zeugen von großer bühnenmäßiger Geschicklichkeit, beide erwecken durch ernste Conflicte, in die sie uns führen, eine tiefere Theilnahme; beide bieten tüchtigen Schauspielern Gelegenheit, in einigen Rollen tiefgehende charakterisirende Fähigkeit zu erweisen; kurz der Erfolg ist im Ganzen ein wohlverdienter. Beide Stücke haben indeß auch ihre Mängel, welche uns nicht wünschen lassen, öfter als einmal ihre Effectmittel an uns zu erproben. Das erste ist so sehr Tendenzstück, daß es nicht möglich ist, darüber zu reden, ohne auch diesen Punkt zu berühren. Es entwickelt geradezu Theorien über die „Ehre" und führt sie dann an praktischen Beispielen uns vor Augen, übrigens mit einer Gewandtheit, welche, abgesehen von einigen Längen des Dialogs, unser Interesse stets lebhaft erhält. Drei Formen der Ehre werden aufgewiesen: der Ehrbegriff des Cavaliers, der des gesunden Menschenverstandes und der des gedrück= ten niederen Mannes, welcher mit Gewissenlosigkeit, Käuflichkeit überein= kommt. Mit größter Schärfe muß jedoch dagegen opponirt werden, wenn der Verfasser den Philosophen des Stücks, Grafen Trast, mit Ueberlegenheit sich dahin äußern läßt, daß solche Gesinnungen den unteren Ständen stets eigenthümlich sein würden, und jeder Versuch, dies zu ändern, zwecklos sei. In Zeiten wie die unserigen, wo so gewaltige und fruchtbringende Anstrengungen gemacht werden, die religiösen und damit auch die sittlichen Wahrheiten wiederum der verwahrlosten Masse entgegenzubringen, ist jener vornehme Standpunkt glücklicherweise antiquirt. Wie dem Ehrbegriff des Cavaliers mitgespielt wird, zeugt dagegen von gesundem Urtheil; nur ist es nicht glücklich, daß für diese Rolle ein Mann ausgesucht ist, der durch eigene Schuld nach jenem Ehrencodex nicht tadellos dasteht. Den Wahnsinn, aus Spielschulden ein Joch zu machen, welches die Existenz einer ganzen Familie erdrückt, hat nicht derjenige mit kühlem Selbstbewußtsein zu verurtheilen, welcher selbst seine Spielschulden nicht bezahlt hat.

Doch genug hiervon! Das Stück, von dessen geschickter Führung schon gesprochen wurde, zeigt in dem reichen „Vorderhause" und dem ärmlichen „Hinterhause" zwei Familienkreise, die beide lebensvoll und natürlich charakterisirt sind. Nur einige conventionelle Züge in dem ersteren sind störend, ebenso wie in dem letzteren einige jener Sonderbarkeiten und Seltsamkeiten, welche die neueste naturalistische Richtung für Naturwahrheit auszugeben pflegt. Zwischen beiden Gruppen steht der erfahrungsreiche Graf Trast vermittelnd und beherrschend, in seinem Handeln eine überzeugende Gestalt, in seinen Reden zu doctrinär und bisweilen von etwas hohlem Selbstbewußtsein.

„Das Bild des Signorelli" ist im Gegensatz zu dem eben besprochenen Stück ganz und gar auf die Schilderung Eines Charakters gebaut, es ist eine psychologische Studie in dramatischer Form. Sämmtliche Personen außer dem Professor Waede lassen uns kalt, sind auch mit wenig Liebe gezeichnet. Der Professor dagegen ist ein Meisterstück der Charakteristik, und in der That fähig, das Stück drei Acte hindurch zu tragen; für den vierten kann er schließlich doch nicht ausreichen. Es liegt das daran, daß auch die vorzüglichste Psychologie auf der Bühne doch nicht genügt, wenn sie nicht an Entschlüssen, die zu fassen, an Handlungen, die zu vollführen sind, sich erprobt. Das ist im zweiten und dritten Acte des Stückes der Fall. Wie der berühmte Kunsthistoriker zu dem Versprechen gebracht wird, das Bild, welches er nicht für einen Signorelli halten kann, um seines mißrathenen Sohnes willen für Geld als echt zu erklären, das ist mit wahrem Raffinement der Erfindung äußerer wie innerer Momente motivirt und durchgeführt worden. Werthvoller ist der dritte Act, wo sich vor der officiellen Erklärung der Gelehrte schon von den Vorwürfen über seine unwürdige Handlungsweise fast zerbrochen fühlt, und dennoch in das Netz schon zu sehr verstrickt, hin= und hergerissen von wechselnden Einflüssen, schließlich nochmals feier= lich und öffentlich die falsche Erklärung abgiebt, um darauf zusammen= zubrechen. Der vierte Act jedoch, welcher ihn im Wahnsinn sterben läßt, bietet zwar, wie zu erwarten ist, einem geschickten Schauspieler sehr effectvolle Züge, fällt aber dennoch ab, weil das Mitleid mit einem Kranken nicht genügend ist, um unser Interesse wach zu erhalten. Die Handlung wird nicht zum Abschlusse gebracht, und wenn nach einer ermüdenden Reihe von Gefühlsäußerungen der Vorhang fällt, wissen wir nicht im Mindesten, wie sich der unnatürliche entsetzliche Druck lösen soll, mit dem die Handlungsweise und das Schicksal des Professors den ganzen Kreis von Personen, die wir kennen lernten, belastet hat. Der Dramatiker ist hier seiner eigentlichen Aufgabe untreu geworden, indem er alle Fäden plötzlich fallen ließ, um nur einen einzigen weiter zu spinnen. Indeß wird ein Schauspieler, welcher der Rolle gewachsen ist, immer im Stande sein, den Zuschauer durch das erschütternde Bild, das er ihm zeigt, für den Augenblick diese Mängel vergessen zu lassen.

Poesie und Sittlichkeit.
1891.

Einige widerwärtige Ereignisse haben in letzter Zeit Zustände aufgedeckt, die dem Auge des ordnungliebenden Staatsbürgers für gewöhnlich verdeckt sind, und haben daher so gewirkt, als seien sie Symptome einer plötzlichen Erkrankung des Gesellschaftskörpers. Und indem sich die öffentliche Meinung mit den Ursachen dieses vermeintlich neuen Uebels beschäftigt, ist sie auch auf die poetische Literatur und das Theater aufmerksam geworden, und hat deren Ausschreitungen verantwortlich gemacht. Man kann das nicht geradezu tadeln; denn in der Vielgeschäftigkeit des modernen Lebens läßt sich nicht alles zugleich im Sinne behalten, und es ist natürlich, daß es einzelne Anlässe sind, die dazu führen, sich mit einzelnen, eine Zeit lang zurückgestellten Fragen zu beschäftigen. Aber wenn nun der Wunsch laut wird, eine größere Einschränkung von Seiten des Staates auf dem Gebiete der Literatur und den Brettern der Bühne eintreten zu lassen, so betritt man damit eine höchst bedenkliche Bahn, einerseits weil der Staat nicht die geeigneten Organe besitzt, um eine solche Einschränkung vernünftig auszuführen, andererseits weil man damit den Lebensnerv des dichterischen Schaffens angreift, der in der absoluten ästhetischen Freiheit liegt. Ueber den ersten Punkt, die Urtheilsweise der Polizeipräsidenten in künstlerischen Dingen, wollen wir hier nicht reden; dazu bietet fast jede Woche der Theatersaison in irgend einer deutschen Stadt Gelegenheit. Der zweite, der das Wesen der Sache trifft, ist es, der uns zu reden auffordert,

weil er heute in Gefahr ist, übersehen zu werden. Man hat die
realistische Poesie Deutschlands, man hat Ibsen, man hat Franzosen
und Russen angeführt, um den entsittlichten Standpunkt der modernen
Dichtung zu erweisen. Und woraufhin? Fast immer daraufhin,
daß in diesen Dichtungen dies oder jenes Anstößige gesagt oder
gethan werde. Als ob dies ein Beweismittel wäre! Man sehe doch
Shakespeare oder den Faust, von hundert geringeren, aber auch
universell berühmten Dichtern zu schweigen, — darauf an, ob sich
in ihnen nicht Dinge finden, die an Gewagtheit nicht überboten
worden sind! Es ist der Poesie und der Kunst überhaupt an sich
nichts verschlossen und versagt, und es ist nichts undarstellbar, wenn
sich die darstellende Kraft dazu findet. Auch sage man nicht, daß
sich die Zeiten geändert haben! Gewiß, es ist eine größere Zurück-
haltung im gesellschaftlichen Verkehr eingetreten, als man sie früher
gekannt hat; aber den Dichter von dieser abhängig machen, hieße
ja, ihm nicht Forderungen der Sittlichkeit, sondern bloßer Convenienz
unterstellen wollen. Wenn des Mephistopheles Witzwort von keuschen
Ohren und keuschen Herzen zur ernstgemeinten Vorschrift für den
Dichter werden sollte, so würde der Beruf des Dichters zum wahren
Kinderspott.

Nun wird freilich eingewandt, bei Shakespeare oder Goethe
stünden solche Schilderungen im Zusammenhang mit einem Ganzen,
das einer sittlichen Tendenz oder einer philosophischen Idee diene,
und hätten da als Contrastwirkung oder als Dissonanz, die ihre
spätere Auflösung fände, ihre berechtigte Stelle! Aber abgesehen
davon, daß das Vorhandensein einer solchen Tendenz oder Idee in
vielen Fällen sehr bestreitbar ist, so würde die Freiheit der Kunst
vollkommen vernichtet werden, wenn man den Werth des Werkes
von solchen Factoren abhängig machen wollte. In der ästhetischen
Vollendung liegt sein Werth, und man darf es aussprechen: je
widerwärtiger der Stoff ist, je mehr er unüberwindlich scheint, desto
mehr giebt er der Kraft des Künstlers Gelegenheit, sich an ihm zu
erweisen, zu einem desto größeren Triumph der Kunst gestaltet sich die
siegende künstlerische Durchbildung. Nur wenn der Künstler selbst

auf diese ästhetische Freiheit verzichtet, wenn er sein Werk in den Dienst einer Tendenz stellt, dann unterliegt er einer andersartigen Kritik, und wenn die Tendenz eine unsittliche ist, der moralischen Verurtheilung. Aber ob dieser Fall eintritt, das zu erkennen erfordert eine weit größere psychologische Feinheit des Urtheils, als sie gewöhnlich gegenüber neuen Kunsterzeugnissen aufgewandt wird. Ein sehr schönes Beispiel solchen Urtheils hat Schiller an der Stelle gegeben, wo er Goethe's Römische Elegien in Schutz nimmt und zugleich sich gegen einige untergeordnete Dichtungen Wieland's wendet.

Sind nun in der neuesten Poesie unsittliche Tendenzen zu erkennen, die sie der reinen Höhe der Kunst entfernt halten? das ist die Frage, die vor allem zu beantworten ist; wird sie bejaht, so ist gegen eine solche Poesie zwar nicht die Polizei, aber die öffentliche Meinung, das öffentliche Gewissen anzurufen und wachzurufen.

Ganz zweifellos ist ein Tendenzdichter Henrik Ibsen, freilich von einer künstlerischen Kraft, die in seinen Hauptwerken das Tendenziöse überwindet. Daß Ibsen aber unsittliche Tendenzen verfolge, kann nur eine ganz beschränkte Betrachtungsweise herausfinden. Ibsen's Dramen beruhen auf einer Weltanschauung, die allerdings der in der Staatskirche gültigen durchaus widerspricht, die aber allen Anspruch erheben darf, ernst genommen und geachtet zu werden. Man kann sie bekämpfen, wie der religiös Gesinnte das System eines atheistischen Philosophen bekämpfen wird, aber man kann sie nicht als eine unwürdige und verderbliche Erscheinung in unserer Culturspähre hinstellen.

Bei den im strengen Wortsinn realistischen oder gar „naturalistischen" Dichtern fällt jede Tendenz, und also auch die unsittliche selbstverständlicher Weise fort. Sie wollen nur ein Stück wirklichen Lebens photographisch wiedergeben. Allerdings könnte man gegen sie einwenden, daß eine solche die bloße Wirklichkeit abmalende Darstellung nicht ästhetisch sei, und daher auch keinen Anspruch auf die künstlerische Immunität habe. Aber wenn sie nicht künstlerisch ist, so ist sie dafür in ihrer Art wissenschaftlich; wenn sie nicht Schönheit giebt, so giebt sie Wahrheit, und die Wahrheit um der Sittlichkeit willen unterdrücken zu wollen, wäre zweifellos ein sehr unglückliches Unterfangen. Zudem ist auch jene realistische Darstellung, wenn auch noch nicht Kunst, so doch eine nothwendige Vorstufe der Kunst. Das Abzeichnen des Thatsächlichen macht noch nicht den Künstler; aber wem man es verbieten wollte, würde nie ein Künstler werden. Freilich wären nicht alle solche Vorarbeiten zu veröffentlichen. Betrachtet man in den jetzigen Ausstellungen die Masse der Bilder, die nur Farbenskizzen sind, liest man die Novellen der neuesten Schule, die nur Studien sind, nur Beobachtungsmaterial geben, so staunt man wohl über die naive Selbstüberschätzung mancher „Künstler". Aber so wünschenswerth es wäre, daß Redactionen und Jurys hier einen Riegel vorschöben, so wenig ist doch gerade dieser Punkt geeignet, eine Sittlichkeitsbewegung von sich ausgehen zu lassen. Dafür sind es allzu feine künstlerische Nuancen, auf die es hier ankommt.

Ist nun aber damit der Charakter der modernen Literatur ausreichend gezeichnet? Nach meiner Ueberzeugung nicht! Es giebt auch eine Gruppe, die sich unberechtigt mit dem Namen Realismus deckt, und welche in der That das Unsittliche mit Vorliebe sucht und tendenziös befördert. Ich rechne hierzu nicht etwa ein Werk wie Hauptmann's „Vor Sonnenaufgang", das ich trotz mancher überflüssiger Rohheiten doch als Ganzes nicht für unsittlich halte. Ich rede von der Literatur, wie sie noch vor zehn Jahren etwa im Colportagehandel bei Näherinnen oder Ladendienern angebracht wurde, wie sie aber heutzutage durch das dreiste Selbstbewußtsein einer Literatengruppe immer mehr in das Gebiet des für ernsthaft geltenden Schriftthums einzudringen weiß. Hier liegt ein schweres Verschulden von Seiten der Gesellschaft vor, die sich Derartiges aufdrängen ließ, freilich ein größeres von Seiten der Verleger und von Seiten der Redactionen, die in ihren Zeitschriften diesen Machwerken ernst gehaltene Besprechungen überhaupt zu Theil werden ließen. Vorzugsweise schildern diese Romane, Novellen, Dramen (z. B. von H. Tovote, von O. E. Hartleben) das Leben der Berliner Demimonde, und nichts haben die Verfasser leichter als jeden Tadel mit dem

Bemerken abzuweisen, daß der Kritiker wegen des Stoffes gegen
ihr Werk schon voreingenommen sei. Aber man vergleiche nur eines
dieser Producte mit Daudet's grandioser „Sappho", um das alte
„Si duo faciunt etc." auch hier bewährt zu finden. Was für ein
Werk von tragischer Gewalt hat der Franzose aus diesem scheußlichen
Stoffe zu machen gewußt! Wie wird das Mitgefühl wachgerufen,
wie erschüttert uns nicht das Schicksal des mehr und mehr entnervten,
endlich um sein Leben betrogenen Jünglings! Aber was wir in
Deutschland aus dieser Sphäre dargestellt finden, ist alles, im komischen
wie im tragischen Gewande, oberflächlich und schal, und wirkt daher
ekelerregend. Man kann zur Erklärung anführen, daß das Ensemble,
das uns die Autoren vorführen, jeder Spur dessen entbehrt, was
man für gewöhnlich „poetisch" nennt, was man aber besser „romantisch"
nennen sollte. Peinliches gerade von jener Art wird für viele durch
einen leichten Zusatz romantischen Duftes erträglicher, ja vielleicht
sogar erfreulich. Unsere modernen Autoren verschmähen das, und
man thäte Unrecht, es ihnen zum Vorwurf zu machen. Sie könnten
antworten, daß die Thatsachen, die sie erzählen, durch solche unwahre
Zuthaten nicht in ihrem Wesen verändert würden, und daß auch
der wahre Kunstwerth nicht durch solche Ausschmückungen erreicht
werde. Und wer gewöhnt ist, Dichtungen objectiv sich gegenüberzustellen, der wird über die entsetzliche Oede und Nüchternheit, die ihm
hier entgegenstarrt, hinwegzukommen wissen. Nicht so leicht freilich
über den Mißbrauch, der hier mit der deutschen Sprache getrieben
wird. Autoren, die in ihrer Muttersprache nur zu stammeln wissen,
zählen sonst nicht zur literarischen Welt, und noch weniger solche,
die nicht nur ihre Personen kein Deutsch, sondern einen Straßen-
jargon reden lassen, sondern auch selbst sich nur dessen zu bedienen
wissen. Aber es ist noch ein anderer, wichtigerer Punkt, der hier den
widerwärtigen Gesammteindruck bedingt. Die Autoren sind in der
Sphäre, in die sie uns führen, selbst durchaus befangen. Kein Blick
schweift aus ihr heraus, keiner dringt in die Höhe zu größerem und
weiterem Ausblick, keiner dringt in die Tiefe des natürlichen Menschen-
herzens. Alles bleibt in dem verschrobenen, krankhaften Empfindungs-

leben gescheiterter oder scheiternder Existenzen stecken. Wollte man darauf erwidern, daß sei eben durch die Naturwahrheit bedingt, so wäre diese Antwort durchaus falsch. Denn es wird uns ja nicht nur das Weib gezeigt, das nie eine andere als diese Stickluft geathmet hat, sondern auch der Mann; der Mann, der seinem Berufe nachgeht, der ein persönliches Streben verfolgt, dessen Leben doch schließlich, auch wenn er noch so sehr dem Genusse nachtrachtet, einen ganz anderen Hauptinhalt hat. Aber von diesem erfahren wir nichts! Er liegt außerhalb der Sehweite dieser Dichter. Um es zusammenzufassen: nicht in der Schilderung unsittlicher Frauen liegt das Unsittliche dieser „Poesien", sondern in der Schilderung der Männer. Diese Männer haben keinen anderen Gedanken als den an käufliche Weiber. Der Dichter kann gewiß auch einen solchen Typus schildern; dann erfordert aber die bloße Lebenswahrheit schon, daß er ihn fortschreitend verlumpen und verfallen läßt, wie das in dem mit Unrecht verschrieenen zweiten Drama Sudermann's (Sodoms Ende) geschieht. Aber Männer, die ihre Stelle erfolgreich ausfüllen, sogar Bedeutendes leisten, ohne daß wir an ihnen irgend etwas anderes wahrnehmen können als rein sinnliche Neigungen, solche Männer sind ein Unding. Alles was uns in diesen Dichtungen erzählt wird, kann im Leben des Mannes, der seinen Platz in der Welt behauptet, nur eine nebensächliche, vorübergehende Rolle spielen.

Solche Werke können unzweifelhaft unsittlich wirken. Sie schildern nicht die Welt, wie sie ist, noch wie sie sein sollte, sondern wie sie sein könnte, wenn auf ihr die Nothwendigkeit der Arbeit, des Erwerbes nicht bestünde, wenn es das Loos des Mannes wäre, sorglos eine bloß animalische Existenz zu führen. Sie schildern auch nicht menschlich wahre Empfindung oder gar Leidenschaft, sondern nur Gefühle, mit denen das Bewußtsein der Werthlosigkeit und Nichtigkeit beständig verbunden ist. Und was das Schlimmste: sie schildern diese so, als ob sie die einzig möglichen wären, als ob Ursprünglichkeit und Wahrheit des Empfindens nicht bloß ein Traum, ein Schatten, sondern ein Widersinn wäre. Es ist die Lästerung der Liebe.

Die Gesellschaft, und vor Allem die literarisch maßgebenden
Kreise haben daher wohl Ursache, Manches, das sich eingedrängt
hat, zurückzuweisen. Aber wie wir schon zu Anfang jeden Gedanken
an eine vergrößerte staatliche Competenz verwarfen, so betonen wir
auch zum Schluß, daß die öffentliche Meinung im großen Maß
Vorsicht des Urtheils zu üben hat, und daß es besser ist, einige
unwürdige Werke passiren zu lassen, als ein einziges würdiges
zurückzuweisen. Es ist leichter, der Kunst schweren Schaden zuzufügen,
als der Sittlichkeit den geringsten positiven Gewinn zu bieten.
Denn die Kunst ist eine zarte Pflanze, die leicht kränkelt, — die
öffentliche Sittlichkeit eine gewichtige Masse, die, nach den Grund-
trieben des menschlichen Wesens gebildet, nur langsam und schwer
sich verändert.

Zwei Schauspieler.
1891.

Zwei Schauspieler hohen Ranges haben jüngst in Berlin ihre
Kunst gezeigt, Ernesto Rossi[1]) und Adolf Sonnenthal; beides Männer,
welche diese Kunst mit dem höchsten Ernst ausüben und weit davon
entfernt sind, nach der beliebten Weise wandernder Virtuosen die
eigene Persönlichkeit bei jedem Auftreten in den Vordergrund zu
drängen.

Und dennoch, wie verschieden die Art beider und wie verschieden
ihr Erfolg in der Hauptstadt! Als Rossi's Vorstellungen Tag für
Tag nur ein spärliches Publicum versammelten, da konnte man
wohl die Meinung äußern hören, die Schauspielkunst des einzelnen
großen Mannes werde in unserer Zeit überhaupt nicht mehr geschätzt
und nur das naturgetreue Ensemble, welches ein Bild des wirklichen
Lebens biete, behaupte noch seinen Werth. Der glänzende Erfolg
von Sonnenthal's Gastspiel hat diese Meinung widerlegt und dagegen erwiesen, daß hier nur der Eigensinn des Glückes sein Spiel
getrieben hat, das freilich Rossi durch Auswahl einer allzu mangel-
haften Truppe mit zu großer Kühnheit herausgefordert hatte; denn
daß Rossi selbst hinter Sonnenthal zurückstände, ist von keiner Seite
behauptet worden.

---

[1]) Ich habe Rossi auch später noch in Rom gesehen und mit seinem
großen Rivalen Salvini vergleichen können. Salvini verfügte über noch ge-
waltigere Mittel, aber die gleiche Höhe seelischer Wirkung erreichte er nach
meinem Empfinden nicht. Rossi ist 1896 bei einem Gastspiel in Rußland
gestorben

Will man die Eigenschaft beider Künstler gegen einander ab=
wägen, so wird einerseits die Verschiedenheit des nordischen und des
südlichen Temperaments, andererseits auch die individuelle Neigung zu
betonen sein, welche Rossi hauptsächlich zur Darstellung Shake=
speare'scher Charaktere getrieben, Sonnenthal, im Gebiete des
Klassischen, doch mit besonderem Glück zum Interpreten Schiller's
und Goethe's gemacht hat. Man wird auf den Reichthum der
Action hinweisen, der Rossi auszeichnet; die unerschöpfliche Fülle von
Gesten, Nuancen, Verdeutlichungen jeder Art, mit denen er das Werk
des Dichters bereichert, weiterbildet und man wird damit die ein=
fachen, abgemessenen, bisweilen selbst monotonen Bewegungen Sonnen=
thal's im tragischen Spiel vergleichen. Man wird dagegen finden,
daß der Text des Dichters bei Rossi nicht immer zu seinem Rechte
kommt, daß manche Verse in seinem leidenschaftlichen Stammeln,
oder gepreßten Stöhnen dem Hörer völlig verloren gehen, während
Sonnenthal mit der Fülle eines klangvollen, stets sicher beherrschten
Organs jede Silbe des Dichterworts zur Geltung bringt. Rossi
erschafft gleichsam aus der Anregung, die der Dichter ihm gegeben,
sich selbst den einheitlichen Charakter, den er spielt, vielleicht einseitig,
aber überzeugend und lebenswahr; Sonnenthal sucht die Gestalt, die
der Dichter entworfen, mit eingehendstem Verständniß und ernstester
Hingabe in jedem Zuge, bis in die kleinsten scenischen Bemerkungen
hinein, getreu nachzuzeichnen. Gegenüber so verschiedenen Autoren,
wie Shakespeare und Schiller, sind diese verschiedenen Kunstweisen
völlig gerechtfertigt. Shakespeare's Dramen sind höchst mangelhaft
überliefert, sind für ein ganz andersartiges Publicum, für eine ganz
andersartige Bühne geschrieben; es ist sein Geist, der den Schauspieler
erfüllen soll, nicht sein Buchstabe, der ihm noch gebieten kann. Der
Schauspieler soll uns Shakespeare's Gestalten erst wieder lebendig
machen und in ihrer Naturgewalt mit unserer künstlicheren Lebens=
und Empfindungsweise in Beziehung setzen. Anders Schiller. Unsere
Bühne ist die seinige, großentheils von ihm geschaffene, seine Dramen
sind der verbreitetste klassische Besitz unseres Volkes, bis in ihre
Einzelheiten in das Bewußtsein nicht nur des Höhergebildeten über=

gegangen; hier hat der Schauspieler nichts anderes zu thun, als mit höchster Pietät die zweifellos uns bekannten Absichten des Dichters zu verwirklichen. Freilich begiebt sich der Schauspieler, der danach verfährt, der Aussicht, die überraschenden Effecte der Originalität zu erreichen, und es hat daher in den letzten Wochen an Kritikern nicht gefehlt, welche Sonnenthal neben Rossi das schauspielerische Genie abgesprochen haben. Es hat auch schon seit Jahrhunderten Kunst= gelehrte gegeben, welche Michel Angelo für einen weit genialeren Künstler als Rafael erklärten, weil in seinen Werken viel mehr Gewaltsames, Ueberraschendes, Hinreißendes zu finden wäre als in Rafael's heiteren und harmonischen Schöpfungen. Aber wenn dieses Urtheil selbst in Bezug auf die höchsten schöpferischen Geister einseitig ist, so noch viel mehr in Bezug auf Schauspieler, deren Thätigkeit ihrem Wesen nach gar keine selbstschaffende, sondern eine nachbildende ist. Hier ist ohne Zweifel die gleichmäßige Erfüllung aller Inten= tionen, die der Dichter in einer tragischen Persönlichkeit ausgedrückt, und besonders in einer so vielseitigen, scheinbar widerspruchsvollen Gestalt wie Wallenstein, die Vereinigung all' dieser Züge zu einem glaubhaften, lebenswahren Bilde — an sich eine geniale Leistung. Man hat freilich Sonnenthal's Wallenstein den Vorwurf gemacht, die Züge des Bildes seien zu weich gehalten, wir sähen nicht den furchtbaren Feldherrn eines rohen Zeitalters, die Geißel Deutschlands; aber dieser Vorwurf, wenn es einer ist, fällt auf Schiller zurück. Er hat uns nicht Jenen gezeichnet, sondern den ruhigen Herrscher, den weitschauenden Staatsmann, der seiner Umgebung nicht militärisch zu befehlen braucht, um Gehorsam zu finden, und der den Krieg nur als ein Mittel, nicht als Selbstzweck seiner Leidenschaft betrachtet. Und wenn hierfür sich auch historische Anhaltspunkte geboten haben, so hat Schiller zugleich auch Züge weichen Gemüthslebens ihm ge= liehen, die völlig frei erfunden sind. Und diesen Wallenstein, nicht den historischen, hat der Schauspieler darzustellen; wenn der Herzog um den Tod Piccolomini's klagt, so müssen diese Worte als der unmittelbare Erguß seiner Empfindungen erscheinen; wenn er aber die herandringenden Soldaten mit Kettenkugeln zu empfangen be=

fiehlt, so muß dies nicht wie Ausbruch ungezähmter Leidenschaft klingen, sondern die langsam gereifte Frucht eines unvermeidlich gewordenen Entschlusses darstellen. — Auch den Schicksalsglauben, die astrologische Forschung Wallenstein's, hat man zu wenig düster, geheimnißvoll in der Wiedergabe des Künstlers gefunden; aber auch hier hat dieser das Richtige getroffen. Denn Schiller's Drama führt uns nicht in eine Welt, in der wir vor dem Wunderbaren als einer Thatsache Respect haben sollen; wir sollen an die Macht des Jupiter oder Saturn gar nicht glauben wie an die von Macbeth's Hexen, sollen gar nicht meinen, daß Wallenstein in directer Verbindung mit dem Uebernatürlichen stehe, sondern sollen seinen Sternenglauben als eine Form der Selbstverblendung beurtheilen, wie es seine eigenen Genossen thun. In dieser Art wurde besonders der große Bericht von dem Liebesdienste Octavio's durch Sonnenthal vorzüglich gesprochen, so daß der Hörer vollständig in die Illusionen des Redners eingeführt wurde, sie verstand, ohne doch einen Augenblick zu meinen, daß ihm hier eine übernatürliche Wahrheit geoffenbart würde. In der so schwierigen Wiedergabe der lang ausgesponnenen rhetorischen Stücke Schiller's ist Sonnenthal ganz besonders Meister; er haftet sie nicht herunter, wie Herr Kainz es sich erlaubt, wenn er übelgelaunt ist, und er declamirt sie auch nicht in undramatischer Weise. Er weiß vielmehr mit überzeugender Klarheit zu erweisen, wie gerade an diesen Stellen des Dialogs eine wortreiche Fülle und Pracht des Ausdrucks dramatisch gefordert war; Wallenstein's Verse über den menschlichen Mikrokosmus spricht er nicht als Ausdruck besonderer mystischer Weisheit, sondern als eine Auseinandersetzung für Wallenstein selbstverständlicher Dinge, die er nur platten Geistern, wie Illo und Terzky, mit etwas überlegenem Spott ausführlich wiederholen muß. Ebenso erhielten auch die viel kritisirten Verse „Max, bleibe bei mir!" — „Ich kann's und will's nicht glauben, daß mich der Max verlassen kann", einen Ton von Natürlichkeit, von Gemüthstiefe und doch bewußter Ueberlegenheit, daß sie als echt und recht Wallensteinisch jeden Hörer treffen mußten. Der eigenthümliche Stil Schiller's kann gar nicht auf bessere Art verständlich gemacht werden.

Und so wird jeder Verehrer Schiller'scher Dichtungen von Sonnenthal's Wallenstein im Berliner Theater nicht weniger befriedigt gewesen sein, als der Freund der französischen Komödie von seinen
Dumas'schen und Sardou'schen Rollen. — Aber trotzdem — wie
anders doch das Spiel Rossi's! Wenn wir bei Sonnenthal's Spiel
stets Schiller reden hören, so hören wir hier nicht Shakespeare, sondern
den Mohren von Venedig oder den sagenhaften Britischen König
selber reden. Trotz der kümmerlichen Ausstattung, der fast komischen
Schauspielergesellschaft, in Mitten derer diese leidenschaftlichen Ur-
gestalten doppelt fremdartig erschienen, wurden sie doch persönlich
und lebendig vor unseren Augen; am vorzüglichsten vielleicht König
Lear, für den Rossi auch diesmal noch alle Mittel im vollsten Maße
zur Verfügung hatte. Es war, als ob in dieser Gestalt ein Leben
nach Ausdruck rang, dem die Worte, die Shakespeare ihr geliehen,
noch lange nicht genügten; ganze Scenen dehnten sich zu verdoppelter
Länge, weil die Leidenschaft des Künstlers sich in immer wechselndem
Mienen = und Geberdenspiel erschöpfte. So war besonders das
Wiederfinden der Cordelia, die Bitte um Vergebung, von so tief
erschütternder Wirkung, wie sie die Worte Shakespeare's allein, wenn
nicht die Phantasie des Lesers mitschafft, nicht herbeiführen können.
Nicht alles mehr brachte der alternde Künstler dagegen für Othello
mit; aber höchst charakteristisch war es nun, wie er sich nach dem
Maße seiner Mittel seinen Othello schuf und ihn überzeugend zu
gestalten wußte. Ob es Shakespeare's Othello war, darüber würden
Literaturforscher lange streiten können, aber es war ein Othello, der
von Anfang bis zu Ende das äußerste Interesse und Mitgefühl wach
erhielt. Es war der schon ältere, an sicheren Ruhm und unbestrittenes
Ansehen gewöhnte Mann, den die Leidenschaft nur noch für Augenblicke, nicht mehr entscheidend beherrschte, der sein ganzes Vertrauen,
dessen Täuschung er für undenkbar hielt, der neugewonnenen Gattin
geschenkt hatte. Und es war nicht so sehr die unmittelbare Leidenschaft
des bis zum Wahnsinn Eifersüchtigen, als der tiefe, unstillbare Seelen-
schmerz über die erlittene Enttäuschung, welcher in den drei letzten
Acten ihn durchtobte und mit so erschütternden, aus der Tiefe sich

emporringenden Tönen zum Ausdruck kam. So war auch in der
Ermordungsscene das leidenschaftliche Wüthen durchaus nicht so gesteigert, wie es deutsche Schauspieler an dieser Stelle zu zeigen
pflegen, und beschränkte sich fast auf einen einzigen Moment, wo der
augenblickliche Paroxysmus der Wuth die äußerste That hervorbrachte.
Und die Schlußscene ließ mehr den Mann erkennen, der sich bewußt
ist „an der letzten Seemark seiner Fahrt" angelangt zu sein, als
den, der mit dem Schwerte gegen seinen Verderber und für seine
Freiheit kämpfen will. Aber eine elementare Gewalt lag dennoch
in dieser Gestalt, wie in dem sich selbst zerrüttenden König Lear;
beide waren tragische Charaktere, die kraft unabänderlichen inneren
Gesetzes nicht anders konnten als ihrem Verhängniß zutreiben, —
Persönlichkeiten, die vom Schicksal zerschmettert, aber nicht gebeugt
werden konnten.

Will man den Werth der neuesten dramatischen Production ab-
schätzen, nicht etwa nur der frivolen, sondern auch der ernsten
„socialen", so frage man sich, ob irgend ein Stück dieser Art einen
Schauspieler wie Rossi in seinem Ensemble überhaupt vertrüge.
Man denke sich den Grafen Trast oder den unglücklich liebenden
Fabrikherrn der „Haubenlerche" oder den zum „Friedensfest" heim-
kehrenden Vater von Rossi dargestellt; diese Rollen würden von
seiner Individualität völlig gesprengt werden; sie würden zerfasern
und zerfliegen. Denn es ist der Kunst der Gegenwart über der
Beschäftigung mit allen möglichen Problemen das Hauptproblem,
die Ergründung stark und tief empfindender und wollender Menschen-
naturen, abhanden gekommen. Die schwächlichen Sclaven des „Milieu"
aber könnte ein Rossi nie darstellen. Ein Offenbarer aller Tiefen
der Seele kann er heute ein Lehrer nicht nur der Schauspieler,
sondern auch der Dichter sein.

Ueber Avonianus'
„Dramatische Handwerkslehre“.

Dies frisch und lebendig geschriebene Buch[1] will Anfänger von der dramatischen Dichtung entweder zurückschrecken oder in praktischer und leicht verständlicher Form unterrichten. Bei der Ueberfülle der Production, welche sich an die Bühnen herandrängt, und bei den gesunden, kräftigen Grundsätzen des Verfassers kann man nur wünschen, daß beide Absichten ihm ausgiebig erfüllt würden. Es ist ein glücklicher Fall, daß ein Kenner, dessen Urtheil sich nach ernsten und hohen Maßstäben richtet, zugleich die praktischen Erfordernisse im Sinn und vor Augen hat. Wer ihm folgt, wird weder ein Träumer oder angeblicher Himmelstürmer, noch ein Manuskript=verhandelnder Banause werden. Eine eigentlich wissenschaftliche Begründung seiner Thesen lehnt Avonianus, wie schon der Titel erkennen läßt, ab; er will nichts anderes als die thatsächlichen Bedingungen starker und zugleich harmonisch ausklingender dramatischer Wirkung erkennen. Gerade hierin aber erweist sich sein Buch als sehr nützlich und zeitgemäß; wie viele Declamationen sind nicht an die Ungültigkeit tyrannischer dramatischer „Gesetze“ verschwendet worden! Was hat man nicht geglaubt für die Freiheit dramatischer Kunst zu gewinnen, wenn man jene „Gesetze“ abschüttelte und man hat in den wenigen Beispielen dieser Gesetzlosigkeit, die man auf die Bühne brachte, nichts anderes gewonnen als Langeweile. Man hatte sich eben nicht klar gemacht, daß diese „Gesetze“ auch schon bei dem Altvater der Poetik, bei Aristoteles, auf einer genauen Kenntniß der

---

[1] Berlin, H. Walther, 1895.

menschlichen Natur beruhen und ihr angepaßt sind. Ob sie dabei „ewig" sind, ob die Menschen einmal zu völlig anderer Empfindungs- weise gelangen werden, ob vielleicht die Chinesen schon heute anders empfinden, ist daneben gleichgültig; wir europäische Culturvölker bilden jedenfalls seit den Zeiten des Alterthums eine solche Einheit, daß für uns alle dieselben „Gesetze", d. h. Bedingungen der Wirkung gelten. Ein Stück, das diesen „Gesetzen" entspricht, ist seiner Wirkung sicher, mag es von einem alten Griechen, von einem Engländer des sechzehnten Jahrhunderts, einem Spanier des siebzehnten oder einem Deutschen des achtzehnten Jahrhunderts gedichtet sein. Und das genialste Werk thut auf der Bühne keine Wirkung, wenn es diese „Gesetze" nicht befolgt. Hierzu sei bemerkt, daß ich mit Avonianus' Polemik gegen „Buchdramen" der letzteren Art nicht übereinstimme; man kann keinem Dichter verwehren, die dramatische Form auch ohne Rücksicht auf die empirische Bühne anzuwenden, und wollte man es, so müßte man einige der berühmtesten Werke der Weltliteratur verdammen; aber beanspruchen oder überhaupt hoffen auf die Bühne zu kommen, darf der Dichter nicht, der sich über ihre Erfordernisse gleichgültig hinwegsetzt. An einer Reihe einzelner Dramen zeigt der Verfasser nun auf, wie diese Erfordernisse erfüllt oder bei Seite gelassen worden sind; bei der großen Lebhaftigkeit und Entschiedenheit seines Urtheils wird er hier manchen Wider- spruch hervorrufen. Aber der durchgängige Gedanke, das Wesent- liche in der Handlung und deshalb in ihrem bestimmenden Factor, im Willen zu suchen, das Drama als Willensdichtung aufzufassen, wird in immer neuen Wendungen siegreich behauptet und durch- geführt. Daß Shakespeare dabei der maßgebende Leitstern des Ver- fassers ist, zeigt schon das gewählte Pseudonym. Um so merkwürdiger, daß er trotzdem eines der Hauptwerke, den „König Lear", so gering- schätzt, während er Hamlet in eine Sphäre fast absoluter Vollkommen- heit erhebt; doch hierüber zu rechten würde an dieser Stelle zu weit führen.

Wenn wir nun des Verfassers „Handwerkslehre" mit weit überwiegender Zustimmung und mit voller Anerkennung seiner

Competenz gefolgt sind, so muß es uns verwundern, daß er gegen
den Schluß in zwei Capiteln sich mit einer Frage beschäftigt, die
von technischen Rathschlägen soweit als möglich abliegt, mit der
Frage nach der sittlichen Wirkung des Theaters und der daraus für
den Dramatiker sich ergebenden Verantwortung. Und leider können
wir ihm darin nicht dieselbe Urtheilsschärfe wie in den technischen
Fragen zugestehen; seine Anschauungen sind zum Theil einseitig, zum
Theil engherzig und würden die dramatische Dichtung ungebührlich
einengen. Einseitig darum, weil er bei dem Sittlichen das sexuelle
Gebiet übermäßig berücksichtigt, während die eigentliche sittliche
Gefahr unserer Zeit auf einem anderen Gebiete, dem der schrankenlosen
Geldgier und des daraus sich entwickelnden Kampfes Aller gegen
Alle liegt, — engherzig, weil er eine besondere Rücksicht auf Frauen
und Kinder zu nehmen wünscht, durch welche die Bühnenkunst in
einen Stand der Unmündigkeit versetzt würde, und weil er überhaupt
die Sittlichkeit zu sehr in der gefestigten Convention sieht und nicht
berücksichtigt, daß die wahrhaft sittliche Persönlichkeit sich oft gerade
im Kampf gegen diese herrschende Macht zu bewähren hat, ja daß
eine dramatische Ausnutzung sittlicher Probleme meist nur auf
diesem Wege möglich ist, wofür „Antigone“ ein mustergültiges Bei=
spiel bietet. Es fällt uns um so schwerer, diesen Widerspruch zu
erheben, als wir mit den zu Grunde liegenden Wünschen des Ver=
fassers ganz übereinstimmen. Aber diese Wünsche zu verwirklichen,
ist nicht Sache der Kunst, welche keinen Zwang verträgt. Wer
dafür sorgen will, daß die Kunst dem Volke nicht schade, der hat
nicht damit anzufangen, die Kunst einzuengen, sondern damit, das
Volk so zu erziehen, daß es lerne, Kunst als Kunst aufzufassen.
Sonst würde von der Kunst bald Nichts übrig bleiben; denn was
kann nicht alles einem Unvernünftigen „schaden“? Darin liegt
überhaupt kein Kriterium. Und was Unerwachsene betrifft, so wäre
es besser, ihnen den Besuch der Theater polizeilich zu verbieten, als
um ihretwillen die Kunst polizeilich zu bevormunden.

Am Schluß seines Buches lenkt der Verfasser den Blick auf
Freytag's „Technik des Dramas“. Er ist bescheiden genug, den

Vergleich abzulehnen. Aber er glaubt doch, daneben ein eigenes Verdienst zu haben. Und mit Recht! So wenig Freytag's Buch akademisch genannt werden kann, so praktisch es sein will, so ist es doch nur für den zu nutzen, der eine Art von Bildung besitzt, wie sie nicht jeder dramatische Dichter zu besitzen braucht. Avonianus' „Handwerkslehre" ist gewiß nicht für den Ungebildeten; aber sie ist von mehr Seiten zugänglich, sie ist es für Jeden, der mit einiger literarischen und Weltkenntniß an den Gegenstand herantritt, und so sei ihr ein großer und dankbarer Leserkreis gewünscht.